本书由中央高校基本科研业务费专项资金资助
(Supported by the Fundamental Research Funds for the Central Universities)
二十国集团（G20）发展年度报告（项目批准号：2020JG001）资助

二十国集团（G20）发展报告

（2019-2020）

北京外国语大学二十国集团研究中心◎编著

经济日报出版社

全球化的未来
（序言）

牛华勇

2020年伊始，新冠肺炎疫情席卷全世界，到6月底，全球有统计的感染确诊人数已经接近千万。这次的疫情，已经远远超越了一场公共卫生事件的范畴，演变成了二战后最为严重的一场全球性危机。

随着疫情的不断加重，二战以来的全球治理秩序，正在受到严峻的挑战。由于疫情的原因，部分国家发现原来的国际分工下，本国工业生产能力不足，抗疫所需要的大量物资需要依赖别国产能，所以产生了把产能移回本国的想法；代议制政府为了赢得民调，安抚本国国民，采取了以邻为壑的不当政策，导致了左邻右舍之间的相互排斥；各国民众，在社交媒体平台上，被海量的信息包围，但无法短时间内辨别真伪，一时间各种阴谋论和相互攻击充斥网络。不少人惊呼，全球化难道真要走到尽头了吗？

要回答这个问题，我们首先需要回顾一下，全球化给我们带来了什么？在过去的半个多世纪中，全球化带来了欧洲的一体化，合作的欧洲已经实现了连续几十年的繁荣和富裕；全球化确立了美元的超级货币地位，为美国持续不断地输送产品和资源，成就了美国在政治经济各个领域的遥遥领先；全球化让大量资本从发达国家转移到发展中国家，让资金、技术和管理都匮乏的国家，兴建了大量工商业企业，塑造了从四小龙到四小虎再到金砖国家等无数经济发展奇迹；全球化把中国推到全球制造业的顶端，成为名副其实的世界工厂，从一个贫穷落后的国家，发展成为具有雄厚综合实力的中等收入国家。

当然，必须承认，全球化也带来了一些问题。有些问题一直在不断地蔓延和发酵，这导致了反全球化的声浪不断升高。尤其是本次疫情期间，各种极端的声音更是层出不穷，反全球化俨然有成为新的"政治正确"的趋势。人们以自己短期利益的角度，对全球化提出全面的否定，并把一些不负责任的观点发布到互联网上，在人们的转发和争论下，产生一种传播上的放大效应，甚至能够局部地形成一种反全球化的寒蝉效应。

尽管声音很大，但所有的说法，都不是第一次出现，回顾二战前的欧洲、麦卡锡时代的美国、计划经济时代的中国，反对和质疑全球化的声音从来都没有停止过，但全球化正是伴随着这样的反对和质疑，一步步走到今天的。

从产业发展看，所谓的全球"脱钩"是不太现实的。个别国家梦想用税收和产业政策，鼓励甚至逼迫制造业企业从海外回到本土的想法，完全是建立在脱离了产业发展基础的一厢情愿基础上。产业的发展要考虑包括上下游产业链条、科技与专利分布、劳动力成本、教育和社会发展情况等一系列复杂的条件。产业布局的本质，是资本和投资的利润最大化，而不是行政部门的一纸文件。

从全球竞争看，各个主权国家之间虽然有现实中的矛盾，但也有相互合作的客观需要。虽然在疫情期间，出于政治的需要，各国之间的矛盾升级，甚至出现较为激烈的相互指责。但从长期看，过于紧张的国际关系，对政治家和所在政党的长期执政不利，尤其当孤立政策影响到国内经济绩效的情况下。因此，当前部分的反全球化浪潮，不过是人们在面对病毒肆虐情形下的应激反应，在疫情减轻之后，热度也会随之下降。

从全球秩序看，疫情对现有的全球治理体系，是一个严峻的考验。孤立主义、反智主义、民粹主义在全球的盛行，原有的治理体系式微是难以避免的。但这也同时给新的全球治理秩序带来新的机遇，进一步强化全球发展中的多元化趋势。本次危机，也是原有的全球化发展模式转型升级的良好契机，社会各界可以对原有全球化路径的问题进行细致的梳理，在全球化问题上形成新的价值观和新的领导力。

在这个时间点上，中国一定要保持自己的战略定力，坚守自己的战略发展目标，在既定的方向上，不断加大改革开放的力度，以改革换时间，以开放换空间，坚持人类命运共同体的全球化论述，确保一个有利于中国继续参与全球化合作的国内外舆论氛围，从长期角度衡量国际化的得失，稳步提升我国在国际化中的话语权，服务于两个一百年的奋斗目标顺利实现。

作为每年一辑的《二十国集团（G20）发展报告》，依然是站在这样一个基本判断上来出版我们本年度的合集，那就是即便出现了暂时的困难，全球化依然是一个不可阻挡的趋势，只不过，建立在国际贸易基础上的全球化时代逐步被建立在全球信息和全球科技基础上的全球化时代代替。作为全球经济的观察者，我们将和所有读者一道，冷静观察，理性分析，成为新全球化时代的积极参与者，一起迎接这个新的全球化时代的到来。

（牛华勇，经济学博士、教授、博士生导师，北京外国语大学国际商学院院长，兼任北京外国语大学二十国集团研究中心执行主任，中国管理科学学会产业金融管理专业委员会主任。主要研究方向为：产业经济学、可持续发展、高等教育国际化等。）

目录

序　言 ……………………………………………………………… 1

第一部分　经济观察

第一章　2019 年中国经济观察报告 …………………………… 2
一、经济社会概况 ………………………………………… 2
二、2019 重要经济事件 …………………………………… 11
三、未来展望 ……………………………………………… 14

第二章　2019 年美国经济观察报告 …………………………… 17
一、经济、社会概况 ……………………………………… 17
二、2019 年的经济大事件 ………………………………… 29
三、未来与展望 …………………………………………… 32

第三章　2019 年日本经济观察报告 …………………………… 35
一、经济、社会概况 ……………………………………… 35
二、2019 年的大事件 ……………………………………… 40
三、未来与展望 …………………………………………… 42

第四章　2019 年俄罗斯经济观察报告 ………………………… 46
一、经济、社会概况 ……………………………………… 46
二、2019 年经济大事件回顾 ……………………………… 56
三、未来与展望 …………………………………………… 59

第五章　2019 年德国经济观察报告 …………………………… 63
一、经济、社会概况 ……………………………………… 63
二、2019 年的经济大事件 ………………………………… 75

三、未来与展望 ·· 79

第六章　2019 年英国经济观察报告 ··· 82
　　一、经济、社会概况 ·· 82
　　二、2019 年大事件 ·· 92
　　三、2020 年展望 ·· 95

第七章　2019 年法国经济观察报告 ··· 98
　　一、经济、社会概况 ·· 98
　　二、2019 年的经济大事件 ··· 113
　　三、未来与展望 ··· 115

第八章　2019 年加拿大经济观察报告 ·· 118
　　一、经济总体概况 ··· 118
　　二、2019 年重要事件回顾 ··· 133
　　三、未来与展望 ··· 135

第九章　2019 年韩国经济观察报告 ·· 137
　　一、经济概况 ··· 137
　　二、2019 年重大经济事件 ··· 147
　　三、未来与展望 ··· 153

第二部分　国际经济组织观察

第十章　2019 年全球经济组织观察 ·· 158
　　第一节　世界银行（The World Bank） ·· 158
　　　一、基本情况 ··· 158
　　　二、重大事件 ··· 159
　　　三、未来展望 ··· 161
　　第二节　国际货币基金组织（IMF） ··· 162
　　　一、基本情况 ··· 162
　　　二、重大事件 ··· 163
　　　三、未来展望 ··· 164

第三节　世界贸易组织（WTO） ………………………………… 165
一、基本情况 ……………………………………………………… 165
二、重大事件 ……………………………………………………… 167
三、未来展望 ……………………………………………………… 168

第十一章　2019 年区域经济组织观察 ……………………………… 170
第一节　亚洲太平洋经济合作组织（APEC） ………………… 170
一、基本情况 ……………………………………………………… 170
二、重大事件 ……………………………………………………… 171
三、未来展望 ……………………………………………………… 172
第二节　东南亚国家联盟（ASEAN） …………………………… 173
一、基本情况 ……………………………………………………… 173
二、重大事件 ……………………………………………………… 175
三、未来展望 ……………………………………………………… 175
第三节　亚洲基础设施投资银行（AIIB） ……………………… 177
一、基础情况 ……………………………………………………… 177
二、重大事件 ……………………………………………………… 178
三、未来展望 ……………………………………………………… 179

第三部分　气候与能源

第十二章　全球气候治理进程中的"基础四国"合作机制探析 …… 182
一、引言 …………………………………………………………… 182
二、"基础四国"气候合作机制的战略基础 …………………… 183
三、"基础四国"合作机制面临的现实挑战 …………………… 187
四、深化"基础四国"合作机制的路径选择 …………………… 191

第十三章　浅谈全球气候环境治理困境与发展 …………………… 194
一、引言 …………………………………………………………… 194
二、世界气候环境保护事业主要会议综述 ……………………… 195
三、中、美、欧三方对全球环境治理立场与态度的转变 ……… 198

四、世界环境保护事业主要面临的问题 …………………………… 201
　　五、全球环境保护事业未来展望 …………………………………… 202

第十四章　马克龙任期内法国的全球气候治理及其对中国的启示 … 204
　　一、引言 ……………………………………………………………… 204
　　二、马克龙出任总统后法国在国际气候问题上的表态 …………… 205
　　三、马克龙气候议题表态的原因分析 ……………………………… 209
　　四、马克龙全球气候治理面临的挑战 ……………………………… 213
　　五、马克龙任期内的法国全球气候治理对中国的启示 …………… 214

第十五章　环境规制、环境信息披露与企业债务融资成本 ………… 216
　　一、引言 ……………………………………………………………… 216
　　二、文献回顾 ………………………………………………………… 218
　　三、理论、假设与模型 ……………………………………………… 219
　　四、实证检验与分析 ………………………………………………… 223
　　五、总结与建议 ……………………………………………………… 226

第十六章　加拿大可再生能源产业的特点与发展趋势——以安大略省电力回购项目为例 …………………………………………………… 229
　　一、引言 ……………………………………………………………… 229
　　二、加拿大可再生能源政策及产业发展状况（2009-2018） ……… 230
　　三、加拿大可再生能源产业的发展基础和面临的问题 …………… 232
　　四、安大略省电力回购项目的发展历程 …………………………… 233
　　五、安大略省电力回购项目终止原因分析 ………………………… 236
　　六、结语 ……………………………………………………………… 240

第十七章　欧洲碳排放交易体系发展进程与对中国碳市场完善的启发 ……………………………………………………………………… 243
　　一、引言 ……………………………………………………………… 243
　　二、欧洲碳排放交易体系研究 ……………………………………… 244
　　三、我国碳交易市场的实践 ………………………………………… 248
　　四、我国碳交易市场实践中的问题 ………………………………… 250

五、EUETS 的经验对中国碳市场的启示 ……………………………………… 251

第四部分　学术视角

第十八章　开放发展模式：跨国企业与区域一体化发展 …………… 258
　　一、引言 …………………………………………………………………………… 258
　　二、尊重、遵循经济规律 ………………………………………………………… 259
　　三、开放发展模式与区域一体化发展 …………………………………………… 260
　　四、以企业为主体、以市场为导向 ……………………………………………… 262
　　五、循序渐进，鼓励支持人才流动，有序规划，切忌盲目、行政命令式
　　　　规划 ……………………………………………………………………………… 264
　　六、相关省（市）间利益互享，优势互补，精诚合作 ………………………… 264
　　七、结语 …………………………………………………………………………… 264

第十九章　德国人工智能发展战略述评 …………………………………… 265
　　一、引言 …………………………………………………………………………… 265
　　二、德国人工智能发展政策的演进 ……………………………………………… 266
　　三、国际比较中的德国人工智能战略 …………………………………………… 267
　　四、德国人工智能战略的国别特色 ……………………………………………… 270
　　五、结语 …………………………………………………………………………… 272

第二十章　对我国近年外汇储备的观察与思考 ………………………… 274
　　一、引言 …………………………………………………………………………… 274
　　二、数据观察 ……………………………………………………………………… 275
　　三、对比研究 ……………………………………………………………………… 277
　　四、结语 …………………………………………………………………………… 279

第二十一章　系统功能视角下的英美主流媒体意识形态——以中美贸易
　　　　　　　　摩擦新闻漫画为例 …………………………………………… 281
　　一、引言 …………………………………………………………………………… 281
　　二、多模态隐喻研究的新趋势：理论模型更迭与批评转向 …………………… 282
　　三、新闻漫画的系统功能与社会观 ……………………………………………… 283

  四、结语 ………………………………………………………………… 290

第二十二章 GDPR下爱尔兰数据合规及隐私保护研究 …………… 292
  一、爱尔兰数据保护委员会（DPC）……………………………… 292
  二、DPC对数据主体投诉的处理 ………………………………… 295
  三、数据跨境收集、传输中的隐私保护问题 …………………… 298
  四、结语 ………………………………………………………………… 301

第二十三章 基于区域经济视角的产业集群问题研究 ……………… 302
  一、引言 ………………………………………………………………… 302
  二、文献综述 …………………………………………………………… 303
  三、数据来源和划分标准 …………………………………………… 305
  四、对跨区域行业进行集聚分析 …………………………………… 307
  五、产业集群地图和其他相关分析 ………………………………… 308
  六、结论与建议 ………………………………………………………… 312

第一部分　经济观察

第一章　2019年中国经济观察报告

任世赢[①]

一、经济社会概况

2019年，在国际形势动荡、不确定性增加，国际形势日益复杂的情况下，我国经济整体上仍然实现了平稳运行，可以说稳中有进，完成了社会与经济发展的主要计划与目标。

（一）国内生产总值

2019年全年我国GDP达到990865.1亿元，比2018年增长了6.1%，四个季度的国内生产总值环比增长速度分别为6.4%、6.2%、6%、6%，达到了经济增长6%-6.5%的预计目标[②]。

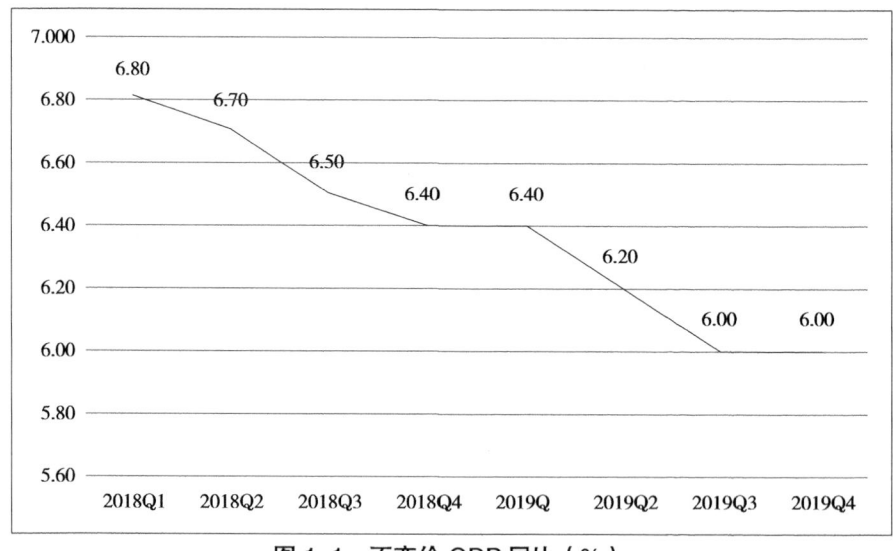

图1-1　不变价GDP同比（%）

数据来源：Wind

[①] 北京外国语大学国际商学院。
[②] 数据引自政府工作报告（2019-03-05），http://www.chinanews.com/gn/2019/03-05/8771667.shtml. 参考时间为2020-02-07，下同。

通过观察三大需求对我国GDP增长的贡献率可以发现，消费仍然是我国经济发展的主要支撑动力，但与2018年相比有下降趋势。2019年最终消费支出对GDP增长的累计贡献率为57.8%，相比2018年减少了8.1%。资本形成同样呈现下降趋势，2019年资本形成总额占GDP总增长31.2%，比去年下降10.3%。货物和服务净出口呈现增加趋势，由2018年的−7.4%增加为11%。

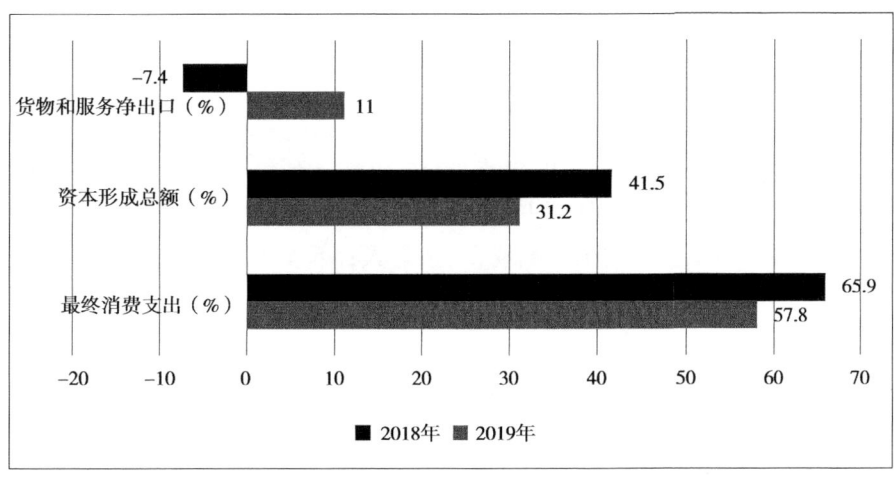

图1-2 三大需求对GDP增长的累计贡献率

数据来源：国家统计局

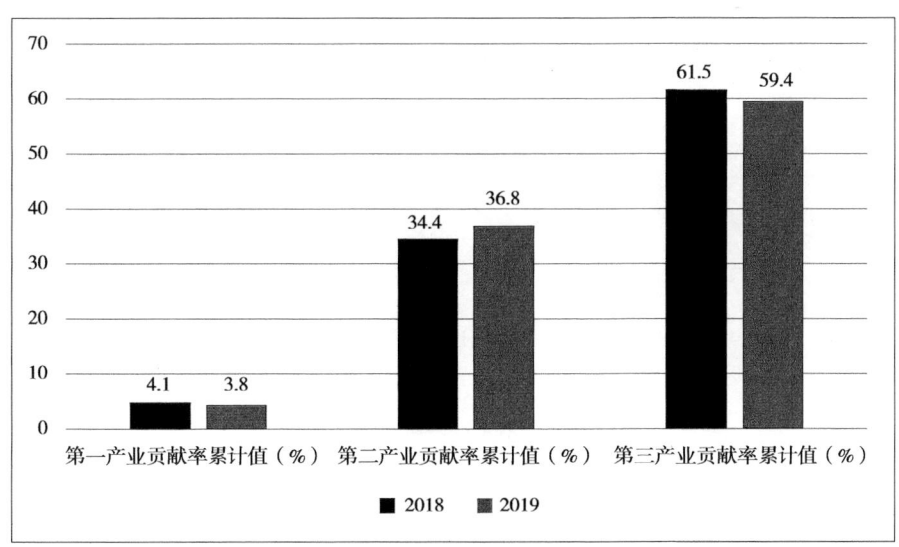

图1-3 三大产业对GDP增长累计同比贡献率

数据来源：国家统计局

从产业结构来看，第三产业还是 GDP 增长的主要力量，第三产业增加值占比居于第一，其中高新技术产业增速高于经济增速。第三产业增加值占 GDP 的 53.9%，较 2018 年增加 0.6%。第二产业的贡献率在 2019 年比 2018 年略有增加，第一产业贡献率自 2017 年来持续下降。高技术与战略新兴产业工业增加值累计同比增长 8.8% 与 8.4%。截至 2019 年前 11 月，规模以上的战略新兴、科技、高技术服务业营业收入累计同比增长 12.4%、12.0%、12.0%[①]，体现出我国经济与产业结构的优化。

（二）人口与就业

截至 2019 年年末，中国大陆的人口为 140005 万人，相比于 2018 年增加了 467 万人。2019 年我国人口出生率为 10.48‰，死亡率为 7.14‰，自然增长率 3.34‰，相比于去年的自然增长率 3.81‰，2019 年自然增长率略有降低。其中，新生儿 1465 万人，比 2018 年减少 58 万人；育龄妇女数量也在降低，处于 20–29 岁生育旺盛期育龄的妇女人数降低 600 余人万。2019 年二孩和以上比重占 59.5%，比上年略有提升。

从人口性别构成角度看，我国男性人口总数为 71527 万，占比 51.09%；女性 68478 万人，占总 48.91%。男女人口性别比为 104.44：100，相比 2018 年略有下降。

从人口的年龄结构来看，16–59 周岁人口为 8.9640 亿，占总人口 64.00%，0–15 周岁的人口 2.4977 亿，占总人口约 17.80%，60 岁及以上的人口约有 2.5388 亿人，占总人口 18.10%。按照目前人口年龄结构来看，我国的劳动力资源依然比较丰富[②]。

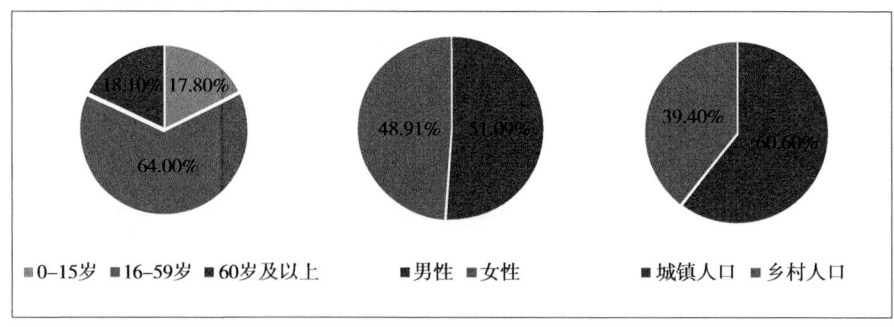

图 1-4　2019 年年末人口结构

数据来源：Wind

---

① 数据来源：Wind
② 数据来源：Wind

从城乡结构角度看，城镇常住人口有8.4843亿，比2018年末增长1706万人，城镇化率60.60%，比去年提升1.02%。从区域分布情况来看，东北、东部、中部、西部的常住人口城镇化率分别比2018年底提升0.47%、0.72%、1.20%、1.16%，总体呈现出中西部地区快过东部与东北部地区的趋势，反映出中西部地区的快速发展与追赶的态势，区域间的城镇化差距水平减小。此外，人户分离人口和流动人口分别比2018年底减少613万与515万。随着落户政策、公共服务与社会保障等制度方面政策的改善，人民生活幸福感将进一步增加。

（三）物价与消费

2019年我国CPI相对于2018年度略有上涨，涨幅为2.9%，比去年增加0.8%，总体低于3%的预期目标。从月度数据来看，2019年CPI走势"前低后高"。1月份同比上涨1.7%，2月份略有降低至1.5%，随后受到食品类价格上升的推动，CPI逐步上升，11月同比达到4.5%，12月CPI持平，主要是受到猪肉价格回落的影响。2019年CPI上升受到消费领域价格上涨因素较多，排除食品和能源价格的核心CPI上涨幅度为1.6%，比去年下降0.3%。2019年食品价格涨幅达到9.2%，较2018年多7.4%，影响CPI上升1.81%，占总涨幅月62.4%。食品大类中，猪肉是推动指数上升的主要因素。受非洲猪瘟和周期性因素，自3月开始猪肉价格逐步上升，2019年平均增幅42.5%，推动食品价格升高5.04%。鲜果类价格上涨同样是推动CPI上涨重要因素。鲜果总共推动食品类价格上升1.11%。2019年非食品价格升高1.4%，影响CPI增长1.09%。

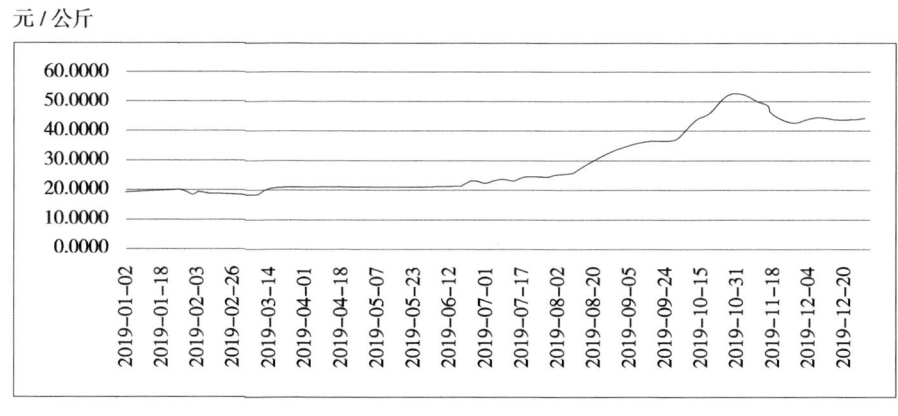

图1-5 猪肉平均批发价（标签间隔10）

数据来源：Wind

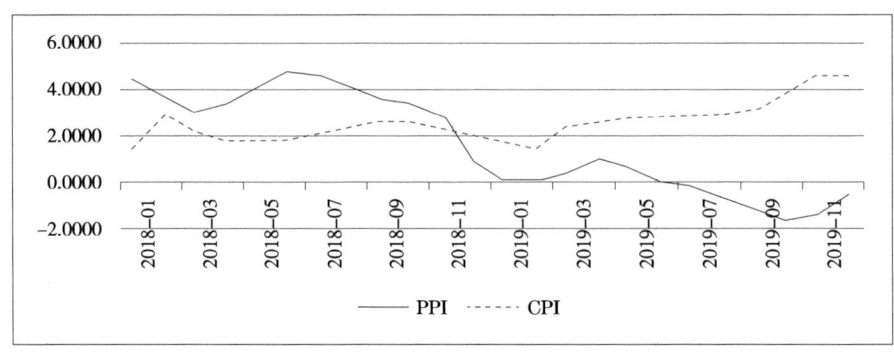

图 1-6 2018-2019 年度 CPI、PPI

数据来源：Wind

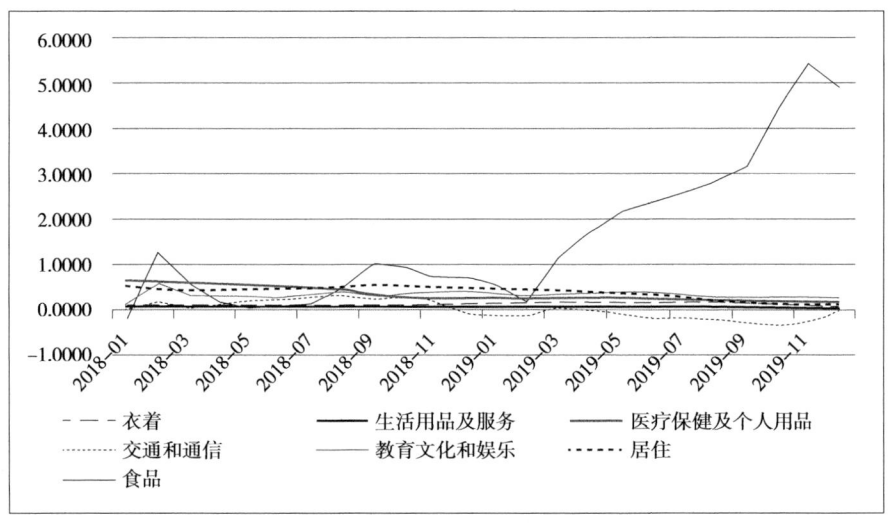

图 1-7 2018-2019 年各成分对 CPI 的拉动

数据来源：Wind

在生产领域，2019 年度 PPI 为 -0.3%。生产资料价格降低 0.8%，影响 PPI 降低约 0.57%；生活资料价格提高 0.9%，影响 PPI 升高约 0.24%。从月份同比来看，PPI 在 1 到 5 月小幅上涨，在 6 月从涨转平，7 月份开始转降，到 12 月收至 -0.5%。

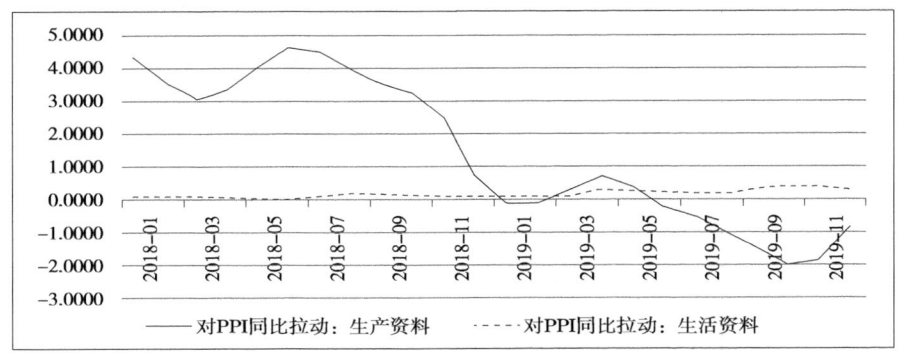

图 1-8 2018-2019 年各成分对 PPI 的拉动

数据来源：Wind

（四）固定投资

2019年固定资产呈平稳增长态势，同比增加5.4%，在经济稳定增长中发挥重要作用，并体现了结构优化的趋势。三大产业投资增长分别为0.6%、3.2%、6.5%，其中第三产业增速远高于第一产业。高技术产业投资增长较快，高技术服务业与高技术制造业投资分别增长16.50%与17.70%。2019年投资质量提升显著，社会领域投资、生态保护和环境治理、环境监测及治理服务投资分别增长13.20%、37.20%、33.40%。基础设施建设保持了3.8%的增速。随着市场进一步开放，民间资本逐步向高端领域和服务行业拓展与结合，民间资本固定资产投资完成额在计算机、通信和其他电子设备制造业与教育业累计同比分别为33.40%与28.28%，相比2018年有大幅提升[①]。

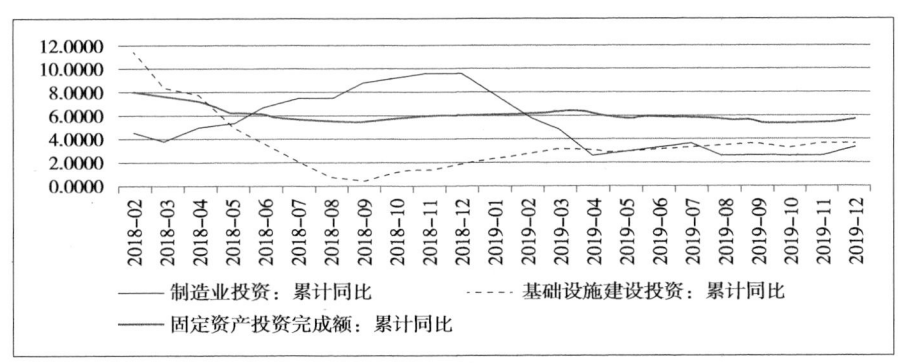

图 1-9 2018-2019 年制造业、基础建设、固定资产投资数据

数据来源：Wind

---

① 数据来源：Wind

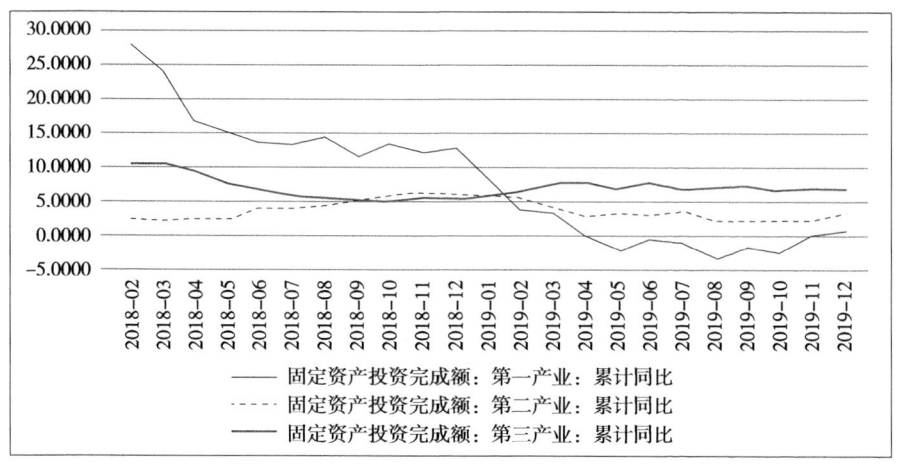

图 1-10　2018-2019 三大产业固定投资完成额累计同比

数据来源：Wind

（五）国际投资

2019年全球投资不确定性增加、经济增速普遍放缓，全球外国直接投资额约1.39万亿美元，相比2018年下降1%。流入发达国家的外资约6430亿美元，下降6%；对比之下，发展中国家的流入外资则相对稳定，约为6950亿美元[①]。中国实际利用外资总量达到历史新高，2019年中国实际使用外资金额9415.2亿元，相较2018年增加5.8%，按美元计达1381.4亿，比去年提升2.4%。2019年新增外资企业4.1万家；截至2019年末，累计外资企业超过100万家，2019年投资来源国家与地区达到179个，相较2018年度增加五个，部分发达国家对中国投资有较大涨幅。"一带一路"沿线国家与东盟国家对华的投资分别增长36%与40.1%[②]。标志着中国在市场对外开放水平以及吸引和利用外资等领域取得了重要成就。

中国高技术相关产业利用外资2660亿元，达到实际所使用外资金额的28.3%。同比上升25.6%。在18个自贸区落地外企达到6242家，实际使用外资额约达1436亿元，体现了自贸试验区在招商引资中的重要作用。其中，新加坡、荷兰、韩国对中国的投资分别提升51.1%、43.1%、21.7%[③]。体现我国外资结构持续优化，对外资外商的吸引力正在不断上升。

---

① 数据来源：《2019全球投资趋势监测报告》，2020-02-06，http：//vr.sina.com.cn/news/report/2020-02-06/doc-iimxxste9236175.shtml.

② 数据来源：中华人民共和国商务部宗长青的文章《2019年我国吸收外资实现逆势增长》，2020-01-23，http：//m.sohu.com/a/368535640_115124.

③ 数据来源：中华人民共和国商务部钱克明的文章《2019年我国上午高质量发展取得新成效》，2020-01-21，http：//www.sohu.com/a/368187476_114731.

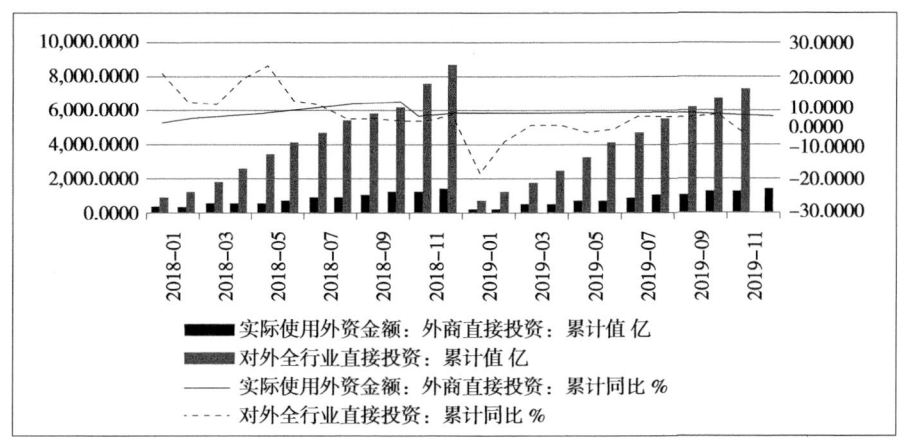

图 1-11　2018-2019 中国实际使用外资投资与对外全行业直接投资数据

数据来源：Wind

（六）国际贸易

2019 年我国国际贸易工作稳定推进，两"清单"一"目录"发布，外商投资环境不断优化。《外商投资准入特别管理措施（负面清单）（2019 版）》与《自由贸易试验区外商投资准入特别管理措施（负面清单）（2019 版本）》颁布，外资准入负面清单与自贸试验区外资准入负面清单分别从 48 与 45 条降低至 40 与 37 条，标志着准入限制的放宽，在基础设施、增值电信等七方面进一步降低了限制，有

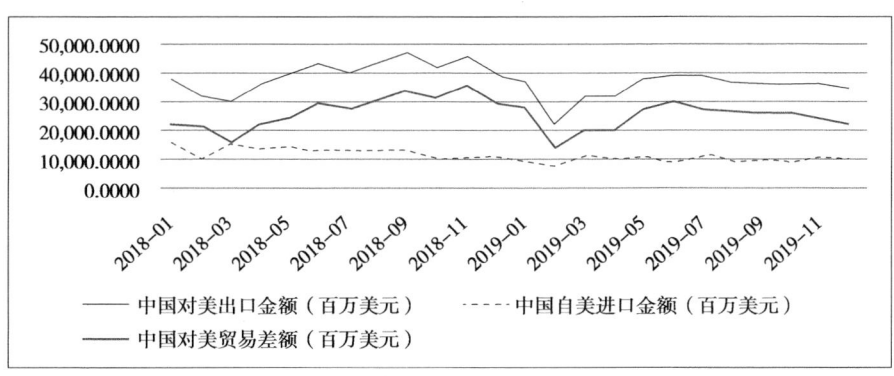

图 1-12　中国对美国进出口数据

数据来源：Wind

利于服务业、制造业等进一步对外开放，有效激发市场活力，创造公平开放的经营环境。《鼓励外商投资产业目录（2019 版）》大幅增加鼓励外商投资领域，对促进高端、绿色、智能制造行业有着积极作用，同时该目录鼓励产业向中部与西部

转移，推动全国经济均衡发展。"放管服"工作深化，下放审批工作事项与精简服务流程，大幅提升工作效率促进政府职能转变，进一步促进市场经济焕发活力。

2019年世界不确定性增加，中美贸易摩擦继续，双方针对贸易问题进行数轮磋商。由于加征关税等贸易政策因素，中美贸易受到一定程度影响。2019年中美双边贸易规模略有减少。从图1-12中可看出，无论是中国对美国的出口量，还是中国对美国的进口量，大部分时间与2018年同期相比都有明显降低。由图1-12可知，2019年上半年我国对美国的进口量有较大减少，下半年环比下降幅度逐渐放缓。出口方面，上半年对美出口量自二月份下降以来逐渐上升，但都未达到2018年同期水平，至下半年对美出口量再度出现降低趋势。

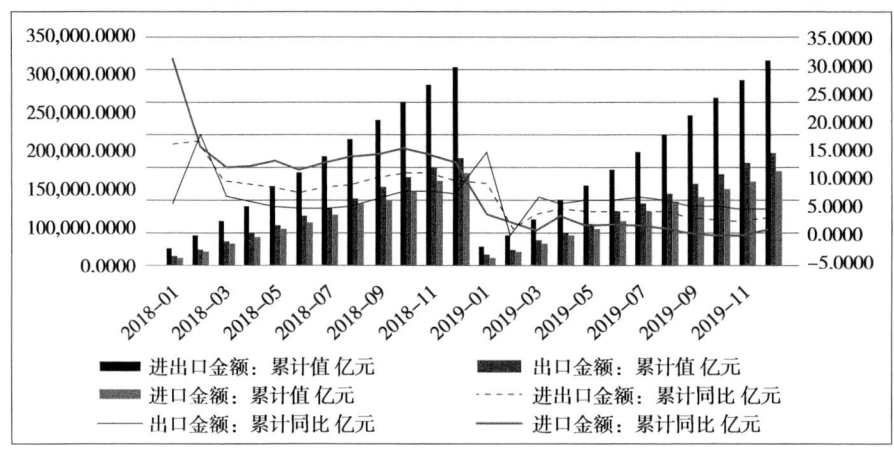

图1-13　近年我国进出口、出口、进口贸易金额与累计同比

数据来源：Wind

总体来讲，2019年我国在对外贸易方面呈现了平稳发展趋势，从近年进出口金额图中可以得知，进出口、进口、出口量保持了较高位置水平。中国2019年进出口金额31.54万亿元，相比去年增加3.4%。进出口金额分别为14.31万亿元、17.23万亿元，分别增长1.6%与5.0%[①]。中国对东南亚、欧盟国家的出口继续保持增加。在诸多合作对象中，东盟超越美国，以进出口4.86万亿元总额成为我国第二大贸易合作伙伴。与"一带一路"沿线国家，进出口达到9.27万亿元，进出口金额增加10.8%，占比提升至29.4%。民营企业方面，总进出口金额13.48万亿元，占我国外贸总值42.7%[②]，现已首次成为我国最大的外贸经营主体。民营企业

---

① 数据来源：中华人民共和国商务部的文章《2019年中国进出口、出口、进口规模均创历史新高》，2020-01-15，http：//finance.sina.com.cn/roll/2020-01-15/doc-iihnzhha2653599.shtml

② 数据来源：中华人民共和国海关总署的文章《海关总署2019年全年进出口情况发布会》2020-01-15，http：//fangtan.customs.gov.cn/tabid/970/Default.aspx

外贸增长反映了我国商业环境的不断优化与市场活力的持续释放。

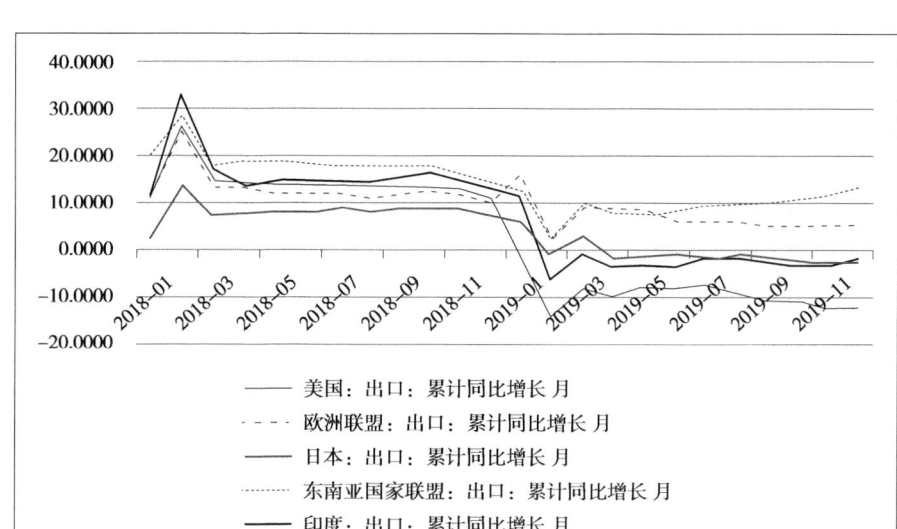

图1-14 中国对主要国家与地区出口变化

数据来源：Wind

二、2019重要经济事件

（一）科创板设立

2019年1月30日，证监会发布《关于在上海证券交易所设立科创板并试点注册制的实施意见》，对其战略定位与服务对象做了规划。3月1日相关系列制度则正式发布，科创板制度框架确立。3月18日上市审核工作开始，3月22日公布首批受理企业名单。6月13日科创板开板，7月22日25只股票在上交所上市交易并成为热点。科创板定位服务于国家战略相关，在内容方面突破关键核心技术，同时具有高市场认可度的科技创新企业，面向世界科技前沿、面向经济主战场、面向国家重大需求。

总体来说，科创板的设立是资本市场改革的重要环节，有利于发挥直接融资功能，提升股权融资比例，降低杠杆率。自十九大报告中指出"要增强金融服务于实体经济能力，提高直接融资比重"以来，资本市场的重要性愈发明显。2019年2月中央政治局会议上提到"深化金融供给侧结构性改革，增强金融服务实体经济能力"，由此，资本市场改革的重要性逐渐凸显。科创板的设立，有利于我国完善多层次的资本市场结构与体系，进而促进我国产业和企业的发展，加强资本市场为实体经济部门提供资金的功能，便利科技创新企业直接融资，更好促进科技创新，增强市场与企业活力。

伴随着国家经济改革，科技驱动因素在经济中的作用愈发明显，高科技产业的发展需要资本市场的支持。要实现企业的科技高质量自主创新，必须从企业经营角度激发活力，借助市场运行方式，由依赖政策补贴生存逐渐转移过渡至依靠市场化直接融资的自主融资模式。由于高科技产业多服务于高端制造等实体部门，因此，在完善市场层次结构同时加强了资本市场服务于实体经济的能力。科创板试点进行注册制，简化上市流程，对市场下一步的深化改革有着重要意义。

（二）央行数字货币

2019年10月28日，中国国际经济交流中心副理事长黄奇帆在外滩金融峰会演讲中透露，中国人民银行对数字货币已有多年研究，技术趋于成熟，我国央行或成为第一个推出数字货币央行。央行数字货币如推出，将会对金融和货币体系产生相应影响，人民生活中的支付方式也会随之发生变化。央行针对数字货币的研究工作，顺应了当下移动支付与金融科技发展趋势；有利于数字货币与加密技术等科技快速发展，在国际上处于领先地位；国内私人企业推出数字货币标准不一，市场缺乏统一的技术标准，我国央行对数字货币的研究，有利于建立稳定、统一的数字货币体系，稳定市场秩序，通过中心化的主权信用数字货币维护货币主权；同时对传统的货币政策体系产生积极效果，丰富现有的货币政策工具并使之更加灵活且有效；央行数字货币将注重对M0的替代，因此对用户交易的安全性和效率有更多保障与提升，更加有利金融监管、反恐反洗钱，如央行数字化货币顺利推出，将产生示范效果，对人民币国际化产生促进作用。

中国人民央行数字货币预计将采用双层运营体系，人民银行先将数字货币兑换给银行等机构，机构再将之兑换给群众。采用双层运营体系主要是考虑到中国复杂国情与不同群体的需求，根据人民需求进行兑换，更加灵活人性化[①]。双层运营体系有利于利用商业机构在金融科技发展中积累的技术经验与人才优势，发挥自身基础设施与服务框架与中央银行统一标准的合理衔接，充分结合市场活力与中心化货币的优势。双层运营设计有利于避免中央银行负担过多任务压力进而避免过于集中化导致的系统性风险。

（三）5G商用正式启动

5G商用服务启动，在北京、上海、广州等城市的部分地区已经实现信号覆盖，接下来将会促进5G商用服务的部署，为通信和经济发展提供支撑。第五代移动通信（5G）主要有三大应用场景：增强型移动宽带、超可靠低时延、海量物联。2019年6月，工业和信息化部正式向运营商发放5G商用牌照，标志着我国进入5G商用元年，截至2019年年底，全国共建成5G基站超过13万个，两化融

---

① 数据来源：穆长春的《央行数字货币将采用双层运营体系》。

合工作取得显著成效，"5G+工业互联网"512工程形成中央与地方协同发展与示范带动作用。5G的三大应用场景特性将促进新兴科技与工业、医疗、金融等领域的深度融合，带来更高性能与更佳体验的5G技术终端。目前我国企业在5G核心技术与终端建设应用方面都取得了较大的成就且处于领先地位。华为、中兴、中国信科等企业所持有的5G标准必要专利数量在全球居于前列。在5G终端产业方面，5G通信终端已经形成规模并实现量产，2019年部分国产厂商已经发布并上市了各自的旗舰产品。产业体系逐渐实现自主化，在核心技术、芯片、操作系统等关键环节国产化水平不断提升。华为推出世界首款集成5G基带商用SoC芯片麒麟990 5G。5G技术赋能与行业终端应用逐渐落地，5G的高速传输使得终端设备的体验更好，实现了数据与软件硬件的良好协作，远程作业、医疗、教育等多方面取得重大进展。

（四）自贸区扩容

自贸区试点取得成功后，新一批自贸区名单公布，涵盖全东西南北中部地区六个省份，形成了覆盖面广、领域全面、布局合理的开放格局。2019年六省份增加了自贸区，上海自贸区在原有基础上新增了临港新片区。从地理方位看，新增的自贸区位于东北、东部、南部、西南地区，分布在黑龙江、河北、山东、江苏、广西、云南。其中四个沿海省份，两个沿边省区。新设立的六个自贸区均有不同的功能与服务范围，其中四个提及人工智能、大数据等高科技的研发与应用。目前我国已经初步形成了较为全面的开放体系，在自贸区的建设过程中，充分利用各自资源禀赋与地理位置，兼顾各地的经济发展水平，设计各自战略定位与功能，新设立的自贸区在充分吸取和科学借鉴现有自贸区改革经验的基础上，形成有侧重点的差异化改革与开放试点任务。现有18个自贸区主动进行制度创新，围绕战略目标进行深层次制度改革，有利于形成系统集成性高、含金量高、跨部门协作的创新成果，从制度层面促进经济发展与制度建设。民生方面，有利于增加就业率改善民生，给人民带来更多低价格的国外优质商品，提升人民生活水平。

（五）"一带一路"持续推进

2019年前11个月，中国对沿线的56个国家有新增投资，总计127.8亿美元；新签对外承包工程合同额1276.7亿美元，占同期总额的61.2%，"走出去"工作成果显著。截至2019年11月，我国已经与137个国家和30个国际组织签订199份合作协议，显示了"一带一路"的合作对象不断增多，合作范围和领域不断扩展。2019年"一带一路"合作质量不断提升，基础设施建设的提升对"一带一路"的连通水平起到正面效果。借助"一带一路"平台，各国对经济全球化参与的深度与广度正在不断加强，促进了全球范围内的合作与开放。中国与22个国家和地区在数字经济与电子商务领域签署备忘录并建立合作机制，我国与相关国家的跨境电商交易取得了20%的同比增幅。"一带一路"资金融通能力不断提升，亚投行规模扩大，成员增加至100个，"一带一路"专项投资基金获得持续关注。民心相通方面，通过丝绸之路电影节、中外联合考古、孔子学院等形式，我国与沿线国家的文化交流取得巨大进展[①]。

三、未来展望

2020年是全面建成小康社会和"十三五"规划的收官之年，是实现第一个百年奋斗目标的关键之年，2020年的经济发展形势将会在一定程度上影响之后发展任务的政策，对2020年我国发展形势应该持有谨慎乐观的态度，来迎接挑战与机遇并存的局面。

当前中国经济已经由高速增长阶段转向高质量发展阶段，我国正处在转变发展方式、优化经济结构、转换增长动力的关键时期，中国经济发展趋势仍是稳中向好、长期向好。在国际环境不确定性增加的宏观背景下，我们应该着重以制度创新激发提升自身经济的内生动力，通过提升科技水平促进生产要素效率提高，实现高质量发展。总的来说，未来几年要通过制度创新促进经济内生动力，有以下两方面值得关注。

宏观方面，我国将会继续实施创新驱动发展战略，通过制度的改革和创新不断促进中国经济的开放与内生动力。在市场开放程度、开放格局、营商环境与多边合作方面，我国将会进一步做出努力。通过自贸区与"一带一路"平台，培育我国企业的创新与竞争优势，优化我国进出口结构，扩大高端产品出口占比，推动优势产业产能的输出，增强我国企业的国际化经营能力、竞争能力与开拓能力。2019年中美贸易摩擦不确定性增加，在贸易出口方面给我国带来巨大挑战，我国必须积极开拓全球新市场，寻找新合作伙伴与新机遇。其次，以上经济环境倒逼中国产业改革。在外国高端技术可得性下降的情况下，中国企业自身的发展方式必须改变。高端制造行业在未来必将降低对外国技术的依赖性，转而促进自身的自主研发能力。中低端行业同样必须改变以往依赖廉价劳动力的发展方式以促进产业企业转型与产业升级。为应对以上经济形势，各地将继续贯彻落实地区联动式发展，借助城市带、自贸区等平台与政策空间，利用新地缘寻求新机遇探索新模式。

在金融领域我国也将更加开放，从2020年1月1日开始，我国将陆续向外资开放金融机构股权占比限制，涉及期货、基金管理、证券等行业。此举将极大增

[①] 数据来源：中国一带一路网文章《2019，"一带一路"这样走过》，2020-02-07，https://www.yidaiyilu.gov.cn/xwzx/gnxw/114748.htm

加中国金融市场的开放程度,通过减少限制引入外资等措施,将极大提升金融行业经营效率,进而激发市场活力。可以预计,在提高市场活跃程度的同时,金融市场的稳定与竞争程度将受到挑战。同时,金融与资本市场的供给侧改革与投资领域"放管服"改革预计将会进一步深化,依据2019年国务院发布实施的《政府投资条例》,以法规形式规范政府投资全过程,提升投资决策过程效率与实现的效益。之后加快条例配套制度的建设工作,各个部门在各自领域发布一系列相关政策文件,促进深化投融资体制改革。由金融供给侧结构性改革,促进实体经济发展、发挥"硬科技"拉动作用,为我国未来发展持续注入新活力、培养新动能。

微观方面,随着经济发展方式的转变,我国经济呈现出新特点,一些新兴行业的重要性愈发突显。夜间、网红、会展、懒人等经济预计将在2020年有进一步发展。科技在经济中的重要性不断提升,未来将会出现更多行业与科技深度结合的场景。金融科技领域,新一代技术将共建生态,促进行业应用落地。大数据、人工智能、区块链等技术通过相互促进,在场景应用中将紧密结合,技术与需求之间形成良性的互动循环。通过科技对行业的赋能,促进行业结构性转变,紧密联系金融服务与实体经济,在风控、投顾等全流程进行升级。

2020年预期我国政府将会采用改革的方式创造适合的环境,结合适当措施,激发内生的动力来维持经济增长,经济政策应随着国内发展形势与国际局势变化而不断调整与优化。预计财政与货币政策将形成合力,资预计金将会流向高端制造、民生、基础建设等领域,因此带动社会融资引导资金流向,制造业、基础建设投资预计将发挥支撑作用,投资结构与质量也将优化升级。

2019年年底发生了新型冠状病毒引发肺炎的事件。12月8日官方通报了第一例不明原因肺炎患者发病,2020年1月7日检测出新型冠状病毒并获得全基因组序列。2月1日,人民银行、银保监会、证监会、财政部、外汇局联合印发特别政策安排与通知,在尊重市场规律同时体现监管的弹性,稳定金融系统以支持相关重要行业企业,采取适当措施提供充足资金,保障生产足够物资来战胜疫情,引导社会资金流向疫情防控相关企业。人民银行于2月3、4两日公开市场操作累计投放流动性1.7万亿元,有利于平稳宏观经济并且稳定市场预期与信心。

互联网经济新行业在防控工作中起到了重要作用,全面提升了工作效率与拓展作业途径。互联网医药行业线上问诊的方式有效减少人员接触,在线医疗服务平台以在线免费问诊方式提供医疗服务,提升了医疗效率,实现资源共享。跨境电商采用严禁疫情相关用品涨价、海外采购等方式支持疫情防控,通过本次事件,进口消费将更加普及,平台稳性增强。此外,远程办公与在线教育行业平台服务需求增加。面对本次疫情,5G商用的场景更加清晰可行,5G远程医疗会诊、5G直播、5G智能医疗机器人、5G热成像体温检测与远程办公、远程教育等需求将会倒逼5G建设工作加速。而5G建设将进一步促进ABCDEI技术(人工智能、区块链、云计算、大数据、边缘计算、物联网）投产与落地。数字技术在防疫抗疫工作中证明有重要作用，预计未来将在物资调配、实时监控、疫情分析预测、远程问诊治疗、健康教育、无人机巡逻等方面深度耦合。

近年来经过经济与金融的改革与创新，资本市场与金融机构的风险应对与处置能力不断上升，其稳定性提升。总的来看，我国经济发展具有活力，经营环境不断改善，经济基本面长期向好。

第二章　2019年美国经济观察报告

管　珺　任康钰[①]

一、经济、社会概况

2019年，美国经济总体表现良好，但增长速度趋缓。全年GDP增长2.3%，消费对经济的积极贡献作用显著。失业率2019年达到半个多世纪来的最低水平，工资水平提高，劳动市场成效显著。金融市场稳健发展，美联储三次降息刺激经济发展，同时股票市场的大牛市增强了投资者的信心。但是，内外部的风险也使美国经济面临压力。从国家内部来看，债券收益率罕见地出现倒挂，通货膨胀率走高，制造业萎缩。从国际社会来看，中美贸易争端的不确定性，北美自由贸易协定的重新谈判，以及美国与伊朗、委内瑞拉的冲突，都影响着本国金融市场的稳定。

（一）国内生产总值（GDP）

作为世界第一大经济体，2019年美国国内生产总值呈现稳步增长趋势，但增长速度明显下降。根据美国商务部经济分析局公布的数据，2019年美国实际国内生产总值为19.07万亿美元，同上一年相比增长2.3%。2019年美国名义国内生产总值为21.43万亿美元，同去年相比增长4.1%，绝对值增长8488亿美元。2019年美国人均GDP为65462美元，同去年相比增长4.1%。但是，各项指标增长速度较2018年明显放缓，实际GDP增长速度下降0.6%，人均GDP增速下降0.7%。

从各季度来看，第一季度增长迅猛，第二、三、四季度增长趋于平稳。第一季度GDP同比增长3.1%，是全年增速最快的季度，为2019开了一个好头。其中，消费者支出增长1.2%，这是第一季度的典型情况，因为它刚好在假日购物季之后。商业投资增长5.1%，出口增长3.7%，而进口下降3.7%，联邦政府开支基本持平；第二个季度增速放缓为2.0%。消费者支出增长了4.3%，商业投资下降5.5%，出口下降了5.2%，进口仅增长0.1%，美国同各国的贸易摩擦对国际贸

[①] 北京外国语大学国际商学院。

易各方面已产生影响,联邦政府开支增加了7.9%。第三、四季度几乎与第二季度增速持平,保持2.1%的增速。第三季度,消费者支出增长了3.2%,商业投资下降了1.0%,出口增长1.0%,进口增长1.8%,联邦政府支出增长了3.3%;第四季度,消费增长1.8%,商业投资下降6.1%,出口增长1.4%,进口下降8.7%,联邦政府的开支增加了3.6%。

表2-1 美国2016-2019年度GDP与人均GDP绝对值与增长率

年份	年度GDP	GDP增长率	人均GDP	人均GDP增长率
2019年	21.429万亿	2.3%	65,462	4.1%
2018年	20.58万亿	2.9%	62,869	4.8%
2017年	19.519万亿	2.4%	60,000	3.6%
2016年	18.715万亿	1.6%	57,901	2.0%

数据来源:https://countryeconomy.com/gdp/usa

表2-2 GDP及其构成增长率:2016-2019年度　　　　单位:%

年份	季度	GDP	个人消费支出	国内私人投资	商品及服务出口	商品及服务进口	政府消费及投资总额
2016	Q1	2.0	3.2	−1.6	−3.0	0.9	3.8
	Q2	1.9	2.9	−1.7	4.0	0.8	−0.7
	Q3	2.2	2.6	0.5	6.1	4.7	1.7
	Q4	2.0	2.5	9.3	−2.5	7.5	1.1
2017	Q1	2.3	2.4	3.4	6.1	4.1	−0.2
	Q2	2.2	2.4	3.6	1.6	3.5	1.4
	Q3	3.2	2.4	7.4	4.4	1.3	−0.1
	Q4	3.5	4.6	4.7	10.1	14	2.4
2018	Q1	2.5	1.7	6.2	0.8	0.6	1.9
	Q2	3.5	4.0	−1.8	5.8	0.3	2.6
	Q3	2.9	3.5	13.7	−6.2	8.6	2.1
	Q4	1.1	1.4	3.0	1.5	3.5	−0.4
2019	Q1	3.1	1.1	6.2	4.1	−1.5	2.9
	Q2	2.0	4.6	−6.3	−5.7	0.0	4.8
	Q3	2.1	3.2	−1.0	1.0	1.8	1.7
	Q4	2.1	1.8	−6.1	1.4	−8.7	2.7

数据来源:https://www.bea.gov/data/gdp/gross-domestic-product

从 GDP 构成来看，个人消费支出与政府消费投资支出增速高于国内私人投资与净出口增速。从 2019 年整年的数据中可以看出，相较于去年，消费增长 2.6%，领先于其他支出，其次是政府支出增长 2.3%，为近 5 年来的最高增速；投资同比增长 1.8%，但增长速度远远低于 2018 年；净出口同样不容乐观，进口与出口的增速均大大下降。各项支出对 GDP 的贡献，也呈现不同态势，个人消费支出与政府消费投资支出对 GDP 增长产生了积极地影响，而投资与净出口情况不容乐观。消费在第二季度达到了惊人的 3.03%，处于历史高位，第三季度达到了 2.12%。在国内私人投资方面，全年处于波动态势，除第一季度外，第二、三、四季度均对 GDP 产生负贡献。另外，在出口方面，由于特朗普挑起的贸易摩擦对美国进出口的影响，这一指标在第二季度出现对 GDP 的负贡献。

表 2-3 GDP 构成对经济增长的贡献：2016–2019 年度　　　　单位：%

年份	季度	个人消费支出	国内私人投资	商品及服务出口	商品及服务进口	政府消费及投资总额
2016	Q1	2.11	−0.26	−0.38	0.11	0.67
	Q2	1.95	−0.28	0.45	−0.10	−0.12
	Q3	1.74	0.09	0.71	−0.66	0.31
	Q4	1.70	1.50	−0.30	−1.06	0.19
2017	Q1	1.63	0.57	0.72	−0.58	−0.04
	Q2	1.63	0.59	0.20	−0.51	0.24
	Q3	1.61	1.25	0.54	−0.18	−0.02
	Q4	3.12	0.80	1.19	−1.99	0.42
2018	Q1	1.15	1.07	0.10	−0.10	0.33
	Q2	2.7	−0.30	0.71	−0.04	0.44
	Q3	2.34	2.27	−0.78	−1.27	0.36
	Q4	0.97	0.53	0.18	−0.53	−0.07
2019	Q1	0.78	1.09	0.49	0.23	0.50
	Q2	3.03	−1.16	−0.69	0.01	0.82
	Q3	2.12	−0.17	0.11	−0.26	0.30
	Q4	1.20	−1.08	0.17	1.32	0.47

数据来源：https://www.bea.gov/data/gdp/gross-domestic-product

总的来说，2019 年全年，尽管美国经济增速正在放缓，但仍保持相对强劲的势头。去年美国经济实现超预期强劲增长，都得益于减税法案等政府的刺激措施，但仅具有短期效用，随着时间的推移，货币和财政政策存在不确定性，以及贸易摩擦的破坏性，全球经济放缓的负面影响显现。

（二）人口与就业

截至 2019 年 12 月 31 日，美国人口超过 3.29 亿人，是世界人口第三大国，仅次于中国和印度。全国四分之一以上的人口仅居住在三个州：加利福尼亚、得克萨斯和佛罗里达。近十年来，美国人口变化主要来源于自然增长和国际迁徙。2019 年，自然增长下降至 95.7 万，这是 40 年来首次降至 100 万以下，延续了出生人数减少的趋势。国际迁移是美国人口增长的另一个重要来源，2019 年由于国际净迁移，使美国人口增加了 595000 人，十年来国际净移民人数最多的一年是 2016 年为 1046709 人，自 2016 年国际净移民人数逐年减少。

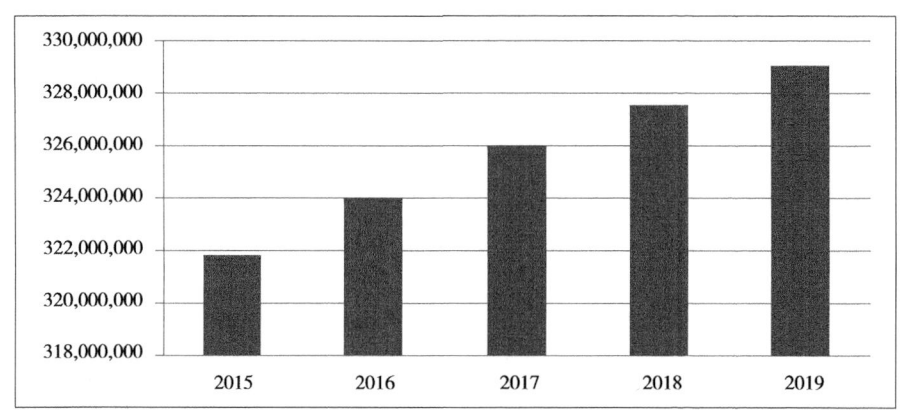

图 2-1　美国 2015-2019 年人口总数（单位：人）

数据来源：https://www.census.gov/popclock/

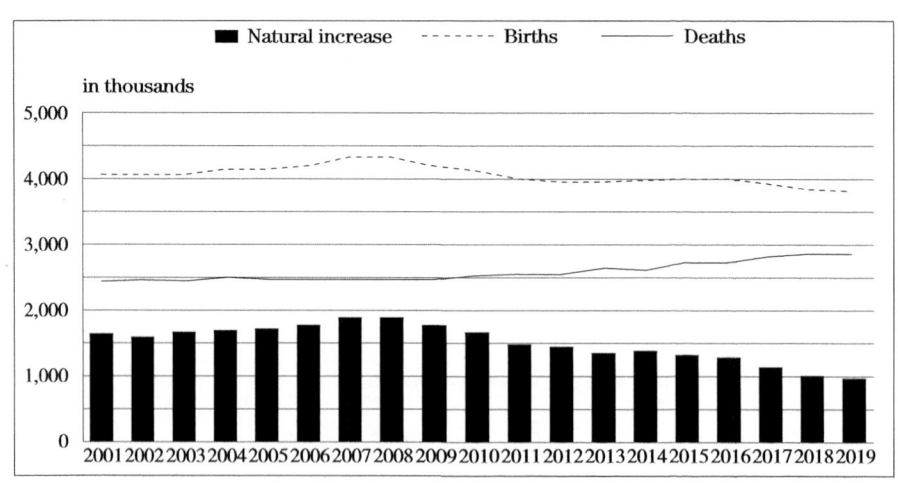

图 2-2　美国 2001-2019 自然增长情况（单位：千人）

数据来源：https://www.census.gov/newsroom/press-releases/2019/popest-nation.html

2019年全美国就业状况良好，根据美国劳工统计局的调查，2019年12月成年人（16岁及以上）人口总数为2.59714亿，劳动力16354万，其中就业者占96.5%，失业者占3.5%；不属于劳动力者9617.4万。

美国失业率在2019年整体呈现下降趋势，全年失业率未超过4%。其中，上半年失业率小幅下降，但在6月份又小幅回升至3.7%的水平；而下半年失业率呈现波动态势，在10月又出现0.1%的回升，随后下降至3.5%，是1969年5月以来的最低水平，保持了自2008年金融危机过后失业率的下降态势。

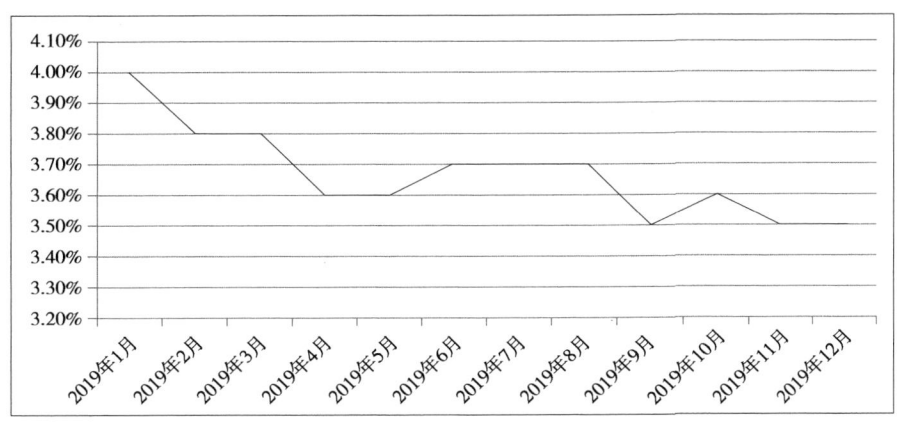

图2-3 美国2019年失业率（单位：%）

数据来源：https://www.bls.gov/cps/

2019年12月美国劳动力参与率为63.2%，相较于2018年小幅上涨0.2%，全年呈现波动状态。前四个月逐月下降，4月份达到全年的最低点62.8%，从第五个月份开始呈现波动回升，升至与1月份持平。

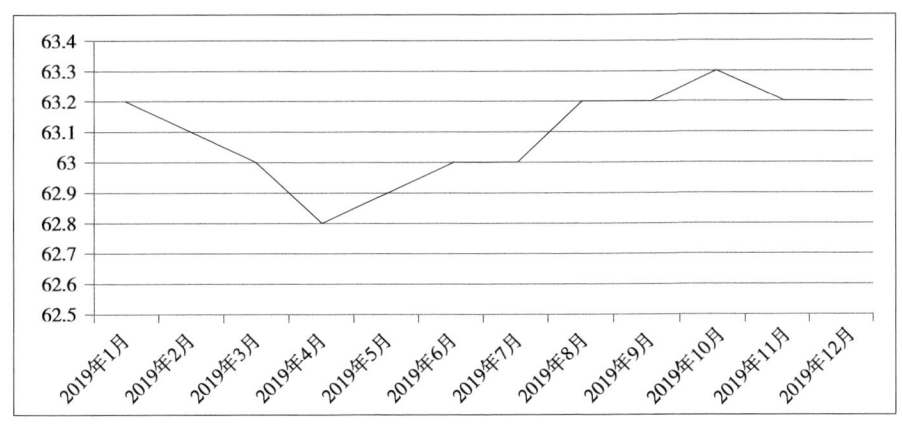

图2-4 美国2019年劳动参与率（单位：%）

数据来源：https://www.bls.gov/cps/

2019年美国劳动力市场保持强劲，收入全年呈现上升态势，12月份人均可支配收入达到16706.4美元。失业率处于50年来的最低水平，获得了稳定的就业增长。没有高中文凭的人的失业率降至4.8%，这是自1992年该系列开始以来的最低水平。劳动力市场利用率不足比率下降至6.9%，这是自2000年以来的最低点。就业人口比率达到61.0%，上一次达到该水平是在2008年12月。失业保险的初次申领人数显示连续239周一直保持在30万以下。

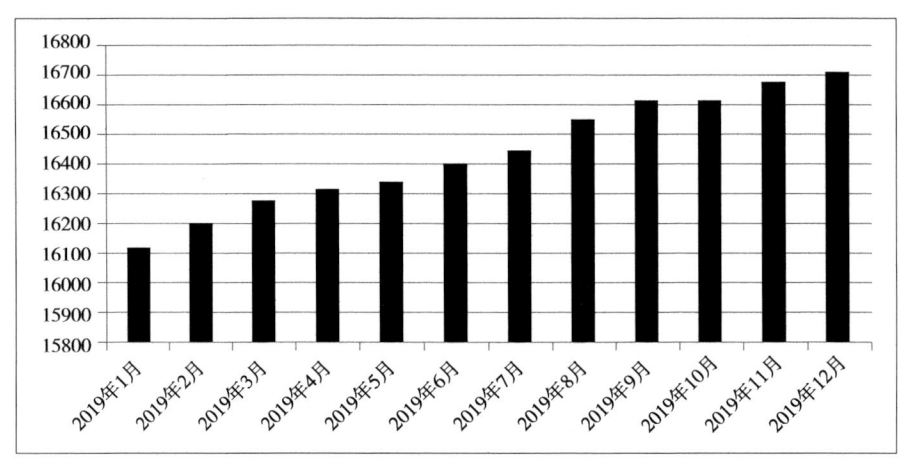

图2-5 美国2019年人均可支配收入（单位：美元）

数据来源：https://www.bea.gov/data/income-saving/disposable-personal-income

（三）消费与物价

2019年美国PCE物价指数上升1.4%核心PCE价格指数增长1.6%。2019年第四季度，个人消费支出为134119亿美元，约占GDP的70%，商品消费支出48228亿美元，服务消费支出86309亿美元。12月份个人消费支出（PCE）增加466亿美元，PCE物价指数上升0.3%不包括食品和能源的PCE价格指数（即核心PCE价格指数）上升0.2%在商品中，处方药支出是增长的主要原因。在服务方面，医疗保健支出贡献最大。

特朗普政府保持经济平稳运行的目标之一就是实现"2%的通过膨胀率"，为保持这一目标，美联储相继出台一系列的货币政策，但是2019年11月与12月相继出现通货膨胀率高于2的情况。从CPI指数的各个项目来看，2019年能源项目的变动最大，远远超过食物价格的变动，达到3.4%。

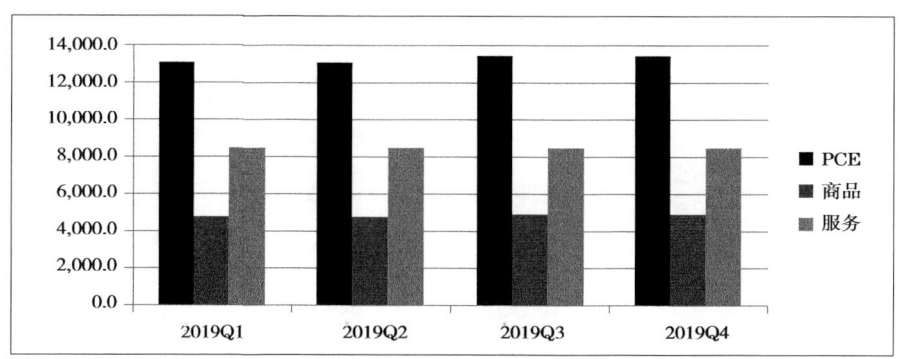

图 2-6　美国 2019 年四季度个人消费支出（单位：十亿美元）

数据来源：https://www.bea.gov/news/2020/personal-income-and-outlays-december-2019

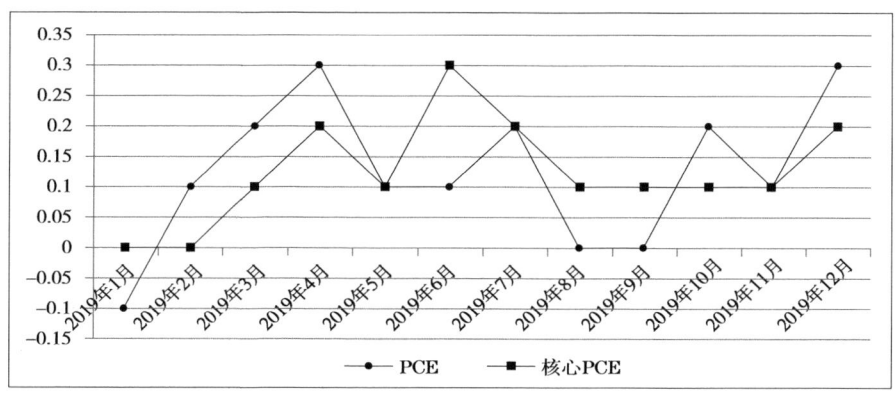

图 2-7　美国 2019 年个人消费支出价格的每月变化百分比（单位：%）

数据来源：https://www.bea.gov/news/2020/personal-income-and-outlays-december-2019

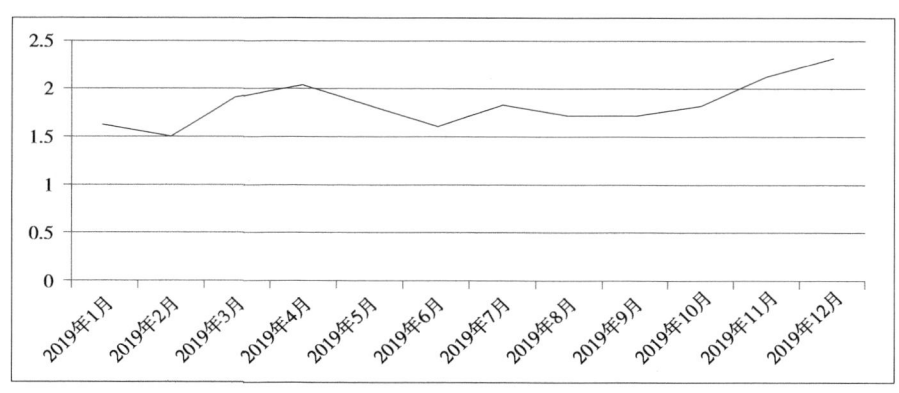

图 2-8　美国 2019 年 CPI 月度环比折线图（单位：%）

数据来源：https://www.bls.gov/cpi/

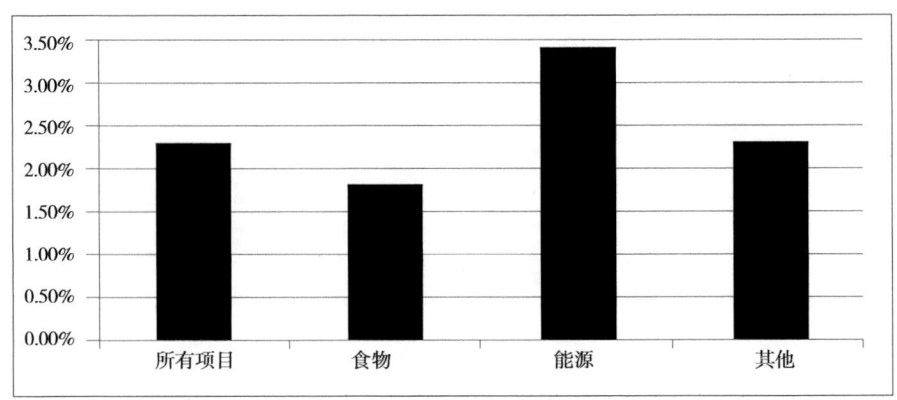

图 2-9　美国 2019 年 CPI 各项目变动百分比（单位：%）

数据来源：https://www.bls.gov/cpi/

就 PPI 指数而言，12 月份最终需求的 PPI 增加 0.1%；货物增长 0.3%，服务不变。最终需求生产者价格指数在 12 月微升 0.1%，最终需求产品价格上涨 0.3%，而最终需求服务指数保持不变。最终需求指数 2019 年上升 1.3%。经季节性因素调整后，12 月份最终需求的生产者价格指数微升 0.1%。最终需求指数 12 月份的上涨是最终价格上涨 0.3% 的结果。

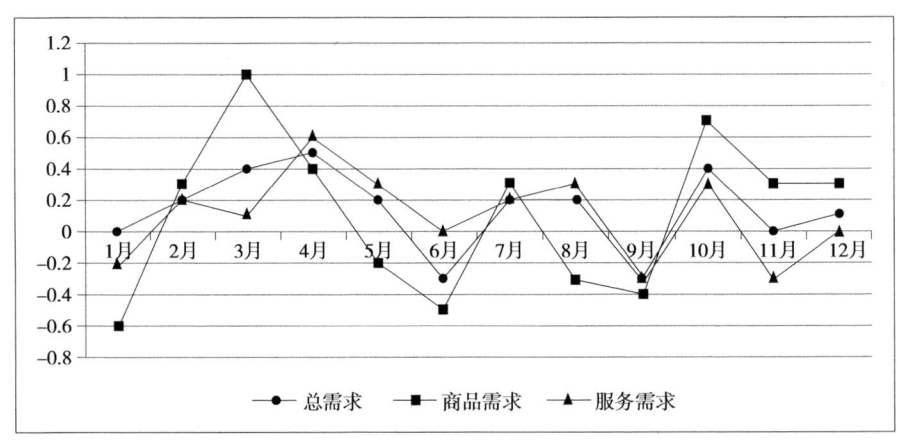

图 2-10　美国 2019 年 PPI 变动百分比（单位：%）

数据来源：https://www.bls.gov/ppi/

（四）制造业、房地产业的发展

制造业是国内生产总值（GDP）的重要组成部分，占美国 GDP 的 11%。制造业为美国经济的力量增添了很多价值，制造业上每投入 1 美元，其他支持部门的业务就会增加 1.89 美元。制造业为美国创造了大量工作岗位，但技术缺口使得岗位空缺。制造业曾经是美国经济的重要组成部分，但近年来美国作为世界领先制造商的优势有所下滑。因此，振兴美国制造业成为特朗普总统工作重点。

2019年美国PMI整体走低，呈现疲软态势。全年均未超过60点，在12月份跌至最低点47.2。以50为界，低于这个界限一般表明制造业经济总体上正在萎缩。制造业是美国经济的薄弱产业，但2019年的制造业表现尤其不佳。这与制造业企业信心下滑有很大关系，对经济发展的不确定性以及中美贸易争端带来的破坏性都对制造业产生了负面影响。

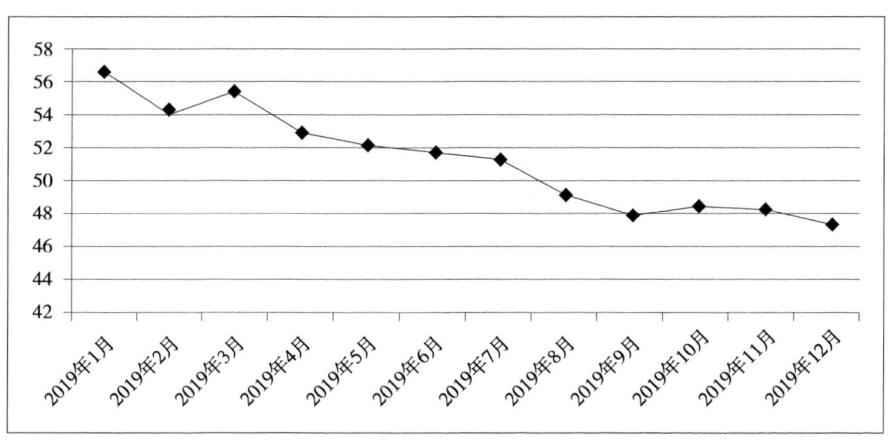

图 2-11 美国 2019 年制造业 PMI

数据来源：https://tradingeconomics.com/united-states/manufacturing-pmi

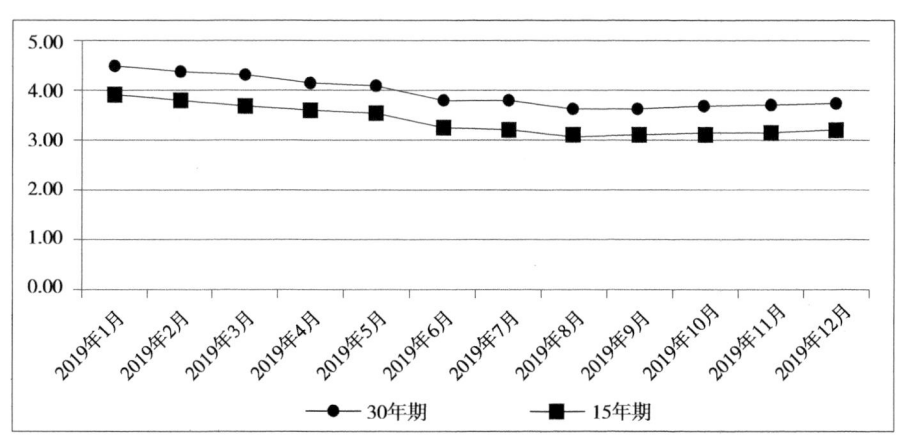

图 2-12 美国 2019 年住房抵押贷款固定利率折线图（单位：%）

数据来源：http://www.freddiemac.com/pmms/

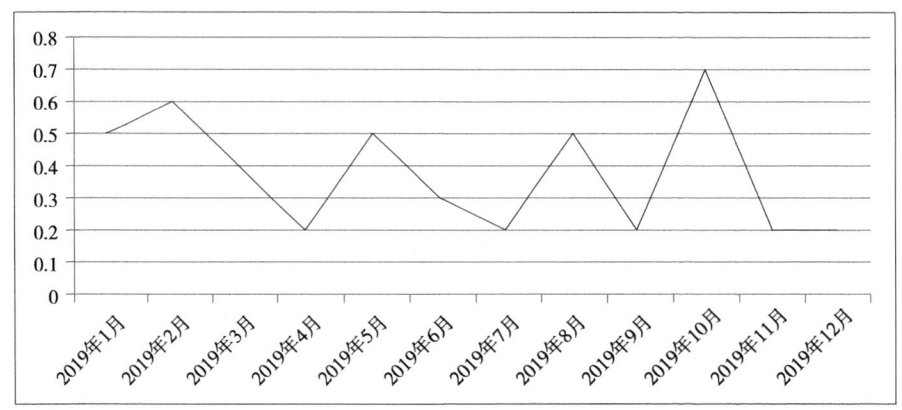

图 2-13　美国 2019 年房价指数月环比柱状图（单位：%）

数据来源：https://tradingeconomics.com/united-states/housing-index

房地产业的繁荣对于美国经济的发展是不可或缺的。住宅房地产为家庭提供住房，商业房地产为零售，办公室和制造业创造了就业空间。房地产是创造就业的主要力量，也切实关系到民生，房地产业的不景气将导致高失业率。

在房地产方面，火热的房地产市场正在逐步降温。从购房成本来说，2019年，美国 30 年期和 15 年期的住房抵押贷款固定利率均呈现出下降的趋势，同比分别下降 3.72% 和 3.18%。同时，2019 年美国房价继续上涨，但增速放缓，在 10月份出现了增速的峰值。

（五）国际贸易与投资

2019 年美国在国际贸易领域，仍然处于贸易逆差状态，并保持在比较高的水平上。相比于 2018 年的波动态势，2019 年相比平缓，但仍有几个月份，波动显著。11 月达到一年当中的最低点 436.91 亿美元，但随后的 12 月份回升，全年贸易逆差总额超过 6000 亿美元。

中美贸易摩擦的不确定性，一直影响着美国的国际贸易变化，中国一直是美国重要的贸易伙伴。从商品与服务的进口来看，负增长的态势显著，第四季度增长为 -8.7%，为 5 年来最低；从商品与服务的出口来看，受贸易战的影响，出口的增长率也大大下降。特朗普政府挑起的贸易战，损害了美国的发展利益。

美国在 2019 年向全球运送了价值 1.645 万亿美元的商品。与 2018 年相比，2019 年下降了 1.2%。美国的前十大出口额占其全球出货量总值的三分之二以上。包括计算机在内的机械类产品位居美国出口类产品首位，在十大出口类别中，药品是增长最快的类别，自 2018 年以来增长了 10.8%。宝石和贵金属跌幅最大，为 6.6%，主要受钻石和黄金收入减少的拖累。

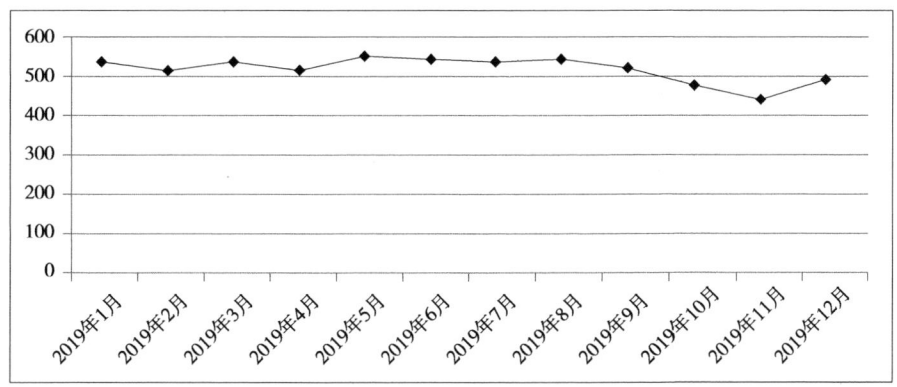

图 2-14　美国 2019 年贸易逆差图（亿美元）

数据来源：https://tradingeconomics.com/united-states/balance-of-trade

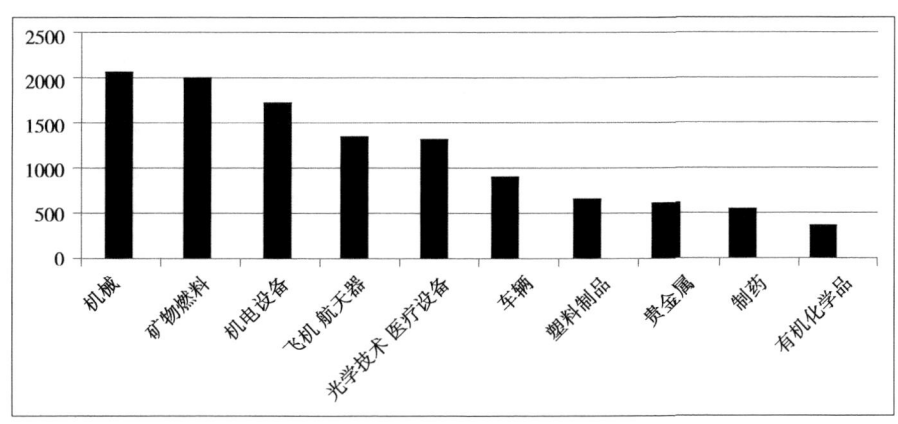

图 2-15　美国 2019 年十大出口产品贸易额（亿美元）

数据来源：http://www.worldstopexports.com/united-states-top-10-exports/

美国在 2019 年从全球进口了价值 2.568 万亿美元的商品。相比于 2018 年，2019 年下降了 1.7%。前十大进口产品占美国进口总额的 66.9%。在前十大进口类别中，包括计算机在内的机械位居首位，贸易额为 3790 亿美元，占进口总额的 14.8%。美国药品进口的价值增长最快，2019 年增长 10.9%。跌幅最大的是矿物燃料（包括石油）价格下跌了 13.1%，其主要原因是来自国际目的的原油购买量减少。

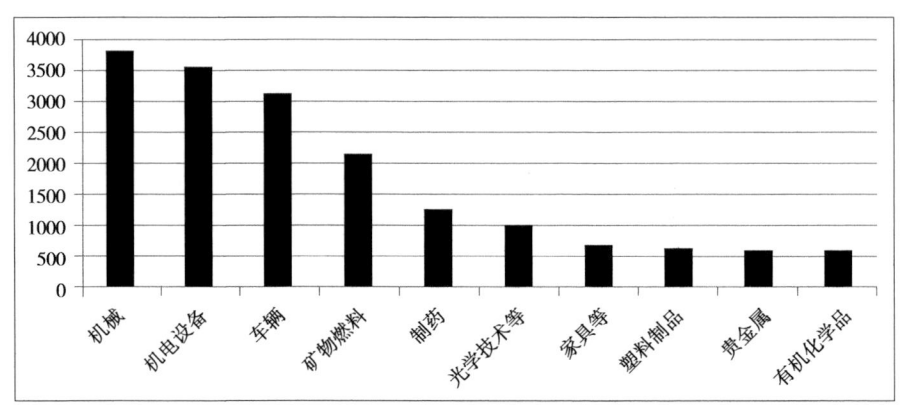

图 2-16　美国 2019 年十大进口产品贸易额（亿美元）

数据来源：http://www.worldstopexports.com/united-states-top-10-imports/

2019 年美国对外直接投资额延续了 2017 年以来的良好态势，表现活跃。2019 年第三季度，美国的对外直接投资增加了 50582 百万美元。增长数额相较于前两个季度有所下滑，但整体态势良好。

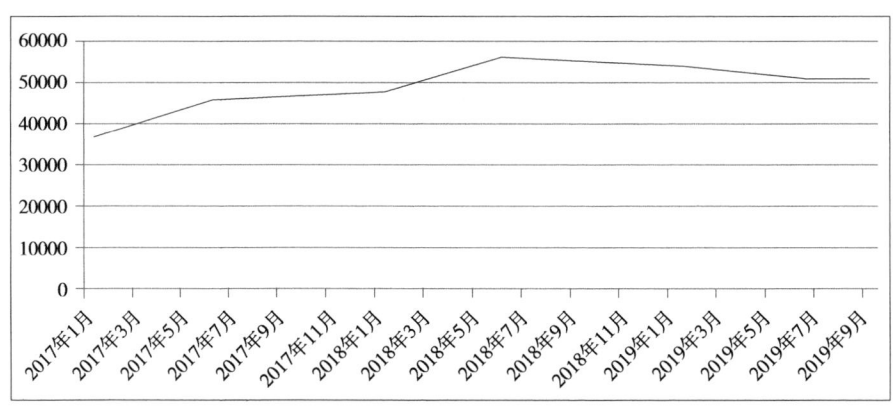

图 2-17　美国 2016—2019 美国对外直接投资增长额（百万美元）

数据来源：https://tradingeconomics.com/united-states/foreign-direct-investment

根据美国经济分析局（BEA）发布的统计数据，截至 2019 年第三季度末，美国净国际投资头寸为 –10.95 万亿美元。资产总额为 28.26 万亿美元，负债总额为 39.21 万亿美元。在第二季度末，净投资头寸为 –10.61 万亿美元，从第二季度到第三季度，净投资头寸变化了 –3,381 亿美元。在第三季度末，美国资产增加了 2868 亿美元，增至 28.26 万亿美元，这主要归功于金融衍生品的增加。美国负债增加了 6249 亿美元，增至 39.21 万亿美元。

图 2-18　美国 2010-2019 美国国际净投资（万亿美元）

数据来源：https://www.bea.gov/data/intl-trade-investment/international-investment-position

二、2019 年的经济大事件

（一）中美贸易争端告一段落

2019 年 12 月 13 日，中美已就双方第一阶段经贸协议文本达成一致，同时美方承诺将逐步降低关税，分阶段取消对华产品加征关税。双方于 2020 年 1 月 15 日在华盛顿签署《中华人民共和国政府和美利坚合众国政府经济贸易协议》。通过深化贸易领域双向合作、进一步放宽市场准入、持续优化营商环境等三方面，更好地促进公平竞争，激发市场主体的创新与发展活力。中美第一阶段协议的达成，立即受到中美两国和国际社会、金融市场的普遍欢迎，促进了世界经济的稳定与发展。

自 2018 年贸易战以来，美国政府对中方共计 500 亿美元的商品加征 25% 的关税。2019 年全年，美国政府征税数额不断提升，征税范围不断扩大，分别于 5 月 10 日，10 月 31 日不断上调关税，累计对美国从中国进口的 2500 亿美元商品征收 25% 的关税。中国随后也被迫进行反击，对美国部分商品加征关税。然而，这两个经济巨人之间的紧张关系不仅限于贸易，还涉及技术和安全等领域。特别是，美国将华为列入黑名单，这使中国科技巨头与美国公司开展业务变得更加困难。此举违背了美国政府去年 12 月初，在阿根廷举行的二十国集团峰会上达成的不再加征关税的共识，不利于中美双方共同的利益。

2018 年贸易争端紧张局势对双方乃至世界都产生了巨大的影响。首先，中国有巨大的内需市场，消费潜力巨大，并且近年来中国大力发展同亚欧非等其他国家的贸易往来，海外市场不断扩展，可以抵减部分因贸易争端引发的损失；而反观美国，其要承担的后果可能会更大，无论如何，美国的巨额贸易赤字已经持续了多年，而且不太可能消失。即使与中国的差距缩小了，但与墨西哥、欧洲等其他国家的差距也在扩大。2019年美国制造业疲软的负面影响已经开始显现。从全球来看，世界两大经济体的贸易争端，导致了全球制造业的下滑，经济增长普遍放缓。

贸易争端何时能够彻底结束，不同专家见解不同。但至少从目前来看，这两个世界上最大的经济体的领导人已初步达成第一阶段书面协议，僵局开始破冰，但最有争议的争端仍然存在，如何进一步达成共识，需要双方共同磋商解决。

（二）美联储三次降息

2019年8月1日，美联储主席杰罗姆·鲍威尔（Jerome H. Powell）宣布降息25个基点，下调至2%-2.25%。这是自2008年美国金融危机过后，十年来的首次降息。随后美联储分别于9月9日、10月31日进一步下调利率，将联邦基金利率下调至1.50%-1.75%。2019年全年美联储共下调利率三次，利率累计降低了0.75个百分点，上次史上连续三次降息是在1998年，该策略的效果延长了现在被称为美国历史上第二长的经济扩张时期。

中美贸易摩擦的不确定性和全球经济增长放缓继续对美国经济构成风险是美联储降息的重要决定因素。2019年美国商业投资和出口仍然疲软，制造业产出下降。根据美联储的数据，制造业产出已开始萎缩。基于采购经理的指数，9月份的制造业收缩是10年来有史以来最严重的，库存和新订单均下降。制造业就业人数停滞不前，最近的数字表明工厂职位减少。全球经济增长的最大不确定性之一是特朗普与中国的贸易谈判以及与加拿大和墨西哥的北美自由贸易协定的重新制定。美联储希望确保全球经济放缓不会拖累美国，扩张性的政策将有利于经济活动的持续扩张，预防经济衰退。

2019年8月，美国债券市场出现了罕见的现象，美国十年国债利率低于两年期国债利率，即国库券收益率倒挂，引起投资者恐慌，当天股市暴跌。8月14日，10年期国债收益率跌破2年期国债收益率。15日，30年期债券的收益率首次低于2%以下。

这一现象与投资者的信心下降密不可分。随着全球经济放缓以及中美贸易的不确定性增加，使得投资者对经济的担忧增加，认为持有长期国库券比短期国库券能带来更多收益。因为短期债券，意味着必须在几个月内将这笔钱重新投资，而经济衰退的来临，将导致短期票据的价值将很快暴跌。因此投资者涌向长期国债，导致长期债券市场需求旺盛，因此不需要那么高的收益率来吸引投资者。相反，短期国库券的需求下降，需要付出更高的收益来吸引投资者。最终，短期国库券的收益率要高于长期债券的收益率,收益率曲线会反转。

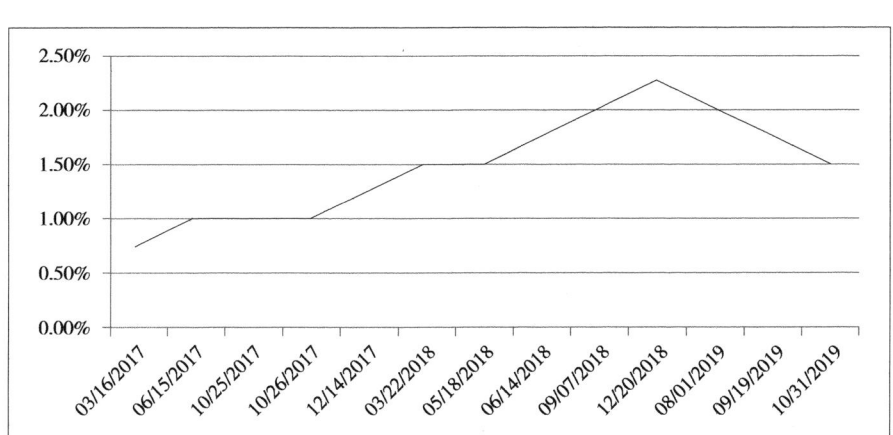

图 2-19　美国联邦基金利率走势图(单位:%)

数据来源:https://countryeconomy.com/key-rates/usa

2020 年,美国进一步降息或者保持稳定的概率比较大。2020 年是大选之年,更低的利率,有利于提高总收入,提振股价,降低失业率。同时这对于特朗普先生来说是个好消息,特朗普一直在压迫央行削减利率,并表示美联储应将利率降至零或更低,给美国经济带来活力,为 2020 年大选成功连任取得先机。

(三)美股大牛市

2019 年,美国股市大幅反弹,表现出众。标准普尔 500 指数的涨幅 28.9%,这一成绩自 2013 年以来的最大股票涨幅;道琼斯工业平均指数上涨 22.3%,在 11 月 15 日,史上首次突破 28000 点,再创历史新高;纳斯达克指数在涨幅 35.2% 之后,也创下了六年来最高的年度表现。

在美国股票中,技术和通信服务行业是最大的赢家。能源再次成为表现最差的行业。科技行业出现了不可预见的繁荣,带动主要股指走高。两家科技巨头股票占美国标普 500 指数涨幅的近 15%,苹果公司股票上涨了 85%,微软公司股票上涨了 15%。能源是美国 2019 年标普 500 指数中表现最差的板块。石油是不可或缺的燃料,油价下跌推动了全球经济活动。尽管能源市场不景气,但沙特阿美(Saudi Aramco)的首次公开发行是 2019 年的一大亮点。

美联储主席鲍威尔将央行的举动描述为"保险"降息。2019 年,该市场取得成功的关键因素之一是从低基数开始,标准普尔指数 2019 年的收盘价比 2018 年的高点 2900 点高约 10%,接近 90 年来标准普尔 500 指数的 9.8% 的平均回报率。其次,可归因于美联储的重大政策转变。美联储在 2018 年四次加息,包括 2018 年 12 月加息,使其关键利率升至 2.5%。在 2019 年美联储改变主意,三度降息。

利率下降使投资者开始涌向高回报的金融资产，迫使更多资金流入预期会升值的股票，从而赚取更多收益。美联储的关键利率现在回到1.50%至1.75%之间。此外，美联储曾表示，预计到2020年，利率将保持不变，这将使投资者在保持历史低位的基础上保持清晰。但是，全球经济放缓，破坏性的贸易战也对美国股市也产生了一定负面的影响。在全年的大部分时间里，贸易战的头条新闻主导了财经新闻，特朗普政府的关税威胁常常使指数大幅下跌，在宣布交易达成后，使市场进一步上涨。

（四）签署《美国—墨西哥—加拿大协议》

《美国墨西哥加拿大协议》（USMCA）已有近25年历史，它是《北美自由贸易协议》（NAFTA）的更新版本。它包括汽车的重大变化，有关劳工和环境标准，知识产权保护以及一些数字贸易条款的新政策。此协议使美国农民、牧场主和农业综合企业受益，使粮食和农业贸易更加公平，有利于扩大美国农产品出口。

2019年6月，墨西哥成为第一个批准该协议的国家。12月19日，美国众议院以385票对41票通过了《美国墨西哥加拿大协议》，2020年1月16日参议院以压倒性多数通过该协定，2020年1月29日，特朗普正式签署了《美国墨西哥加拿大协议》，他在国情咨文中把这一成就誉为他的标志性成就之一。目前加拿大议会刚刚开始这一进程，在批准之前，协议不会完成。谈判的过程当然也不是一帆风顺的，特别是在谈判的最后阶段，当美国在农业等问题上与加拿大发生争执时，特朗普扬言要把北美自由贸易协定变成与墨西哥的双边协议，从而将加拿大完全排除在外。

该协定重写了与加拿大和墨西哥的贸易规则，特朗普总统获得了重大政策胜利。特朗普在2016年竞选时，对该协议持否定态度，称这增加了美国的贸易赤字，造成了工人失业，被他称为"历史上最糟糕的贸易协议"。他承诺如果成功当选将改写北美自由贸易协定，现在这一协议的签署是他向选民兑现了这一承诺。特朗普把这一协议称为美国农民和工厂工人的"巨大胜利"，并称其为"有史以来最大，最公平，最平衡的贸易协议。"

三、未来与展望

2019年美国经济基本面还是比较稳固的，但各项指标增长速度放缓。许多投资者预计2019年将是动荡的一年。随着这一年的到来，英国脱欧延误，未解决的中美贸易摩擦以及全球众多其他紧张局势引发的衰退忧虑持续升温。然而，经济数据总体上仍然保持良好态势，全球股市领先，美国股市在年底达到历史新高。2020年美国经济的不确定性仍然不可忽视，充满争议的政治环境，紧张的贸易局势，疲弱的制造业，商业信心的下降，加剧的政治紧张局势以及两极分化都是我们认为将持续到2020年的风险因素。但是机遇与挑战并存，许多利好的因素也在促进美国经济的发展。

2020年美国经济运行存在一定的不利因素，无论是从国内方面，还是基于国际考量，主要体现在以下几个层面：

从政治方面来看，首先，2020年是四年一度的美国总统大选之年，2020年11月3日是美国第59届总统选举。选民选出总统候选人，而总统候选人又将在12月14日竞选新总统。民主党势必对共和党的特朗普发起挑战，政治的不确定性也会作用在经济方面。其次，特朗普为了个人的政治需要，有可能会继续采取扩张性政策，使短期带来的经济效益最大化，却未必有利于长期经济的发展。

从经济方面来看，首先，2018年的4次降息与2019年的3次加息，时间相隔仅仅有一年，货币政策在短时间内的快速变化，容易挫伤投资者的积极性。其次，低利率造成大面积借债现象，以及面临着通货膨胀率继续上升的风险。2019年年底的债券收益率的倒挂现象，不免让投资者想起了金融危机的噩梦，更愿持有长期的债券，不愿意短期兑换，对经济发展持悲观态度。

从国际关系方面来看，2020年中美贸易争端不确定性因素仍然存在，第二阶段谈判的进展仍属未知，美国和欧盟间的贸易关系也剑拔弩张。此外，受到新冠肺炎疫情的影响，美国2020年上半年的进出口贸易情况不容乐观，此外美国对中国新型冠状病毒感染肺炎的疫情的态度，反应过激、过度，不但没有立即提供实质性的援助，还要求2月2日起临时禁止过去14天内曾赴华旅行的所有外国人员入境。中国外交部发言人表示，全球化时代，各国命运紧密相连，美国这一举动，损害了其大国形象，也不利于中美关系的健康稳定发展。

同时，气候因素也影响经济。2019年3月，美联储曾表示气候变化可能威胁金融体系。气候变化导致的极端天气迫使农场、公用事业和其他公司宣布破产。大量工人面临失业，发放的贷款成为坏账。根据Cornucopius Climate Change Service的说法，2019年10月是有记录以来最热的10月。预计温度将在未来几十年内进一步升高2到4华氏度。较短的冬季意味着许多害虫（例如松树皮甲虫）在冬季没有消亡。美国森林服务局估计，在未来10年中，每天受到甲虫侵害的树木。

2020年美国经济运行存在一定的有利因素，从国内国际两方面来看，主要体现在以下几个层面：

首先，2020年1月中美双方在华盛顿签订了第一阶段的书面贸易协议，在双方协议中各种趋势都在向好的方向发展，2019年美国股市的涨跌与中美双方的贸易关系紧密相关，5月份和8月份的紧张关系，成为股市惨跌的催化剂；12月份双方达成第一阶段协议的好消息传出，又振奋了投资者信心，股价随之上升。中美两国作为世界上最大两个经济体，贸易关系紧张或是缓和都会牵动市场的神经。

其次，2019年下半年的三次降息的扩张性货币政策，无异于给股市注入了有效的强心针，有利于在2020年改善银行资产负债表和银行借贷能力，推动经济的发展。在金融危机期间，发现许多银行，特别是一些大型银行的资本太少，这限制了它们在复苏初期的贷款能力。

从消费与投资角度来说。美联储的降息，可以帮助刺激企业在资本货物上的支出，也有助于经济的长期发展，并且可以帮助刺激家庭在住房或耐用消费品（如汽车）上的支出。当美联储增加货币供应量时，公众会发现自己实际持有的货币余额超过了想要持有的货币余额，促使人们使用这些多余的余额来增加他们对商品、服务以及房屋和公司股票等资产的购买。在其他条件相同的情况下，公众对这些资产的需求增加，将导致其相应的价格上涨。

而从出口角度上看，中美第一阶段协议的签订，像"定海神针"一样，无论是对美国的进口还是出口，都是利好的。同时与其他国家的贸易关系也在积极谈判的过程中，这有利于缓解美国的贸易逆差。

总的来说，纵观美国经济历史，都逃不出"增长—衰退—萧条—复苏"这个周而复始循环。高盛对2020年美国经济感到乐观，预计2020年增长将"适度加速"至2.25%至2.5%之间。中美贸易摩擦将平息，消费者支出将保持强劲，从而抵消商业投资疲软并促进经济加速增长。同时高盛的经济学家表示："库存调整对商品部门产出的拖累可能即将结束。"自2019年第一季度以来，库存投资占实际GDP的比重达到2015年中期以来的最高水平，月度数字稳定下降，ISM和Markit PMI的库存组成均低于50。预计非农就业人数增长将保持在100000收支平衡点以上，到2020年年底失业率将达到3.25%，这将是自朝鲜战争以来的最低水平。工资也将增长约3.5%，其中低收入者的增幅最大。对于联邦基金利率，高盛预计到2020年将保持不变。在今年降息三次之后，美联储表明，"在我们考虑提高利率以解决通货膨胀问题之前，需要看到通货膨胀率确实出现了显著的上升趋势，而且这种上升趋势还将持续下去。"美国经济衰退的风险从2020年初的三分之一下降到五分之一。但高盛认为，迫在眉睫的总统大选是明年美国经济面临的最大风险。特朗普总统的经济政策与他的民主党竞争对手有很大的差异，如果民主党当选，他们将颠覆经济政策。至少，特朗普对高收入家庭的减税措施可能会到期，有关化石燃料公司和银行的规定将恢复。尽管民主党总统也将在与中国的贸易谈判中采取强硬立场，但关税之争不太可能继续。喧嚣的2019年已经过去，2020年也注定是机遇与挑战并存。

第三章　2019年日本经济观察报告

丁红卫　刘一都[①]

一、经济、社会概况

2019年，受中美贸易摩擦、地缘政治紧张以及英国脱欧等政局动荡的影响，全球经济增速整体呈放缓趋势。虽在奥运投资的刺激下，日本的物价略有升高，但仍未实现2%的物价通胀目标。因此，日本银行继续保留了金融宽松的政策余地。在海外观光游客访日消费支撑下，2019年日本的服务贸易收支首次实现盈余，经常收支盈余较前一年略有增长。

（一）GDP缓慢增长，经济下行压力犹存

2019年日本GDP较2018年有所增长，但依旧保持中低速增长的总基调。

日本内阁府公布的2019年各季度数据显示，日本第一季度名义GDP同比增长0.9%，季调环比增长1.3%；实际GDP同比增长0.8%，季调环比增长0.6%。第二季度日本名义GDP同比增长1.3%，季调环比增长0.5%；实际GDP同比增速0.9%，季调环比增长0.6%。第三季度受消费税上调前的消费增加等影响，日本名义GDP同比增长2.4%，季调环比增长0.6%；实际GDP同比增长1.8%，季调环比增长0.4%。前三季度实际GDP平均值为1.13%，较2018年的0.5%有大幅度增长。但由于全球经济放缓以及日韩贸易摩擦的加剧，加之日本国内受到台风19号以及10月开始上调消费税所带来的负面影响，日本第四季度的实际GDP创下近六年来最大降幅，虽然名义GDP同比增长0.9%，但季调环比下降1.2%；实际GDP同比下降0.4%，季调环比下降1.6%。[②] 可见，虽然前三季度日本经济有回暖征兆，但消费税的增加和自然灾害的发生导致日本经济的下滑。全年来看，日本国内经济整体增长依然低迷。

[①] 北京外国语大学北京日本学研究中心。
[②] 数据来源：日本内阁府统计数据，
https://www.esri.cao.go.jp/jp/sna/data/data_list/sokuhou/files/2019/qe194/pdf/gaiyou1941.pdf，2020年2月17日。

（二）物价略有升幅，货币政策进入观望期

2019年日本全年CPI、核心CPI（不含生鲜食品的居民消费价格指数）及核心—核心CPI（不含生鲜食品及能源价格的居民消费价格指数）数值走向大致相同，三项指标均保持了缓慢上升的趋势。全年平均物价增幅为1%左右，通缩略有缓解，但距离安倍经济政策设定的2%通胀目标依然有一定距离。就具体表现来看，今年三项指标的同比值均为正值，其中全年CPI值于4月达最高数值0.9%，随后于9月降至0.2%；同样核心CPI值最高点也出现在4月，为0.9%，于9月降至最低点0.3%；核心—核心CPI总体呈上升趋势，并于12月达到今年同比增长最高值0.9%。[①] 这说明今年消费者物价指数受年号改变和消费税增税预期的影响，居民个人消费的增长为经济回暖注入了动力。

消费税改革对内需影响较大，民众对消费税上调后经济走向的预期会成为短时间内扰乱经济走向的重要因素。日本政府自2019年10月1日起将消费税税率从8%上调至10%，上调消费税第一个月，日本家庭消费同比大幅下降5.1%，降幅大于预期，鉴于2014年增税后首月日本家庭消费降幅为4.6%并导致家庭消费连续13个月下降，本次增税后首月的家庭消费下降引起了各界的关注和忧虑。消费者信心持续低迷，加上物价上涨引起的实际收入的下降会成为中长期抑制消费的重要因素。但由于日本同时采取了对生鲜食品不提高消费税率等政策以及无现金结算优惠、部分教育免费等政策，在一定程度上抵消了消费税率提高对经济的负面影响。可以认为，本次消费税上调虽在短时间可能对内需产生影响，但幅度有限。

安倍晋三提出的安倍经济学"三支箭"中，最核心的部分是希望通过大规模宽松货币政策，刺激物价上升进而彻底摆脱长期通缩。日本自2016年以来长期实行负利率，2019年全年维持利率在-0.1%不变，现行的货币宽松政策也会进一步推动物价的增长。日本银行在10月30日的决策会议上对"前瞻性指引"进行了修正，取消了往年"至明年春天"等时间性字眼，这表明日本央行的金融宽松政策将继续持续下去，为应对外汇市场或全球贸易骤变等突发情况，日本仍为自己保留了深化负利率的选项。此外，迫于经济放缓的压力，12月初，日本政府推出了一项三年来规模最大的经济刺激计划草案，该计划总规模约26万亿日元。计划草案称，该计划将使实际经济增长提高约1.4个百分点，会在未来数年内实施并发挥提振经济的作用。但是，日本经济因消费税上调而受到的影响需要一段时日恢复，仅仅大规模的刺激措施，可能并不能让日本经济在2020年就恢复元气。

[①] 数据来源：日本总务省统计局，https://www.stat.go.jp/data/cpi/sokuhou/nen/pdf/zen-n.pdf#page=4, 2020年2月21日。

（三）失业率再创新低，劳动就业市场进一步改善

在就业方面，日本失业率常年处于低水平，2019年日本就业市场进一步改善，失业率再创新低，全年保持在2%至2.5%之间。日本总务省于11月1日公布的数据显示，日本9月失业率自近30年低位回升至2.4%，而7月和8月的失业率均为2.2%，是1992年以来的最低水平。同时，相关数据还显示，企业的有效求人倍率①与2018年大体持平，第三季度有效求人倍率降至1.57，低于预估中值1.59。从2019年年底至今年年初，有效求人倍率一直维持在逾40年来高位1.63，就业形势较为乐观，但这与日本人口老龄化、少子化导致适龄劳动人口减少密切相关。②

2019年日本全国就业人数在10月时达6787万人，较2018年同时期增长62万人。就业率达61.2%，同比增长0.6%，劳动力市场趋于进一步稳步改善的状态。全国的实际工资指数整体呈现平稳波动态势。全年共迎来夏季和冬季两次奖金峰值，实际工资指数6月上升至140.3，12月攀升至最高点174.4。这一薪酬水平虽较往年略高，但并不能完全反映劳动力市场的供需关系，说明企业认为经济走势的不确定性依然较大，企业并未将更多获利分配给员工。

总体来说，日本就业人口持续上升，失业率继续保持全年下降的态势。在少子老龄化及政府提倡鼓励女性就业的背景下，所有月份女性的失业率均低于男性，女性正成为日本劳动力市场的后备主力。由于日本政府提倡工作方式的改革、缩短工作时间，日本就业人员的劳动时间总数有进一步下降的趋势。

（四）出口现触底态势，制造业服务业出口双降

日本财务省统计显示，2019年日本全年出口总额为76.9万亿日元，同比减少5.6%，为三年来首次下降，其中钢铁和汽车类产品的出口量明显减少。进口方面，受国际市场原油价格回落等因素影响，进口总额为78.6万亿日元，同比减少5%。③从国别看，受中美贸易摩擦影响，对华出口同比减少7.6%，对华进口同比减少3.9%。虽然整车出口有所增加，但汽车零部件及半导体制造设备有所下降。对美国的出口同比减少1.4%，为15.2万亿日元，主要源于汽车和钢铁的出口下滑。由于日本从美国进口液化天然气数量大幅下降，对美进口同比减少4.4%，仅为8.6万亿日元。此外，受日韩关系恶化影响，日本对韩出口大幅减少，同比降幅达12.9%，进口同比减少9%。其中，食品出口减少22.6%。半导体等制造设备出口减少49.7%。现今，中国成为日本第一大进口国、第二大出口国和最大的贸易伙伴。而美国由于日美贸易协定等原因仍然是日本第一大出口国和第二大贸易伙伴。

---

① 有效求人倍率乃社会提供的工作岗位与求职人数之比。
② 数据来源：日本厚生劳动省，https://www.mhlw.go.jp/stf/houdou/0000192005_00004.html，2020年1月31日。
③ 数据来源：日本财务省国际贸易统计数据，
https://www.mof.go.jp/international_policy/reference/balance_of_payments/preliminary/pg2019cy.htm，2020年2月10日。

2019年,受中美贸易摩擦影响,全球制造业整体呈现前高后低走势,增速逐步放缓。日本制造业PMI全年除1月和4月外均在荣枯线以下,且呈连续下降态势,陷入近三年来持续时间最长的一次萎缩。9月中旬公布的日本经济先行指标之一——日本机床订单数额大跌近四成,为日本经济拉响警报。日本制造业在第四季度中期仍低迷不振,订单数量下降导致生产连续11个月环比下降,国内外需求疲软给企业带来巨大压力。日本12月PMI终值降至48.4,齐平10月触及的逾三年低位,制造业经历三年多以来最差的"严冬"时期。

2019年前期,日本服务业一直保持强劲增长势头,一定程度上抵消了制造业的疲软。但服务业整体动能仍不稳定,市场和企业信心不足,日本12月服务业PMI经季调后从11月的50.3降至49.4,降幅为三年来最大。[①]制造业和服务业的双降可能会进一步打击日本经济复苏的信心。

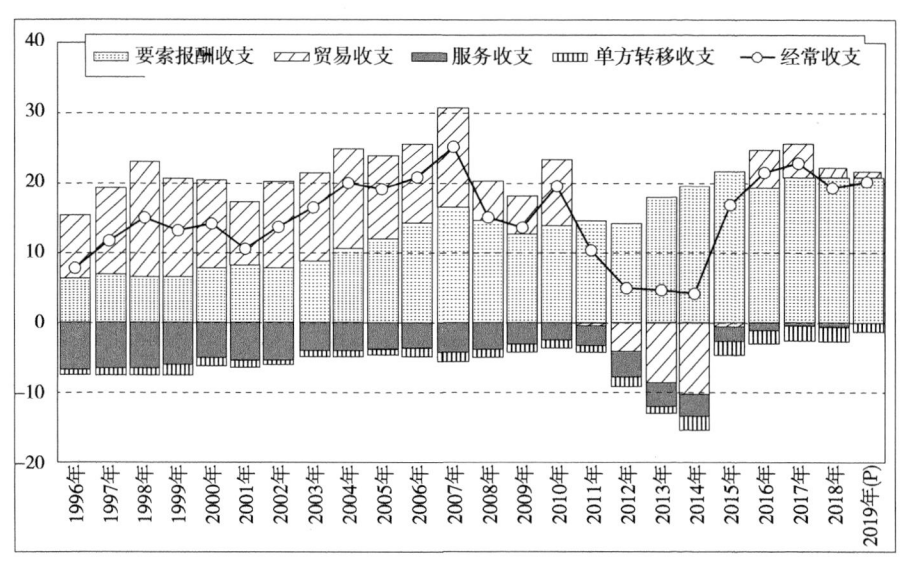

图3-1 日本的国际收支与相关项目情况(万亿日元)

数据来源:日本财务省公布的日本国际收支长期数据资料,其中2019年(P)为速报值。详见:https://www.mof.go.jp/international_policy/reference/balance_of_payments/preliminary/pg2019cy.htm,2020年2月10日。

(五)国际收支盈余略增,外汇汇率持稳

日本财务省公布的2019年日本经常项目收支各项数据显示,日本2019年全年的经常收支盈余达20.06万亿日元,比前一年增加近8400亿日元,增长4.4%。其中,贸易和服务收支实现7294亿日元的盈余(比上一年增加375亿日元),主

---

① JIBUN BANK,《日本:2019年の振り返りと2020年の展望(日本PMI年度报告:"回顾2019展望2020")》,https://www.jibunbank.co.jp/landing/jibunbank_japan_pmi/pdf/report_201912.pdf,2019年12月26日。

要源于访日外国游客数量的增加,达 3200 万人次,带动"服务收支"的盈余幅度增大至 1758 亿日元(比上一年增加近 1 万亿日元),而对外贸易收支的盈余较上一年大幅减小。观察图 3-1 可以发现,日本经常项目盈余的绝大部分是要素报酬收支部分,虽较前一年略有减少,但这部分盈余仍达 20.07 万亿日元。2019 年日本经常项目收支中最大的变化是服务贸易首次出现盈余,这也是日本政府多年来着力改进国际收支结构的结果,通过吸引亚洲为主的海外游客赴日观光旅游得以实现。值得注意的是,2019 年赴日游客总人数中,亚洲游客占比 70% 左右,中国游客占比超过 30%。

长期来看,2010 年后的日本,经常项目收支的结构发生了重要变化,由以贸易收支盈余为支撑转变为以要素报酬为主要组成部分,说明日本早期的对外直接投资取得较好收益,全球价值链布局较为合理。此外,近年来日企在海外的研发投资等规模缩小也带动了经常项目盈余的扩大。

汇率方面,2019 年美元/日元汇率自 1 月以来始终在 104~112 日元的区间波动,创下了有纪录以来最窄的交易区间。中美贸易摩擦引发市场风险情绪大幅降温,美国先后分别向墨西哥、加拿大、欧元区国家、日本、英国等国家发起贸易磋商,加之英国脱欧一度深陷泥潭,避险情绪使得投资者转向日元寻求避险。经贸局势和全球增长放缓本该利于日元走强,但基金赎回、季节性以及日本海外收购的稳定增长都遏制了避险资金,因此全年日元的波动幅度不大,相对升值 1.3%。8 月 26 日美元/日元汇率由 4 月 25 日高位 112.40 大幅下挫至年内低位 104.45。受美联储 3 次连续下调利率影响,11 月美元/日元汇率大致在 108~109 日元的区间波动。

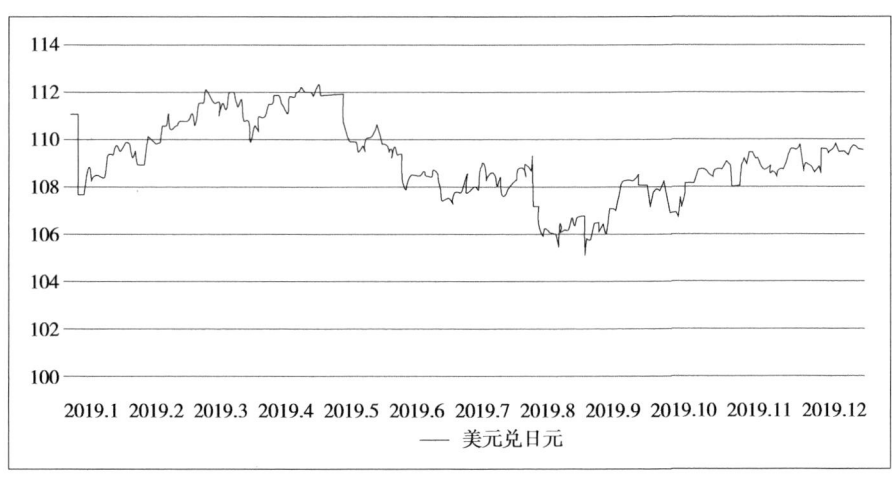

图 3-2　2019 年美元兑日元汇率(USD/JPY)

数据来源:日本银行[①]

---

① 数据来源:https://www.stat-search.boj.or.jp/ssi/cgi-bin/famecgi2？cgi=$graphwnd.,2020 年 2 月 20 日。

二、2019年的大事件

（一）进入"令和"时代

2019年4月1日上午，经临时内阁会议讨论后，日本官房长官菅义伟在记者招待会上公布新年号为"令和"，并将于5月1日零时生效。此前，日本年号均出自中国古籍，而"令和"出自日本和歌集《万叶集》一书。因此，这成为自"大化"之后日本第248个年号，也是首个出自日本古籍的年号。古籍原文为第五卷第三十二首《梅花咏》序文"初春令月，气淑风和，梅披镜前之粉，兰薰珮后之香"。对此，安倍首相于正午的记者会上称："正如和歌中所描绘的悄然绽放的梅花宣告春天的到来一般，新年号的寓意是日本所有的民众都能够洋溢着希望并绽放出自己的精彩。"

（二）消费税正式上调

自2019年10月1日起，日本消费税正式由8%上调至10%。这是日本自1989年4月消费税法开始实施以来第三次上调消费税。日本首相安倍曾在此前表示："为加速向全年龄段社会保障制度的转变，也为日本经济复苏和财政健全化，加税不可避免。"为减轻民众负担、推动电子商业化的进程，防止经济下行，政府首次引入"轻减税率"和非现金支付的"积分返点"措施，政府预估，此次消费税上调2%将会带来超5亿万日元的税收，其中因轻减税率的导入会导致税收缩水至4亿万日元，3亿万日元左右用于幼儿教育义务化等支持养育子女及社会保障方面，1亿万日元左右的税收将用于财政健全化。

（三）日美贸易协定生效

2019年是日本推进贸易自由化取得极大成功的一年。继2018年12月份《全面与进步跨太平洋伙伴关系协定》（CPTPP）生效后，2019年2月1日，《日欧经济伙伴关系协定》（日欧EPA）也正式生效。12月4日日本国会通过日《美贸易协定》，12月10日日本内阁完成对《日美贸易协定》的审批，该协定于2020年1月1日生效。日美两国的GDP约占世界份额的30%，通过这项协议，双方将在贸易方面大幅削减关税，日本方面撤销84%的关税；美国方面撤销92%的关税。随着协定的生效，日本将开放8000亿日元规模的农产品市场，美国牛肉、红酒等关税将低于CPTPP所规定的税额，日本对美征收的牛肉关税从38.5%降至26.6%，将在未来15年内最终降至9%；猪肉4.3%的高价格最终将降至为零；一些奶酪产品的关税将从目前的29.8%阶段性地降至为零，葡萄酒关税最终也将被撤销。这意味着美国农产品的流入会影响日本国内农产品的价格，使日本农民面临更为艰难的处境。尽管《日美贸易协定》未能撤销对日本汽车及相关零部件产业的增税，但美方已确认暂缓征收25%的关税，这也避免了日美汽车行业贸易摩擦对日本经济造成沉重打击。根据9月达成的《日美共同声明》，汽车行业的相关协商会在协定生效后的4个月内开展,日美两国今后也将会在服务领域加深合作,进一步巩固日美联盟。

(四)日韩贸易摩擦

2019年7月,日本宣布对出口韩国的三种半导体原材料加强管控,于8月将韩国移出可享受贸易便利的"白色清单"。所谓"白色清单",是指日本政府制定的安全保障贸易友好对象国清单。在对这些国家出口高科技产品时,日本出口商可享受相对简化的手续。受此影响,除此前日本政府已宣布的三种半导体行业原材料外,其他所有对韩高科技产品都将被加强出口管制。日韩贸易摩擦引发全球特别是半导体业界的高度关注。

根据韩国贸易协会、统计厅和国际货币基金组织发布的数据,2017年韩国对外贸易依存度为68.8%。其中半导体作为韩国对外出口的关键,日本此次断供的三种核心半导体材料,韩国的对日依存度高达40%~90%。此举不仅对韩国信息通信行业造成重大打击,也使得近几年经济一直低迷的韩国经济雪上加霜。而韩国也"反击"称,将把日本移出本国的贸易"白色清单",韩日双边外交陷入僵持。

2019年8月底,韩国宣布不再续签《军事情报保护协定》。两国贸易摩擦愈演愈烈,大批韩国民众号召抵制日货。9月11日,韩国产业通商资源部通商交涉本部长俞明希在新闻发布会上表示,韩国政府决定将就日本限制对韩出口一事向世界贸易组织(WTO)提起申诉。日韩双方经过首轮局长级磋商,韩国于11月22日宣布暂停向世界贸易组织起诉日本贸易规制问题,日本于12月20日发布消息称已放宽三种半导体材料对韩出口的部分管制,日韩关系坚冰有望融化。

(五)安倍成为日本执政时间最长的首相

截至2019年11月20日,安倍晋三自执政以来的累计在任天数达2887天,时隔106年刷新日本宪政史的记录,超过明治后期至大正时期桂太郎首相执政2886天这一纪录,成为历史上在任时间最长的首相。安倍历任任期分别为2006年、2012年、2014年和2017年。2006年上任之后不到一年便因身体健康原因辞去首相一职;2012年上台后推行"安倍经济学",重整经济,采取大胆的金融宽松政策、积极灵活的财政政策和放松管制、促进民间投资;2014年继任后推出"新三支箭",注重解决结构性问题,鼓励女性就业、拉动旅游业、扩大企业出口;2017年至今,安倍致力于扩大日本的"朋友圈",积极主动地签订美国退出后的CPTPP并签署日欧EPA,目前也在积极参与推动日本与ASEAN各国的贸易协定。

(六)安倍第三次正式访华

继2006年10月、2018年10月安倍正式访华以来,2019年12月23日至25日,安倍首相第三次正式访问中国。此次访问安倍首相与习近平主席会面,双方确认2020年习近平主席访问日本并开展合作；期间前往成都参加中日韩首脑会谈，与韩国总统文在寅举行时隔一年零三个月的单独会谈，双方谈话涉及劳工诉讼这一日韩贸易摩擦背后的"最大课题"；25日安倍首相与李克强总理举行会谈并参观成都郊外的杜甫草堂和古代水利设施。

此次中日韩首脑会谈，从习近平主席的"化竞争为协调"到安倍首相的"新三国时代"，再到文在寅总统的"天时地利人和"，三国领导人都主张携手共进、共同发展。会议通过的《中日韩合作未来十年展望》表明：作为对亚洲和平与稳定富有重要责任的国家，中日韩应加强合作，与其他国家一道，为地区和国际社会面对的广泛问题做出积极和应有的贡献。将从长远角度和战略高度规划三国合作，打造和平友好、互利共赢、引领未来的合作模式，使中日韩合作成为东亚和平稳定与地区合作的稳固平台和促进世界发展繁荣的重要力量。同时《中日韩合作未来十年展望》提出了共同提升三国合作水平、维护持久和平安全、倡导开放共赢合作、引领科技革命、促进互联互通和基础设施合作，重申致力于实现2030年可持续发展议程、促进文明互鉴与民心相通、实现整体振兴与共同发展等倡议。三国将继续努力维护朝鲜半岛和东北亚的和平稳定，继续推进RCEP并加快中日韩自贸协定谈判，推进"中日韩＋X"合作等重要事项。

三、未来与展望

2019年日本拉开了"令和"时代的序幕，经历了年号更替、消费税上调、日韩贸易摩擦等一系列重大事件。2020新年伊始，安倍晋三首相在施政演说中大致勾勒了2020年日本要完成的几件大事，东京奥运会、修宪、社会保障制度改革均被列为本年的重要课题。安倍表示政府将加大用于教育、医疗、养老等方面的社会保障开支，实现"覆盖全年龄层型的社会保障制度"，应对"少子老龄化"的挑战。另外，除了2018年启动的免费幼儿教育，日本将于2020年春季实现以低收入家庭为对象的免费教育。安倍还表示将对肩负未来的少年儿童进行大胆投资，同时将推进缩短劳动时间的工作方式改革。

政治外交层面，安倍重提修宪问题，不断调整安保政策。安倍表示将推进关乎国家形态的重大改革，而其中的首要任务便是修改宪法。同时开展俯瞰地球仪的日本外交，积极开拓外交新局面。

（一）聚焦国内

2019年，日本经济总体而言持续缓慢复苏。受全球经济增速放缓和主要贸易国之间贸易摩擦的影响，日本出口逐渐丧失活力，外需出现触底的征兆。日本经济增速低位徘徊，长期结构性矛盾仍然突出。受出口下滑、投资信心与消费信心不足等因素制约，日本经济增速仍将维持低迷。但在消费税增税的前提下，内需尤其是民间需求是贡献 GDP 增长的主要动力来源。世界银行、日本央行、日本综合研究所和三菱 UFJ 研究咨询的预测显示，在没有新的负面事件发生的前提下，2020 年日本经济的短期环境难以出现根本好转，但也不会出现明显恶化。在诸如人口老龄化、政府债务水平较高等因素的困扰下，2020 年日本经济强劲复苏的可能性不大。从内需方面来看，由于家庭收入增长缓慢，消费心理低迷，日本个人消费的恢复会比较缓慢；外需方面，虽然半导体相关产业出现回暖迹象，考虑到世界经济与贸易整体仍处于放缓基调中，日本的出口下降仍将持续。

为缓解国内外带来的经济下行压力，日本政府于 2018 年年底推出整体规模为 26 万亿日元的经济刺激计划草案，支撑日本经济在今年持续增长。就具体的金额来看，在总规模达 26 万亿日元的刺激计划中，7 万亿日元将用于灾后恢复和重建，7.3 万亿日元用于应对海外经济下行风险，11.7 万亿日元为了维持东京奥运后经济活力。日本政府预计，在截至 2021 财年的 3 年内，刺激措施将使日本实现 1.4% 的 GDP 增长。根据日本经济研究中心 ESP 预测，日本 2020 财年的实际国内生产总值预计将保持勉强增长的态势。①

在外需不景气的大环境下，奥运特需能否持续发力并带动内需是关系 2020 年日本经济的重点。SMBC 日兴证券发布的报告显示，2020 年 7 月 24 日至 9 月 6 日的东京奥运会和残奥会预计将产生 7475 亿日元的经济刺激效应影响。不少专家和机构认为，随着奥运相关项目、基础设施改造工程的陆续完工，近年来一直在助推经济增长的奥运建设需求也将逐渐退出。2020 年东京奥运会结束后奥运特需消失或多或少都将对经济产生下行压力，日本经济复苏势头将会减弱。② 日本大和总研经济调查部此前发表的报告显示，2020 财年日本经济将出现减速，实际经济增长率预计为 0.5%。2020 年上行动力和下行压力并存，仍能窥见日本经济持续缓慢复苏的迹象。

与此同时，日本方面担忧新型冠状病毒肺炎疫情给日本经济带来影响。突如其来的新型冠状病毒疫情开始影响日本各地区经济，或将带来巨大损失。在华投资的日本企业生产与经营面临重大的经营压力。由于生产停滞，零部件供应不足，产业链受到直接冲击。预计疫情将导致中国游客大规模取消访日计划，日本旅游业将受重创。

长期来看，日本的人口减少、少子老龄化以及为支撑社会保障而不断增加的财政负担等社会经济问题依然是影响其经济发展的结构性因素，短期内难以实现全面改善。

---

① 日本经济研究中心：《短期经济预测》，https://www.jcer.or.jp/economic-forecast/2019129-3.html，访问日期：2019 年 12 月 09 日。
② SMBC 日兴证券：《2019～2021 年度日本经济展望》，https://www.smbcnikko.co.jp/news/release/2020/pdf/200220_01.pdf，访问日期：2020 年 2 月 20 日。

（二）纵观全球

国际货币基金组织（IMF）2019年10月发布的《世界经济展望》显示：2019年世界经济的增长率再度下调低至3%，而这也是自全球经济危机以来的最低水平。①尽管服务业整体保持较好的状态，但制造业和全球贸易在全球范围内大幅减缓。经济乏力的原因在于贸易壁垒的不断增加、贸易和地缘政治相关不确定性升高，一些特殊因素在若干新兴市场经济体造成了宏观经济压力以及发达经济体生产率缓慢增长和人口老龄化等结构因素。

2020年全球经济增长率预计小幅上升至3.4%，呈现出缓慢复苏的态势。日本的第一和第二大贸易伙伴中美两大经济体贸易谈判第一阶段达成共识对于全球经济有助稳的积极作用，但此前关税互增已对全球商业情绪和信心造成打击。未来贸易壁垒和地缘政治紧张局势，可能会进一步扰乱供应链并阻碍信心、投资和经济增长。而日本企业在供应链中居于中上层，需要将高附加价值的产品销往各地制成最终产品，贸易壁垒无疑会损害这种出口导向型的经济。以汽车行业为例，2019年，日美有关汽车零部件的贸易摩擦对日本整个汽车行业造成了巨大打击。据《读卖新闻》网站报道，受秋季台风影响，2019年日本国内新车销售数量时隔三年首次出现下滑，较前一年下降了1.5%，仅为5195216辆。②制造业的低迷不仅局限于日本，全球的贸易和工业生产形势陷入低迷。另外，受供给侧经济改革的影响，中国经济转向中高速增长，2019年全年GDP经济增长在6.2%左右，这意味着日本的外需市场逐渐缩小。尽管这个数值在全球范围内仍较可观，但在中美贸易摩擦和全球经济减缓的影响下，市场情绪波动不定。

（三）继续推动区域合作

日本在亚洲等区域有大量海外投资并构建了生产工序的合理分工和价值链，推动区域经济合作仍是日本经济外交的重要内容之一。

日本首相安倍晋三在2020年的新年施政演说中提到，2020年是确立新时代日本外交的关键一年。他表示，在东北亚地区愈发严峻的安全环境下，与邻国之间的外交关系极其重要。谈及对华关系时，安倍表示中日两国肩负着维护地区与世界和平繁荣的重任，希望深化领导人往来，强化两国在所有领域的交流，构建新时代成熟的中日关系。考虑到中国提出的"一带一路"经济带构想，安倍还表示"将展开合作，满足亚洲的基础设施需求"。在日朝关系上，安倍表示将基于《日朝平壤宣言》精神，推进解决与朝鲜的各种问题，努力实现两国邦交正常化，

---

① 国际货币基金组织：《世界经济展望》，https://www.imf.org/ja/Publications/WEO/Issues/2019/10/01/world-economic-outlook-october-2019，2019年10月。

② 数据来源于日本读卖新闻的报道："昨年の新車販売、1.5%減の519万台台風も影響し10月以降落ち込む"（2019年日本新车销售较前一年下降1.5%，仅为519万辆……受台风影响10月以来新车销量降幅明显），https://www.yomiuri.co.jp/economy/20200106-OYT1T50221/，2020年1月06日。

并强调为解决"绑架人质问题",愿不设任何条件与朝鲜最高领导人举行会谈。在日韩关系上,安倍时隔三年重新使用了"韩国是日本最重要邻邦"的表述,并表示期待韩国能够信守国家之间的承诺,构筑面向未来的双边关系。在日美关系上,2020年是日美安保条约缔结60周年,日本将继续注重维持日美同盟的威慑力。

2019年是日本推进贸易自由化取得极大成功的一年,日本欲通过自由贸易协定开拓海外市场的努力一直没有停歇。继2018年12月《全面与进步跨太平洋伙伴关系协定》(CPTPP)生效后,2019年2月1日日欧经济伙伴关系协定(日欧EPA)也正式生效,《日美贸易协定》也于2020年1月1日生效。日本政府今后的战略是成为扩大自由贸易区的主导力量,在2019年中日韩首脑会谈上,日韩首脑谈话释放出积极信号,中日韩三国有望在2020年就中日韩自贸协定展开积极谈判,期待谈判迎来最后阶段的(RCEP)的合力效果。

日本认为CPTPP的成员国扩大,通过区域内的关税下调等,有助于日本谈判能力的强化。2020年1月31日正式与欧盟分道扬镳的英国,也成为日本努力争取缔结双边贸易协定的对象。此前,日本方面已在多个渠道邀请脱欧后的英国加入CPTPP。英国国际贸易大臣也多次对媒体透露,英国对加入CPTPP的意愿强烈。日本外务大臣茂木敏充在2月1日发表讲话称,英国完成脱欧程序后,日本政府希望进一步强化与英国的双边关系,安全保障、防卫领域、双边贸易都是双方可以进一步加深合作的领域。

另外,2020年中日可能会进一步加强沟通,也将进一步改善中日之间的关系。具体来看,2019年11月25中日高级别人文交流磋商机制首次会议的成功举办确定了2020年为"中日文化体育交流促进年"。日本分别于2017年、2019年派代表参加中国"一带一路"国际合作高峰论坛的举动也表明日本并非排斥"一带一路"构想。而此前也有分析认为,中国的"一带一路"与日本的"印太构想",在亚洲有广泛的重合地区,因此日本方面寄希望于两国之间能找到契合点。日本与最大贸易伙伴国中国的经济合作取得进展,完善关税降低和电子商务规则等的意义重大。中日双方应努力培育新动能,拓展在经贸投资、节能环保、健康养老等领域的合作,努力构建新型中日经济互助关系。坚持在相互尊重、求同存异基础上加强沟通协调,积极推动构建携手合作、互利双赢的新格局。

第四章 2019年俄罗斯经济观察报告

邹童 任康钰[①]

一、经济、社会概况

2019年,在外部条件约束下,俄罗斯继续进行国内经济政策的调整,试图通过挖掘内部潜力以实现经济增长。从经济运行情况看,俄罗斯经济维持低速增长态势。经济中存在的问题和困难仍然较多:消费和投资不振、对外贸易下滑、拉动经济增长的动力不足。俄罗斯为促进经济增长,虽然推出了许多新政策与新措施,但企业和市场并未做出积极响应,政策效力的发挥尚需时日。

2019年,世界经济的不确定性更加突出。美国挑起的中美贸易摩擦恶化了国际经济环境,全球经济增长速度放缓。作为全球主要经济体之一,俄罗斯的经济增长也受到了一定的影响,表现为俄主要出口产品的国际市场行情进一步恶化。同时,西方继续维持对俄制裁,俄罗斯经济的外部条件没有改善。西方制裁虽然限制了俄罗斯获取外部资源的能力,但与生产要素的丰裕程度相比,稳定性、秩序和可预见性对经济发展来说更为重要。俄罗斯政府采取的促进稳定与增长的政策已开始显现出效果,企业开始适应外部风险。

接下来,我们就从生产、人口、就业、贸易等方面对其整体运行情况进行观察。

(一)国内生产总值(GDP)

根据俄罗斯联邦统计局数据,2019年俄罗斯第一季度至第四季度GDP同比增长率分别为0.5%、0.9%、1.7%、1.9%。虽然呈现逐季增长的态势,但全年实际GDP增长率仅为1.3%。其中,第一季度0.5%的GDP增长率更是创下近两年的最低水平。相较2018年全年2.3%的GDP增长率,俄罗斯2019年经济增速明显放缓。

俄罗斯经济增速放缓受制于一系列因素。首先,国家投资积极性不高致使投资领域表现低迷。2019年前三季度,俄固定资产投资同比仅增长0.7%,实际投资

[①] 北京外国语大学国际商学院。

额为 11.459 万亿卢布。其中，第一季度同比增长 0.5%，第二季度同比增长 0.6%，第三季度同比增长 0.8-1.0%。相较 2017 年和 2018 年水平，投资增幅明显下降。2017 年全年固定资产投资增长 4.8%，2018 年全年固定资产投资增长率为 4.3%，前三季度的增幅为 5.1%。其次，受全球市场需求下滑的影响，俄罗斯出口增速降低，贸易增长疲软。2019 年上半年，由于实施了限制石油生产的协议，俄罗斯国内的工业活动有所减少。同时由于增值税增加，零售销售增长放缓。此外，受预算政策的消极影响，俄罗斯部分国家项目的建成期发生变更。年初的货币紧缩也影响了经济活动。在此情形下，俄罗斯政府和中央银行一改过去的"双紧缩"政策，开始实行相对宽松的财政政策和货币政策。在财政政策方面，积极推动国家项目的实施。在货币政策方面，俄罗斯央行于 2019 年中期连续下调基准利率，一定程度上改善了国内的消费需求、提升了国内工业生产增速、缓解了国内经济的颓势。

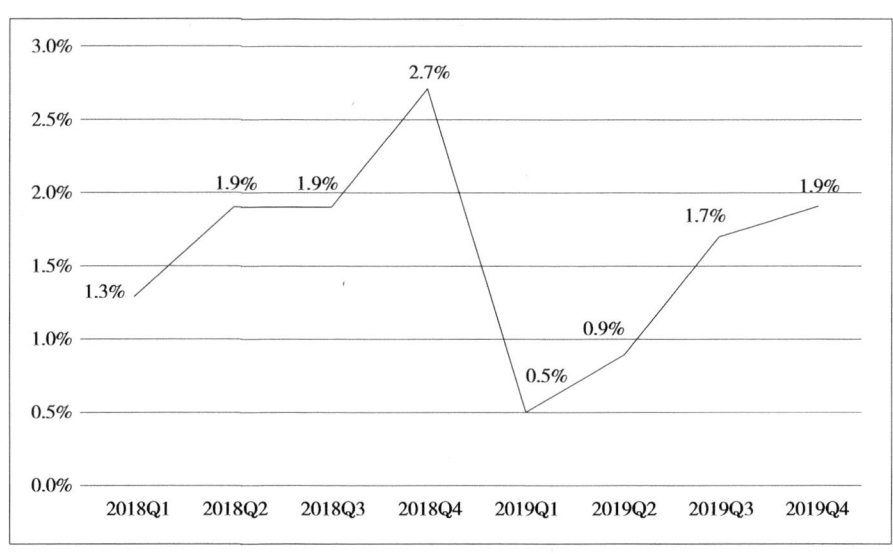

图 4-1　俄罗斯 2018-2019 年各季度 GDP 增长率

数据来源：俄罗斯联邦统计局，https://gks.ru/free_doc/new_site/vvp/kv/tab6.htm

（二）人口与就业

根据俄罗斯联邦统计局数据，2019 年，俄罗斯总人口约为 1.467 亿人，较去年相比减少了 0.07%，约 10 万人。这是俄罗斯人口数连续第二年下降。2018 年全年，俄罗斯人口总数为 1.468 亿，与 2017 年相比减少了 0.06%，约 9.35 万人。而 2017 年，俄罗斯人口还略微增长 0.05%，约为 7.61 万人。

2020 年 1 月 15 日俄罗斯总统普京发表的国情咨文演说中，人口问题被提到了政府前所未有的关注高度。"俄罗斯的命运和历史前途取决我们有多少人"。在国情咨文演说开篇，普京便指出了人口问题，称俄罗斯当前正处在一个人口紧张的时期。俄联邦国家统计局数据显示，据俄方统计，2019年俄罗斯国内平均生育率为1.5，即每名适龄妇女生育1.5个孩子，仅比二战期间（1943年）的1.3增加了0.2，这使俄政府对人口前景不佳感到担忧，并宣布实施一系列计划将生育率在四年内从1.5提升至1.7。普京表示，政府将采取一系列措施提高俄国内人口总数。如延长补助计划，以鼓励和支持有子女家庭生育二胎或三胎。生育头胎的家庭从本年度起也将被纳入该计划，以鼓励生育二胎。普京在国情咨文演说中提到，俄政府今后对二胎家庭的补贴将超过1万美元。除了直接补贴鼓励生育外，俄政府的人口政策未来还将聚焦鼓励女性就业、为学龄前儿童创造教育条件等。

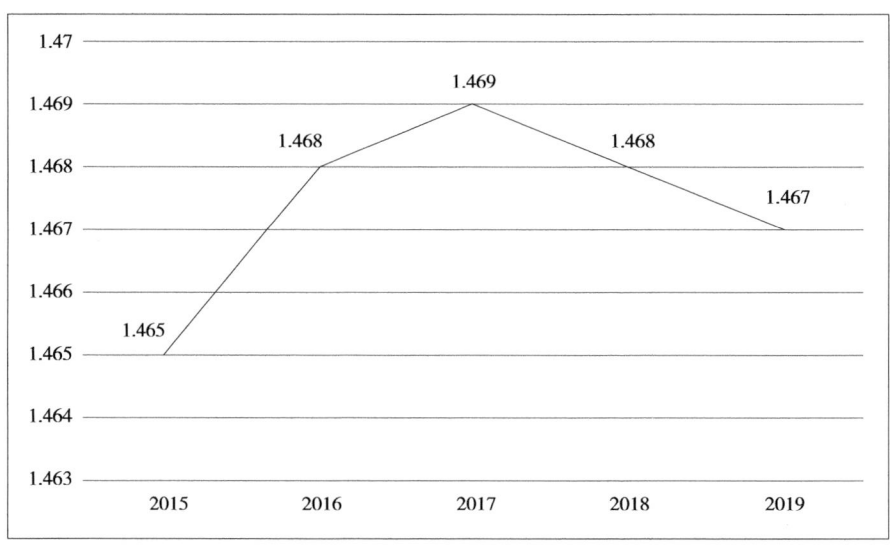

图4-2 俄罗斯2015-2019年总人口数（单位：亿人）

数据来源：俄罗斯联邦统计局，https://showdata.gks.ru/report/278934/

就业方面，俄罗斯失业率在2019年全年整体呈下降趋势。其中，1-8月失业率每月均有小幅下降，8月份的失业率甚至创下了历史新低的4.3%。随后的两个月失业率有所回升，在10月回升至4.6%，并维持至12月。全年失业率为4.6%，相较2018年全年4.8%的失业率，下降了0.2个百分点。

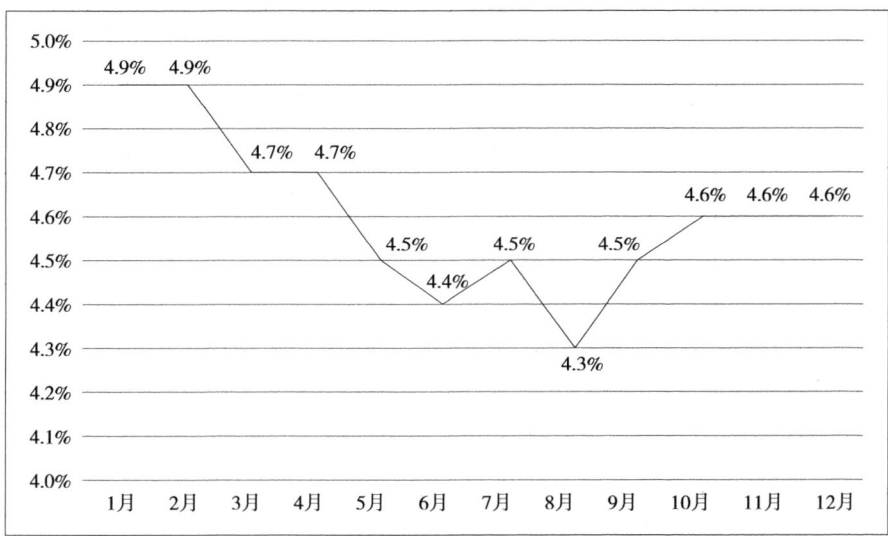

图 4-3　俄罗斯 2019 年各月失业率

数据来源：俄罗斯联邦统计局，https: //www.gks.ru/labor_market_employment_salaries

在就业人数上，俄罗斯联邦统计局数据显示，2019 年全年该指标整体呈上升趋势，并在 11 月达到全年峰值，就业人数为 7266.9 万人。

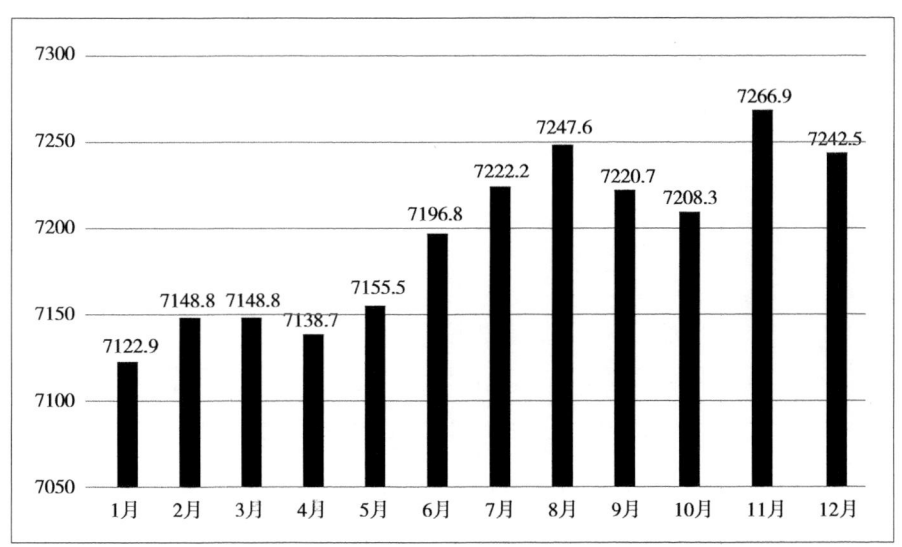

图 4-4　俄罗斯 2019 年各月就业人数（单位：万人）

数据来源：俄罗斯联邦统计局，https: //www.gks.ru/labor_market_employment_salaries

(三)制造业、服务业与能源业发展

2019年,俄罗斯制造业PMI波动幅度较大,总体呈下降趋势,是近十年来表现最为疲软的一年。其中,3月至6月连续四个月PMI出现收缩,11月甚至创下了2009年5月以来的PMI最低值,仅为45.6。虽然12月回升至47.5,但已连续八个月处于荣枯分水线以下的收缩区域。

新订单数量的下降和产量的收缩是2019年俄罗斯制造业PMI表现疲软的主要原因。企业继续裁员,企业信心相对低迷。新订单数量自2019年4月起至年末连续八个月出现下降,2019年8月更是下降至自2015年5月以来最严重的程度。尽管在2019年12月,下降率缓解至近五个月来的最低值,但仍反映了俄制造业信心低落的现状。

从价格来看,12月产出价格仅微幅上涨,因企业难以在需求严峻的情况下转嫁更高的成本负担。需求状况的疲软也限制了制造商在12月提高出厂价格的机会,产出价格的上涨幅度很小,是自2017年4月以来最慢的,尽管成本负担的上升速度有所加快。投入价格的上涨源于原材料价格的上涨。与此同时,产出预期仍处于历史低位,信心指数处于两年多来的第二低水平。

图4-5　2019年各月俄罗斯制造业PMI

数据来源:https://zh.tradingeconomics.com/russia/manufacturing-pmi

俄罗斯服务业PMI要显著好于制造业。2019年全年,俄罗斯服务业PMI整体呈平稳趋势,除6月份的指数为49.7,其余月份的指数均处于荣枯分水线以上的上升区域,10月份更是创下了55.8的全年最高值。12月,服务商的新业务增长再度提速,增速为3月以来的第二快,海外新业务也得以新的增长。截至12月,服务业平均PMI为2019年第一季度以来的最佳值。

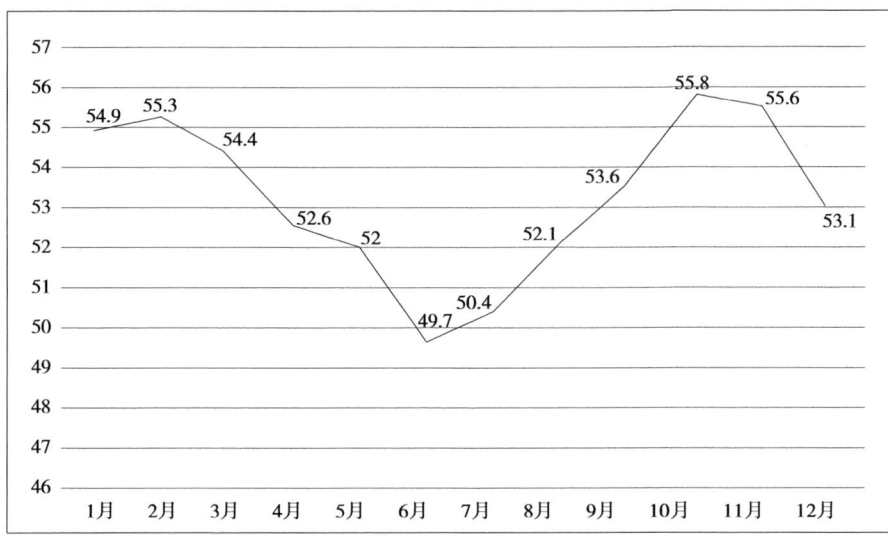

图 4-6　2019 年各月俄罗斯服务业 PMI

数据来源：https://zh.tradingeconomics.com/russia/services-pmi

能源业方面，我们主要聚焦于原油与天然气的产量。根据俄罗斯能源部的统计数据，2019 年全年俄罗斯累计生产原油（含凝析油）5.61 亿吨，较 2018 年的 5.56 亿吨增加了 500 万吨。

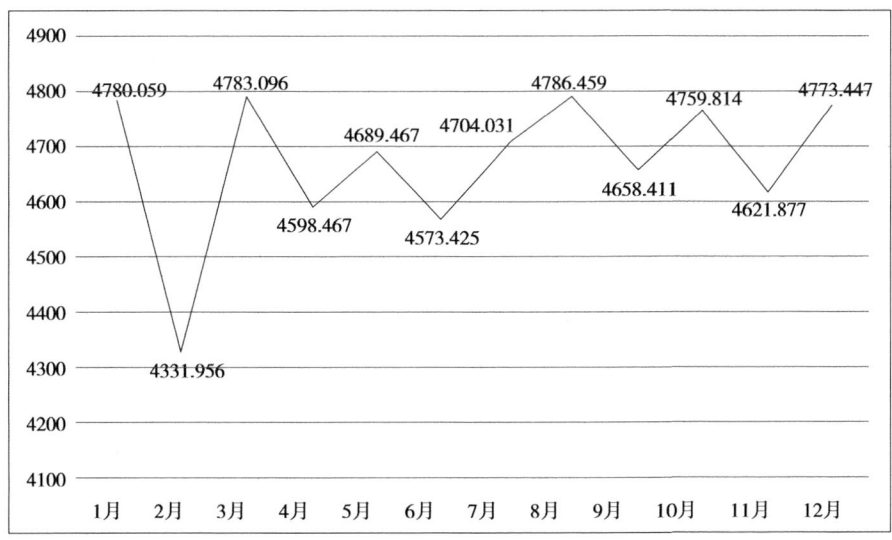

图 4-7　2019 年各月俄罗斯原油（含凝析油）产量（单位：万吨）

数据来源：俄罗斯能源部，https://www.ceicdata.com/zh-hans/russia/mining-and-quarrying-crude-oil-summary/mining-and-quarrying-okved2-oil—gas-crude-oil-incl-gas-condensate

2010年，俄罗斯原油产量首次超过5亿吨，创下苏联解体以来的历史纪录。随后保持稳定增长，即使面临欧美制裁和低油价的不利条件，且参与欧佩克联合减产，俄罗斯原油产量也仅在2017年同比微降了100万吨，其他年份均保持1%的增幅。

2014年国际油价暴跌以来，欧美等国对俄罗斯油气行业发起制裁。为鼓励北极海上、低渗透油气藏等难动用油气资源的开发，俄罗斯出台了一系列优惠政策。此外，俄还加强与沙特等产油国的合作，实施多轮联合减产，不仅增加了油气收入，而且收获了国际影响力。

天然气产量方面，根据俄罗斯能源部的统计数据，2019年全年俄罗斯累计生产天然气7400亿立方米。其中俄罗斯天然气工业公司的产量约为5000亿立方米，占俄罗斯天然气总产量的67.6%，诺瓦泰克等其他公司的产量约为2400亿立方米，主要受液化天然气（LNG）产量增长推动。

俄罗斯油气政策调整的总体走向是增加政府收入和促进油气出口。一方面，借助税费体系改革扩大税基，提高政府收入。2018年7月和8月，俄罗斯政府先后两次通过法令，对石油行业税费进行改革，总体原则是逐年降低原油和石油产品出口税直至取消，并等额提高石油开采税。规定自2019年1月1日起，在原油和石油产品出口税征收时引入常系数，2019年为0.833，以后逐年降低，到2024年降为0，出口税将完全取消。综合考虑原油储量、产量、品质、油价、汇率等因素设计原油开采税税率计算公式，2019年1月1日起，利用该公式计算的税率乘以常系数为征收原油开采税的税率，该系数在2019年为0.167，2024年提高至1，与出口税降低幅度相对应，由于开采税的税基大于出口税，新税制将为政府带来更多财政收入。另一方面，适当减少按量征税，实行按利润征税，提高企业增产积极性，为稳定油气出口提供资源保障。俄罗斯油气上游税费一直是按量征收，不考虑企业的投入情况，导致上游企业税负较重，增产积极性不高。2019年初，俄罗斯开始尝试按财务结果征收企业所得附加税，按照采出程度、产量、是否享有出口关税优惠等条件划分4类适用油田，税基为开采区块的营业收入扣减实际支出、矿产资源开采税、出口关税、运费等，税率为50%，目前正在35个区块进行试点，这些区块的原油产量约占俄罗斯原油总产量的4%。

（四）国际贸易

俄罗斯中央银行数据显示，2019年全年俄贸易差额呈现顺差状态，全年进出口总额为6728.48亿美元，相比于2018年下降幅度为2.7%。其中出口总额为4187.96亿美元，与2018年相比下降了5.5%；进口总额达到了2540.52亿美元，相比于2018年增长了2.2%；贸易顺差额为1647.44亿美元，相比于2018年收窄了15.3%。

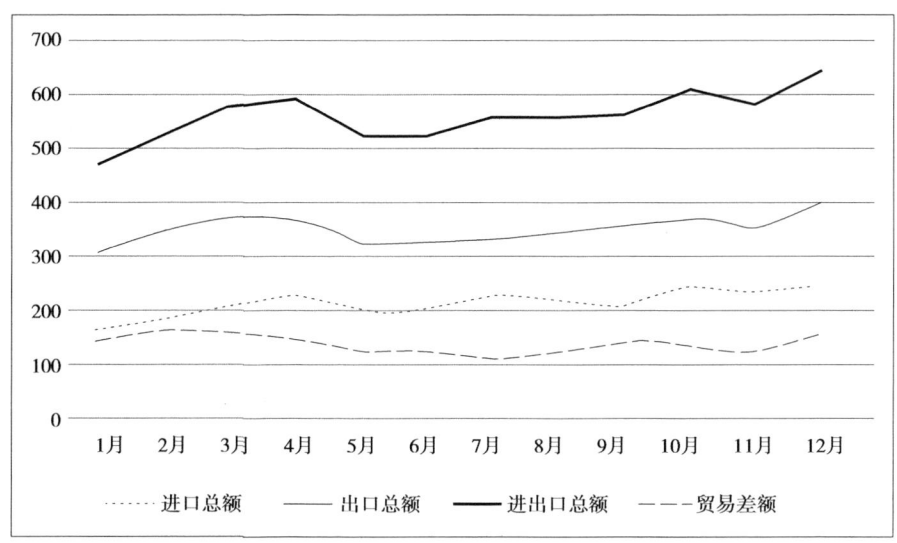

图 4-8　2019 年俄罗斯各月进出口额及贸易差额（单位：亿美元）

数据来源：俄罗斯中央银行，https://zh.tradingeconomics.com/russia/balance-of-trade。

2014 年西方制裁以来，俄罗斯对外贸易呈现出"先降后增"趋势。2014-2016 年，对外贸易总额连续三年下降，2017-2018 年连续两年增长。2017 年同比增长 23.4%，2018 年同比增长 17.3%。但是 2019 年又出现了下降。

2019 年对外贸易总额下降与国际油价下降有着密切关系。2019 年全年，乌拉尔混合油平均价格为 63.52 元 / 桶，较 2018 年下降了 7.4 美元。天然气价格第一季度为 228.52 美元 / 千立方米，第二季度下降至 184.02 美元 / 千立方米。从全年情况看，俄罗斯能源出口呈现出量价齐跌的局面。第一季度原油出口量同比增长 8.3%，第二季度同比下降 7.8%。从价值量看，第一季度同比增长 4.7%，第二季度同比下降 9.1%。天然气出口量第一季度同比下降 0.4%，第二季度同比下降 6%。从价值量看，第一季度增长 10.7%，第二季度下降 17.5%。石油制品第一季度出口同比减少 6.4%，第二季度同比减少 10.4%，按价值量，第一季度下降 8.4%，第二季度下降 12.7%。因此，国际油价下降是对外贸易总额下降的重要原因。

在同主要贸易伙伴国的贸易往来方面，我们主要聚焦于世界前五大经济体。俄罗斯联邦海关数据显示，2019 年全年，俄美两国贸易总额为 262.37 亿美元，较 2018 年增长 4.9%。其中，美国对俄罗斯出口额为 131.88 亿美元，同比增长 5.3%；俄罗斯对美国出口额为 130.49 亿美元，同比增长 4.4%。俄中两国贸易总额为 1109.19 亿美元，较 2018 年增长 2.5%。其中，中国对俄罗斯出口额为 541.27 亿美元，同比增长 3.6%；俄罗斯对中国出口额为 567.92 亿美元，同比增长 1.4%。俄日两国贸易总额为 203.13 亿美元，较 2018 年下降 4.4%。其中，日本对俄罗斯出口额为 89.60 亿美元，同比增长 1.6%；俄罗斯对日本出口额为 113.53 亿美元，同比下降 8.7%。俄英两国贸易总额为 172.97 亿美元，较 2018 年增长 25.6%。其中，英国对俄罗斯出口额为 40.36 亿美元，同比下降 0.6%；俄罗斯对英国出口额为 132.61 亿美元，同比增长 36.6%。俄德两国贸易总额为 531.62 亿美元，较 2018 年下降 10.9%。其中，德国对俄罗斯出口额为 251.12 亿美元，同比下降 1.6%；俄罗斯对德国出口额为 280.50 亿美元，同比下降 17.9%。俄与世界前五大经济体的贸易总额占其全球贸易总额的 33.9%。

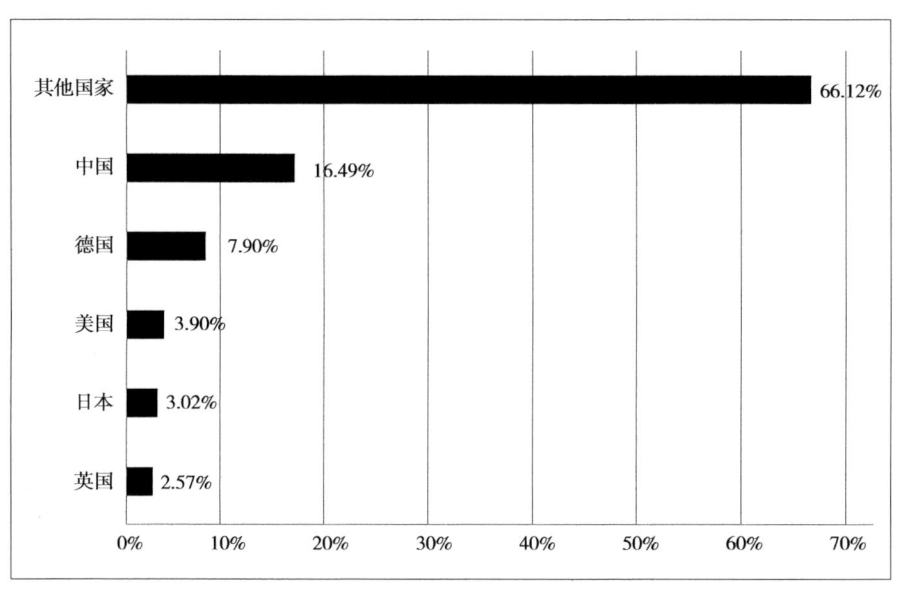

图 4-9　2019 年世界前五大经济体与俄贸易总量占俄全球贸易总额的比例

数据来源：俄罗斯联邦海关，https://www.ceicdata.com/zh-hans/country/russia

（五）汇率、国际储备与金融市场

根据莫斯科交易所数据，2019 年俄罗斯官方货币卢布汇率上涨，处于升值状态。数据显示，卢布兑美元汇率同比增长 9.3%，达到 1 美元兑 61.99 卢布的水平；兑欧元汇率增长 11.3%，1 欧元可兑 69.47 卢布。

俄罗斯中央银行行长纳比乌琳娜表示，卢布升值的主要原因是资本流入，投资者正在寻找更多有利可图的证券与可投资之处，因此资本流入了包括俄罗斯在内的新兴市场国家。根据俄罗斯中央银行的统计，2019 年 10 月流入俄罗斯联邦债务债券市场的外国资本总金额高达 2330 亿卢布。全球外汇市场开始注意到俄罗斯更好的债务动态和基本面，使得俄罗斯卢布成为 2019 年表现最佳的非美货币之一。除此之外，美联储的降息，油价的回升，强劲的经济基本面，都是支撑卢布的因素。

国际储备方面，俄罗斯央行公布的数据显示，2019 年，俄罗斯国际储备大幅上涨至 5575 亿美元，比央行此前设定的目标水平还高出 10%，并创下了自 2008 年以来的最高水平。俄罗斯央行表示，国际储备增加主要得益于预算规则框架内购买的外汇和对俄经济形势的积极评估。

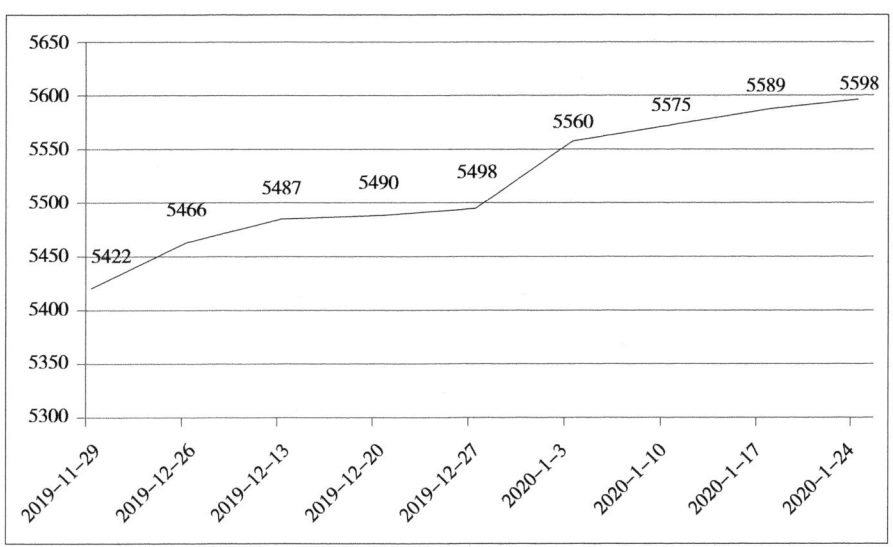

图 4-10　2019 年 11 月 29 日 -2020 年 1 月 24 日俄罗斯国际储备周变化（单位：亿美元）

数据来源：俄罗斯中央银行，https://www.ceicdata.com/zh-hans/indicator/russia/foreign-exchange-reserves

近年来，俄罗斯央行一直在稳步增加和重塑其国际储备。特别是近期俄罗斯多次受到美国、欧盟的制裁，迫使其开始寻求破局之路，这其中就包括在国际储备中摆脱单一的美元货币资产，转而支持其他货币，包括人民币和欧元。与此同时，俄罗斯普京政府还在大量投资黄金。具体数据来看，截至 2020 年 1 月初，俄罗斯央行的黄金储备已超过 1100 亿美元。

全球三大国际评级机构之一的惠誉国际评级预测，由于贸易和预算盈余，俄罗斯国际储备将在 2021 年达到近 6000 亿美元，创历史新高。惠誉表示，制裁升级的持续风险将对俄罗斯的外部融资灵活性、投资和增长前景构成压力。近年来，俄罗斯一直受到限制其进入国际资本市场的制裁，这迫使该国的政策制定者增加应急资金，并维持从紧的货币政策。

惠誉认为，由于贸易和预算的双盈余，再加上庞大的储备金，俄罗斯将有能力抵御制裁的影响。2019 年，美国对俄罗斯实施了进一步制裁，禁止美国银行购买新发行的非卢布欧元债券，但没有触及规模大得多的卢布证券市场。2019 年 8 月 9 日，惠誉还将俄罗斯主权债信评级升至 BBB，且前景稳定，理由是俄罗斯实施了强有力的财政政策，并承诺将通胀定为目标。目前，俄罗斯的信用评分与哈萨克斯坦、意大利和墨西哥相当。

惠誉表示，俄罗斯政府谨慎的经济政策已让俄罗斯将维持预算所需的石油价格从2013年的每桶110美元降至2018年的不到一半。尽管如此，惠誉认为，俄罗斯未来几年的增长将保持在"弱势"的2%以下，远低于其他具有类似评级的国家的平均水平。在过去的五年中，俄罗斯的可支配收入每年都呈下降趋势。

惠誉称，俄罗斯政府计划通过新项目带动经济增长的计划可能因私人投资者兴趣不高和项目实施延迟而遭遇阻碍。这可能会引发不满情绪并迫使政府增加支出，这将影响其保守的预算政策和储备。该机构表示，如果无法拉高增长、提高生活水平，可能会对旨在为国内经济活动提供更多支持的政策框架带来更多政治和社会压力。

金融市场方面，2019年俄罗斯的债券市场和股票市场呈现繁荣局面。2019年11月初，莫斯科证券交易所指数超过3000点，创造历史新高。2019年全年莫斯科交易所指数不断攀升。莫斯科证券交易所指数自2014年以来已提高了2倍，俄罗斯交易系统指数自2016年以来增长了2.3倍。

二、2019年经济大事件回顾

（一）央行年内连续进行五次降息

2019年4月26日，俄罗斯央行董事会将基准利率维持在7.75%。6月14日，央行董事会一年来首次下调基准利率25个基点至7.5%。随后，央行4次下调基准利率。12月13日，俄罗斯央行进行了2019年年内的第五次降息，基准利率下调至6.25%。

国内经济增长落后于政府的目标，且通胀率仍低于央行4%的目标水平，是央行本年度连续降息的主要原因。俄罗斯央行发布的声明指出，自2019年年初以来，俄罗斯经济增长率低于中央银行的预期。原因是投资活动的动力不足以及年度出口增长率的显著下降，其中也包括外部需求减弱。此外，全球经济形势不明朗甚至增速放缓、美联储减息预期增强、国际贸易疲软以及地缘政治与保护主义等方面的不确定性影响，也是俄罗斯央行进行降息的重要原因。

虽然中央银行多次降息以促进投资，但从全年情况看，固定资产投资并未出现大幅增长趋势，增速明显放缓。对投资增长放缓的原因，俄罗斯经济发展部发布的报告认为，一是从2019年1月1日起增值税税率从18%提高到20%，经济主体需要一个适应过程。二是联邦预算投资支出减少，导致固定资产投资增幅损失9个百分点，其中建筑业基本为零增长。第二季度用于投资的机器设备的进口减少3.6%，国内用于投资的机器设备的生产也呈现疲软趋势。三是虽然政府在大力推动国家项目，但具体项目的进展缓慢。俄罗斯审计院主席库德林在向普京汇报工作时指出,2019年政府预算所确定的投资计划没有完成,有1万亿卢布的资金未被有效利用。

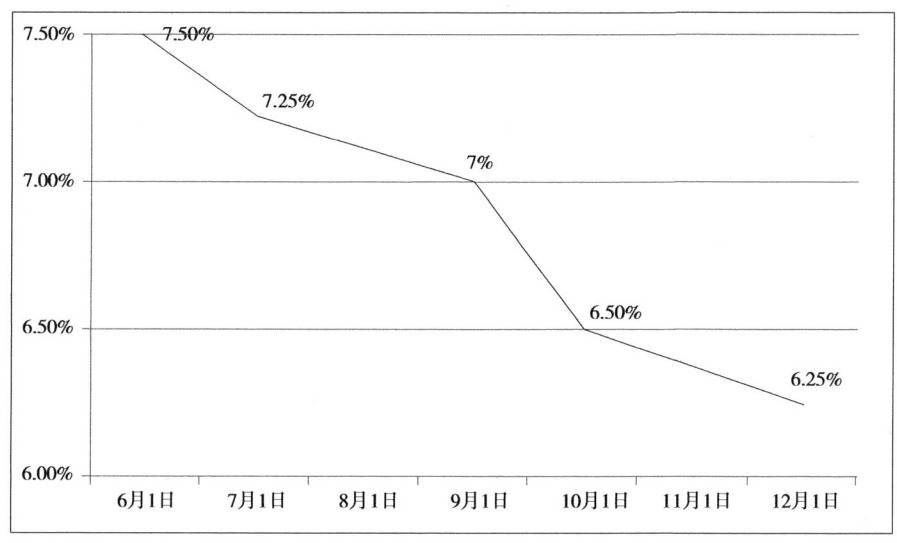

图 4-11　2019年俄罗斯央行基准利率变化情况

数据来源:俄罗斯中央银行,https://www.cbr.ru

　　IMF工作组于2019年7月17日在结束对俄罗斯第四条款磋商的声明中表示,"在健全的宏观经济政策下,俄罗斯经济继续呈现温和增长,但存在结构性限制并受到制裁影响"。这里的"制裁影响"来源于欧盟。2019年6月20日,欧盟决定对俄罗斯的现有经济制裁措施延长至2020年1月底,保持对当地经济的"高压态势"。当天早些时候,俄罗斯总统普京在年度"直播连线"问答活动中表示,过去五年间,欧盟制裁已经导致俄罗斯损失了约500亿美元。IMF敦促俄罗斯克服体制薄弱环节,解决治理问题,加强金融部门运行活力,提高投资和生产力。"雄心勃勃的结构性改革对提高经济增长至关重要"。IMF在报告中建议俄罗斯优先考虑建立一个更有活力的私营部门,并减少国家对经济的干预。

　　俄罗斯央行行长纳比乌林娜表示,俄罗斯需要进行结构性改革,以重启经济。由于降息举措能有效地降低借贷成本、减轻企业债务负担、促进企业投资,同时,在目前的全球降息周期内,新兴市场降息能够抑制本币升值、对冲贸易摩擦的负面影响。此外,降息能够推高股市、债市和商品等资产价格,提振市场信心。结合国内经济发展形势,以及目前通胀率继续低于目标水平的情形,俄罗斯央行于2019年12月进行第5次降息后表示,"如果形势发展符合基准预测,将考虑在2020年上半年进一步降息的必要性"。

（二）电子商务市场迅猛发展

2019年，俄罗斯电子商务市场增长势头旺盛，增长速度达到了实体经济和传统零售业的10倍。至2020年年初，电子商务平台在线销售额约占俄罗斯零售总额的6%，并且该份额仍在持续增长。根据俄罗斯研究公司Data Insight的数据，俄罗斯电子商务市场2019年上半年的销售额为110亿美元，同比增长26%；网上购物次数达到1.91亿次，同比增长44%，创下历史新高。2019年全年，俄罗斯电子商务市场的销售额达到269.2亿美元，同比增长18.7%。从网购人数上看，2019年俄罗斯网购人数占总人口的比例同比增长10%。其中，42%的俄罗斯人经常进行网购，这一比例为2014年的两倍。

轻工业欠发达的产业结构特点、人口规模巨大的国家特征以及电子商务基础设施的改善共同推动了俄罗斯电子商务市场的蓬勃发展。首先，俄罗斯延续了苏联大部分的产业基础，重工业发达、轻工业欠发达的产业结构至今没有较大改善。而生活必需品大多为轻工业产品，致使生活资料成本一直较高，因此俄罗斯民众对低价轻工业产品的需求较高。此外，考虑到俄罗斯又是人口大国，总人口数达1.44亿，轻工业产品的潜在市场需求规模同样十分巨大。从现实情况来看，俄罗斯电子商务市场一直是以轻工业产品为主，且在早期受到配套基础设施的限制，发展较为缓慢。但近十年来随着配套基础设施的改善，电子商务市场逐渐步入快速繁荣时期。根据世界银行和Data Insight的相关数据，2011年俄罗斯互联网使用人数占比仅为49%，拥有金融账户的15岁以上人口占比仅为48.18%，电子商务营业额仅为2350亿卢布；2017年，前两项统计指标分别上升至76.01%和75.76%，电子商务营业额激增至11500亿卢布，年均复合增长率高达25%。但对比来看，俄罗斯电子商务市场规模与成熟国家相比还有很大发展空间。相关数据显示，俄罗斯电子商务营业额与GDP之比为2.5%，而在中国，这一比例达到了4.5%。未来俄罗斯电子商务市场还具有巨大的发展潜力。

俄罗斯企业联盟第一副主席德米特里延科表示，移动支付使用率不高、物流时效差等问题仍制约着俄罗斯电商发展。俄罗斯物流网络需要提升包裹分发和递送效率，在大城市完善物流和仓储设施。

为了解决物流配送问题，俄罗斯各大电商平台近年来加大了对基础设施的投资。俄罗斯网购平台"奥松"已投入数十亿美元用以发展物流，在主要城市的住宅区、商务中心和商场安装智能提货柜，在全国设有近6000个网点。俄罗斯邮政也采取了相应措施。2019年11月15日起，俄罗斯邮政实施规范派送速度的新标准，大多数俄罗斯民众可在48小时内收到包裹。

（三）调整进口税起征点

2019年1月，俄罗斯联邦政府颁布了一项旨在降低进口税起征点的新立法，该政策将使消费者承担在非俄罗斯领土购买高价商品的成本。此项新立法将于

2020 年 1 月起正式施行。

在此之前，消费者购买的商品价格如果低于 896 英镑，则无须交税。只有当商品价格超过 896 英镑时，才需要支付商品总价格 30% 的商品税。而从 2020 年 1 月起，虽然新立法将此前 30% 的商品税率降至 15%，但降至 179 英镑的税收起征点大大限制了俄罗斯消费者对海外商品的购买。

此项举措将缓解俄罗斯面临的市场竞争，本国的电子商务市场也会促进国内的商品交易，但这并不利于促进俄罗斯创新所需的良性竞争。该政策含有的反竞争性质，会阻碍俄罗斯加入全球贸易的格局。

（四）中俄东线天然气管道投产通气

2019 年 12 月 2 日，中俄东线天然气管道投产通气仪式隆重举行，这标志着全球最重要的两个天然气供需国历史性地开始合作。

中俄东线天然气管道总长 8000 多公里，是目前世界上最长的天然气输气管道。项目总价达 4000 亿美元，30 年内俄方将向中国市场供气超一万亿立方米。俄罗斯科学院远东研究所首席研究员彼得罗夫斯基表示，中俄东线天然气管道投产通气，是世界上主要的能源生产国和消费国之间的能源"对话"，是大资源与大市场的"对接"，不仅进一步夯实了俄中关系的坚实基础，也为促进全球能源安全做出了重要贡献。

中俄东线天然气管道投产通气，将有助于落实两国元首达成的在 2024 年将中俄双边贸易额提升至 2000 亿美元的目标，有利于中俄两国经贸合作提质升级，有利于两国毗邻地区的发展，更能惠及两国百姓，有利于"一带一路"倡议与欧亚经济联盟的对接。

作为关系到中俄合作和国家能源安全的一条能源战略大通道，该管道的中段和南段未来还将陆续投产，将经中国东北至华北最后通到上海，为东北振兴、京津冀协同发展、长三角一体化等国家战略带来重要支撑。

中俄东线天然气管道投产通气，是中俄双方深度融通、合作共赢的成功典范，实现了俄罗斯丰富资源与我国广阔市场的优势互补，有利于带动两国管道沿线地区经济社会发展。这也是中俄在能源领域务实合作的重要成果，有利于将俄罗斯的资源优势转化为经济优势，有利于带动中俄两国沿线地区经济社会发展。同时，将进一步改善中国能源结构，使中国的天然气进口资源更趋于多元化，对于保障中国能源安全具有重要意义。

三、未来与展望

在西方制裁未解除的背景下，2019 年全年俄罗斯国内的商业投资欠佳，进出口贸易增速放缓，2020 年俄政府仍需努力寻求突破。世界银行 2020 年 1 月发布的最新报告预计，通过一系列改革和刺激措施，2020年俄罗斯经济将增长1.6%。俄罗斯经济发展部表示，2020年将着力应对社会不平等和贫困问题。

2020年1月15日，俄罗斯总统普京向联邦会议发表国情咨文。普京表示，俄罗斯将努力改善经济结构，鼓励投资和科技研发，提升经济效益，为民众增加收入创造条件。

在国情咨文演说中，普京预期，到2021年，俄罗斯GDP增速预计将超世界平均水平。其中，人工智能、遗传学、数字科技、动力工程等领域是俄罗斯经济未来发展的重点领域。此外，普京还强调，俄罗斯应启动新的投资周期，投资年增幅应不低于5%。俄罗斯直投基金（RDIF）总裁德米特里耶夫2019年末在接受采访时表示，2019年全年外国对俄罗斯直接投资总额的增幅可达70%，超出预期。数据显示，俄直投基金2019年与合作方共向各类俄罗斯项目投资48.4亿美元。

值得注意的是，在普京发表完本次国情咨文后，便对政府进行改组。俄罗斯联邦政府全体辞职，原总理梅德韦杰夫调任俄联邦安全会议副主席，提名俄联邦税务部门负责人哈伊尔·米舒斯京出任总理一职。

尽管经济增速有所放缓，但官方公布的一系列数据表明，2019年俄罗斯经济社会总体发展平稳。目前俄罗斯国内物价保持稳定，通胀率为3%；失业率维持在不到5%的水平；固定资产投资增长率逐渐提升；截至2019年12月27日，外汇储备达5498亿美元。俄罗斯国家预算有盈余，国家储备金足够偿还外债，国家福利基金也在增长。

面对西方制裁，俄罗斯为振兴经济推出了诸多举措，在维持收支平衡、推动进口替代、稳定经济形势等方面取得了积极成效。近年来俄罗斯不断扩大对实体经济的投资，这为未来的经济增长提供了巨大保障。目前，俄罗斯国家福利基金的储备水平达到GDP的7%，这意味着政府可将从石油和天然气行业获得的更多收益用于发展实体经济。

近年来，俄罗斯能源工业产值和利润在GDP和财政预算收入中的占比有所下降，经济结构调整的成果开始显现。国民经济过度依赖石油天然气出口的状况有所改善，经济领域呈现出一些新的亮点。

农业方面，最近十余年来，俄罗斯农业生产获得了良好的发展。农作物连年丰收，俄罗斯已经由过去的农产品进口大国转变为农产品出口大国，出口对象达到150多个国家和地区。2019年年底，俄罗斯农业部宣布，俄已收获1.236亿吨谷物，较上年同期增长6.9%。依靠生产效率的提高，农业已成为俄罗斯经济增长最快的部门之一。从2014年到2018年，农业总产值增长了17.7%，大大超过俄经济整体发展速度。粮食丰产不仅让俄罗斯本国供应自给自足，还提升了俄罗斯农业在全球市场上的竞争力。过去5年，俄罗斯农业综合产品出口增长了30%。

目前俄罗斯的小麦出口量居世界第一,其他一些类别产品的出口也排名领先。此外,联邦政府极力推行的进口替代政策初见成效,民族工业得到了一定程度的振兴和发展,大量的本国产品涌入市场,取代了进口商品,尤其是农副产品严重依赖进口的现象明显改观。

尽管俄罗斯经济仍面临国际原油价格波动和遭受新制裁等外部挑战,但由于自身建立起的坚实宏观经济基础,2020年俄罗斯经济仍将保持总体稳定增长态势。俄罗斯经济发展部部长奥列什金表示,俄经济发展部将力保2020年GDP增幅不低于2%。为保障经济发展的资金需求,普京提出刺激投资的几项举措。他表示,俄罗斯将加速通过保护和促进投资的一揽子法案,大型重要项目的税收条件应在20年内保持不变,生产设施的建设要求和标准应固定在3年之内。银行将改善对经济实体的信贷供应。这些举措不仅将提高国家预算的投资效率,而且将为私人投资投向制造业等非能源领域创造有利条件。税收减免政策和增加贷款等措施将促进企业发展,最终拉动俄罗斯经济增长。

展望未来,在发展经济方面俄罗斯有诸多优势可以发挥和利用。

首先,联邦政府在财政政策方面有很大的回旋余地,有望实行相对积极的财政政策,利用债务杠杆,通过科学合理的负债在国内国外两个市场广泛筹措资金,努力扩大投资,推动经济发展。统计数据显示,俄罗斯中央政府的负债率相对较低,负债总额占GDP的比重近年来大体维持在30%上下,这一指标比起多数大型经济体来说是相当低的,还有很大的可利用空间。

其次,俄罗斯国内军用技术向民用技术转移的优势尚未充分形成体系。俄罗斯军事工业独树一帜,在国际上享有很高的声誉,在一系列尖端领域处于世界领先地位,然而与之相对应的民用工业却严重落后。快速和高效率地利用军工企业的技术和科研优势来哺育和促进民用民族工业的发展是俄罗斯面临的一个重大且紧迫的任务,同时也具有十分良好的前景。

此外,落实国家项目仍应是2020年俄罗斯经济政策的主基调。国家项目是普京在2018年重新入主克里姆林宫后推出的促进经济增长和社会发展的重大举措,提出在2024年前在医疗、教育、生态、人口、文化、交通干线基础设施升级改造等领域,投资25.7万亿卢布,以谋求经济突破性发展。普京指出,设立国家项目的主要目标是,提高人民福利水平,保障教育和医疗的可得性和质量,支持家庭,降低贫困水平。普京对国家项目的落实多次提出要求,并敦促俄政府和经济主管部门加快具体项目的落实。2019年可谓俄罗斯国家项目启动元年,从总统到政府都在大力推动国家项目的落实。2020年1月,俄罗斯财政部发布消息称,2019年国家项目预算执行率为91.4%,支出1.6万亿卢布。其中,国家项目"生态"领域的预算执行率最低,为66.3%(支出369亿卢布);"数字经济"领域预算执行率为73.3%(支出738亿卢布);"劳动生产率和就业支持"领域预算执行率为87.1%（支出62亿卢布）。预算执行率最高的领域是国家项目"科学"，为99.1%（支出376亿卢布）；"教育"领域为99%（支出140亿卢布）；"卫生"领域为98%（支出1571亿卢布）。

值得注意的是，俄罗斯政府强调了中国"一带一路"倡议对俄罗斯国家项目的积极作用。俄罗斯经济发展部长奥列什金表示，中方的"一带一路"倡议有助于俄方实现国家项目，减少欧亚经济联盟与"一带一路"的对接障碍有助于发展欧亚统一的经济空间。俄方希望对华产品出口继续增长，这有助于俄罗斯实现国家项目中与出口相关的目标。俄中在科技、卫生保健和教育等领域的积极合作也有助于两国关系发展。他指出，俄中两国应推进经济空间对接，消除障碍。俄方愿最大限度减少两国经济空间内商品、服务与人才流通中的阻碍。奥列什金还称，俄中经贸合作呈现积极态势，俄方愿就一系列项目与中方合作，有意将两国贸易额提升至2000亿美元的新水平。普京表示，俄罗斯将继续构建欧亚经济联盟统一市场，发展对外合作，包括继续推进欧亚经济联盟与"一带一路"对接，这是建立大欧亚伙伴关系的序言。足以见得俄罗斯政府对国家项目以及与周边国家合作共赢的重视。

俄罗斯经济发展部表示，2020年俄罗斯政府将继续落实国家项目，并计划在2020—2022年间向国家项目拨款7万亿卢布。预计经过一两年的准备，国家项目落实进度将好于2018年和2019年。同时，中央银行在通胀可控情况下，将进一步执行相对宽松的货币政策，信贷规模可望提高。

最后，解决国家投资积极性不高、投资领域疲软的问题，应是俄罗斯2020年发展经济的重要举措。从2020年起，固定资产投资增长率提高将成为经济增长的主要因素。俄罗斯经济发展部预测，2020年固定资产增长率可能达到7%，2021年将回落到6.3%，2022年降至5.8%，2023—2024年维持在5.6%和5.3%的水平上。世界银行表示，相对宽松的货币政策，加上国家项目的落实，将使俄罗斯经济趋于活跃。

作为科技强国，俄罗斯在将科技成果向生产力转化方面具有无穷潜力。在不断融入世界经济的进程中，进一步扩大对外开放、努力加强对外合作，将使俄罗斯经济获得更多的发展动能。

第五章　2019年德国经济观察报告

张金羽[①]

一、经济、社会概况

2019年是德国经济发展的疲软时期，德国作为欧元区举足轻重的经济"火车头"，近年来已进入经济增速明显放缓阶段，一度加剧国际社会对德国经济将陷入衰退的担忧。虽然德国经济部声称德国强劲的劳动力市场和支持性财政政策将继续支撑国内经济的增长，德国经济目前尚未陷入危机之中，但是不能忽略德国2019面临着以下四大挑战：一是出口导向型的德国工业正艰难应对紧张严峻的贸易摩擦局势；二是汽车行业正面临结构性转型的压力；三是负利率时代下的全球经济持续下行风险；四是英国"脱欧"带来的诸多不确定性。下文将从四个角度出发，从一系列直观的数据中深入观察2019年德国经济、社会情况以及德国所面对的机遇和挑战。

（一）国内生产总值

作为欧元区第一大经济体，德国国内生产总值（GDP）占整个欧元区GDP的近四分之一。因此，德国经济表现对欧元区整体经济发挥着相当重要的作用。

德国联邦统计局数据显示，2019年德国国内生产总值为3.436万亿欧元，较2018年的3.344万亿欧元增长了0.6%，这是德国经济连续增长的第十年。然而，较2018年的1.5%增速，2017年的2.5%增速，以及过去十年的平均1.3%增长水平，2019年德国GDP经济增长明显失去了动力，出现较大程度的放缓。

从影响GDP增长的各项指标来看，消费是拉动2019年德国GDP增长的主要动力，居民消费较2018年同比增长1.6%，政府消费同比增长2.5%，居民和政府两者的消费支出均大于前两年的消费支出（2017年居民消费同比增长为1.2%，政府消费同比增长2.4%；2018年居民消费同比增长为1.3%，政府消费同比增长1.4%），其中一部分增长是由德国政府采取积极性财政政策的结果。此外对各行

[①] 北京外国语大学国际商学院。

业来说，建筑业和服务业的蓬勃发展也对 GDP 的增长贡献了力量。建筑业同比增长率最高，达 4.0%；服务业排在第二，其中信息通讯业和金融、保险业的增长率达 2.9%。2008—2018 年平均增长率为 1.3%。

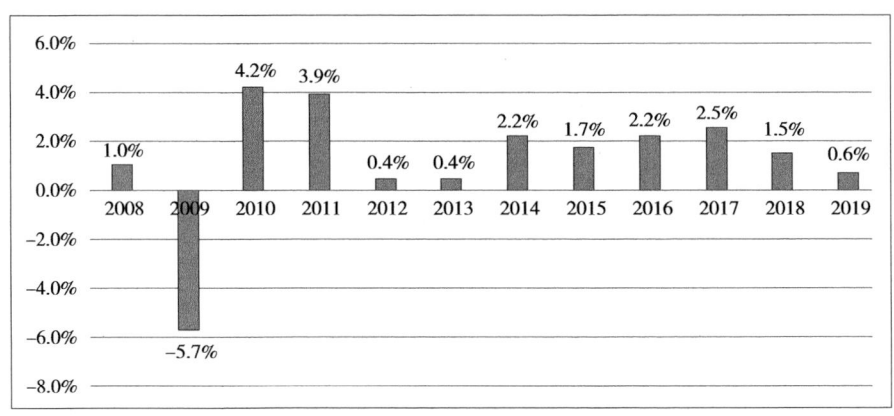

图 5-1　2008-2019 年德国国内生产总值同比增长速度

数据来源：德国联邦统计局

表 5-1　2018-2019 年德国各项指标对国内生产总值的拉动（价格调整后，2005=100）

增加值总额（GVA）	2018 年年同比增长率（%）	2019 年同比增长率（%）
家庭和非营利机构最终消费支出	1.3	1.6
政府最终消费支出	1.4	2.5
农业、林业和渔业	-1.3	0.4
工业（包括制造业）	1.5	-3.6
建筑业	3.4	4.0
贸易、运输、食宿和餐饮业	1.8	2.4
信息通讯业	3.1	2.9
金融、保险业	-0.1	2.9

数据来源：德国联邦统计局

然而，德国经济增速整体呈现放缓趋势，主要源于两大因素。一方面是德国在作为其经济重要支柱的工业领域开始表现出疲软姿态，2019年德国工业产出下降3.6%，仅占经济总量的四分之一。其中，汽车行业的低产量又是造成工业产出下降的重要原因。德国经济十分依赖汽车产业，但由于近年来倡导汽车行业向环保电动化转型，加上全球汽车需求萎缩，德国汽车销售情况堪忧，德国汽车工业面临巨大压力。另一方面，德国是出口导向型经济体，自2018年以来出现的全球贸易保护主义升级、英国"脱欧"、土耳其货币危机等不确定因素也严重影响了德国的出口，这一方面将会在下文的对外贸易中详细谈及。

（二）人口与就业

截至2019年末，德国人口总数达到约8320万人，与2018年年末相比增加约20万人；但从增长速度来看，2019年人口增速明显低于2013-2018年。其中，移民人口是支撑德国人口增长的重要来源，如果不计移民人口，自1972年以来德国人口的自然增长率是一直保持负值的，即每年死亡总人数高于出生总人数。

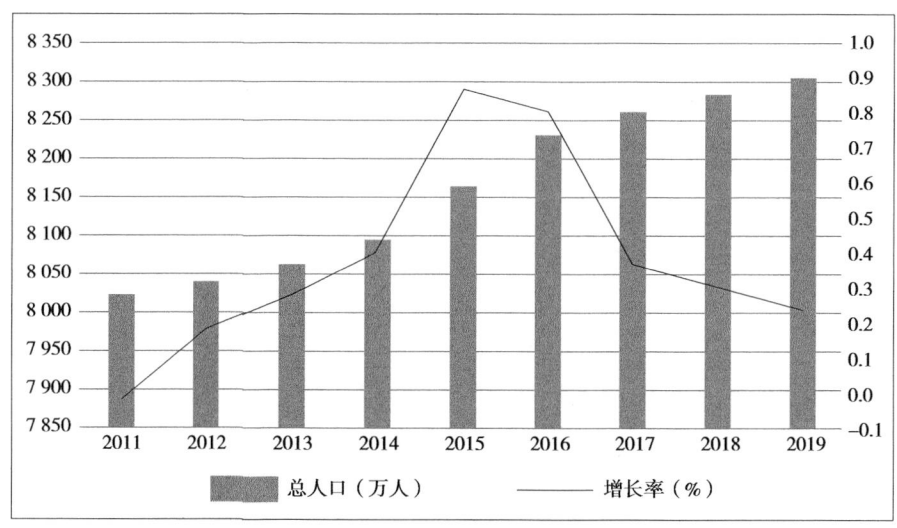

图5-2　2011-2019年德国人口及其增长率

数据来源：德国联邦统计局

值得注意的是，2019年德国就业总人数为4526万人，创下1991年两德统一以来的历史新高。德国就业人数已经连续14年保持着增长势头，2019年德国平均就业人数同比增长40.2万人，增速为0.9%，较2018年的增速1.4%有所放缓。

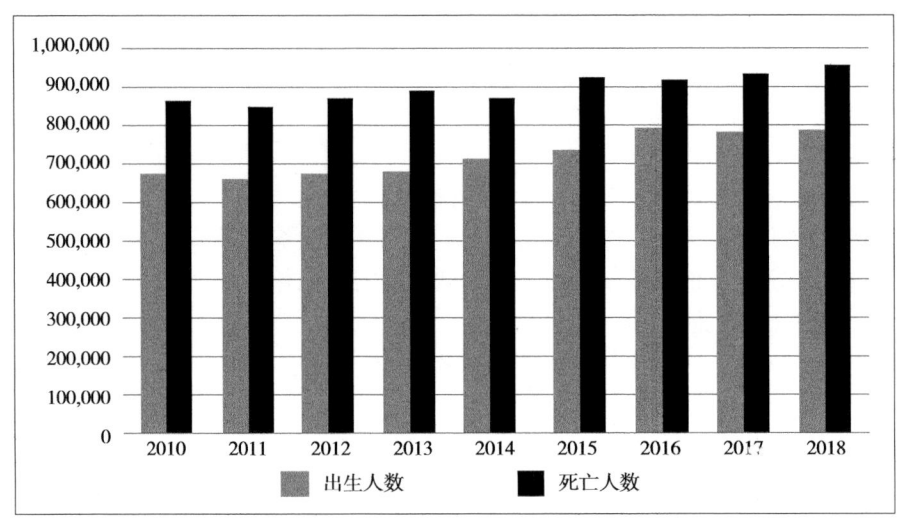

图 5-3　2010-2018 年德国出生人数与死亡人数

数据来源：德国联邦统计局

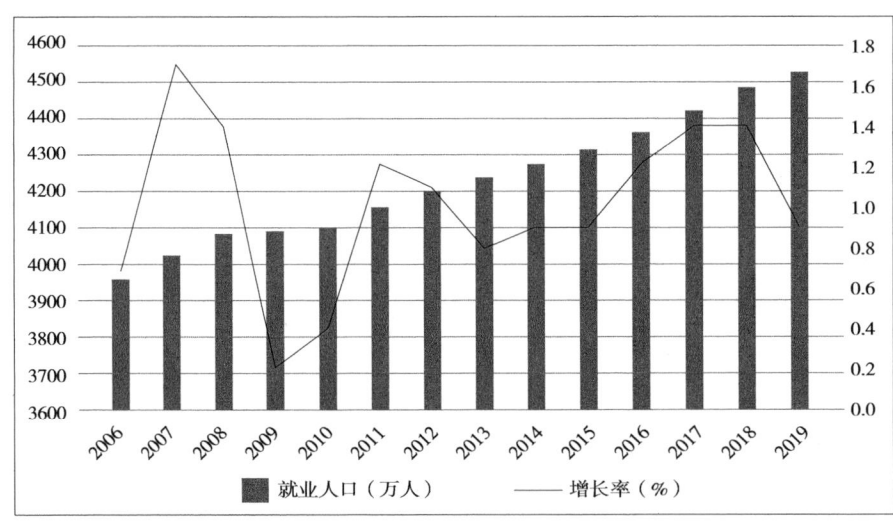

图 5-4　2006-2019 年德国就业人口及其增长率

数据来源：德国联邦统计局

具体来看，从 2019 年 1 月份开始，德国就业人口的同比增长速度在放缓，到 12 月份就业人数同比增长仅有 0.6%。

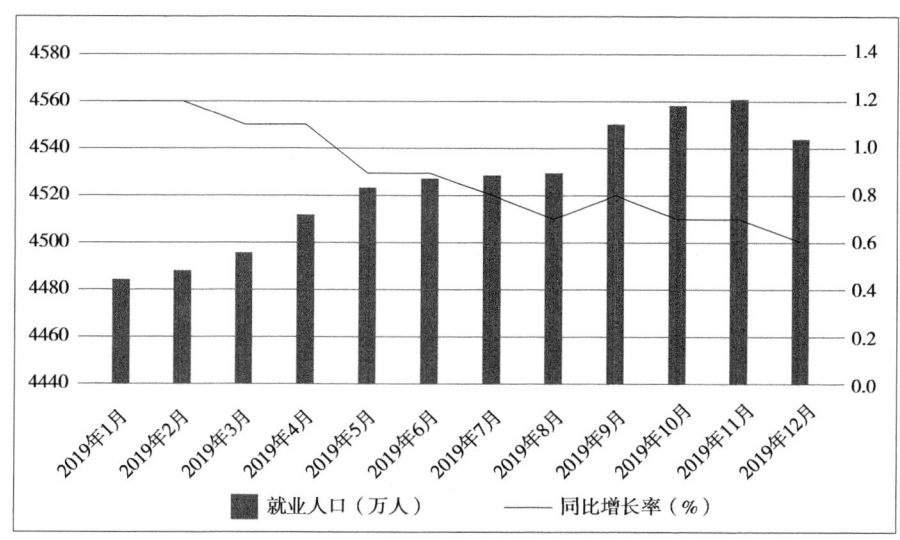

图 5-5　2019 年德国就业人口及其增长率

数据来源：德国联邦统计局

德国联邦统计局数据显示，2019 年德国新增就业岗位主要来自服务业门类下的信息通讯、贸易、交通运输、酒店、餐饮等行业，制造业和建筑业的就业人数亦出现增长，但农业、林业和渔业的就业人数则有所下降。总的来看，虽然德国就业人数连年增加，但就业增长动力在持续下降，其形势与德国经济增长趋弱的表现形势相契合。

表 5-2　2018—2019 年德国就业人数（按行业划分）

行业	2018 年就业人数（万人）	2019 年就业人数（万人）	增长率（%）
农业、林业、渔业	60.8	59.6	-2.0
制造业	772.5	777.2	0.6
建筑业	251.5	255.1	1.4
贸易、运输、食宿和餐饮业	1016.9	1023.1	0.6
信息通讯业	132.2	137.1	3.7
金融、保险业	111.1	110.1	-0.9

数据来源：德国联邦统计局

从德国就业人口的年龄结构来看，就业人口年龄比例大致上没有出现"右偏"，青年人（44 岁以下）就业人数（2018 年约 2108 万）高于中年人（45—59 岁）就业人数（2018 年约 1625 万），这是由于大量外来劳动力的输入对冲了德国原本人口老龄化结构的压力。具体来说，2012 年 8 月，德国联邦政府实施新的

《外国人居留法》,启用欧盟蓝卡移民制度,允许非欧盟成员国家的人才长期留居德国;之后又出台各种移民政策和措施,吸引高素质的技术专业人才到德国工作生活,弥补劳动力市场的缺口。从青壮年就业年龄比例和历史新高的就业率综合观察显示,德国外来人口,无论是高质量的专业人才还是教育程度较低的普通劳动力,其就业情况较为可观。

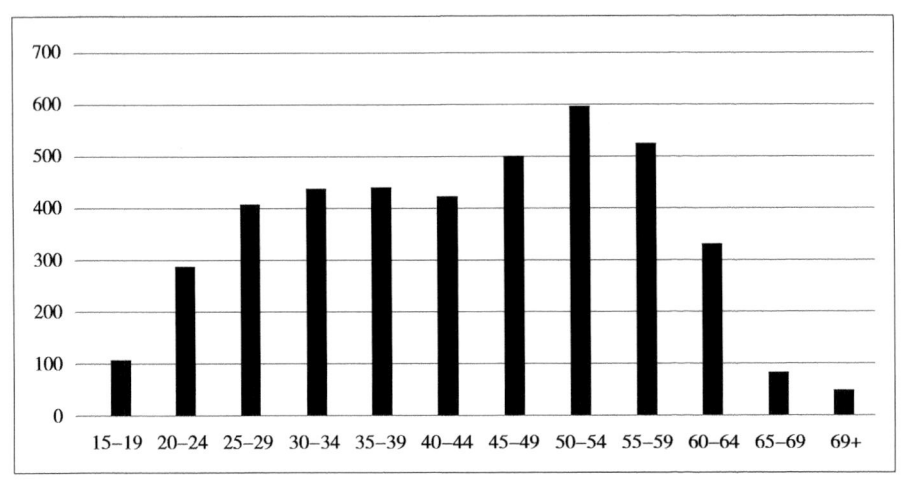

图 5-6 2018 年德国就业人数(万人)(按年龄划分)

数据来源:德国联邦统计局

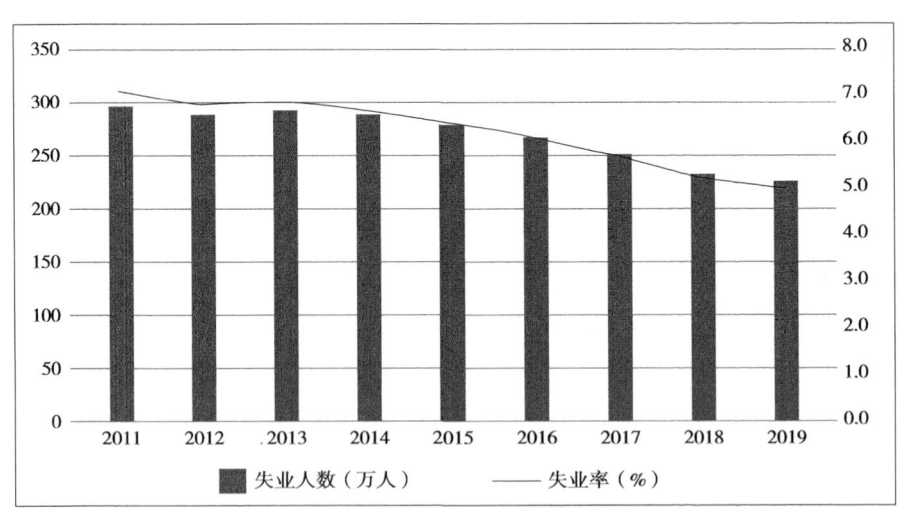

图 5-7 2011-2019 年德国登记失业人口及失业率

数据来源:德国联邦统计局

与此同时，德国失业人口和失业率也迎来历史新低，2013年以来连续6年失业率持续下降，到2019年德国失业率仅为5.0%。但如果观察近年来德国失业率的同比下降速度明显发现，2019年失业率降速不及前四年。此趋势与德国就业率相一致，表明虽然德国失业人数在进一步减少，但对劳动力的需求正在放缓，进一步改善劳动力市场的动力也有所减弱。

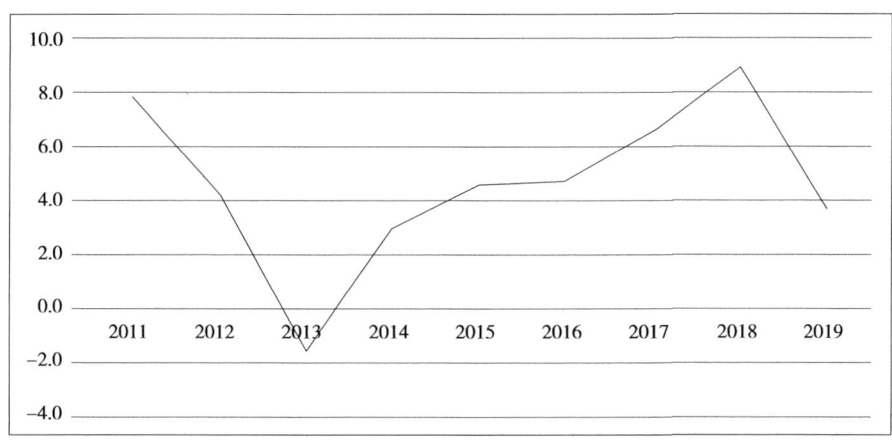

图 5-8　2011-2019年德国登记失业率同比下降速度（%）

数据来源：德国联邦统计局

（三）消费与物价

德国2019年总体消费水平较2018年有所提升，是推动GDP增长的重要贡献力量。从增长水平来看，居民消费支出在各个领域均有所上涨，其中在购买家具及家用设备方面支出较大，较2018年相比增加3%，交通与通讯支出同比增加2.4%，娱乐与文化支出同比增加2.0%。从消费金额来看，家庭花钱比重最大的前三名分别是娱乐与文化、交通与通讯、酒店及餐厅服务。由此说明德国人在休闲娱乐及文化方面的消费比较多，另外近年来有愿意花钱装饰房屋和购买家用设备的趋势。

表 5-3　2019年德国居民消费支出情况（价格调整后，2005=100）

居民消费	支出金额（亿欧元）	同比增长率（%）
食品、饮料和烟草	1033.4	1.0
服饰及鞋类	1045.2	1.2
住房、水、电、气和其他燃料	1021.0	0.8
家具及家用设备	1085.8	3.0
交通与通讯	1112.7	2.4
娱乐与文化	1114.7	2.0
酒店及餐厅服务	1095.5	1.8

数据来源：德国联邦统计局

2019年德国消费者物价指数（CPI）相比于2018年有所上涨，幅度为1.4%，比2018年1.8%的物价指数上涨幅度要低。其主要原因是由于能源产品价格在2018年同比上涨4.6%之后，在2019年同比上涨仅为1.4%，价格上涨幅度大大下降。此外，消费者物价指数保持着较低的涨幅水平，保证了居民消费者的购买力，这与德国国内生产总值增长的主要贡献力量居民消费的增长相契合。

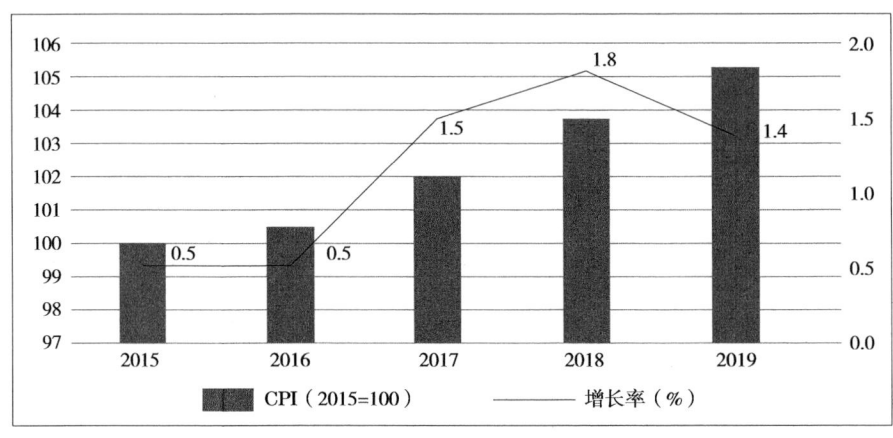

图5-9　2015-2019年德国消费者物价指数（2015=100）

数据来源：德国联邦统计局

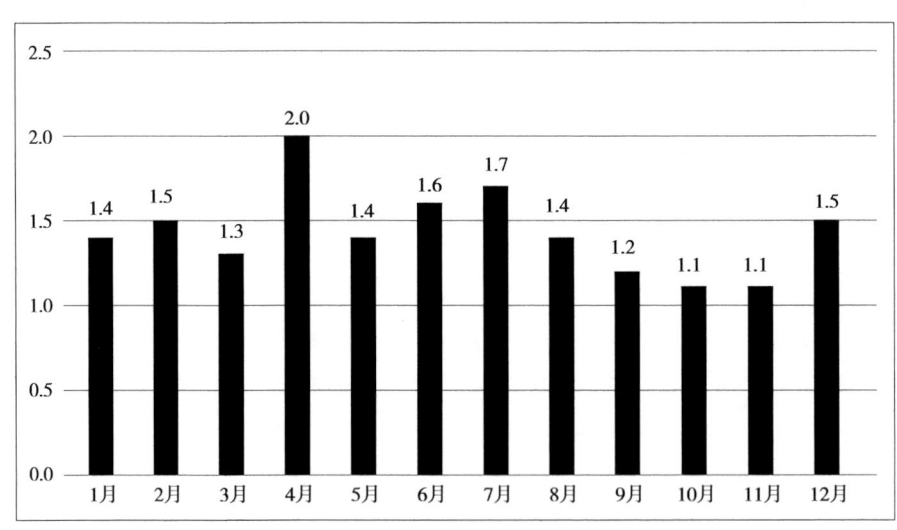

图5-10　2019年德国消费者物价指数同比增长率（%）

数据来源：德国联邦统计局

为对抗通货紧缩、刺激欧元区经济复苏，欧洲央行近年来实行宽松的货币政策，将通货膨胀率目标锚定在略低于2.0%，但从德国2019年通货膨胀率的成绩单来看，德国的通货膨胀率仅在2019年4月份达到2.0%，其他月份均低于目标通胀率，这表明货币宽松政策效果并不显著。此外，德国通货膨胀率持续低于目标水平的局势将一定程度上影响投资和消费，进而影响德国经济的表现情况。

（四）国际贸易与投资

德国属于出口导向型经济，是世界上最大的净出口国，出口是德国经济增长的主要驱动力。但德国在2019年的对外出口表现并不佳，德国2019年前三季度出口同比增长率分别为3.5%、1.0%和1.9%，相比之下，2018年四个季度总出口同比增长分别为4.7%、3.9%、3.1%和1.6%。2018年初德国对外出口开始出现下滑迹象，尽管在2019年第一季度出现了短暂的回升，但可以明显看出，从2018年第四季度开始，德国的对外出口状况在进一步恶化的大趋势。此外，2019年前三季度德国进口同比增长率分别是5.6%、3.2%、0.2%，由此看出，德国在2019年进口的需求也在大幅度减小。

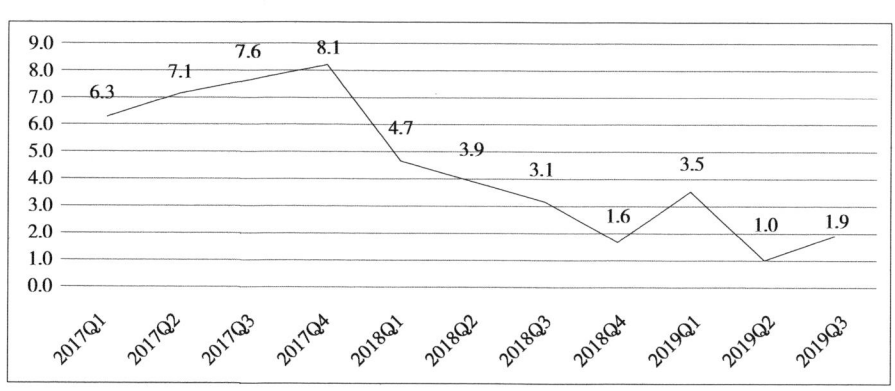

图5-11　2019年德国对外出口同比增长率（%）

数据来源：德国联邦统计局

德国出口商品的需求价格弹性比较低，但是对出口目的地国家的经济社会发展状况依赖性较高，所以国际上地缘政治不确定性的增加会影响德国的对外贸易情况。自英国"脱欧"公投以来，德国与英国的双边贸易持续下降。德国联邦统计局报告显示，2019年1-7月期间内，德国对英国的双边贸易额为685亿欧元，在德国重要贸易伙伴中排第七位，这意味着与2018年排名第六位相比，英国与德国双边贸易额再次下降，而形成对比的是在2015年英国"脱欧"公投之前，英国排在德国贸易伙伴中第五位。此外，2018年8月土耳其爆发货币危机，土耳其本国货币里拉出现大幅贬值，土耳其经济陷入严重衰退。德国与土耳其的经济贸易往来也向来较为密切，土耳其的经济恶化无疑对德国贸易产生重大负面影响。另外在美德贸易上，美国对欧盟汽车及零部件加征高达25%的进口关税的威胁仍然存在，这一关税威胁必然会对作为汽车产业大国的德国带来沉重压力。因此，2019年存在的政治风险与不确定性和贸易保护主义都增加了德国出口的不稳定性，对德国国际贸易表现形成了挑战。

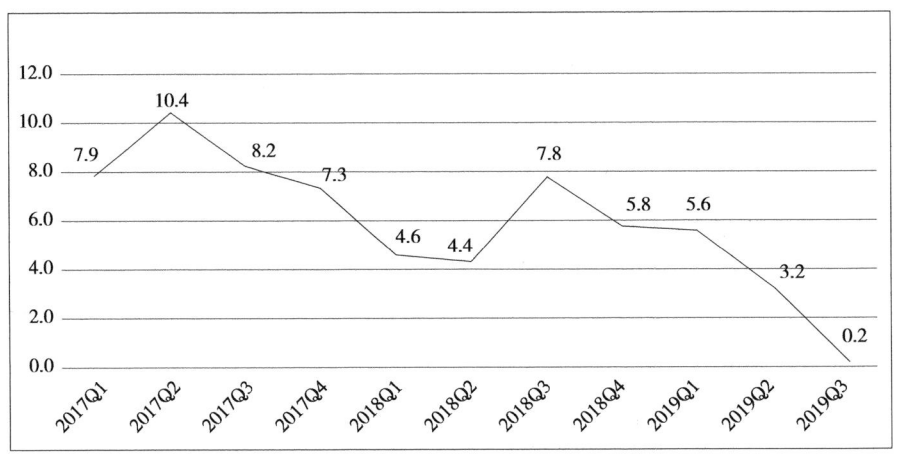

图 5-12　2019 年德国进口同比增长率（%）

数据来源：德国联邦统计局

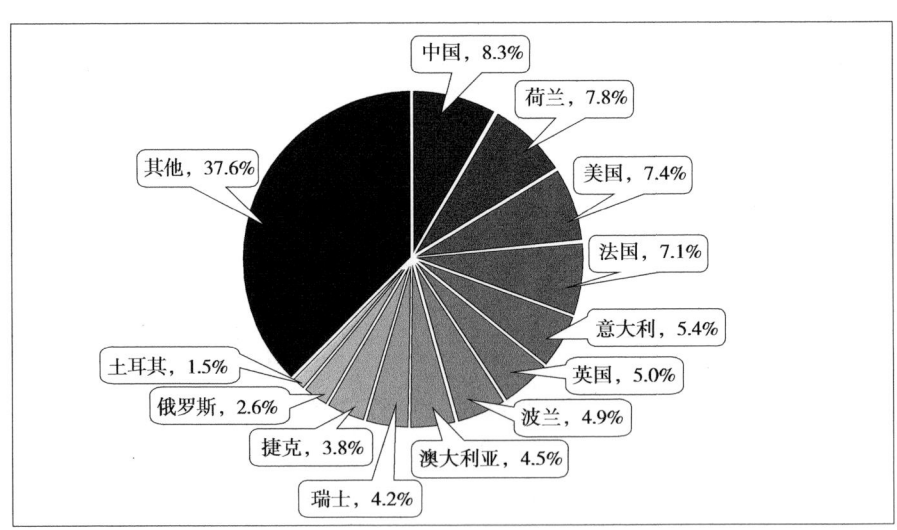

图 5-13　2018 年德国贸易伙伴排名（按双边贸易额计算）

数据来源：德国联邦统计局

另一方面，中国与俄罗斯是德国 2019 年表现较为突出的两大贸易伙伴。2019年 1—9 月中德双边贸易额达 1384.3 亿美元，同比上涨了 9.7%，中德贸易额的持续增长表明了中国是德国全球重要的贸易伙伴。而德俄双边贸易中最为突出的是能源合作,俄罗斯是德国最重要的能源供应国,2019年德俄合作的"北溪-2"天然气管道项目将进一步加强德国乃至欧洲的能源保障,同时德国又是俄罗斯第二大贸易伙伴和重要投资来源国。这又为德国对外贸易提供了契机和动力。

此外,德国2019年对外直接投资的净流出(net outflow)与净流入(net inflow)均较2018年有所下降,同比下降22.0%和50.0%。在德国对外直接投资方面,2019年全年投资净流出的下降一部分是由于12月份的大幅撤资,其同比下降了410.8%。在过去8年中,德国对外直接投资经历了两次高峰,分别在2015和2017年,而在2017年过后的近两年,其对外直接投资增长幅度正不断削弱。

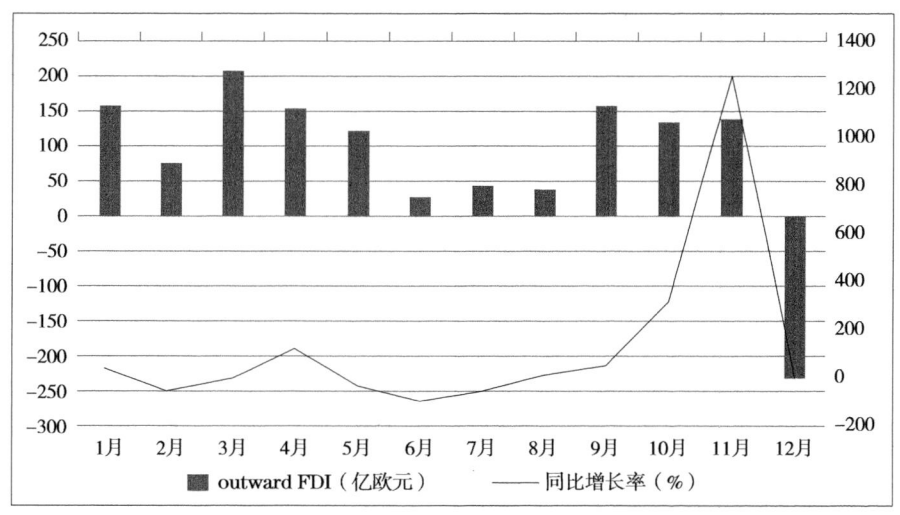

图5-14 2019年德国对外直接投资情况

数据来源:德意志联邦银行

在吸引外国直接投资方面,2019年德国表现欠佳,净流入额较2018年相比减少了近一半,其中,12月份出现的-244.78亿欧元的净流入具有重要影响。另外,德国近三年来吸引外国直接投资增长率的下降也可与其政府采取的限制措施有关。过去德国在外商投资方面的管控力度比较小,但近年来德国开始逐渐加强对外国投资的审查与控制。2017年7月,德国政府通过《对外经济条例》修正案,对非欧盟投资者在德收购制定了新的审查规则,使外国收购方对德国公司的收购变得耗时且复杂。2018年12月,德国政府再次修改法案,规定非欧盟投资者并购德国企业的审查门槛从25%股权比例下调至10%,进一步限制了外国直接投资。由此可知,除了全球经济衰退以及欧元危机等宏观经济因素阻碍了外国直接投资的涌入,德国政府实行的一系列政策与措施也发挥着一定的作用。

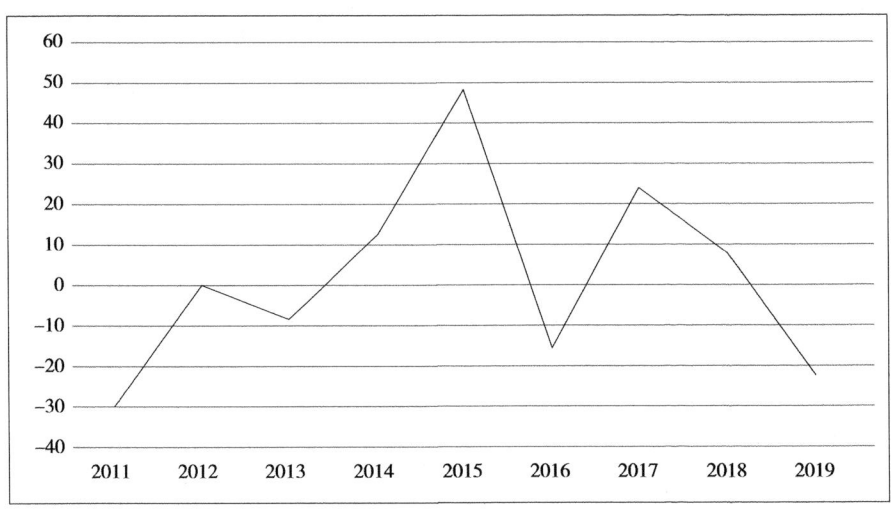

图 5-15　2011—2019 年德国对外直接投资同比增长率（%）

数据来源：德意志联邦银行

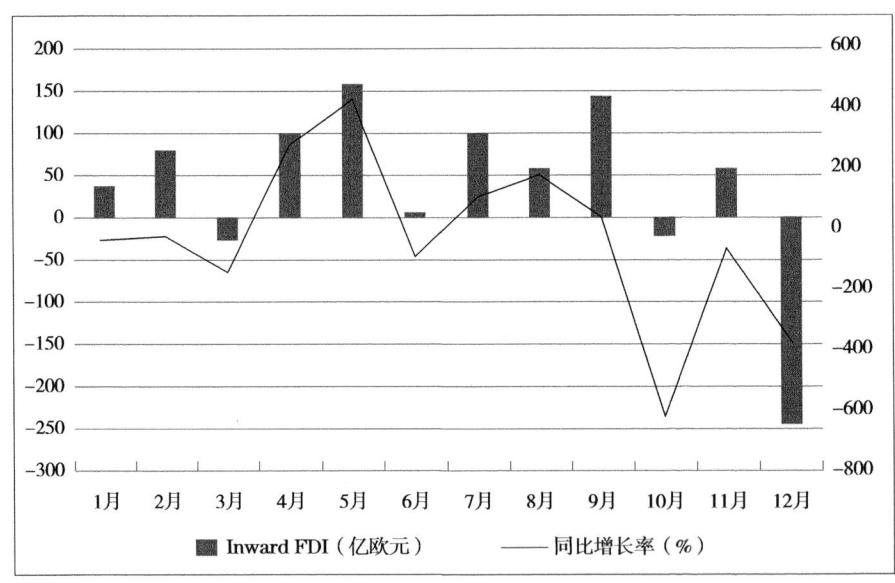

图 5-16　2019 年德国吸引外国直接投资情况

数据来源：德意志联邦银行

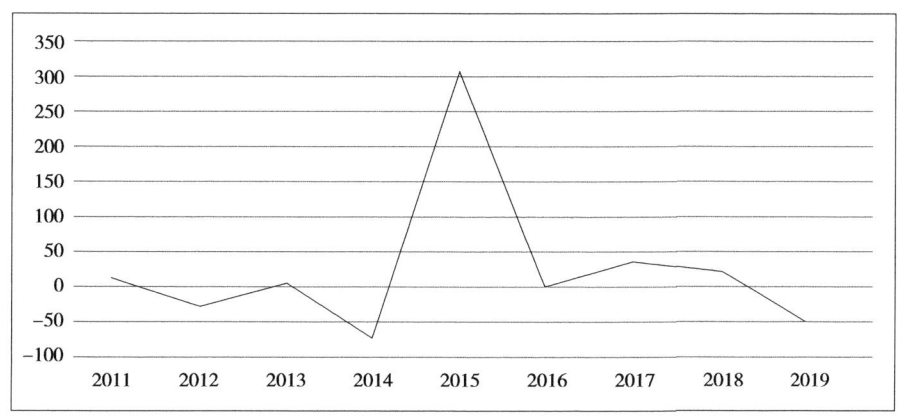

图 5-17　2011-2019 年德国吸引外国直接投资同比增长率（%）

数据来源：德意志联邦银行

二、2019 年的经济大事件

（一）发布《国家工业业战略 2030》

2019 年 2 月 5 日，德国联邦经济与能源部推出《国家工业战略 2030》计划草案。经过十个月的修订，2019 年 11 月 29 日，德国联邦经济与能源部正式公布《国家工业战略 2030》最终版，内容涉及完善德国作为工业强国的法律框架、加强新技术研发和促进私有资本进行研发投入、在全球范围内维护德国工业的技术主权等，旨在维护和确保德国在工业、技术和经济方面的世界领先地位，长久保障德国的就业水平，提高国家经济实力和促进国家繁荣。这份 40 页文件的提出对德国来说是一个全新的产业政策导向。

德国重视工业早已不是秘密，在 19 世纪 30 年代德国就确立了工业在国民经济中的核心地位。但是在新一轮工业革命的浪潮下，德国引以为傲的"德国制造"在全球工业智能化、网络化、数字化转型的浪潮中逐渐褪去以往的光环，德国工业优势逐渐缩小，由此德国对本国工业的焦虑不断上升。

德国《国家工业战略 2030》旨在稳固并重振德国经济和科技水平，进一步深化工业 4.0 战略，推动德国工业全方位升级，并借助能源、税收和竞争政策等对本国工业环境进行调整。改善德国工业政策环境、促进新科技、维护科技主权是德国未来十年工业政策的三大支柱，并有针对性地扶持汽车工业、钢铁和铜铝等非铁金属工业、化工医药业、机械设备及 3D 打印、电子科技和计算机通信、光学和医学科技、环保和能源科技、航空航天、海洋经济和国防安全等十大"关键工业部门"，计划将工业产值占附加值总额（GVA）的比例从目前的 22% 提升至

2030年的25%，保证德国工业在欧洲乃至全球的竞争力。

由此可见，战略文件的核心是加强国家对产业结构的干预力量，德国政府下定决心发展和重振德国工业，也预示着更多的政府干预即将出现。这对一向信奉开放市场和自由竞争的德国而言，无疑是经济政策的"历史性转变"。

（二）发行全球首个零利率30年国债

2019年8月21日，德国以零利率的票面利息发行30年期超长国债，发行金额8.24亿欧元，原计划发行20亿欧元。即在30年的存续期间内，德国政府不需要支付任何利息，而且债券发行价格比面值高，所以在2050年到期时德国政府只需偿还7.95亿欧元，到期收益率为-0.11%。德国创下历史上首次发售零息票30年国债的记录。

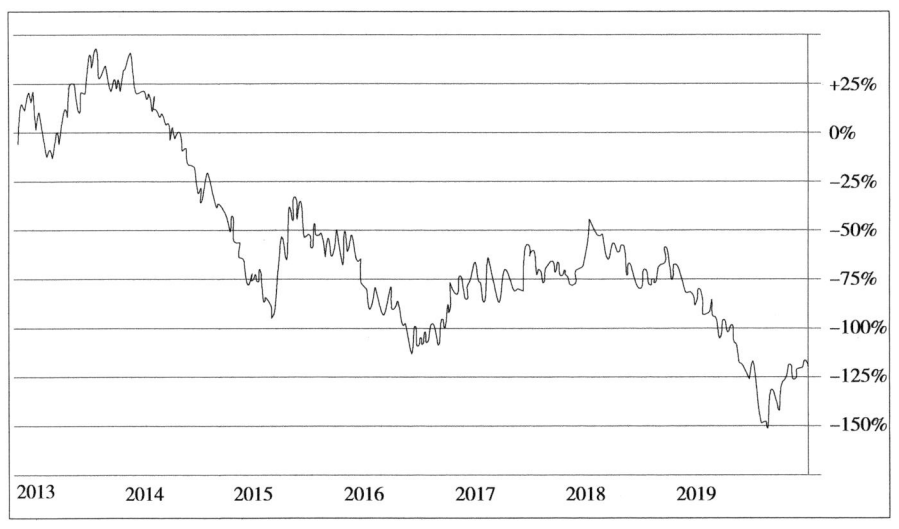

图5-18　2013-2019年德国10年期政府债券利率（%）

数据来源：全球经济指标数据网

此前，为了对冲英国"脱欧"可能带来的风险，2016年德国首次发行零利率10年期国债，当时零利率国债还并不多见，但在德国的领导下，自此开启了负利率债券的大门。2019年8月，英国"脱欧"尚未结束，再加上全球经济增长乏力和贸易局势不明朗等新的风险爆发，德国于是祭出零利率30年国债。德国国债收益率持续下降已成为常态，而且从整体趋势上看，也面临着负利率长期化的局面。

德意志银行数据显示，截至2019年8月，全球负收益率债券总额已达到15万亿美元，占全球所有政府债券比例高达25%[①]。欧洲国家政府是发行负收益率

---

① Maggie Fitzgerald, Negative-yielding debt in the world balloons to $15 trillion, https://www.cnbc.com/2019/08/07/bizarro-bonds-negative-yielding-debt-in-the-world-balloons-to-15-trillion.html，访问时间：2020年2月11日

债券的最大贡献方,如瑞典、德国、芬兰和荷兰四国政府发行的全部国债中,负收益率债券占比分别高达91%、88%、84%和84%[①]。究其原因,是由于全球经济增长疲乏,欧洲央行和美联储等各大央行启动降息周期,当经济衰退的警钟敲响时,投资者纷纷涌向避险资产,投入风险更低、收益率也在走低的国债,导致全球负收益率债券规模急速扩大。

(三)出台"气候保护计划2030"

2018年8月开始,全球气候保护者举行"Friday for Future"罢工罢课运动,呼吁国家从政治方面着手更加主动有效地应对全球变暖和未来的气候灾难,仅在德国就有上百万名学生响应并参与抗议活动,势头尤为强劲。德国民众对气候保护一直保持较高关注度,这一运动促使德国联邦政府进一步重视气候变化问题。在2019年9月20日,德国政府出台"气候保护计划2030",如期实现2030年温室气体排放比1990年减少55%的目标。

为达到这一目标,德国当局双管齐下,一方面将把交通领域划到二氧化碳排放定价范围内,届时燃油价格将会上涨;另一方面加速推动汽车电动化转型进程,计划到2030年修建100万个充电桩,实现600万辆电动汽车上路的目标。

新的减排目标无疑对德国的汽车业要求过于严苛,迫使汽车制造商加大减排力度,加速推动汽车电动化进程。对此,德国三大巨头车企都明确地宣布了在某一时间点需要达到的电气化汽车销售目标:大众宣布将在2026年后停止开发使用内燃机技术的汽车,并且到2028年推出70款电动汽车,旗下各品牌基于其电动平台累计销售2200万辆电动车,约占总销量的40%;戴姆勒计划到2030年插电式混合动力和纯电动车型销量达到乘用车销量的一半以上;宝马集团目标为到2021年向全球客户累计交付100万辆电动汽车。这些雄心勃勃的转型计划涉及企业数百亿欧元的投入,未来电动汽车价格比内燃汽车更贵的事实也将影响汽车整体销量,德国汽车电动化转型路上充满了重重挑战,成功与否将直接影响德国汽车业的未来。

(四)德意志银行(Deutsche Bank)2019年净亏损惨重

德意志银行在2020年1月30日发布的财报显示,2019年银行全年净亏损53亿欧元,其损失相当严重[②]。作为德国最大的商业银行,德意志银行有着150年悠久的历史,是欧洲乃至全球最重要的金融机构之一。但经历了2008年全球金融危机过后,德意志银行正逐渐跌落神坛,近年来的德意志银行可谓困境重重、经营惨淡。2019年是德意志银行连续第五年出现年度亏损,德意志银行首席执行官克

---

① Jeff Clark, Why I'm 99.9% Sure We'll Win With Gold: The Fed's #1 Tool is Deficient, https://goldsilver.com/blog/why-im-999-sure-well-win-with-gold-the-feds-1-tool-is-deficient/,访问时间:2020年2月11日

② Deutsche Bank, Release-Q4: Deutsche Bank reports continued progress on strategic transformation, https://www.db.com/ir/en/quarterly-results.htm,访问时间:2020年2月5日

里斯蒂安·西因指出,亏损的主要原因是德意志银行正在进行大规模业务重组。

2019年9月,德意志银行与法国巴黎银行签署协议,宣布把德意志银行的主经纪商业务转移至法国巴黎银行,并且预计将转移前台和后台员工共1000名左右。德意志银行近年来面临众多问题,难以留住对冲基金客户是其中之一,此次转移的主经纪商业务也包括了服务对冲基金的主经纪商业务。

其实早在2019年7月德意志银行就已宣布将进行大规模业务重组计划,包括大幅缩减投行业务规模、退出股票销售及交易业务等。另外,德意志银行计划到2022年底在全球裁员约1.8万人。面对收入不断下降、支出不断增加、信用评价不断下降、资本成本不断上升、股价持续低迷的德意志银行,社会对其未来的前景感到担忧。

德国金融体系是典型的"银行主导型",银行在金融体系中扮演着极为重要的作用。而作为德国最大银行的德意志银行近年来危机缠身、负面消息不断,无疑会对德国乃至欧洲的金融稳定和经济发展蒙上一层阴影。

(五)联盟政府摇摇欲坠

德国社会民主党是德国最老牌的政党之一,在第二次世界大战之后曾多次执政,包括与德国基督教社会联盟组成联盟政府共同执政。2018年3月,社民党与基民盟再次携手组建联盟政府。然而,社民党近几年正逐渐失去民众的支持,在地方、全国乃至欧洲议会选举中的成绩一路下滑。2019年5月欧洲议会选举中,社民党得票率比2014年上届选举下降11.5%,遭遇历史性惨败。当月在德国不莱梅州议会选举中,社民党遭遇73年来首次败选。由于选举表现惨淡,2019年6月2日,社民党时任主席安德烈娅·纳勒斯宣布辞去党主席职位。

纳勒斯辞职后,社民党主席一职缺位长达近半年。在党内社民党群龙无首,就自身发展方向与路线问题纠纷不断;在党外与执政伙伴基民盟矛盾升级,民调支持率下滑到历史新低。2019年11月30日,社民党选出新人"双党首",分别为诺贝特·瓦尔特—博尔扬斯和萨斯基娅·艾斯肯。而新党首都对执政伙伴基民盟持批评态度,这在一定程度上进一步加剧了执政联盟内部的矛盾。

执政联盟的另一方基民盟也正经历困难。基民盟主席克兰普-卡伦鲍尔的支持率也在持续下滑。在2019年欧洲议会选举中,基民盟得票率比上届选举下降了7.5%,是基民盟在欧洲议会选举中最差的成绩。卡伦鲍尔的能力和表现受到质疑和批评,其主席位置也不断受到挑战。直到2019年11月在莱比锡举办的基民盟党代会上,卡伦鲍尔以背水一战的姿态发表"不支持我就下台"的演讲得到全党的支持,才使基民党得到暂时团结。

社民党与基民盟这两大主流政党的日渐衰落,以及政党格局碎片化趋势越来越明显,是德国政界面临的艰巨且紧迫的挑战。此外,联盟政府的内部纷争必然会削弱德国政府执政能力,德国总理默克尔本人的掌控能力也将大幅下降,默克尔率领的政府正脱离两大执政党孤军奋战的局面,这在德国历史上鲜有发生。

三、未来与展望

回望 2019 年,德国实现了连续十年的经济增长和创纪录的就业人数,但经济增速却在明显放缓,是自 2013 年以来表现最差的一年。全球经济增长进入下行阶段、贸易摩擦进一步升级、英国"脱欧"不明朗等因素严重影响了出口导向型的德国的经济发展,好在积极财政政策的刺激、扩张性货币政策的实施与德国劳动力市场的良好发展,勉强避免了德国陷入经济衰退。居民消费仍然是拉动经济的主力,这是由于工资收入的稳步增长与增加养老金、减免税收等积极财政政策刺激了消费水平,另外适中的通货膨胀率也保证了个人购买力不会被削弱。然而,低迷的德国工业,尤其是汽车行业面临着向电动化转型、销量不断下降的关键性挑战与危机,拖了德国经济增长的后腿。另外全球贸易的疲软和政治不确定性突出的国际背景对德国出口造成不小压力。因此,总体来说德国经济动力在 2019 年充其量只能保持在较低的水平。

展望 2020 年,德国经济是进一步低迷还是触底反弹尚不明确,但德国在新的一年仍然无法摆脱全球经济疲弱、贸易冲突与政治局势不确定性的压力。2020 年也是德国 2021 年大选备战的前夕、执政联盟继续合作的最后一年,预测将会是政治局势出现动荡之前的不稳定时期。

经济上,德国或在疲软与回暖之间徘徊。关于德国经济有望回暖的因素,一是财政政策将对德国经济复苏原因,包括德国政府计划实施的税收减免以增加居民可支配收入、养老金的上调以及公共投资支出的增加。二是中美贸易的缓和有利于全球贸易的修复,2020 年 1 月中美达成第一阶段的经贸协议,这对全球贸易是好消息,这反映出在逐步增加的全球贸易总需求,德国出口和生产情况将有所改善。三是德国将从多方面推进汽车产业的转型发展,如德国政府于 2019 年 11 月宣布对新能源汽车增加补贴,这有利于提高电动汽车的销量和加快汽车业电动化转型的步伐。四是欧洲央行将继续采取宽松的货币政策,努力扭转欧元区日益黯淡的经济前景。

2019 年年底的商业预期和前景指数等数据显现出的有所好转的局面还是让人们对 2020 年德国经济增添了几分信心。2019 年 12 月,德国 IFO 商业景气指数从 11 月份的 95.1 点升至 96.3 点,为 2019 下半年最高水平[①]。IFO 商业景气指数被认为是德国经济发展的风向标,年底商业景气指数的上升缓解了市场对德国经济的悲观情绪,也提振了各方对德国 2020 年经济发展的信心。

---

① IFO, https://www.ifo.de/en/survey/ifo-business-climate-index, 访问时间:2020 年 2 月 1 日

然而，不利于德国经济增长的因素依旧存在。一是进入2020年年初不断升级的伊朗冲突导致中东局势恶化，矛盾冲突下必然会进一步增加全球贸易的不确定性与不安全性，加大德国的进出口难度；另外中东及周边地区的政治矛盾将会导致石油等能源价格的上涨，这势必会影响德国企业及消费者。二是美国与欧盟之间的贸易争端犹存，2020年1月美国特朗普再次声称如果欧盟在伊核问题上不配合美国，就要对欧盟进口的汽车及零部件加征高达25%的关税，美国提出的关税威胁无疑对汽车产业大国的德国造成了压力，如果美欧贸易摩擦继续升级，必然会阻碍欧洲乃至全球的经济复苏与发展。三是德国人口增速的放缓可能加重人口老龄化问题，使得公共财政负担加重、社会保障资金面临危机、经济增长发展潜力削弱，最终导致更严重的经济和社会问题。四是德国在数字经济领域的发展不及中美等国，德国的竞争优势还停留在制造业等传统工业，在大数据、数字化、信息技术等新兴领域发展相对不足，加之德国面临着人才缺失、基础设施滞后等诸多挑战，令德国在新经济时代中做出优异表现变得较为困难。

政治上，预测德国政治力量两极分化将进一步演化，这将对德国政府的组建与维持造成阻碍，政府行动也难以开展。2019年是德国政治局势不稳定的一年，这反映在德国社会民主党与基督教社会联盟共同领导的执政联盟纷争不断，传统政党走向衰落，而右翼选择党和绿党的支持率却在大幅增加。2019年12月初，基督教社会联盟拒绝与执政伙伴社会民主党就联合执政协议重新谈判，这使得执政联盟内部紧张局势达到了顶峰，执政联盟在2020年的生存状况也将进一步受到质疑。

此外，德国总理大选将于2021年举行，默克尔总理已宣布不会寻求连任。默克尔继过去20年来一直是欧洲的焦点政治人物，其在2021年的即将卸任对德国乃至欧洲来说都是一个巨大的变化。另外，德国将于2020年下半年担任欧盟轮值主席国。英国正式脱欧后，欧盟内部原有的"英德法三驾马车"的合作模式将会被"德法轴心"所取代，欧盟金融中心也将由英国伦敦转移至德国法兰克福，德国在欧盟的主导地位必定将更加显著。预计德国在担任欧盟轮值主席国期间，默克尔总理在她执政生涯的尾声阶段将与她曾经的部下、现任欧盟委员会主席冯德莱恩互动并携手，为应对风云变幻的世界政治经济格局而推出一系列重要的欧盟政策与举措等。如在欧洲难民问题方面，德国计划2020年下半年将加强欧盟各国间移民政策的协调，以保障欧盟安全；在气候变化问题方面，将呼吁欧洲严控温室气体排放比，增加相关税收等；在贸易摩擦问题方面，将推动欧洲建立抵御美国制裁的"防火墙"，规避美国或对"北溪-2"天然气管道项目阻挠的影响，另外将举办一次包括所有欧盟成员国的欧中峰会，致力于加强欧盟与中国的合作关系。

综上所述，德国在经历了经济增长停滞和技术性衰退的2019年后，新一年经济是触底反弹还是继续保持低迷，仍有待观察。但不得否认的是，德国在2020年迎来的既有压力又有挑战，德国的经济表现也会对欧元区整体的经济走向发挥影响，如果德国经济能够回暖，将有助于市场对欧元区经济信心的恢复。另一方面，德国国内进一步的政治分化将会重塑德国未来的政治形态。面临激烈的全球科技竞争和经济压力，德国未来的措施将决定其整体创新能力、社会活力、经济实力和政治地位。

第六章 2019年英国经济观察报告

陈思佳[①]

一、经济、社会概况

(一)国内生产总值

国内生产总值(GDP)既是一个衡量国家经济状况的最佳指标,又是核算系统中一个重要的综合性统计方法,不仅可以对经济活动做最广泛的测定,还可以反映一国(或地区)的市场规模和经济实力。

据统计,在2019年的第三季度,英国的国内生产总值增长了0.4%左右,这与第一季度数值相比向上调整了0.1%,回调后的增长率虽为0.7%,但仍然低于第二季度的0.9%。隐含的GDP平减指数代表了国内经济中最广泛的通胀指标,反映了构成GDP的所有商品和服务价格的变化。其中包括有私人及政府消费、进出口及投资相对价格的变动。第三季度的隐含GDP平减指数与上一季度相比也明显放缓,增幅为0.3%。相较于2018年同时期数据,隐含的GDP平减指数增长了2.0%。隐含GDP平减指数的下降主要原因为烟酒、住房、交通、通讯、娱乐和文化等方面的隐含平减指数的下降而引起的家庭消费价格的下降。隐含GDP平减指数的走势与近期消费者价格通胀的走势一致,这是由于GDP的产出组成部分广泛增长的结果。在此之前,2019年上半年出现了波动,这在很大程度上反映了与英国原定于3月下旬退出欧盟的日期相关的活动时机上的变化。

表 6-1 英国 GDP 相关数据概览

英国GDP相关数据	2019年三季度	2019年二季度	最高	最低	单位
国内生产总值增长率	0.4	-0.2	5	-2.7	%
国内生产总值年增长率	1.1	1.2	9.8	-5.8	%
国内生产总值	2825.21	2637.87	3084.12	72.33	美元/10亿
不变价国内生产总值	522525	520356	522525	112194	百万英镑

[①] 北京外国语大学国际商学院。

续表

英国GDP相关数据	2019年三季度	2019年二季度	最高	最低	单位
国民生产总值	548011	546146	548011	4691	百万英镑
固定资本形成总额	87746	87601	88201	13983	百万英镑
人均国内生产总值	42986	42669.6	42986	13827.4	美元
人均国内生产总值（以购买力平价计算）	40158	39862.3	40158	26303.1	美元
从农业GDP	3003	3011	3251	2292	百万英镑
从国内生产总值建设	29262	29082	29429	20732	百万英镑
从制造业的GDP	45925	45925	47595	40101	百万英镑
从GDP矿业	3004	3056	6963	2713	百万英镑
从公共管理的GDP	22489	22499	25471	21629	百万英镑
从GDP的服务	374073	372728	374073	182006	百万英镑
从GDP运输	19432	19417	19767	10359	百万英镑
经济活动指数	0.6	1	5.8	−6	%

数据来源：https://zh.tradingeconomics.com/united-kingdom/gdp

与2018年相比，英国2019年第三季度国内生产总值年增长率只有1.1%，结合图6-1所示数据，可以发现自从2017年3月脱欧程序正式启动后，虽然个别季度GDP增长率会有上升的情况，但英国GDP年增长率整体上仍呈现出下降态势，这也说明GDP可能确实受到脱欧计划的影响。

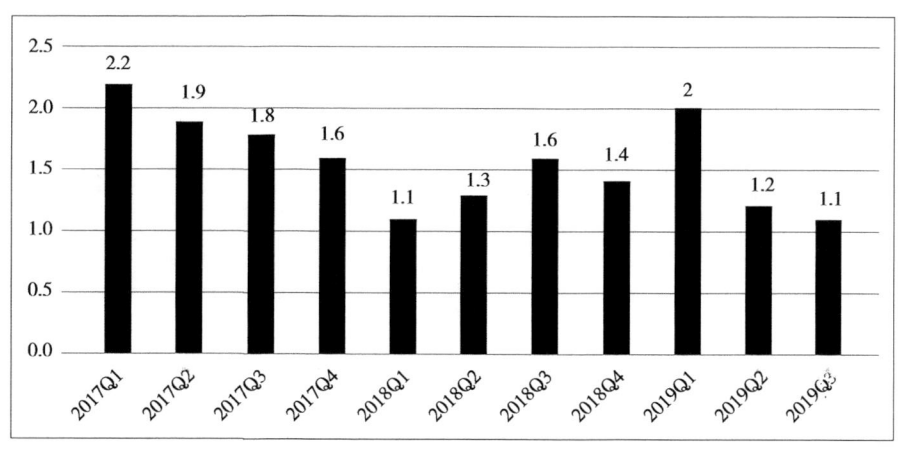

图6-1 英国GDP增长率（%）

数据来源：https://www.ons.gov.uk/economy/economicoutputandproductivity/output

（二）收入与支出

大多数情况下，若要衡量一国经济发展水平的高低，居民收入与支出水平也是重要的测度指标。例如，居民收入中的人均可支配收入和居民支出中的消费者信心指数。其中，人均可支配收入是衡量一个国家生活水平的可靠指标；消费者信心指数则可以量化和全面地反映消费者对经济形势的主观评价，以及消费者对收入水平和期望、消费心理及经济前景的主观感受。它是一个可以提前预测国家的消费趋势和经济趋势的指标。无论是该指标中的满意指数还是预期指数，都是对居民经济生活的表现。如图6-2所示，近五年英国的消费者信心指数说明自2017年脱欧程序启动后，英国公众的消费热情明显降低。

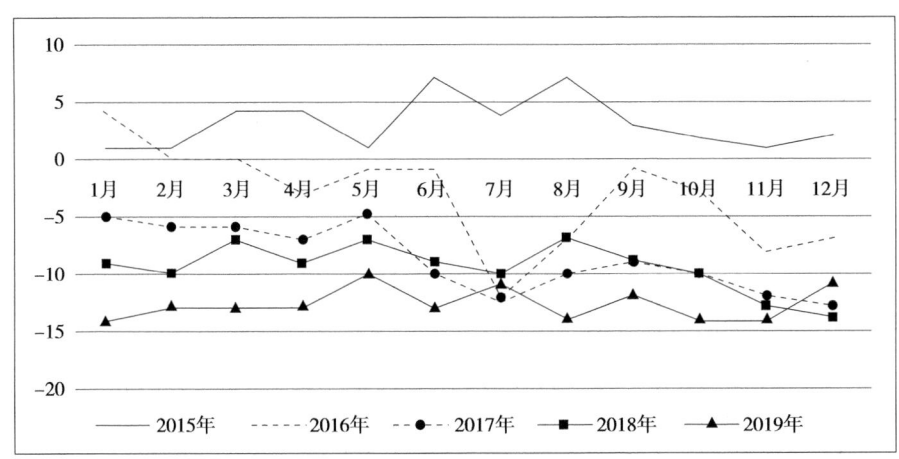

图 6-2　英国消费者信心指数

数据来源：https://zh.tradingeconomics.com/united-kingdom/consumer-spending

表 6-2　英国收入与支出水平概览

指标	2020年1月	2019年12月	最高	最低	单位
消费者信心指数	−9.00	−11.00	10.00	−39.00	
零售销售（月率环比）	−0.60	−0.80	3.00	−3.60	%
零售销售（年率同比）	0.90	0.80	9.00	−3.90	%
消费支出	341829.00	338155.00	341829.00	67920.00	百万英镑
个人可支配收入	351816.00	353688.00	353688.00	65381.00	百万英镑
个人储蓄	5.50	6.10	15.20	−0.90	%
银行贷款利率	1.75	1.75	18.00	1.25	%
零售销售前燃料	−0.80	−0.80	3.30	−3.60	%

续表

指标	2020年1月	2019年12月	最高	最低	单位
CBI分销调查零售销售指数	0.00	0.00	72.00	−55.00	净余额
消费信贷	1218.00	653.00	2244.00	−1173.00	百万英镑
家庭债务占国内生产总值	84.00	83.60	94.90	28.80	国内生产总值的百分比
汽油价格	1.66	1.67	2.22	0.92	美元/升
消费者信心现状	−25.00	−20.00	7.00	−82.00	
消费者信心经济预期	−23.00	−21.00	20.00	−52.00	
消费者信心预期	0.00	4.00	15.00	−18.00	
消费者信心主要购买期望	1.00	9.00	31.00	−43.00	

数据来源：https：//zh.tradingeconomics.com/united-kingdom/consumer-spending

（三）人口与就业

英国近年来人口总数均保持在6000万以上，但可以发现英国的人口结构其实正在发生着明显的改变，随着人的寿命延长，青少年数量的减少，英国呈现出老龄化趋势，预计到2050年，英国会有四分之一的人口为65岁以上。另外，保守估计到2029年，英国的人口就将超过7010万，到2041年，人口将达到7290万。与1951年人口还不到5030万相比有很大改变。这也印证了英国国家统计局曾经的报道：20世纪的大多数时间里，人口增长的主要原因就是自然增长，次要原因才是人口迁移。

英国的就业市场在2019年2月份之后的三个月中继续表现出色，就业人数增长，工资涨幅远远超过通胀。英国统计局（ONS）的最新数据显示，2019年9月英国的就业率已经达到了76.2%，超过历史最高水平；而失业率只有3.8%，是自1970年以来的最低水平。在2019年的前三季度中，英国失业率一直平稳地保持在4%以下，符合市场自2013年年末以来，男性和女性、全职和兼职的失业率一直在下降的预期。尽管英国脱欧计划反复一定程度上导致英国的劳动力市场存在一定的不确定性，但英国的就业率却没有受到显著的不利影响，一直呈现稳步上升的趋势。通过对比图6-3和图6-4所示的自2017年脱欧答案通过后英国就业率和失业率的变化，发现2019年就业人数较2017年和2018年呈稳步增长态势，说明虽然2017年受脱欧程序启动的影响英国的就业率下降，失业率上升，但是随着英国政府的调控，就业率和失业率均朝着利好方向发展，有利于英国经济的进一步稳定。

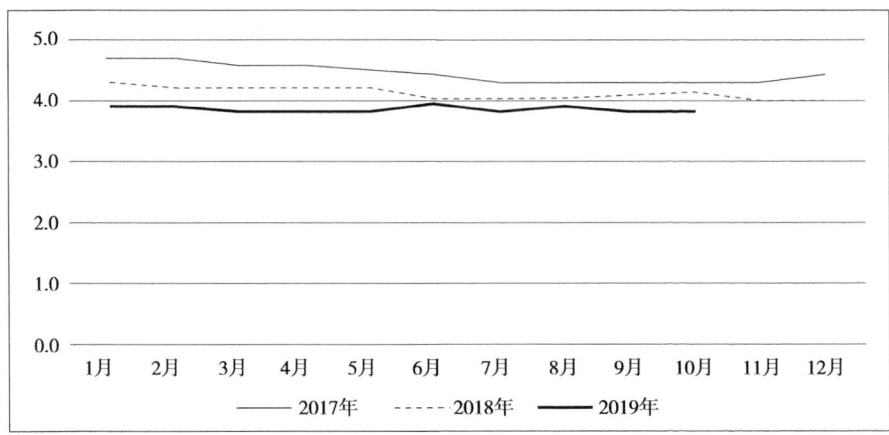

图 6-3 英国失业率水平（%）

数据来源：https://www.ons.gov.uk/employmentandlabourmarket

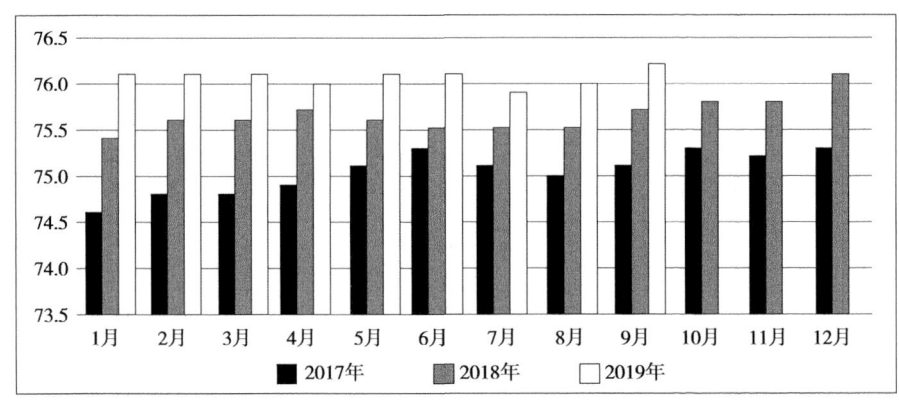

图 6-4 英国就业率水平（%）

数据来源：https://www.ons.gov.uk/employmentandlabourmarket

另外，从图 6-5 所示劳动力参与率的趋势变化中可以看出，英国近几年的劳动力参与率在总体上呈现出稳步上升的态势，虽然个别年份受相关事件影响有略微下降，但整体来讲仍表现出较强劲的势头，与政府期待的前进方向明显保持一致。且通过对比 2017 年至 2019 年这三年的英国公民每周工资变化情况可以发现，虽然脱欧计划一波三折，并且在 2019 年没有取得绝对性进展，但工资水平从 2018 年开始有了回升的迹象。2019 年人均每周工资水平较 2018 年约有 4% 的增长，且 2019 年全年工资水平继续保持着缓慢上升的趋势，说明英国经济的发展并未因脱欧计划的不顺利而完全受到抑制。随着时间的推移，还是会逐渐恢复正常水平并继续朝着政府调控的方向发展。

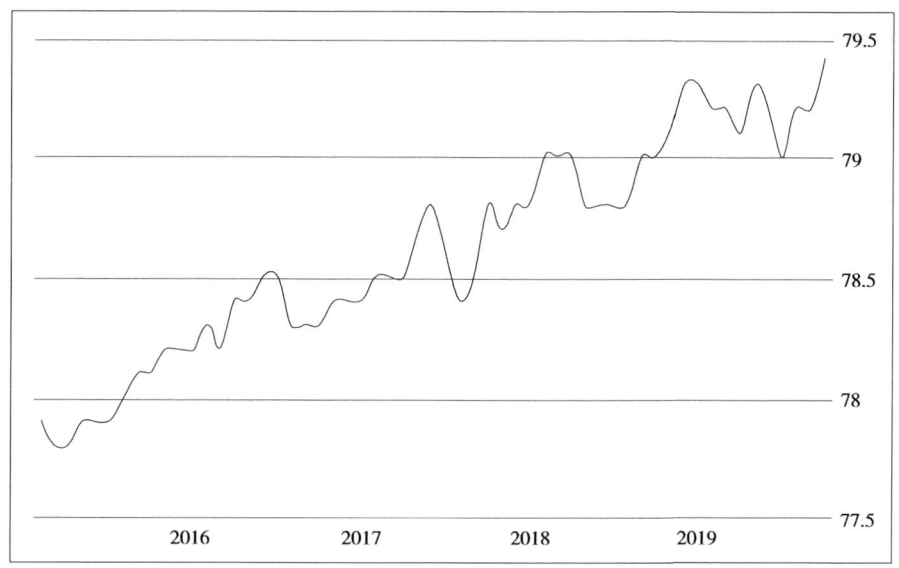

图 6-5 劳动力参与率

数据来源：https://www.ons.gov.uk/employmentandlabourmarket

表 6-3 英国平均工资水平

工资（英镑/周）	1月	2月	3月	4月	5月	6月	7月	8月	9月	10月	11月	12月
2017年	498	499	502	502	504	508	504	506	509	507	510	512
2018年	510	512	516	515	516	519	520	522	524	527	527	528
2019年	530	529	530	534	537	539	540	540	542	542		

数据来源：https://www.ons.gov.uk/employmentandlabourmarket

（四）物价与消费

物价水平衡量整体物价，而物价变化率衡量物价水平的上升幅度，二者紧密相关。物价变化率，也称通货膨胀率，可反映出一国通货膨胀及货币贬值的程度。通胀率过高会导致物价大幅上涨，意味着货币贬值，居民的相对购买力下降，内部需求不足，居民生活的幸福指数随之下降，不仅会影响国民经济发展，而且会影响社会的安定和谐。通胀率过低甚至已出现通货紧缩则意味着该国发展缓慢，经济下行压力大，社会失业率会显著上升，会有更多的人失业，经济社会发展秩序随之混乱。因此，根据以往发达国家的通货膨胀率要求，若其通货膨胀率可维持在2%以下，则说明该阶段通货膨胀水平正常，甚至为最佳。

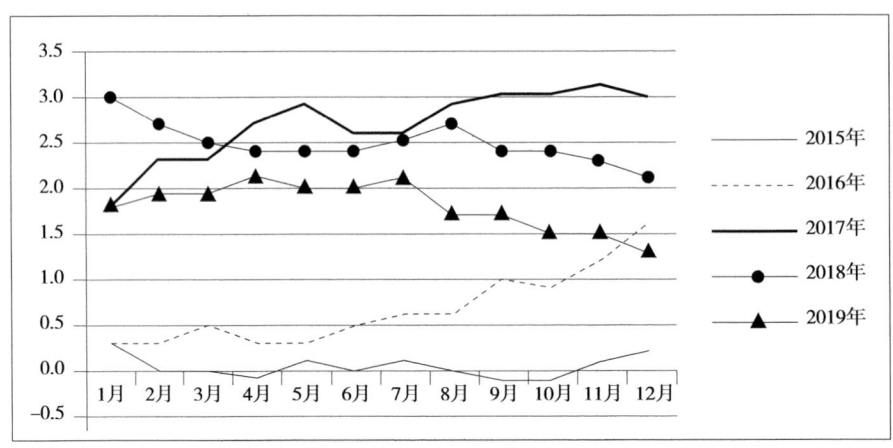

图 6-6 英国通货膨胀率水平（%）

数据来源：https://www.ons.gov.uk/economy/inflationandpriceindices

从 2015 年至 2019 年英国通货膨胀率数据可以发现，2015 年的通胀率非常低，甚至还出现过负数，即存在轻微的通货紧缩；而 2016 年英国的通货膨胀率一直保持在零以上，但也几乎保持在百分之零点几，也就是说通货膨胀并不严重；自 2017 年开始，英国的通货膨胀率显著上升，几乎全年都保持在 2% 以上，甚至有超过 3% 的情况，分析该时期通货膨胀水平骤然上升的原因应与 2017 年 3 月伊丽莎白二世批准脱欧法案和特蕾莎·梅宣布正式启动脱欧程序紧密相关。可见，英国脱欧计划对国内通货膨胀水平有较大的影响，这可能是由于社会公众对国家未来的预期有了较大改变，影响了消费者价格指数 CPI，从而影响了通货膨胀的水平。随着英国施行的一系列抑制通货膨胀的措施以及脱欧计划的逐步推进，2018 年英国通货膨胀水平有所恢复，没有超过 3%；2019 年也继续下调，平稳保持在 2% 以下。至此，由于 2017 年突如其来的脱欧程序的启动而导致的通货膨胀水平的上升，随着时间的推移以及相关政策的出台而调整到正常水平。

表 6-4 中的这些数字有助于解释消费者支出的弹性，在企业因为脱欧僵局而减少投资的情况下起到支撑经济增长的作用。可以发现工资涨幅大大高于通货膨胀，且后者同期不到 2%。因食品和电脑游戏成本放缓抵消了燃料价格上涨的影响，英国 2019 年某些月份的通胀率明显低于目标。据英国统计局官方数据显示，消费者价格指数增幅可维持在 1.9% 左右，已经是连续三个月低于央行规定的 2% 的目标；核心通胀率维持在 1.8%。价格上涨的速度远远低于工资，这对消费者来说无疑是一种激励，消费支出将有利于驱动英国经济。另外，因整体上通胀压力较小，可给政策制定者留下保持利率不变的空间，直到脱欧危机得以解决。

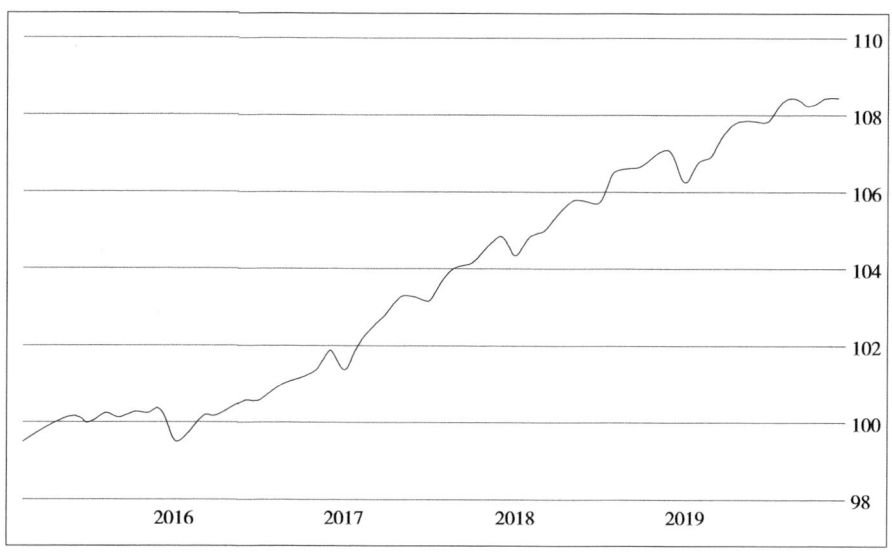

图 6-7 消费者价格指数

数据来源：https://zh.tradingeconomics.com/united-kingdom/inflation-cpi

表 6-4 英国通货膨胀水平概览

英国 CPI 相关数据	2019 年 12 月	2019 年 11 月	最高	最低	单位
通货膨胀率	1.3	1.5	8.5	-0.1	%
通货膨胀率（每月）	0	0.2	3.37	-0.94	%
居民消费价格指数 CPI	108.5	108.5	108.5	48.4	
消费物价协调指数	108.5	108.55	108.55	48.4	
核心消费者物价指数	108.6	108.6	108.6	72.9	
核心通胀率	1.4	1.7	3.7	-0.1	%
国内生产总值平减指数	106.53	106.19	106.53	4.16	
生产者价格指数变化	0.9	0.5	27.8	-1.9	%
食品通胀	1.7	2.1	13	-3.3	%
通货膨胀预期	2.3	2.6	4.6	0.8	%
生产者价格	115.8	115.8	116.2	8.1	
零售价格指数	2.2	2.2	26.9	-1.6	%
核心生产者价格	114.4	114.5	114.8	89.8	
CPI 住房公用事业	106.2	106.2	107.2	31.7	
CPI 运输	112.1	111.4	114.9	40.4	

数据来源：https://zh.tradingeconomics.com/united-kingdom/inflation-cpi

（五）贸易与投资

在对一国贸易及投资状况进行观察分析时，可以选择很多指标。例如，贸易差额、经常账户占 GDP 比重、外国直接投资等都是极其重要的分析依据。

其中，贸易差额是一个国家在一定时期内的出口总额减去进口总额，可以用来衡量一个国家或地区对外贸易的收支差额。一国的进出口贸易额不仅是其经常项目账户的重要组成部分，也是国际收支是否平衡的重要影响因素。具体来说，如若一个国家较为频繁地发生贸易逆差，国民收入便会流出到国外，致使该国经济表现转弱。而政府如果想改善这种状况，就势必需要做到让本国货币贬值，因为只有币值下降，才能变相降低出口商品价格，才可以提高出口商品的国际竞争力。经常账户占 GDP 比重常用来表示在一国经济发展中外贸的贡献比重有多大，一般比重越高经常账户贡献的比例越大，外贸对一国的经济发展也就越重要。

外国直接投资是资本国际化的一种主要形式，也是衡量一国投资水平的重要指标。它的实质就是一项投资，表明在投资者以外的国家经营的企业具有持续的利益，其目的是对企业的经营管理有发言权。如图 6-8 所示，英国的外国直接投资额从 2017 年开始明显减少，如果对当年全球的局势比较了解的话可以发现，当时全球 FDI 水平骤减，英国当然不会例外，除此之外，英国 FDI 下降的重要原因之一也与"脱欧计划"在 2017 年开始实施密不可分，可见，政治动态会直接影响经济发展。

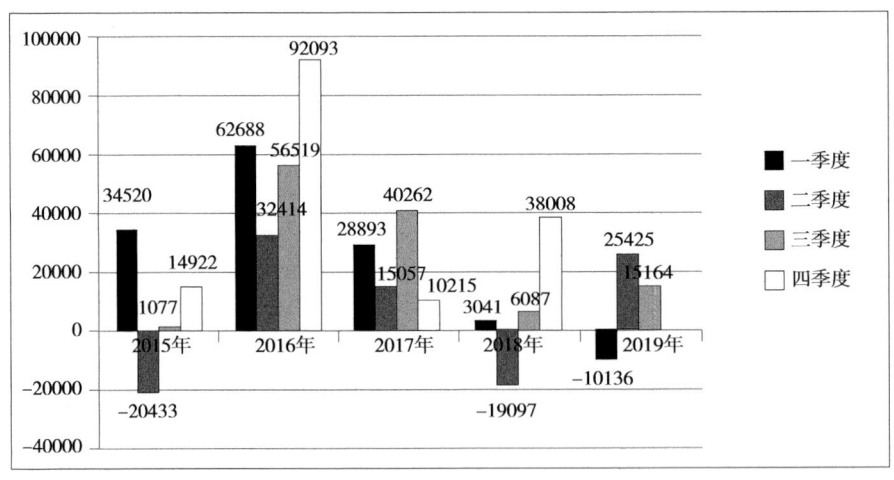

图 6-8　英国外国直接投资（百万英镑）

数据来源：https：//zh.tradingeconomics.com/united-kingdom/investment

而如图 6-9 所示，我们可以看到，英国进出口贸易差额在近五年内的绝大多数情况下为贸易逆差，只有个别月份可以达到贸易顺差，结合英国一直如美国一样是贸易逆差大国的情况来分析，可见英国进出口贸易水平并不十分乐观；观察经常账户占 GDP 比重发现，近十年来并没有明显的变化趋势，有增有减，但作为一个重要的观测指标也不能忽略其作用。贸易水平可以说是影响英国经济发展状况的一个重要因素，因此在对英国经济进行观察分析时，必须高度重视当前贸易状况。

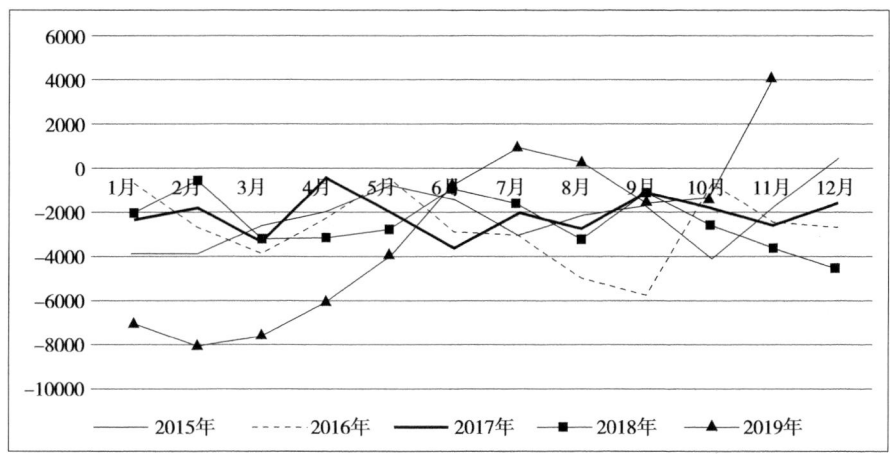

图 6-9　英国贸易差额（百万英镑）

数据来源：https://zh.tradingeconomics.com/united-kingdom/investment

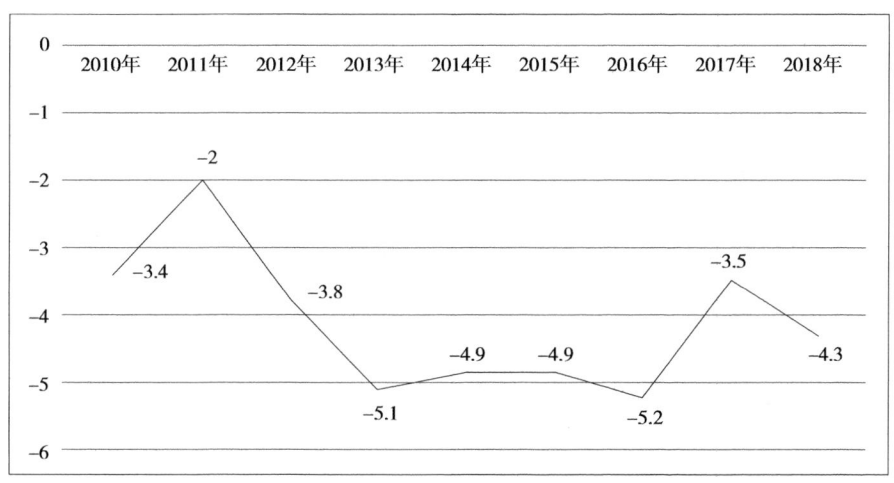

图 6-10　英国经常账户占 GDP 比重（%）

数据来源：https://zh.tradingeconomics.com/united-kingdom/trade

表 6-5 英国对外贸易水平概览

英国贸易相关数据	2019年11月	2019年10月	最高	最低	单位
贸易差额	4031	-1337	4031	-8145	百万英镑
经常账户	-15860	-24152	2668	-37392	百万英镑
经常账户占GDP比例	-4.3	-3.5	2.6	-5.2	%
进口	55804	60529	65001	1031	百万英镑
出口	59835	59192	59835	962	百万英镑
外债	6940251	6692718	6940251	565439	百万英镑
资本流动	35873	20873	40826	-12724	百万英镑
外国直接投资	15164	25425	92093	-44536	百万英镑
黄金储备	310.29	310.29	588.27	310.25	吨
旅游收入	2390	3120	3120	126	百万英镑
入境旅游人数	3140	4120	4120	540	千
货物贸易余额	-5256	-10947	775	-16867	百万英镑

数据来源：https: //zh.tradingeconomics.com/united-kingdom/balance-of-trade

二、2019年大事件

（一）"沪伦通"启动

2019年6月17日，"沪伦通"正式启动。英国金融市场行为监管局与中国证监会就"沪伦通"发表联合公告，原则上批准上交所和伦敦证交所开通"沪伦通"。双方监管机构已签署《上海—伦敦市场互联互通监管执法合作谅解备忘录》，将在"沪伦通"跨境证券监管执法领域展开合作。

"沪伦通"顾名思义是一种连接上海和伦敦的互联互通机制，是使符合条件的两家异地上市公司，发行存托凭证，并按照对方市场的法律法规在其市场挂牌上市。同时，通过安排存托凭证与标的证券的跨境转换机制，实现两个市场的互联互通。"沪伦通"的业务方向可分为东向和西向。东向业务是指伦交所上市公司在上交所挂牌CDR；西向业务指的是上交所A股上市公司在伦交所挂牌GDR。另外，"沪伦通"与之前的沪深港通有明显区别，从长远来看，沪深港通是两地投资者在对方市场上直接进行的股票交易，虽然"投资者"可以跨越国界，但产品却仍在对方市场；而"沪伦通"是将对方市场的股票转换为DR并在本地市场上市交易，虽然"产品"可以跨越国界，但投资者却仍在当地市场。

成功启动"沪伦通"是习近平主席2015年访问英国成果的重要举措，是探索中国资本市场改革开放的关键一步，也是推进中英金融领域务实合作的核心内容。"沪伦通"的启动可以说在许多方面都具有重要的意义：首先，它不仅可以很好地拓宽双向跨境投资和融资途径，还可以促进中国和英国的资本市场共同发展，对把上海建设成为国际金融中心也将产生重要而深远的影响。其次，它可以推动中国资本市场的双向开放，提高中国市场的国际化水平与竞争力，因为其利于跨境证券业务在国内证券机构的开展，从而提升国内证券行业的国际竞争力。最后，发行者和投资者因为"沪伦通"的存在可轻松获得在对方市场投融资的机会，使国内居民可以很方便地在本地市场投资境外品种，为A股上市公司从境外融资提供便捷，并开展支持跨境融资和并购的实体经济。综上而言，"沪伦通"的出现对深化未来中英的金融合作、共同建设更加强大的中英"黄金时代"具有十分深远的意义，应受中英两国的高度重视。

（二）首相更迭

2019年6月，前首相特蕾莎·梅因未能顺利实施"脱欧"计划而辞去执政的保守党领袖一职，但她将继续留任直到任命新首相。7月23日，前伦敦市长兼外交大臣鲍里斯·约翰逊击败了杰里米·亨特，获得66%的选票并顺利当选执政党保守党领袖。在大选过程中，约翰逊在"脱欧"问题上表现出十分强硬的态度很大程度上促进了他大选的胜利，还加强了市场对英国"硬脱欧"的普遍预期。在保守党内部，多数人寄希望于约翰逊能结束党内由于较大的脱欧问题分歧而引发的不稳定局势。

2019年12月12日，约翰逊在大选中获胜的消息一出，英镑兑美元汇率为上涨2.1%，兑欧元汇率上涨1.7%，并有消息称英国将在2020年1月31日前脱离欧盟，从此消除困扰了英国企业和经济长达三年的脱欧不确定性。12月13日，鲍里斯·约翰逊顺利接受了英国女王伊丽莎白二世授权，正式就任英国首相，约翰逊的就任无疑会对英国的政治经济格局产生极其重大的影响，尤其是会影响到英国"脱欧"计划的实施进程。

曾有分析人士在约翰逊就任后称，既然保守党派在此次大选中以绝对优势获得胜利，约翰逊无疑会在议会下院享有更充分、更稳健的支持，英国也很可能在未来5年内都不会再进行大选。伦敦政治经济学院教授邓钢曾表示，保守党的胜利当选在一方面意味着"脱欧"计划将被迅速实现，而另一方面却意味着与"脱欧"相关的将海关边界设立在北爱尔兰地区与英国其他地区之间、减税、推进积分制移民系统等相关配套政策将会成为英国政府未来几年的工作重点。同时，专家预测，约翰逊在继特蕾莎执政后不会大幅实行调整外交的政策，而是会选择在"脱欧"的背景下主动推进"全球化英国"的建设，进而在与欧盟以外的其他国家的合作中达到共赢。如果顺利"脱欧"，英国毫无疑问急需重振本国经济、提升国际影响力及地位，做到真正充实"全球化英国"的实质内容，而不是只做表面功夫，与欧盟以外国家签署贸易协定并达成取得经济利益对英国而言至关重要。

邓钢也认为，一旦顺利"脱欧"，英国需施行更开放的对外贸易政策，还应该积极发展旅游业及教育，尽可能多地吸引各国游客及留学生，从而迅速提升本国的经济水平。

作为一个支持英国强势脱欧甚至不惜同意"无协议脱欧"的新任首相，约翰逊在2019年上任后积极推进各项脱欧计划的实施进程，类似于内阁成员在约翰逊上任大换血、就职演讲中曾提到的政策新主张等都像是推进脱欧进程的重要环节，终于"皇天不负有心人"，在约翰逊的推动下，他终于兑现了自己的承诺使英国顺利脱欧。而在这一过程中，由于全球对经济增长放缓和贸易紧张局势的担忧，加上英国急剧上升的通货膨胀风险也难以消除，导致英国硬脱欧的风险增加，这些都是令投资者焦虑的导火索，IMF为此再次降低了对全球经济增长的预期。在IMF发布的报告中，全球经济增长预计在2019年达到3.2%，修订后的数字比IMF4月份的预测低0.1%，比年初的预测低0.3%。IMF称："该预测面临的主要还是下行风险，其中包括更加棘手的贸易和技术紧张，该情况严重削弱了市场人气，抑制了投资热情，风险厌恶情绪的长期上升暴露出，在多年的低利率后，金融脆弱性仍在不断累积。"IMF还指出，不断上升的反通胀压力增加了偿债困难，限制了货币政策应对经济衰退的发挥空间，并使不利冲击比正常情况下持续得更久，这一系列经济金融局势的变化都与约翰逊就任首相并主张的政策密不可分。

（三）曲折脱欧

自英国脱欧公投以来，相关问题就连续不断，各类报道也此起彼伏。加之2019年英国新首相的当选，导致英国脱欧的"闹剧"持续发酵，该事件也无疑成为世界各国关注的焦点。英国国内两党政治见地不同、投票结果作废等事件更是层出不穷。

2019年1月15日"脱欧"计划再次延期，这意味着特雷莎·梅将再次回到欧盟并需就脱欧协议展开新一轮谈判。在特雷莎·梅与容克的联合声明中，虽然欧盟拒绝了英国想要重启"脱欧"谈判的要求，但双方仍然可以就此议题进行更多的洽谈，并努力寻找可避免"无协议脱欧"的办法。容克还强调，"脱欧"协议草案是欧盟与英国都做出巨大让步后才最终达成的，代表着欧盟与英国互通有无的妥协。特雷莎·梅也表示，欧盟愿意与英国共同就达成"脱欧"协议而努力，容克愿与她一道促成一个可在英国议会通过的协议，特雷莎·梅还承诺她本人将会在未来一段时间为顺利"脱欧"而努力斡旋。

在特雷莎·梅与欧盟各方代表先后会面后，"脱欧"拉锯战才正式打响。2019年2月20日，特雷莎·梅带着新议题再赴欧盟进行谈判，力争解决掉围绕英国"脱欧"协议中有关"备份安排"的争议。之后，欧盟峰会就英国"脱欧"最后期限达成的协议草案称，欧盟可以同意将英国脱欧延期至2019年5月22日。3月

25日，英国议会就跨党派议员所提出的"脱欧"修正案进行了投票，投票结果为政府失去"脱欧"控制权，"无协议脱欧"修正案也被议会驳回。4月10日，在布鲁塞尔召开了欧盟领导人会议，会上继续就英国脱欧议题展开讨论。欧盟各成员国最终达成了一致，允许英国延期"脱欧"至10月底，并且欧盟需在6月将对此决定再次评估。

2019年10月17日，欧盟委员会主席容克宣布，欧盟委员会与英国政府已经就英国"脱欧"协议达成共识。欧盟成员国的领导人当天一致表示，对欧盟委员会与英国政府达成的最新"脱欧"协议表示支持。但在随后进行的对"脱欧"协议立法进程时间表的表决中，新任首相约翰逊提出的"三天倒计时"时间表被议会否决，这也意味着原定于10月底顺利"脱欧"的计划再次落空。随后，欧洲理事会主席公开表示，欧盟已同意将"脱欧"期限推迟到2020年1月31日的申请。12月19日，伊丽莎白二世出席演讲时表示，本届英国政府重点关注的就是在2020年1月31日前努力促成"脱欧"的基础上与欧盟建立新关系。女王在讲话中宣读了政府计划推行的30多项法案，内容涉及农业、渔业、移民、贸易、金融服务和国际法等。在各项计划推行的新法案中，约翰逊成功向欧盟争取，但仍未取得议会通过的"新脱欧协议"法案是公众关注的焦点。这一法案明确规定，英国将于2019年1月31日离开欧盟，11个月的"脱欧"过渡期时间保持不变，双方将在这一时期内协商新贸易协议。众多批评人士一致认为，"脱欧"过渡期如果不变，将会增加英国在没有与欧盟达成贸易协议的情况下进行"硬脱欧"的可能性。

英国议会下院最终在2020年1月9日通过了"脱欧"法案，并于次周将法案送往上议院，完成余下的立法程序，最终确定于1月31日与欧盟"正式分手"。据报道，脱欧法案内容包含了英国与欧盟的"离婚费用"、公民权、北爱尔兰海关协议，以及接下来长达11个月的过渡期并预计于12月31日结束过渡期。不过，若是贸易协议在过渡期结束前没有及时完成，而英国又没有相应延长过渡期，英国则会又一次落入与"无协议脱欧"相同的境地。约翰逊曾经一再强调不会延长过渡期，坚称一定可以在规定期限内达成任务。他表示，英国已经做好准备，在1月31日之后随时可以进行谈判，并且"越快越好"。

2020年1月31日，英国正式"脱欧"，至此结束了其长达47年的欧盟成员国身份。虽然英国已经按计划脱欧，不过仍确定有长达11个月的过渡期，过渡期间英国仍需要照旧向欧盟提交预算，英国与欧盟的关系也不会立刻出现巨大转变。

三、2020年展望

从目前来看，英国整体的经济运行还是比较平稳的，分别观测国内生产总值、收入与支出、劳动力、通货膨胀水平以及进出口贸易这五个方面的指标可以发现，第一，GDP可能对英国脱欧计划的施行效果较为敏感，自2017年开始英国GDP增长率呈现出明显地下降态势，虽然在2018年有所回升，但因近两年脱欧程序一波三折较为反复，导致2019年继续对GDP增长产生一定限制。第二，从英国收入与支出情况来看，人均可支配收入除2017年有较为明显的下降外，其余年份基本可以保持稳步上升，可见虽然英国计划脱欧，但收入水平并未由此受到剧烈影响；不过，英国消费者信心指数却呈现出逐年下降趋势，说明居民对日常消费的信心有所减弱，这应该也与英国脱欧有紧密联系。第三，英国的劳动力水平综合分析后还是较为合适的，失业率有所下降、就业率有所上升，说明失业和就业水平并未因脱欧计划的实施而有较大改变，英国劳动力市场的情况仍然是朝着政府调控的方向积极发展的。第四，通货膨胀水平并未发展到不能控制的局面，虽然2017年受脱欧程序的启动通货膨胀率明显从零点几上升到百分之三左右，但2019年就已经得到有效调控而下降到百分之二以下，由此看来英国对通货膨胀水平的把控依然比较有效。第五，在英国进出口贸易方面，我们知道很多发达国家都是贸易逆差，很少会出现贸易顺差的情况，这与这些国家本身的国情及经济发展密切相关，通过观察近几年贸易差额数据，可以分析出英国的进出口情况没有显著的趋势变化，说明英国脱欧计划与本国贸易没有显著的相关关系。

分别从短期和长期角度来分析可以发现，此次英国脱欧后，在短期内对英国的影响是利大于弊的。举例来说，英国可以立即规避掉近80亿英镑，这个庞大的数额是每年都需要按时按量缴纳给欧盟财政的。其实英国经济的绝大部分都与对欧盟本身的贸易无关，只有其中10%与其有关，但却仍然要受制于欧盟规章条例，脱欧的好处就是这样可能为英国人民增加更多的就业机会，会使许多中小企业不再受到欧盟规章给予英国企业的制约。但从根本上分析英国经济的发展问题，脱欧仅仅只是一个开端，英国的贸易规则将被重新构建，金融业也将面临一定冲击，劳动力短缺的问题也将随之加剧。

而如果更长远地分析，由于英国已经不再是欧盟中的一员，它将很难再依托于欧盟，处理在欧洲乃至其他各国的一切事务都将受到影响，国际地位和影响力将大打折扣是不可避免的。况且贸易方面，英国与欧洲各国向来都是不可分割的，据统计，英国有一半的贸易额都是源于其他欧盟成员国。脱欧后，英欧之间的贸易关系必受影响，若再有大量资金撤出，英国的经济前景转差是迟早的事情。英国一旦不具备在各地的影响力，就会在诸多跨国事务中被逐渐边缘化。其他国家当然一致希望英国可以留在欧盟，否则一旦其离开，英国与欧盟各国之间的经济贸易关系也不得不因此改变，但显然这一切担心已经随着2020年1月31日英国的顺利脱欧而成为现实。

由此看来，2020年英国经济将如何发展势必与脱欧进程密不可分，既然已经按计划签订了"脱欧协议"并顺利脱欧,英国经济必然会受到冲击。首先,英国专业经济预测机构曾表示,由于全球大环境疲软以及英国政治不确定性上升,保守估计 2020 年英国 GDP 将增长 1%,低于之前预测的 1.5%,英国 2020 年的经济增长速度将放缓至十年来最弱,从而使英国央行在 2021 年年底前只能维持政策不变,以至于对未来至 2023 年的增长预期也将被下调,并且根据英国寻求自由贸易协议的计划,与欧盟贸易的非关税壁垒可能更高。其次,基于对消费支出可能滑落的预警,预计 2020 年消费支出的表现可能是 2011 年以来最弱,商业投资情况也无法得到缓解,商业投资数额将萎缩 1.3%。可以说英国脱欧后的任何反弹都将是"渐进和有限的",更具挑战性的全球经济和贸易环境将进一步抑制英国出口,在 2019 年下降 0.1% 后,2020 年的实际出口将增长 1.1%。种种迹象都表明,英国若 2020 年对利率采取行动,将会是降息,尽管英国央行可能更愿意在经济不出现任何"大幅滑坡"的情况下将基准利率维持在 0.75% 不动。综上所述,英国在 2020 年及以后的经济形势仍在很大程度上取决于政治环境,尤其是英国脱欧之后过渡期的进一步发展,经济和政治自古以来都不分家,所以如果想做到较为精准地预测英国经济发展就要继续观测政局动态。

第七章 2019年法国经济观察报告

戴雪莹 任康钰[①]

一、经济、社会概况

2019年，法国经济增速放缓，保持在温和增长区间。面对欧元区经济普遍低迷的现状，法国经济运行呈现诸多韧性。消费和投资对经济增长的拉动作用依然显著，家庭购买力提升，商业投资环境逐步改善。受食品与能源价格下跌的影响，整体通胀水平较为疲弱。劳动力市场持续改善，失业率稳步降低，就业形势良好。制造业表现较为强劲，PMI指数高于欧元区平均水平。住房抵押贷款利率出现大幅下降，为房地产市场注入活力，居民房屋购买力的上升抵消了房价上涨的部分影响。对外贸易总体向好，出口增长动能依然乏力，但贸易逆差呈现缩小态势。与此同时，日益紧张的全球贸易局势、国内经济改革的不确定性、"黄马甲"运动[②]和全法大罢工等社会危机的加剧都使得法国经济运行面临一定的风险。

（一）国内生产总值（GDP）

在全球经济增长动能不足、消费能力降低的背景下，2019年法国经济活动呈现放缓趋势，全年GDP增速仅为1.2%，较2018年的1.7%明显回落。法国作为欧元区第二大经济体，在欧元区占据稳定的市场份额，2019年经济增速略高于欧元区平均水平1%，成为欧元区经济增长的主动力。

从环比增速来看，2019年第一季度法国GDP环比增长0.3%，与2018年第四季度环比增速持平；第二季度GDP环比增长0.2%，较上一季度回落0.1个百分点；第三季度经济增速回调至0.3%，经济表现超过市场预期；第四季度经济出现环比萎缩，GDP增速回落至-0.1%，经济活动明显放缓，这也是法国自2016年第二季度以来，首次出现季度经济数据下滑。

---

① 北京外国语大学国际商学院。
② "黄马甲"运动是法国巴黎因抗议政府加征燃油税爆发的大规模游行示威运动。

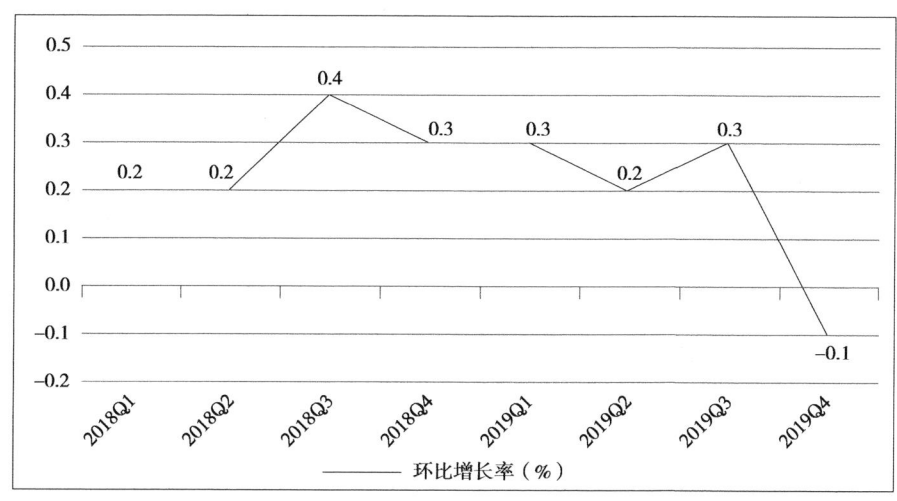

图 7-1　2018—2019 年法国国内生产总值（GDP）环比增长率
数据来源：法国统计局

从 GDP 增长构成来看，国内需求依然是支撑法国经济运行的重要动力，强劲的内需使法国在面对全球经济增速下滑和贸易环境恶化的外部影响时展现较强的经济免疫力。统计数据显示，2019 年在政府为应对"黄马甲"危机推出的减税等刺激措施的支持下，第一季度法国家庭购买力明显提升，家庭消费支出环比增长 0.4%，极大程度上刺激了市场活力；第二季度家庭消费支出在急剧增加后放缓，仅环比增加 0.2%，法国统计局调查报告指出，面对国内低迷的经济形势，法国民众对收入分配采取更加谨慎的态度，尽管购买力有所提高，但消费增速仍不及预期，家庭消费放缓已成大势所趋。此外，汽车销量下滑直接导致第二季度商品消费低迷，服务消费增速也因住宿及餐饮服务支出的减少而有所下降。与消费相比，国内投资动能却显得较为强劲，据统计，第二季度法国商业投资上涨 1.2%，推动整体投资支出上涨 0.9%。第三季度家庭消费支出环比增速小幅上升至 0.4%，国内投资支出增长较为稳定；第四季度家庭消费增速再次回落至 0.2%，投资急剧放缓，较上一季度环比下降 1 个百分点。

在对外贸易方面，2019 年法国进出口贸易波动较大，明显地反映在 GDP 增长率变化上。统计数据显示，第一季度法国进口环比增长 0.9%，出口环比增长 0.1%，增速均呈放缓趋势，且首次出现了对外贸易对经济增长的负贡献（-0.3 点）；第二季度进口放缓，出口增速与上季度相同，外贸对 GDP 增长的贡献呈中性；第三季度进口实现强劲反弹，环比上涨 1.4%，出口微幅增长，环比增长 0.3%，进出口贸易对 GDP 增长的贡献为负（-0.28 点）；第四季度外贸对 GDP 增长的贡献为零。

表 7-1　GDP 构成对经济增长的贡献（2018-2019）　　　　　　　单位：%

年份	季度	消费	投资	库存变更	对外贸易
2018	Q1	0.14	−0.02	−0.01	0.12
	Q2	−0.07	0.19	0.11	−0.05
	Q3	0.24	0.2	−0.36	0.22
	Q4	0.29	0.21	−0.27	0.25
2019	Q1	0.22	0.13	0.26	−0.3
	Q2	0.25	0.29	−0.19	0.01
	Q3	0.35	0.31	−0.12	−0.28
	Q4	0.25	0.07	−0.4	0.0

数据来源：法国统计局

值得一提的是，尽管内需依然持续推动法国经济增长，但消费增速明显低于家庭购买力的上涨，民众储蓄水平连续攀升，2019 年前三季度平均达到 14.8%，高于 2018 年同期水平。对此，法国经济学家马蒂厄·普拉内斯（Mathieu Plane）表示，目前法国家庭普遍采取预防性储蓄策略。随着"黄马甲"运动对法国未来经济预期带来的负面冲击和政府推进失业与养老金改革的未知因素的增加，即使拥有较强的购买力，更多家庭仍会选择通过提高储蓄最大程度减少经济形势带来的不确定性影响，并在随后的三至七个季度间转化为消费力，民众消费呈现部分滞后效应。与此同时，国际贸易形势的复杂和不确定性导致全球贸易投资增速放缓，对法国外贸领域的负面影响也愈发明显。当主要贸易伙伴对法国出口产品需求减弱时，法国的贸易账户很难得到平衡，这将制约经济复苏的可持续性。只有在外部环境出现缓和与国内刺激性措施有效抵御负面冲击的双重作用下，经济增长动力才有望恢复到较高水平。因此未来法国是否能够应对各种内外部不确定性挑战，经济增长实现预期目标，依然需要观望。

（二）消费与物价

2019 年法国通货膨胀水平整体有所回落，基于调和消费者物价指数（HICP）计算出的月度通货膨胀率低于欧洲央行"接近但略低于 2%"的通胀目标。全年 HICP 平均同比上涨 1.3%，低于 2018 年同期的 2.1%，其中前三季度 HICP 稳中有降，第四季度由 10 月份的年度最低位 0.9% 连续上涨至 12 月份的 1.6% 高位。

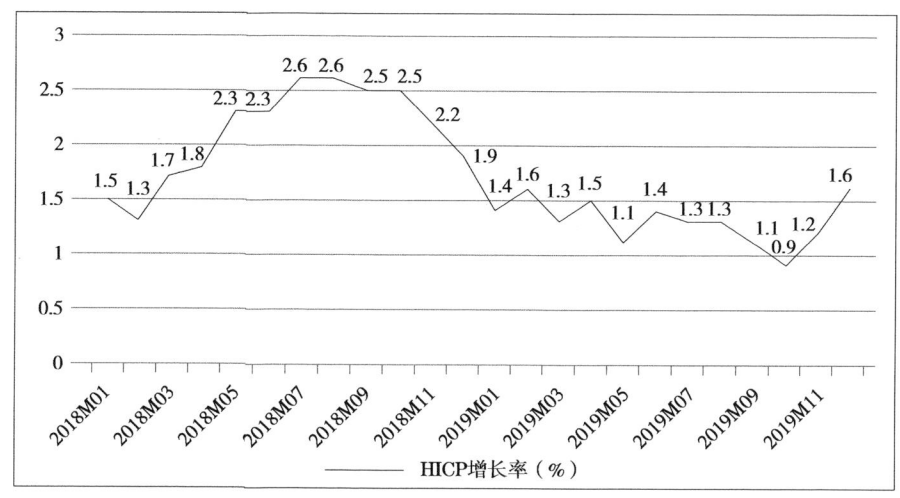

图 7-2 2018-2019 年法国调和消费者物价指数（HICP）增长率
数据来源：法国统计局

从居民消费价格指数（CPI）变化趋势来看，全年 CPI 平均同比上涨 1.1%，涨幅较上年缩小 0.6 个百分点。上半年 CPI 涨幅小范围波动下略有收窄，下半年的 7-10 月 CPI 同比增涨幅持续收窄至 0.8%，11-12 月同比涨幅首次连续增加，直至 1.5% 的年度最高位。从环比变化来看，2019 年第一季度 CPI 上涨势头强劲，环比增长率由 -0.4% 连续升至 3 月份的年度最高位 0.8%；第二季度延续增长势头，但增幅趋于放缓；第三季度环比涨幅先降为负值后由降转升，9 月再次急剧下降至 -0.3%；第四季度 CPI 环比涨幅由负转正，快速攀升至 12 月份的 0.4%，通货膨胀率达到自 2018 年以来的最高水平。12 月的增长态势是能源价格急剧反弹（+2.6%）、服务价格微幅上涨（+1.4%）、食品通胀稳定（+2.1%）及工业制成品价格下降幅度较小（-0.3%）的结果，法国家庭购买力可能因此受到影响。此外，扣除了食品和能源这类价格受季节和供需影响而波动剧烈的产品后，法国核心通货膨胀率相对稳定，总体属于温和上涨态势。

2019 年法国工业品出厂价格指数（PPI）平均同比上涨 0.4%，上半年的 1-4 月 PPI 同比保持小幅上升趋势，5-6 月同比涨幅大幅收窄至 0.2%；下半年同比涨幅持续回落并由正转负，连续三个月快速下降至 10 月份的 -1.4%，且降幅持续扩大，11 月降幅开始收窄，较上月降低 0.6 个百分点，并在 12 月转为正值。从环比变化来看，第一季度 PPI 小幅上涨后趋于稳定；第二季度快速回落且降幅较大；第三季度 PPI 环比降幅由负转正后趋稳；第四季度在经历前两个月的平稳状态后，环比增幅由 -0.1% 快速上升 1.2 个百分点至 11 月的 1.1% 后趋稳，PPI 现回暖信号。

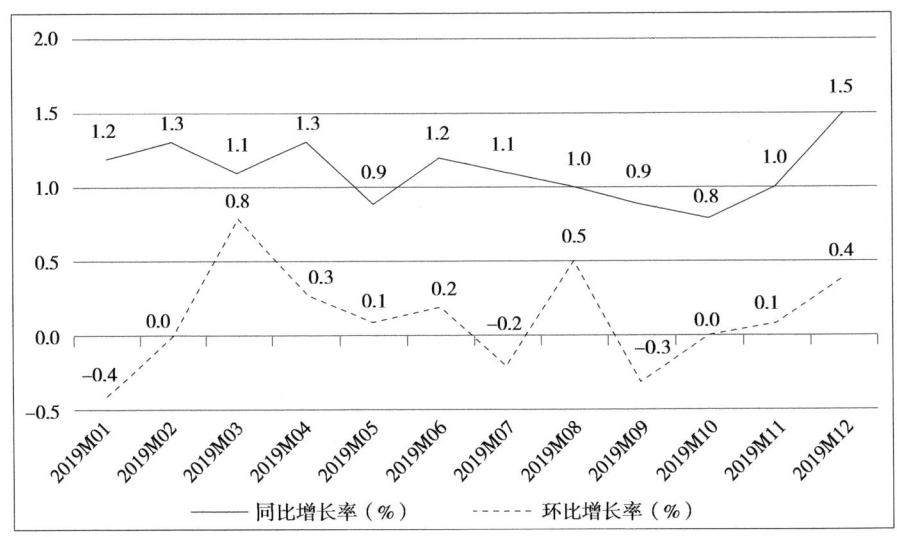

图 7-3 2019 年法国 CPI 同比、环比增长率变化

数据来源：法国统计局

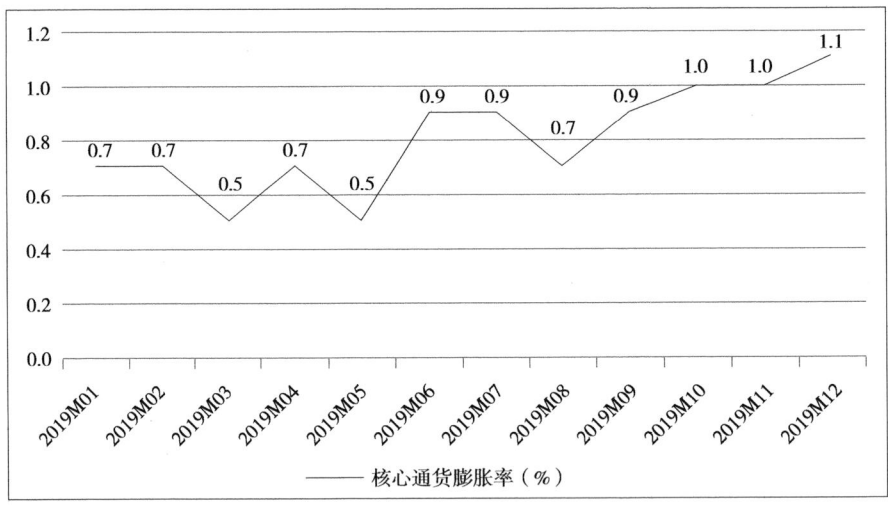

图 7-4 2019 年法国核心通货膨胀率

数据来源：法国统计局

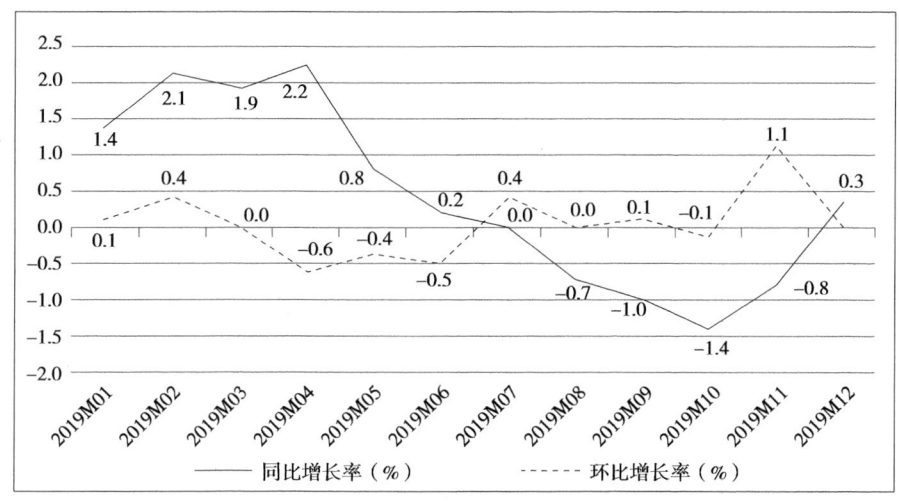

图 7-5 2019 年法国 PPI 同、环比增长率

数据来源：法国统计局

（三）人口与就业

截至 2020 年 1 月 1 日，法国总人口达到 6706 万人，连续三年以 0.3 个百分点的微幅稳定增长。近年来法国人口的增长更多地受到自然平衡的驱动，而非人口迁移或移民等因素。2019 年法国人口自然增加数（出生与死亡人数之差）为 14.1 万人，创造了自 1946 年以来的最低水平，这是法国低出生率、高死亡率共同作用的结果。法国统计局数据显示，2006-2014 年间法国生育率稳定在 2 左右（平均每名妇女生育两个孩子），2015-2018 年生育率连续四年下降后趋于稳定，在 2019 年达到 1.87，在欧盟地区仍处于高位。与此同时，法国社会老龄化问题愈发严重，60 岁及以上的人口占总人口比重逐年上升，人口结构正发生深层次的演变。

2008 年金融危机爆发后，根据国际劳工组织（ILO）标准统计的数据显示，法国失业率一直居高不下。作为欧元区第二大经济体，法国的失业水平远高于德、英等国，仅略好于希腊、西班牙和意大利。2015 年失业率更一度达到双位数（10.4%），其后几年里持续回落至 2018 年的 9.1%，但仍与 2008 年时 7.4% 的历史低点相距甚远。近几年法国失业状况的好转显示了政府放宽劳动法、削减公司税等举措所取得的初步成效，虽然 2019 年法国经济增长放缓，但失业率延续了下降的趋势，就业质量也得到明显改善。

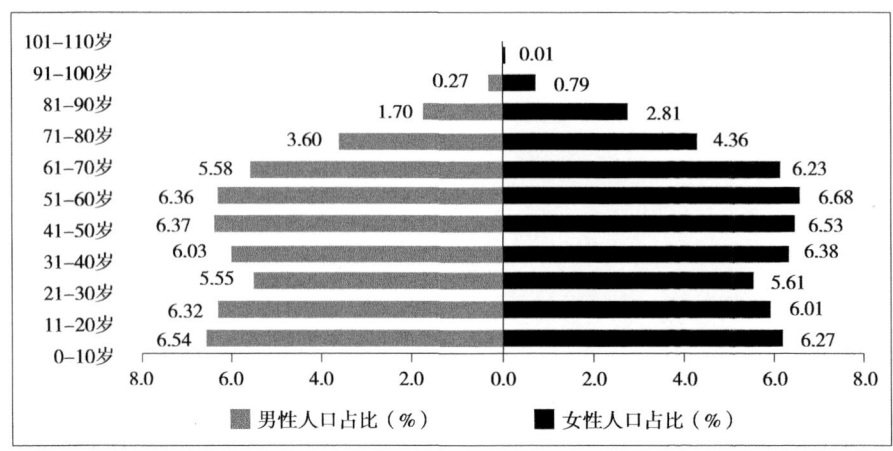

图 7-6 法国人口年龄结构图

数据来源：法国统计局

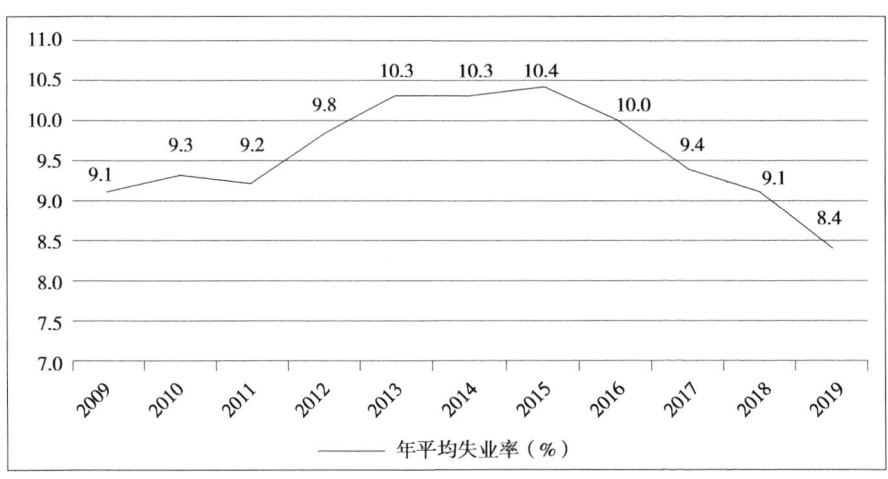

图 7-7 2009-2019 年法国年平均失业率

数据来源：法国统计局

法国劳动力市场经济学家判断，目前法国失业率位于稳定下降区间，活跃劳动者特别是青年群体就业状况的好转一定程度上保障了失业率的下行。值得一提的是，2019年法国女性就业机会大幅增加，女性青年失业率下降趋势明显，且这一强劲势头将得以延续，法国未来就业形势稳中向好。

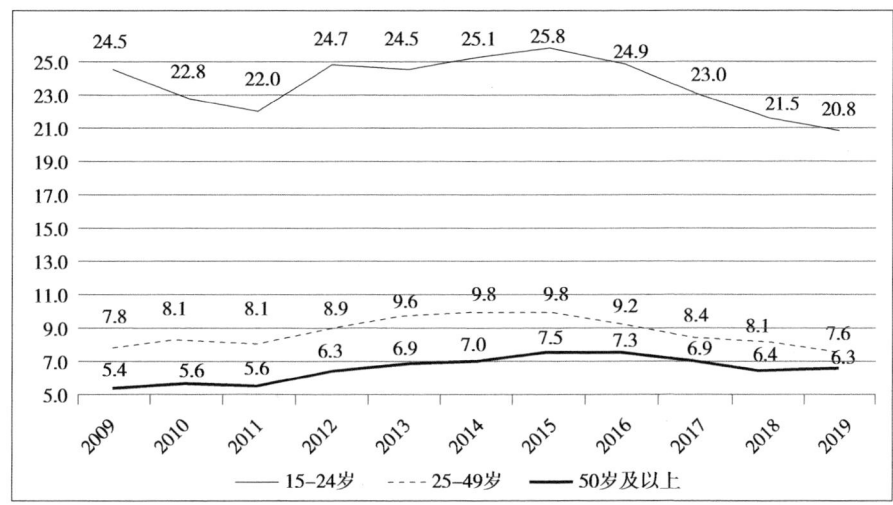

图 7-8　2009-2019 年法国男性失业率（单位：%）

数据来源：法国统计局

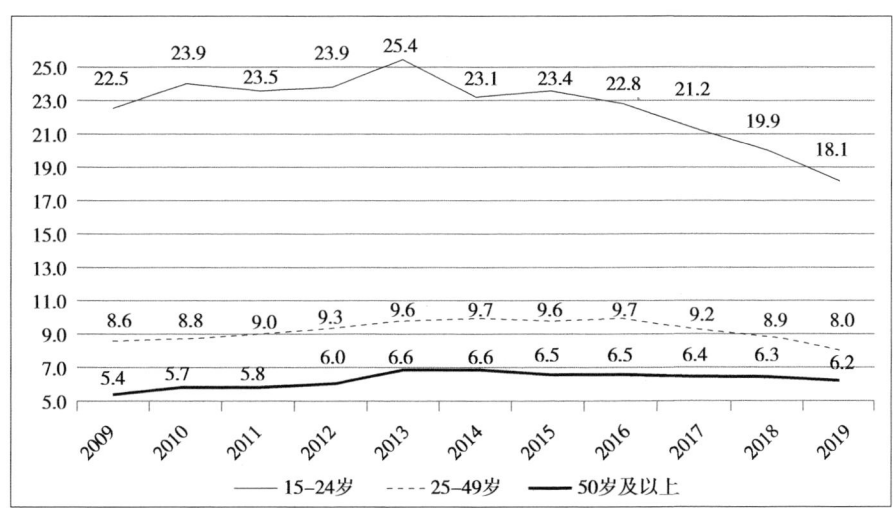

图 7-9　2009-2019 年法国女性失业率（单位：%）

数据来源：法国统计局

（四）制造业与房地产发展

法国是世界工业强国之一，在制造业领域优势明显，航空航天、铁路、机械等产业始终保持较强的国际竞争力，其制造业发展密切关乎国内经济复苏的步伐。

2019 年法国制造业整体表现强劲，在欧洲制造业普遍低迷的形势下发展超过预期。全年制造业 PMI 值保持在 51 点上下浮动，四个季度 PMI 平均值达到

50.7，位于制造业的 50 荣枯线以上。统计数据显示，2019 年 1–3 月法国制造业 PMI 在经历小幅反弹后回落至三年以来的最低点 49.7，落入荣枯线以下；4–6 月一路攀升至年度最高位 51.9，制造业呈现持续扩张态势；7–9 月 PMI 出现小幅波动，其中 9 月份由于国内市场出现疲软导致产出和新订单数量双双下降，PMI 值也由 51.1 回落至 50.1，低于此前预测的 50.3；10–11 月制造业 PMI 连续上升至 51.7，超过市场预期，法国制造业出现自七月份以来最强劲的扩张，工厂生产速度加快，新订单和国际销售量明显增加。然而，受法国大罢工运动的影响，12 月国内制造业呈现低迷态势，工厂新订单数量大幅收窄，产出仅轻微增长，PMI 值由 11 月份 51.7 的五个月高位下降至 50.4，回落了 1.3 个百分点，社会不稳定因素对制造业的负面冲击最终反映在 PMI 数据的变化中。基于一国制造业发展对经济增长的重要影响，如何避免制造业严重萎缩，防止经济陷入长久衰退，将成为 2020 年法国面临的关键挑战。

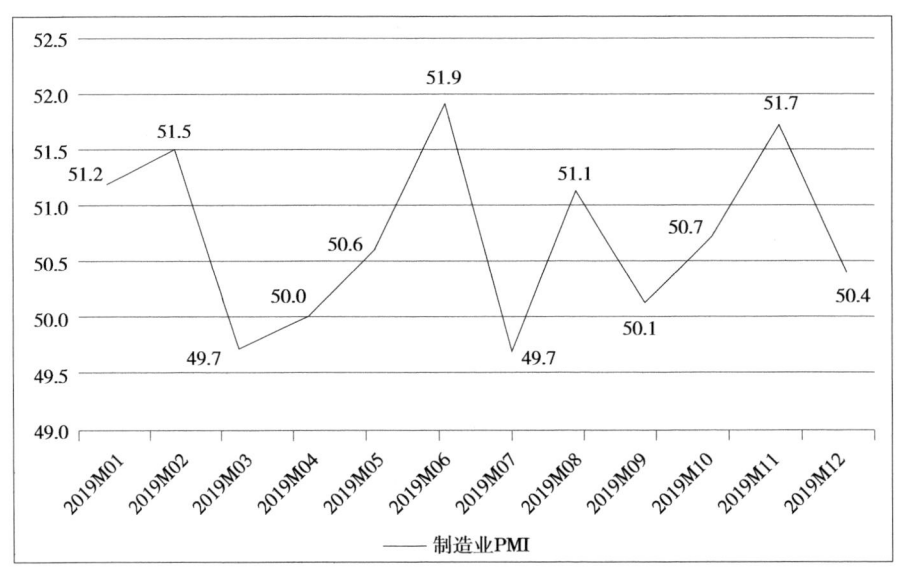

图 7–10　2019 年法国制造业 PMI

数据来源：tradingeconomics.

房地产对一国实体经济至关重要。从房地产发展情况来看，2019 年法国房地产市场呈现稳中有升的态势，房贷利率保持在历史较低水平，房市充满活力。统计数据显示，2018 年法国住房抵押贷款利率基本平稳，维持在 1.4% 左右，但自 2019 年年初以来利率下降趋势明显，经历六个多月的快速下降后法国房贷利率已稳定在较低的水平，其中 12 月份利率降至 1.13%，同比下降 30 个百分点，15 年期、20 年期、25 年期住房抵押贷款固定利率分别同比下降 33、36、32 个百分点。

此外，2019年法国银行贷款期限也较为稳定，四季度贷款期限分别为228.8、227.8、228.2和228.9。这种75年来前所未有的住房抵押贷款利率配置为法国家庭获得房地产信贷提供极大便利，较好地响应了欧洲货币当局振兴实体经济的愿景。

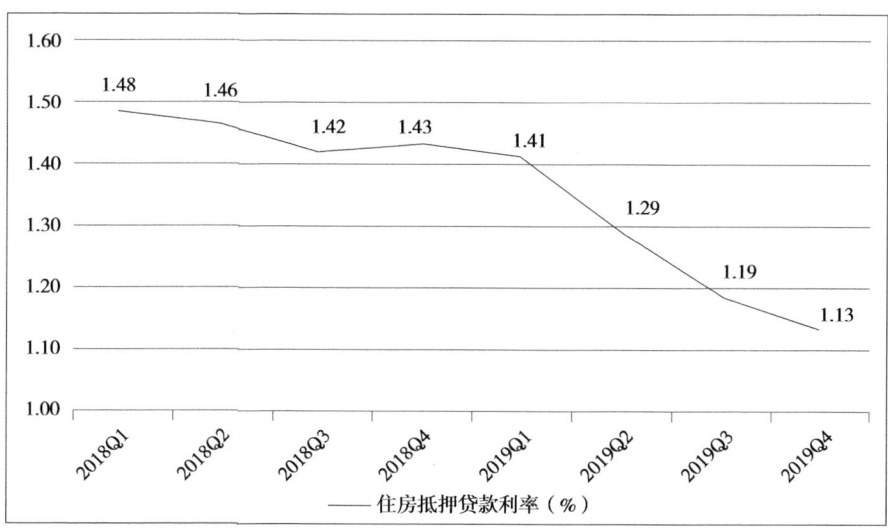

图7-11　2018-2019年法国住房抵押贷款利率变化

数据来源：CréditLogement / CSA.

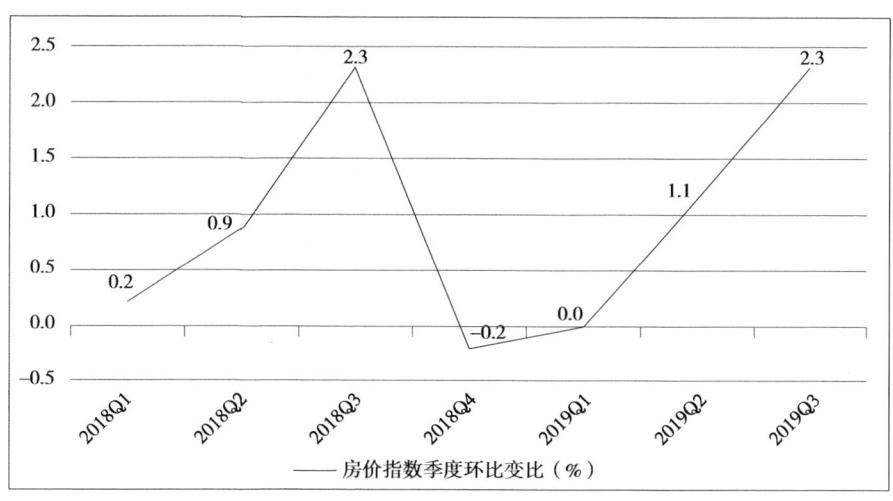

图7-12　2018-2019年法国房屋价格指数（2015=100）季度环比

数据来源：Eurostat database

法国的房价在欧洲地区处于高位。2018年第四季度房价经历小幅回落之后，

2019年总体呈现稳步攀升的趋势。第一季度房价与2018年年末大致持平;第二季度房价环比上涨1.1%;第三季度增幅更为明显,环比上涨2.3%。与2018年同期相比,2019年前三季度的房价指数同比增幅较大,增长率依次为2.9%、3.2%、3.3%。银行住房抵押贷款利率的大幅下降激发了房地产市场的购买力,房价也存在持续攀升的潜力。

(五)对外贸易与投资

统计数据显示,2019年法国对外贸易规模有所下滑,进出口出现一定的波动,依然保持贸易赤字,但与2018年相比呈缩小态势。截至2019年11月,法国货物进出口总额达到11249.7亿美元,与2018年同期相比下降2.8%。其中出口同比下降2.4%,进口同比下降3.2%,贸易逆差共计780.5亿美元,较2018年同期收窄8.5%。从2018-2019年进出口贸易额季度同比变化情况来看,进、出口同比增长率自2018年起明显回落,并在2019年第一季度降为负值。前三季度进口同比持续下降,但降幅有所收窄;出口同比降幅缩小至0.2%后再次扩大至1.6%,总体来说,进口增长率变动幅度超过出口。

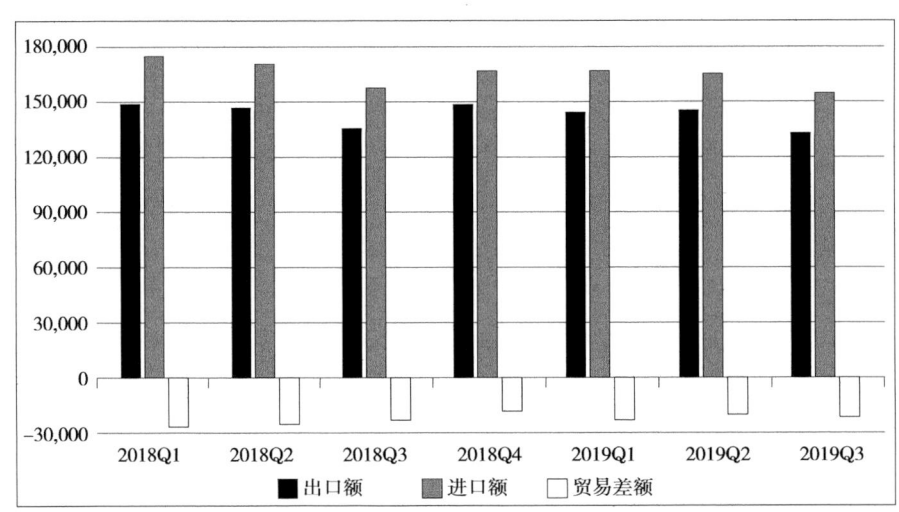

图7-13 2018-2019年法国进出口贸易额(单位:百万美元)

数据来源:中华人民共和国商务部《国别贸易报告》.

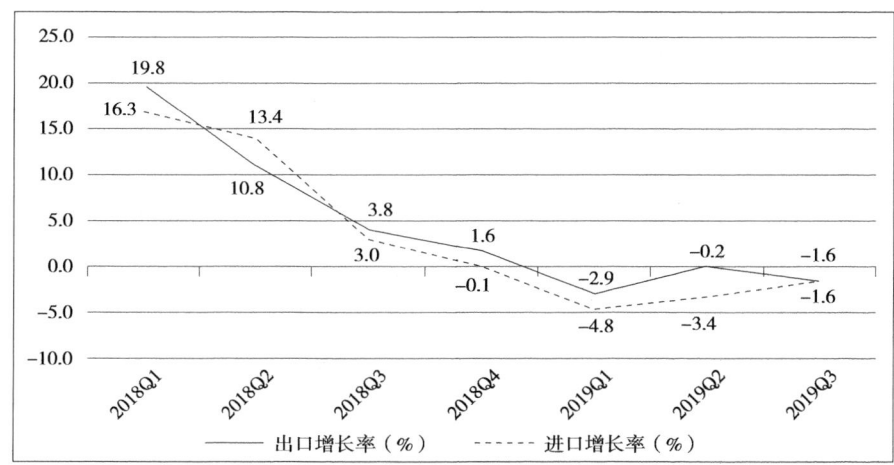

图7-14 2018-2019年法国进出口同比增长率变化

数据来源：中华人民共和国商务部《国别贸易报告》

分国别来看，法国的前三大出口市场为德国、美国和意大利，2019年前三季度出口额分别占法国出口总额的13.9%、8.5%、7.5%，其中对美国出口同比增长9.7%，对德国、意大利出口分别同比下降6.8%、1.8%；法国自德国、比利时、意大利的进口额分别占17.8%、9.9%、8.1%，位列前三，且均同比下降。法国贸易顺差主要来自美国、英国和新加坡，而前五大逆差来源地依次是德国、荷兰、比利时、中国和意大利。

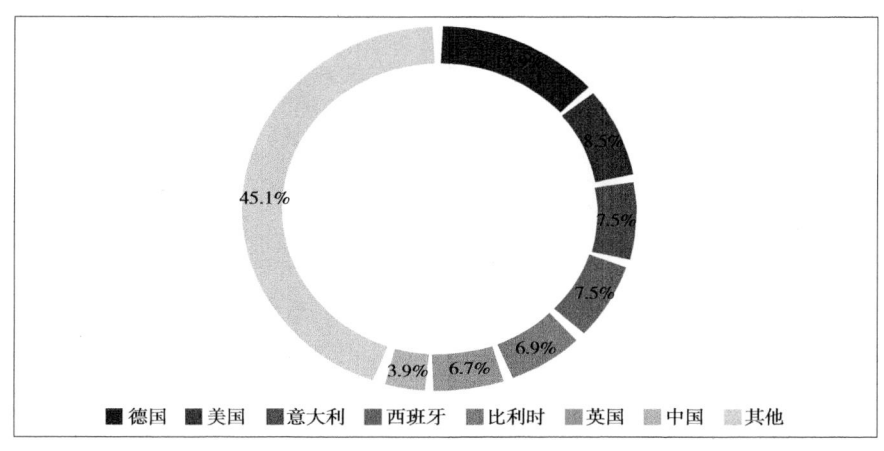

图7-15 2019年法国货物贸易主要出口市场

数据来源：中华人民共和国商务部《国别贸易报告》

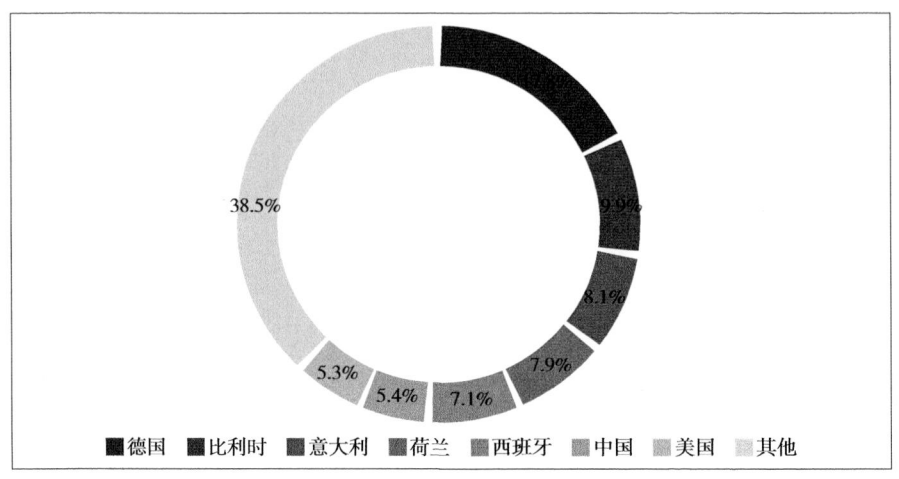

图 7-16　2019 年法国货物贸易主要进口市场

数据来源：中华人民共和国商务部《国别贸易报告》

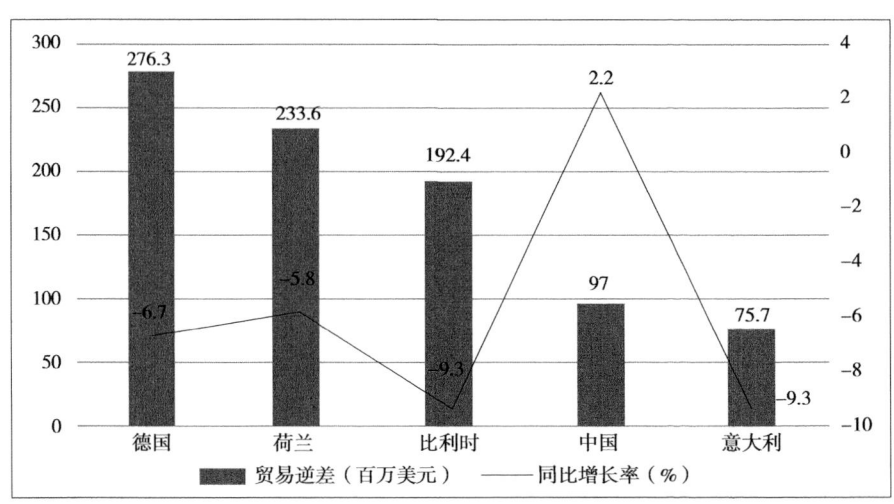

图 7-17　2019 年法国货物贸易逆差主要来源地

数据来源：中华人民共和国商务部《国别贸易报告》

从进出口产品格局来看，机电产品、运输设备和化工产品是法国出口的前三大类产品，2019 年前三季度出口总额共计 2335.1 亿美元，占法国出口总额的 55%。其中化工产品出口同比增长 1.3%，机电产品和运输设备出口分别同比下降 1.3% 和 3.0%。法国进口的前三大类产品分别为机电产品、运输设备和矿产品，进口合计 2300.1 亿美元，占法国进口总额的 47.1%，三类产品进口全面下降，且降幅超过出口，其中运输设备和机电产品对德国市场高度依赖，进口额占比分别高达32%和18.5%。

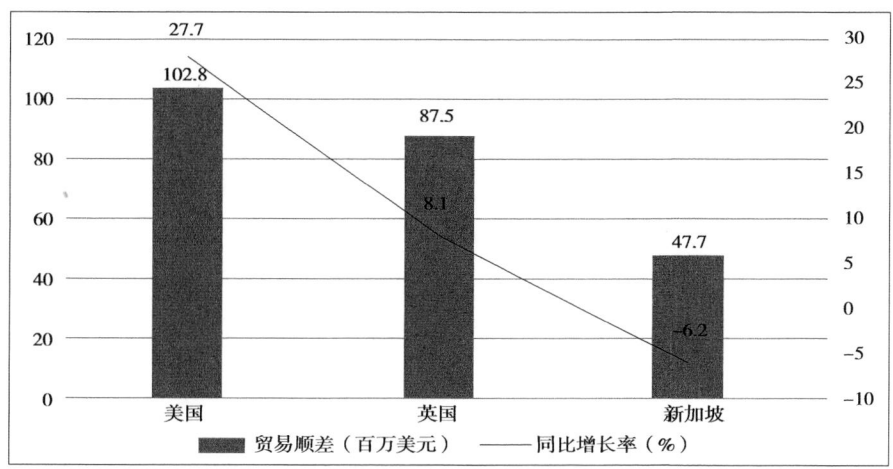

图 7-18　2019 年法国货物贸易顺差主要来源地

数据来源：中华人民共和国商务部《国别贸易报告》

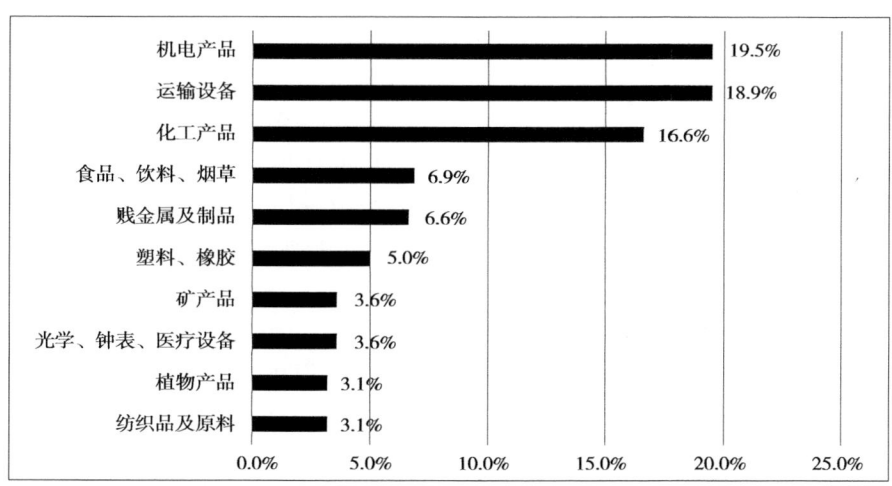

图 7-19　2019 年法国主要出口产品占总出口额比重

数据来源：中华人民共和国商务部《国别贸易报告》

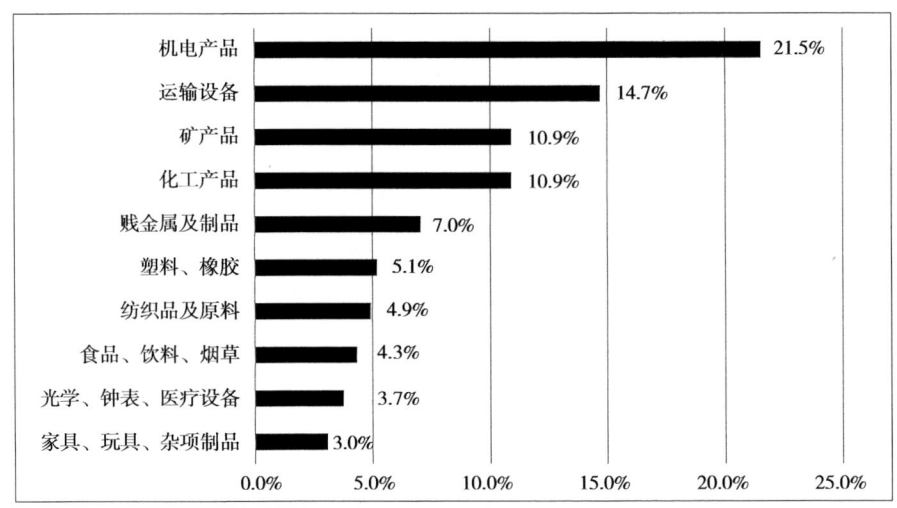

图7-20　2019年法国主要进口产品占总进口额比重

数据来源：中华人民共和国商务部《国别贸易报告》。

中国作为法国的重要贸易伙伴国，目前已成为法国第七大出口市场和第六大进口来源地。近年来法国机电产品、医药品、化妆品等优势特色产业对华出口快速增长，中国的纺织品及原料、家具玩具等劳动密集型产品也深受法国市场的欢迎。统计数据显示，2019年前三季度中法两国共实现双边贸易总额432.4亿美元，较2018年同比增长1.4%。其中法国对中国出口同比增长1.2%，占法国出口总额的3.9%；法国自中国进口同比增长1.6%，占法国进口总额的5.4%。法国对中国的贸易逆差为97.0亿美元，同比增长2.2%。中法两国经贸合作领域互补性较强，未来双边合作发展潜力巨大。

在吸引外资方面，法国延续了自2018年以来的良好表现。科尔尼管理咨询公司发布的《2019年外国直接投资（FDI）信心指数报告》显示，法国目前已成为全球第五大最具外资吸引力的国家，这种吸引力主要体现在科技创新能力和支持研发的营商环境等方面。法国益普索市场调研公司研究表明，尽管受到外部经济放缓和内部"黄马甲"运动的影响，法国在2019年前十个月吸引的外国投资项目数量仍略有增加，究其原因，与法国政府采取的改革政策密切相关。马克龙上任以来，致力于通过推行系列经济改革措施来提升国内市场吸引力，这些措施为企业创造了宽松便捷的营商环境，并推动外商投资格局不断优化，以研发领域成果最为显著。法国商务投资署署长克里斯托弗·勒库提耶表示，就吸引力而言，法国有能力在2022年超过德国与英国，成为欧洲吸引外国投资最多的国家。

二、2019年的经济大事件

（一）法美"数字税"争端

2018年3月，欧盟委员发布了一项立法提案，计划对大型互联网企业的征税规则进行调整。根据该项提案，任何欧盟成员国均可对境内发生的互联网业务所产生的利润征税，而不是让互联网公司选择在总部所在地一次性交税。2019年3月，法国财政部长布鲁诺·勒梅尔向政府提交了一项法律草案，意在对大型互联网和科技公司征收3%的数字税，征税对象包括全球数字业务年运营收入超过7.5亿欧元和在法国境内年运营收入超过2500万欧元的企业，谷歌、苹果、脸书、亚马孙等互联网巨头都将受到影响。7月11日，法国参议院投票通过了"数字税"法案，作为回应，美方宣布将根据《1974年贸易法》的第301条款对法方"数字税"展开调查，并可能对法国进口商品采取加征关税等贸易限制措施。8月26日，法美两国在七国集团（G7）峰会上就数字税征收问题达成协议，同意在经济合作与发展组织（OECD）框架下解决问题。

2019年12月，法美"数字税"争端再次升级，美国贸易代表罗伯特·莱特希泽在一份声明中指出，"301"调查显示法国数字服务税"歧视"谷歌、苹果、脸书和亚马孙等美国互联网巨头，对美国企业造成负担，同时该做法也未能遵守现行国际税收政策原则，考虑到相关利益损害，提议美国政府对包含奶酪、香槟、手提包在内的价值24亿美元法国输美产品加征最高达100%的惩罚性关税。法国财政部长布鲁诺·勒梅尔迅速表示此举"不可接受"，并警告称一旦美方落实关税政策，欧盟和法国将随时准备反击。随即在12月3日召开的北约峰会上，法美两国总统会谈后表明立场，双方将严格控制分歧并化解争端。2020年1月20日，法美两国政府分别发表声明，证实两国总统经过商谈，已就"数字税"争端达成休战协议，双方同意延长谈判至2020年年底，希望在国际框架下协商解决方案，避免陷入一场对任何人都没有好处的贸易战，并表示磋商期间不会加征关税。至此，法美两国贸易争端暂缓，"数字税"争端的未来走向仍需持续观望。

（二）总统访华

2019年11月4至6日，法国总统马克龙成功访华，这也是其在总统任期内对中国的第二次国事访问。本次访问以马克龙出席上海进博会开幕式为开场，以中法双方共同发布《中法关系行动计划》和《中法生物多样性保护和气候变化北京倡议》结尾，期间两国签署了价值136亿欧元的贸易合同，范围涵盖能源及环境、农产品、航空航天等领域。马克龙此次访华，是在美国对华、对欧挥舞关税大棒等大国单边主义的阴云密布下开启的，具有超越双边关系的世界意义与时代精神，也必将对未来新型国际关系下的全球治理产生深远影响。进博会开幕式上，马克龙强调开放也是欧洲的选择，愿与中国一道向全世界释放出坚定维护多边主义和自由贸易、构建开放型世界经济的强烈信号。进博会期间,法国以主宾国的身份亮相,参展企业吸引了来自多方的目光。据悉,法国签约参展企业多达77家,法国电力集团、施耐德电气等知名企业均携各自优势产品登台,展现行业顶尖水准。2019年是中法建交55周年,中国开放包容的营商环境和广阔的市场机遇为中法经贸合作开辟了更加广阔的前景。此外,中国财政部于当年11月5日宣布在法国首都巴黎成功发行40亿欧元的主权债券,这是自2004年以来中国首次发行欧元主权债券,也是迄今为止中国单次发行的最大规模外币主权债券,国际投资者踊跃参与询价认购,总申购金额超过200亿欧元,其中57%的资金来自欧洲。法国财政总署署长奥迪勒·雷诺-巴索在庆祝仪式上表示,中国政府在巴黎成功发行欧元主权债券体现了两国紧密的合作伙伴关系以及中方对巴黎国际金融中心的信任和支持。

有中国学者认为,马克龙此次访华将在中法关系升级的基础上为中欧合作提供了新契机。从法国的角度讲,马克龙逐渐克服改革初期遭受的瓶颈和难关,国内经济发展势头良好;从欧盟角度来看,默克尔执政期进入倒计时,英国脱欧也将英国经济推向悬崖,在周边大国处于多事之秋,作为欧盟轴心国之一的法国不论在话语权还是影响力方面都将得到提升。因此,推动中法关系迈上新台阶对深化中法两国金融合作以及促进中国与欧洲市场相互开放、共享发展机遇具有非凡意义。①

(三)"黄马甲"危机与全法大罢工

2018年11月17日起,以巴黎为中心,法国多个大城市相继爆发"黄马甲"运动。这场运动以部分中下阶层民众抗议政府加征燃油税为导火索,逐渐演变为多阶层、多行业、多地区的全民抗议活动。"黄马甲"运动是法国近50年来发生的最为严重的一次骚乱,重创了法国政府的改革节奏与国民经济的发展。运动还波及荷兰、比利时、德国等欧盟成员国,日趋复杂并延续至2019年年末,对法国甚至整个欧洲的经济复苏进程造成一定的冲击。这一运动警示,即使国民收入不断上涨、经济分配也相对公平,阶层隔阂根深蒂固和城乡发展不平衡的持续加剧仍会导致较为严重的社会危机。

一波未平,一波又起。2019年12月5日,法国爆发了以反对政府退休制度改革为诉求的全国性大罢工,这也是法国25年来发生的最大规模罢工活动,且短期内看不到结束的迹象。据法国内政部统计,当天共有超过70个城市举行示威游行活动,参与人数多达80.6万,各地抗议活动共计250余场。受全法大罢工的影响,2019年第四季度法国经济明显萎缩,GDP环比增速降为负值,制造业遭受不小冲击,PMI值大幅回落1.3个百分点。此次罢工活动对法国多个行业造成不同

---

① 周华.中国发行40亿欧元主权债券背后 中法更大合作空间打开[N].第一财经日报,2019-11-18(A11).

程度的影响，严重干扰社会秩序的稳定和经济的平稳运行。据法国媒体报道，罢工活动致使法国交通严重瘫痪，巴黎的16条地铁线路中有10条完全停运，全国90%的高铁停驶，30%的国内航班取消。零售业也遭遇了"滑铁卢"，利润严重亏损，《巴黎人报》称仅12月5日这一天就使全法商店营业额下跌30%左右，首都巴黎的商店营业额更大幅下降50%。此外，巴黎约有300所学校被迫停课，全国多所学校受罢工运动影响严重，教学活动难以开展。

深究罢工运动爆发的原因，法国现行退休制度的改革需求与民众利益诉求之间的矛盾冲突尤为重要。受职业差异影响，法国目前有42种不同的退休金制度，民众按所属行业各自缴纳分摊金，退休后再将其领回。然而当前现收现付制的退休制度有一项弊端，即需要依靠政府的大量注资来维系国家养老基金账户的正常运转，使政府财政难以为继。有鉴于此，法国总统马克龙希望将各异的退休金制度统一成单一的制度，政府可以逐步削减对养老基金的福利补贴，退休制度也更加公开透明。此项改革首先遭到公职和交通运输等"特殊制度"下的获益群体的反对，与此同时，普通民众的心态也相当矛盾，民众一方面支持取消"福利特权"，另一方面不赞成积分制、鼓励延退等触动普通民众利益的改革措施。[①] 此外，法国学者贝特朗·巴迪（Bertrand Badie）表示，大罢工这类社会危机的深层原因在于法国贫富差距大、阶级固化严重导致普通民众与精英阶层矛盾尖锐化，长期积压的社会矛盾使民众对现行体制持怀疑甚至反对态度。

2019年12月11日，法国总理菲利普公布了备受关注的退休制度改革草案，计划将各行业的42种退休制度逐步合并为一个统一方案，进而实现社会公平。对此，法国各工会纷纷表示强烈反对，号召发起更大规模的罢工运动，迫使政府就退休制度改革方案重新谈判。这场改革最终结果未定，如何在改革需求与民众利益之间达成平衡，将极大考验法国政府的执政能力。

三、未来与展望

法国2019年全年经济增速为1.2%，处于温和增长区间，经济基本面总体稳健，经济指标较为乐观。在全球经济增速逐步放缓的背景下，法国在一定程度上抵御了外部不确定风险的冲击，经济复苏显现出特有的韧性。当前经济的传统引擎——内需增长依然活跃，未来具有较大的增长潜力，是法国经济复苏重要的内生驱动力。同时，法国商业前景广阔，企业投资处于稳定上升区间。2019年年初法国政府降低企业税负的措施促使利润率持续攀升，受益于企业良好的财务状况支持，商业投资延续了自2018年年底以来的平稳增长势头，并预计在2020年到达顶峰，

---

① 彭姝祎.法国缘何爆发新一轮大规模抗议示威活动［J］.世界知识，2020（01）：42-43.

持续助力法国家庭消费支出,为稳定内需奠定重要基础。然而,受到国际贸易局势紧张、外贸领域放缓、社会不稳定因素增加的不利影响,法国未来经济运行仍存在较大的不确定性。法国央行预测报告指出,2020年法国经济将出现"暂时性"放缓,经济增速预期下调至1.1%,预计增速将在2021至2022年间恢复至1.3%。

2020年法国经济运行可能面临的有利因素主要体现在以下几个方面:

第一,国内需求的持续拉动。受到法国政府推出民生和减负措施进而释放红利的利好因素影响,2019年法国家庭购买力同比增长1.2%,预计2020年增速将达到1.5%,家庭购买力的提升有利于增加家庭消费支出,以此扩大内需。此外,目前法国家庭的储蓄率明显高于历史平均水平,说明家庭消费潜力可持续释放,并对整体经济活动产生积极的提振效果。

第二,外资吸引力领跑欧洲。安永会计师事务所(EY)1月12日公布的调查结果显示,2019年法国工业的乐观指数处于明显优势,外资工业吸引力遥遥领先,外国投资者对法国工业的发展前景抱有乐观预期。虽然国内社会问题迟迟未解,欧洲整体经济形势复杂多变,这些不利因素可能会影响国际投资者对法国的投资信心,不过2020年在政府经济领域改革政策的支持下,法国的投资和营商环境将得到持续改善,外资竞争力逐步增强,会吸引更多、更优质的创新研发项目。

第三,就业与物价等民生指标向好。就在市场忧虑2019年法国经济的放缓节奏之际,法国的劳动力市场却表现得出人意料,工资呈现温和增长态势,失业率创下近十年来的最低水平,就业状况的好转表明马克龙总统上台后推行的劳动法改革和失业救济金调整措施正在不断发挥作用,就业活力得到进一步释放。预计2020年法国就业形势将延续稳中有升的态势,失业率保持小幅下降,新增就业岗位趋于稳定。在通货膨胀层面,2019年食品和能源价格的下跌致使法国通货膨胀率在很大程度上处于抑制状态,这一趋势将延续至2020年初,法国央行预测2020年全年通货膨胀率将下跌至1.1%,民众购买力可能小幅增加。

此外,法国经济社会发展运行仍面临长期性的挑战,能否有效应对各项风险一定程度决定了法国2020年的经济表现。

第一,对外贸易的不确定性。近年来法国贸易结构长期保持逆差状态,对外贸易增长乏力,贸易部门面临的风险日益凸显。面对全球贸易放缓、需求减少的国际形势,法国出口部门可能受到抑制,而在购买力与家庭消费支出的刺激作用下,进口表现相对强劲,促使进出口部门呈现"此消彼长"的态势,从而加剧贸易逆差。加之能源价格特别是国际石油价格的波动将对法国经常账户造成压力,使法国制造业生产的成本优势减弱,从而影响相关部门的出口表现与国际竞争力。[1]此外,备受世界关注的法美"数字税"争端如果在2020年得不到有效解决,

---

[1] 李鸿涛.法国经济结构改革陷入瓶颈期[N].经济日报,2019-03-13(015).

演变为贸易战，对法国甚至全球经济都会构成不小的负面冲击。

第二，英国"脱欧"的冲击。2020年1月底，欧洲议会正式通过了英国"脱欧"协议，意味着英国结束了长达47年的欧盟成员国身份。欧盟"三驾马车"的解体对依然困于低潮甚至停滞状态的欧洲一体化进程来说，无疑是雪上加霜。英国"脱欧"不仅冲击欧盟贸易，还将大大减弱欧盟在全球经济、政治事务中的话语权，[①]而法国作为欧盟重要成员国，在欧盟的影响力将有所提升，英法德"三足鼎立"的局面转变为"法德轴心"，法德关系可能面临转型下的不确定性。

第三，财政赤字的加剧。近年来，法国财政赤字高企，整体债务形势依然较为严峻。当前，法国经济增速明显放缓，2019年政府为平息抗议示威活动推行的刺激政策和其他下调财政收入预期的做法使财政账户失衡进一步加剧，对政府债务占GDP比重的控制效果也远低于预期，直接制约经济发展的可持续性，并持续掣肘经济改革效果。法国审计法院官员指出，政府此前放宽减赤、减债尺度将导致政府实现削减结构性赤字目标的时间推迟至2022年，使法国再次面临来自欧盟的巨大压力。此外，欧洲央行长期保持宽松政策，法国随即陷入低利率环境，短期来看可能会收获刺激性红利，却会对债务管理、财政稳定性等方面造成长期冲击。

第四，社会的不稳定因素。2018年11月法国巴黎爆发的"黄马甲"运动和2019年12月的"全法大罢工"是法国近年来出现的最大规模抗议活动，直接影响了法国的经济运行和社会安定。据悉，为了平息"黄马甲"运动，法国政府提出多项政策措施，涉及削减中产阶级工薪阶层所得税和逐步减少住房税等民生举措，目的在于挽回此前抗议示威活动中流失的民意基础，避免因政府公信力缺失带来更多阻力，也希望以民意诉求为导向继续推动国内结构性改革，力争改革红利释放最大化。政府的民生措施能否安抚多数"黄马甲"抗议者的不满情绪，经济改革是否长期有效，依然是未知数。此外，以反对政府退休制度改革为由的罢工运动接连而来，频繁出现的社会危机使2020年法国经济复苏面临较大的风险。

从目前来看，在全球经济增长动力不足、经济复苏疲弱的大环境下，法国经济呈现出一定的抗压韧性，这种积极态势可能为2020年法国经济复苏带来积极正面的影响。然而面对多方贸易争端、英国脱欧引发的不确定性、欧元区多国债务问题等挑战，全球经济增长持续承压，法国及其主要经济伙伴正面临潜在政治经济风险不断发酵的"脆弱性"环境，经济发展进程可能受到影响。鉴于当前国际形势的诸多不确定性与风险上升预期，未来法国将在扩大内需的基础上加强与贸易伙伴国的经贸合作，充分应对经济复苏进程中的不确定性挑战。

[①] 当代中国与世界研究院 于林涛.英国"脱欧"，其他成员会否跟风[N].中国国防报，2020-02-10（004）.

第八章 2019年加拿大经济观察报告

宋真[①]

一、经济总体概况

2018年加拿大经济受到油价低迷和加元下跌的影响增速较慢，2019年加拿大经济增速符合预期，移民激增一定程度上弥补加拿大劳动力的不足，就业市场依旧表现良好，房市出现回温迹象，联邦大选尘埃落定，美国墨西哥加拿大协议达成，中美贸易摩擦缓解，都在一定程度上提振了加拿大经济，但受中加关系遇冷影响，加拿大出口明显放缓。

（一）国内生产总值（GDP）

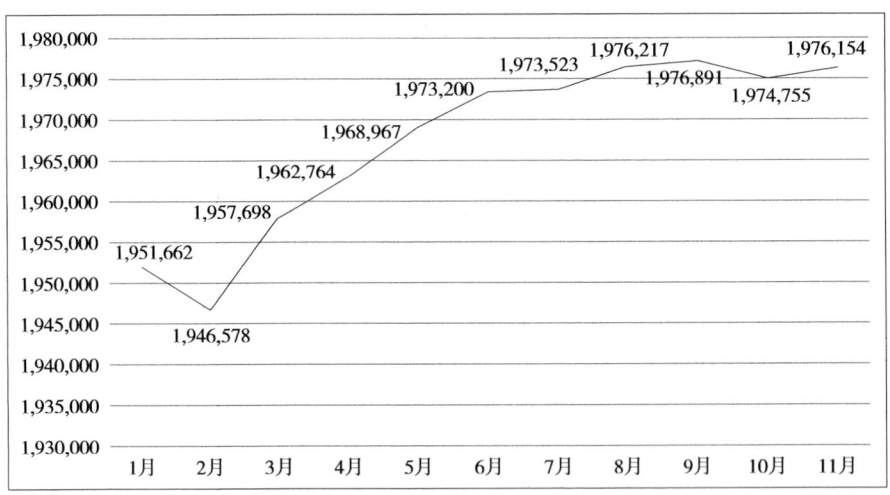

图8-1 2019年1-10月加拿大GDP（单位：百万加元）

数据来源：Statistics Canada.

国内经济整体呈增长趋势。根据加拿大统计局2019年发布的最新数据，截

[①] 北京外国语大学国际商学院。

至 2019 年 11 月，加拿大的国内生产总值为 21.64 万亿加元，相比 2018 年同期的 21.33 万亿加元增长 1.46%。其中产品生产行业国内生产总值约为 6.3 万亿加元，与 2018 年同期相比下降 0.95%；加拿大服务业在国民经济中占有主导地位，服务生产行业的国内生产总值呈上升趋势，2019 年服务生产行业国内生产总值约为 15.31 万亿加元，与 2018 年同期相比增长 2.35%。

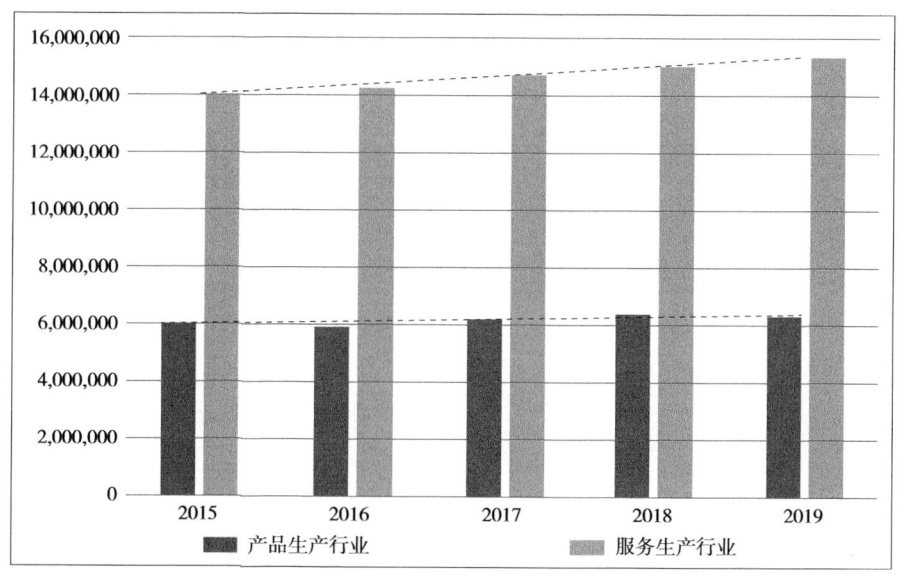

图 8-2　2015-2019 年加拿大产品生产行业和服务生产行业国内生产总值

数据来源：Statistics Canada.

（二）人口与就业

加拿大是世界上国土面积第二大的国家，但人口数却不足 4000 万人，截至 2019 年 10 月，加拿大的总人口为 37797496 人，与 2018 年 10 月相比增长了约 55.9 万人，增长率为 1.5%。

加拿大地广人稀与其寒冷气候和低出生率有很大关系。加拿大位于北美洲的最北端，北极圈穿过其北部地区，气候寒冷不适宜人类居住，育空、西北地区和努纳武特三省人口加起来不足 20 万人，人口主要都集中在南部地区，安大略和魁北克是人口大省，截至 2019 年 10 月安大略省人口数约 1466 万人，占加拿大总人口的 38.8%。此外，低出生率也是加拿大人口稀少的重要原因，2018 年加拿大统计局公布的出生率仅为 10.1‰，尽管政府出台了一系列鼓励生育的政策，如产前津贴、育儿津贴、牛奶金制度等，但出生率仍连年下滑。为增加人口，加拿大一直秉持着开放包容的态度接收移民，移民成为加拿大人口增长的重要因素。

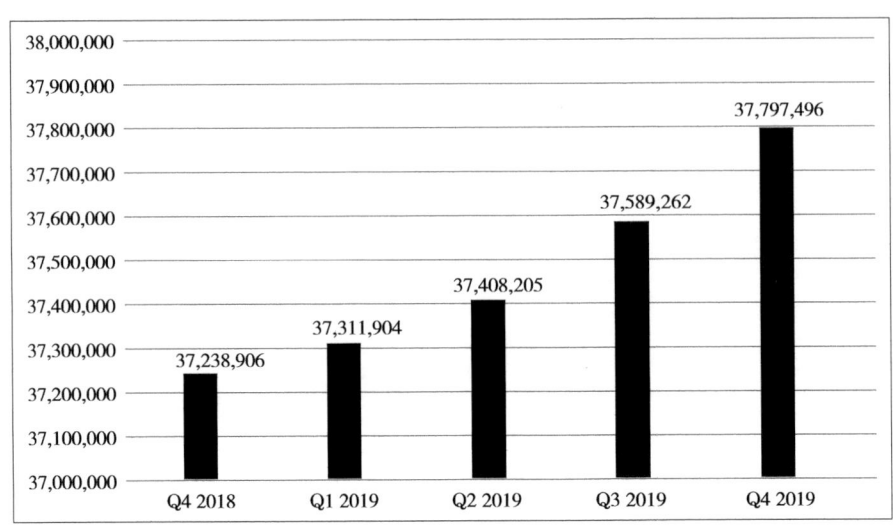

图 8-3　2018 年第四季度 -2019 年第四季度年加拿大总人口（单位：人）

数据来源：Statistics Canada.

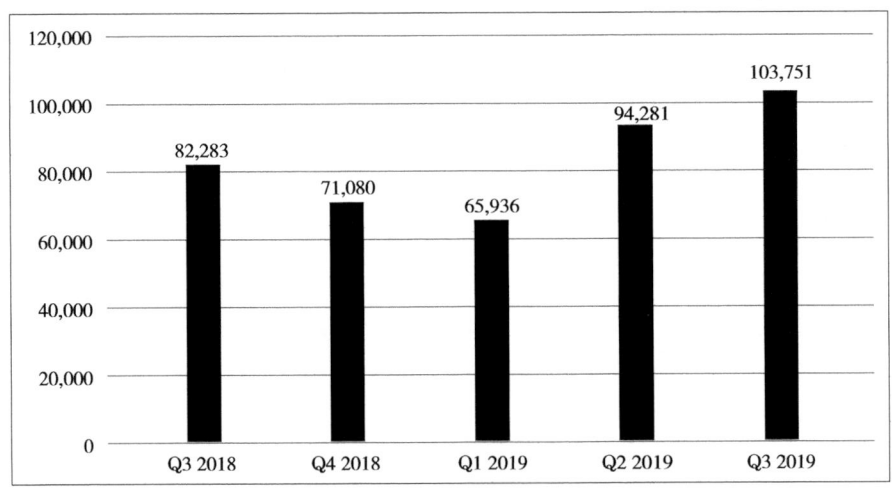

图 8-4　2018 年第三季度 -2019 年第三季度加拿大国外移民人数（单位：人）

数据来源：Statistics Canada.

图 8-4 是 2018 年第三季度至 2019 年第三季度加拿大国外移民人数，受政策调整影响，2019 年开始国外移民人数明显增长，第三季度较第一季度增长了 37815 人。从图 8-4 可以看出，2019 年第三季度与第二季度相比，加拿大的总人口增加了 181057 人，其中国外移民人数占 52.1%，可见移民为加拿大人口增长的重要来源。

加拿大是世界上教育支出最高的国家之一，民众受教育程度高，劳动力质量也非常高，但由于人口少，加拿大一直面临着劳动力短缺的问题。截至2019年末，加拿大全国的就业人数约为1906万人，比2018年增长了2.1%，高于2018年的1.3%和2017年的1.9%，整体来说一直呈上升趋势。

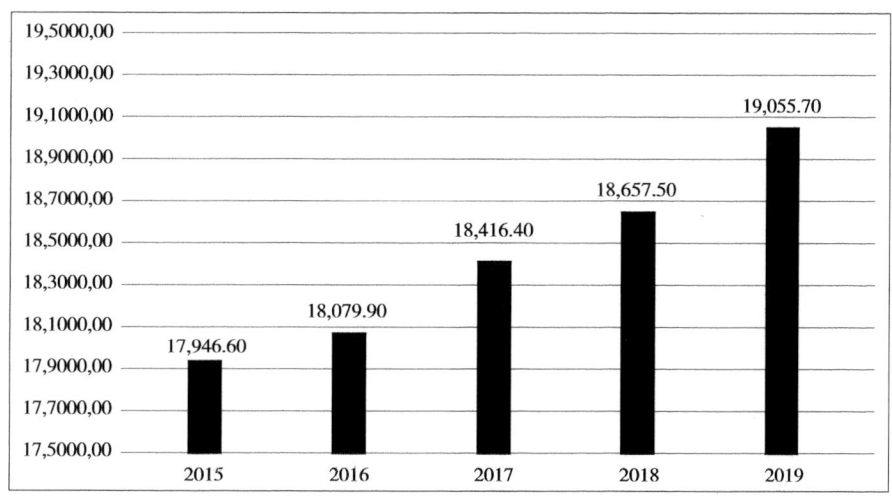

图8-5　2015年-2019年加拿大全国就业人数（单位：千人）

数据来源：Statistics Canada.

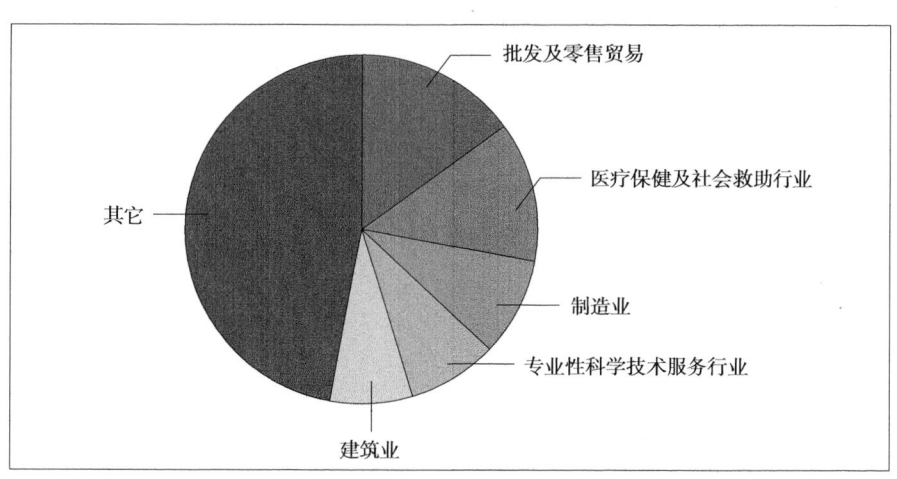

图8-6　2019年加拿大就业人数前五大产业

数据来源：Statistics Canada.

按行业来看，2019年加拿大各产业就业人数的前五名为批发及零售贸易、医疗保健及社会救助行业、制造业、专业性科学技术服务行业和建筑业。其中批发及零售贸易行业的人数五年来整体上保持上涨趋势，虽然2018年较2017年批发及零售行业的人数有些许下降，但2019年人数增至284.18万人，相比2018年增长了4.72万人。医疗保健及社会援助行业的就业人数呈稳步上升趋势，2019年较2018年增加了8.3万人。另外制造业、专业性科学技术服务行业和建筑业五年来就业人数也呈上升趋势。

2019年前5个月，加拿大失业率整体呈下降趋势，5月份达到全年最低水平，为5.4%；但11月失业率达到了全年最高水平5.9%，约减少了71000个岗位。12月份就业情况有所缓和，失业率下降到5.6%。

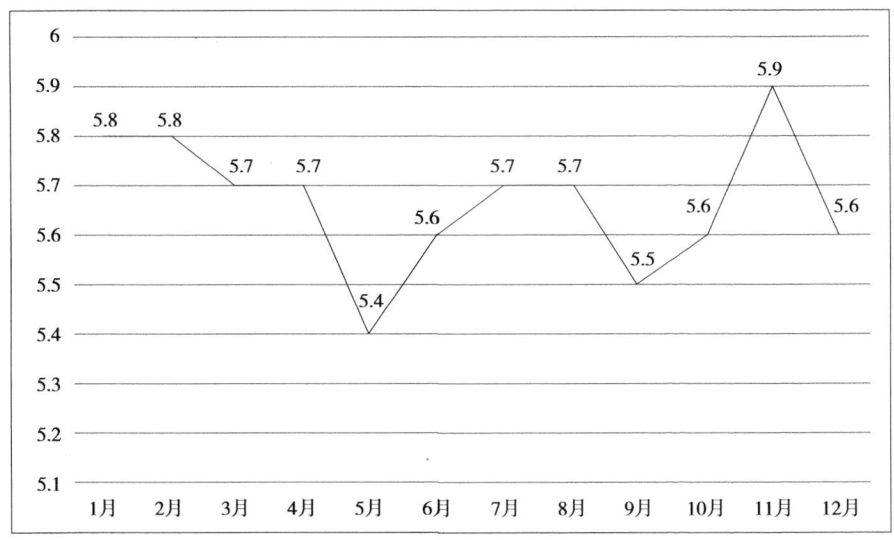

图8-7 2019年1月-12月加拿大失业率（%）

数据来源：Statistics Canada.

从地区来看，根据2019年12月的数据，加拿大失业率最高的省份仍是纽芬兰与拉布拉多省，为11.8%；其次是爱德华王子岛，为7.9%；失业率最低的省是不列颠哥伦比亚省，为4.8%，这些数据也与往年数据呈现出一致性。

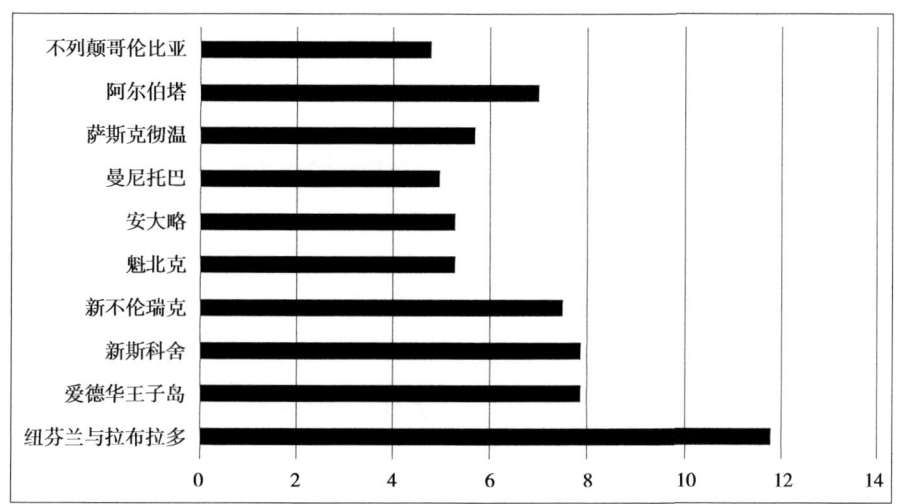

图 8-8　2019 年 12 月加拿大十省失业率（%）

数据来源：Statistics Canada.

（三）消费与物价

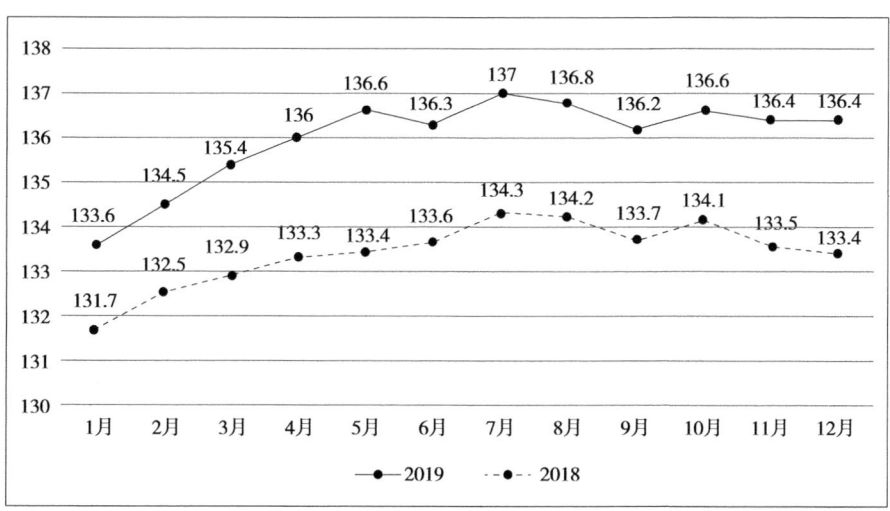

图 8-9　2018 年和 2019 年居民消费价格指数（以 2002 年为基期，单位：100%）

数据来源：Statistics Canada.

以 2002 年价格为基期，2019 年的消费价格水平与 2018 年相比呈上涨趋势。2019 年 12 月的消费价格水平达到了 136.4，与 2018 年同期相比，增长了 2.25%。对 2018 年和 2019 年对应月份的消费价格指数进行比较，同比增长率最高的月份是 5 月份，达到了 2.40%；增长率最低的月份是 1 月份，为 1.44%。

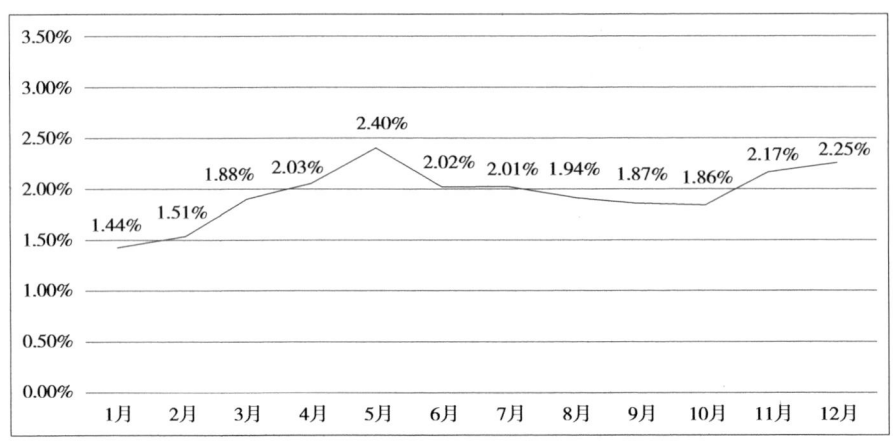

图 8-10　2019 年相对 2018 年加拿大居民消费价格指数月度同比增长率

数据来源：Statistics Canada.

农作物的价格水平相比家畜、动物产品的价格水平更低。就整体趋势来说，农作物的价格水平变化相对平缓。

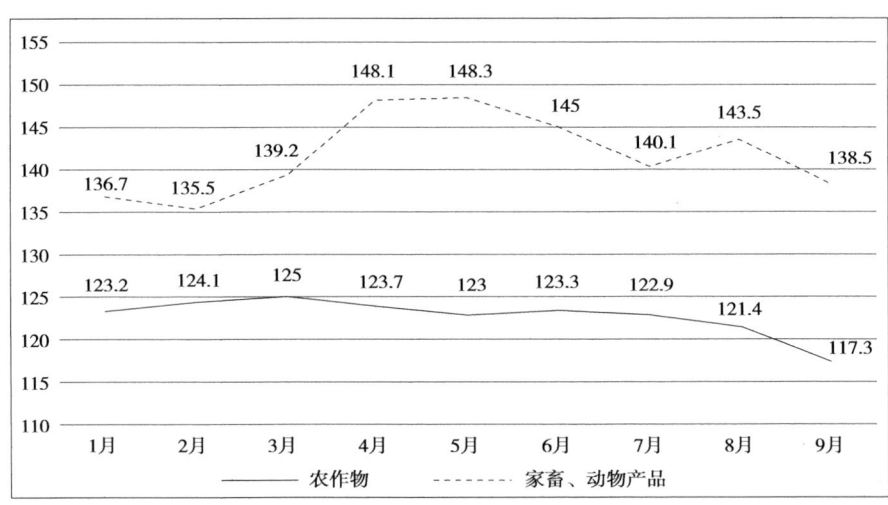

图 8-11　2019 年 1-9 月农产品价格指数（2007 年为基期，单位：100%）

数据来源：Statistics Canada.

从各农作物及家畜、动物产品的细分类来看，2019 年 1-9 月期间，猪的价格指数波动较大。谷物、油菜籽、特种作物、水果、蔬菜、土豆、牛、禽类、蛋类和未加工奶品的价格指数相对来说比较稳定。

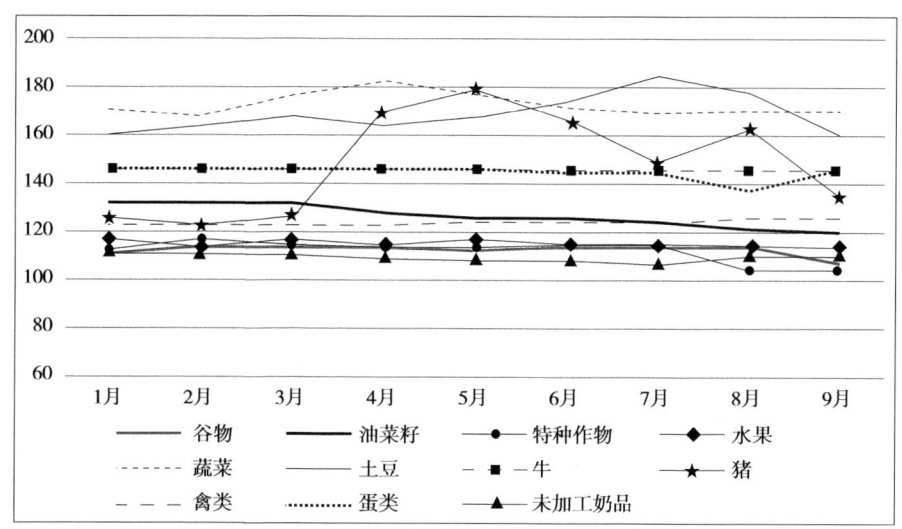

图 8-12　2019 年 1-9 月各农产品价格指数变化（2007 年为基期，单位：100%）

数据来源：Statistics Canada.

按消费价格的各项指标来看，2019 年与 2017 年相比，消费价格增长幅度最大的是食品，为 3.38%；汽油的价格指数出现了负增长，为 -6.06%。

表 8-1　2019 年加拿大各指标居民消费价格增长幅度

指标	增长幅度	指标	增长幅度	指标	增长幅度
食品	3.38	衣物	1.62	健康和个人护理	1.13
居住	2.54	交通	1.79	娱乐教育文化用品	1.29
家庭设备用品	0.33	汽油	-6.06	烟酒	1.87

数据来源：Statistics Canada.

（四）行业概况

加拿大能够成为世界上生活水准最高、社会最富裕、经济最发达的国家之一，与其丰富的自然资源和高度发达的科技密切相关。

加拿大是传统农业和资源大国，拥有丰富的自然资源，包括能源业、渔业、林业和矿业等，自然资源业对加拿大 GDP 的贡献率常年保持在 13%-15%，其商品贸易出口中大约有 40% 的产品来自自然资源业；生物工程、核能、航天、通讯、水电等高科技产业也十分发达，在地球物理勘探、医学、造纸和小型客机制造等产业拥有先进的技术和设备。

1. 自然资源业

自然资源业主要包含农业、林业、渔业和狩猎，矿业以及能源业等。截至

2019 年 11 月,农业、林业、渔业和狩猎创造的 GDP 达 4441.24 亿加元,约占加拿大行业 GDP 的 2.1%,同比上升 0.46%。

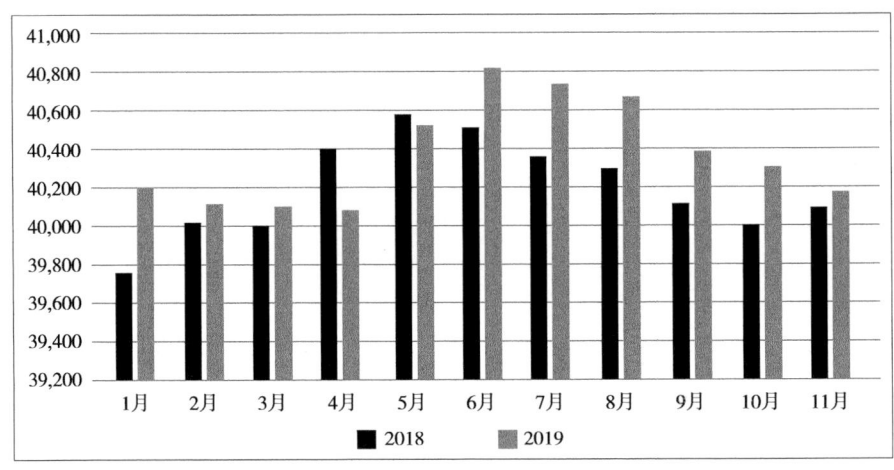

图 8-13　2018 年和 2019 年 1-11 月份农林渔业 GDP 对比（单位：百万加元）

数据来源：How to cite：Statistics Canada.

能源业是自然资源业的一部分,加拿大是能源大国,是国际市场上原油、天然气等大宗能源产品的主要供应国。截至 2019 年 11 月,矿业和油气开采创造的 GDP 为 16218.36 亿加元,约占加拿大全行业 GDP 的 7.5%,与 2018 年同期相比下降 5.2%。由图 8-14 可知,2019 年 11 个月份矿业和油气开采创造的 GDP 均显著低于 2018 年同月份,这与 2019 年加拿大油价低迷不无关系。

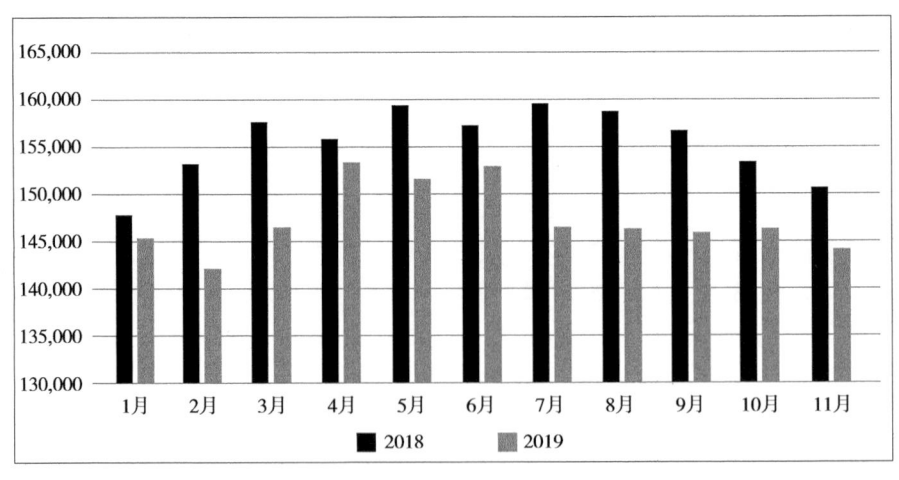

图 8-14　2018 年和 2019 年 1-11 月份矿业及油气开采业 GDP 对比（单位：百万加元）

数据来源：How to cite：Statistics Canada.

2. 制造业

加拿大制造业种类齐全，主要包含汽车、服装、造纸、科技设施、食品和公共设备等行业。截至 2019 年 11 月，加拿大工业制成品的销售额为 635307.434 百万加元，比 2018 年增长 10.7%。整体来看，2019 年的加拿大工业制成品销售额与 2018 年的趋势大致相同。

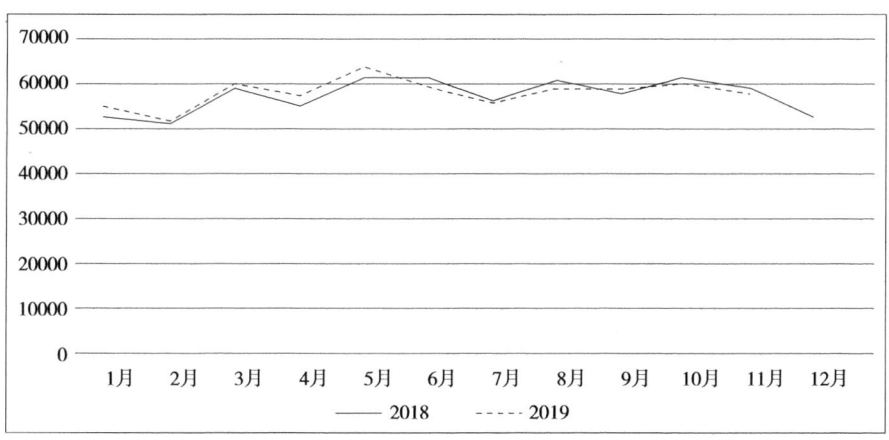

图 8-15　2018 年和 2019 年加拿大工业制成品销售额（单位：百万加元）

数据来源：Statistics Canada.

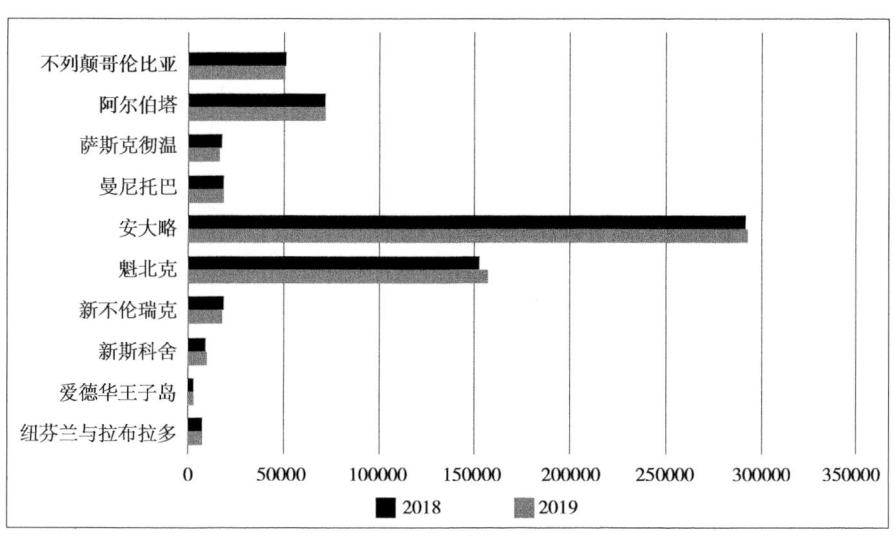

图 8-16　2018 年与 2019 年加拿大十省工业制成品销售额（单位：百万加元）

数据来源：Statistics Canada.

截至2019年11月，从加拿大各省来看，工业制成品销售额最高的省为安大略省，是292105.561百万加元；其次为魁北克，是156722.411百万加元。最低的为王子岛，是2138.891百万加元。10省中有5省的工业制成品销售额为正增长，同比增长率最高的省是王子岛，为21.25%；其次是新斯科舍，为4.25%；魁北克为3.61%，纽芬兰与拉布拉多为0.41%，安大略为0.19%。其他五省为负增长状态，其中下降幅度最大的省是萨斯克彻温，为8.35%；其次是新不伦瑞克，为4.76%；不列颠哥伦比亚为2.70%，阿尔伯塔为0.59%，曼尼巴托为0.32%。

3. 服务业

加拿大的服务业提供了全国四分之三以上的就业，涵盖批发及零售贸易、医疗保健及社会救助行业、科学技术专业性服务和教育服务等产业。2019年加拿大服务业中就业人数前五名的产业分别是批发及零售贸易、医疗保健及社会救助行业、科学技术专业性服务、教育服务以及住宿及餐饮服务。其中批发及零售贸易的就业人数占全服务业的18.8%，占全国就业总人数的14.9%。

在全服务业中就业人数与2018年同期相比增长最高的为运输和仓储业，为4.7%；商业，建筑和其他支持服务、信息文化和娱乐业、住宿和餐饮服务业呈现负增长趋势，就业人数与2018同期相比分别下降了0.10%、1.64%、1.56%。

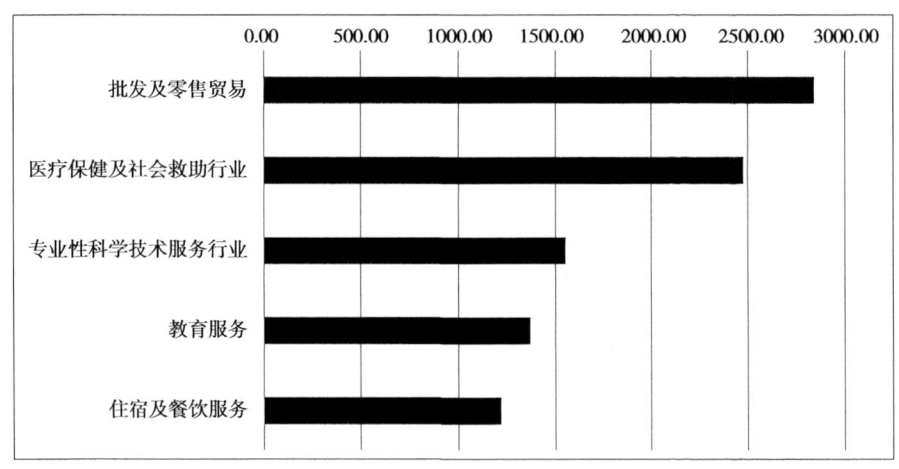

图8-17　2019年加拿大服务业就业人数前五大行业

数据来源：Statistics Canada.

按照产品生产行业和服务生产行业划分，截至2019年10月，加拿大产品生产行业和服务生产行业共创造了196363.79亿加元，其中服务生产行业为139056.23亿加元，为产品生产行业的两倍以上。由图8-18可见，加拿大的行业结构比较稳定，且服务生产行业对GDP贡献程度很大，拥有较为先进和高附加值的行业结构。

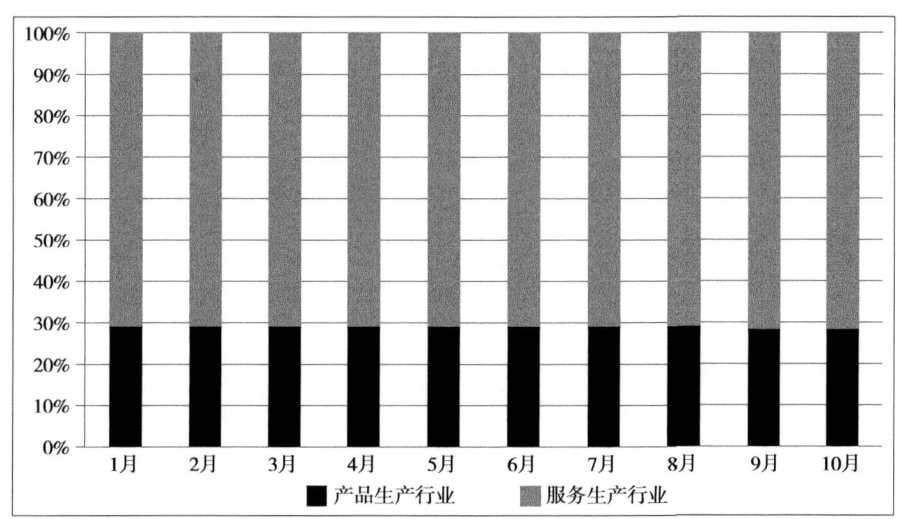

图 8-18　2019 年 1-10 月加拿大产品生产行业及服务生产行业占 GDP 的比重

数据来源：Statistics Canada.

（五）国际贸易

截至 2019 年 11 月，加拿大全年货物进出口总额为 11103.92 亿加元，其中出口额是 5467.252 亿加元，进口额是 5636.668 亿加元。

从趋势来看，2019 年 1-11 月加拿大的进口额整体呈下降趋势，出口额先上升后下降，在 5 月达到峰值。2019 年中除了 5 月，加拿大一直为贸易逆差，1 月的逆差最为显著。

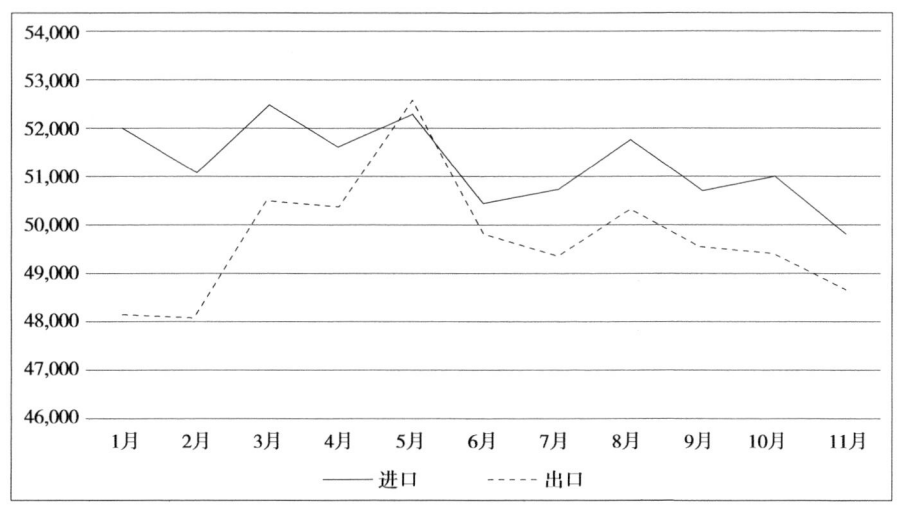

图 8-19　2019 年 1-11 月加拿大贸易进出口额（单位：百万加元）

数据来源：Statistics Canada.

综合2019年的进出口额来看,加拿大的进口额和出口额相差不大,整体上来说进口比出口略高一些,属于贸易逆差状态。

按国别来看,2019年加拿大对美国的进口额占极大比重,进口额高达1744.68亿美元,对中国的进口额是421.42亿美元,对墨西哥的进口额是210.17亿美元。与2018年的同期数据进行比较,美中墨三国均呈下降势头,分别下降了2.4%、0.9%和1.6%。下降最多的是对荷兰的进口额,为7.4%,增长最多的是对越南的进口额,为24.9%。

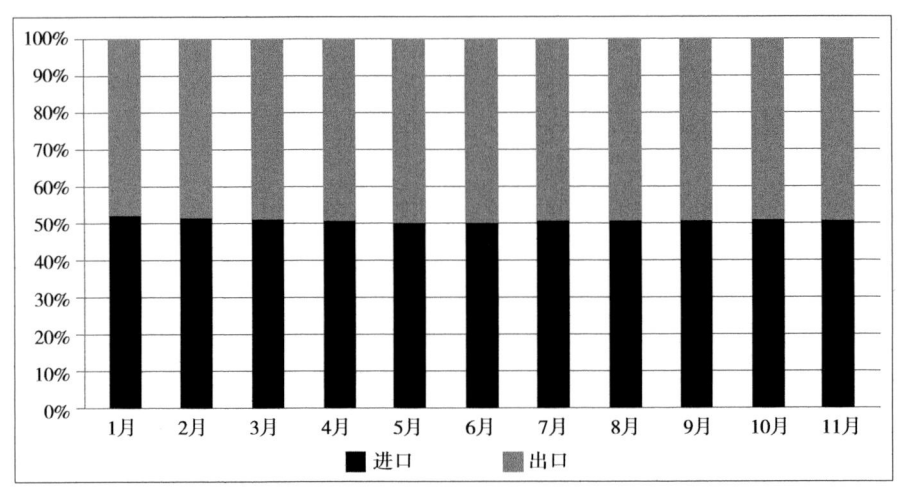

图8-20　2019年1-11月加拿大贸易进出口比重

数据来源：Statistics Canada. Table

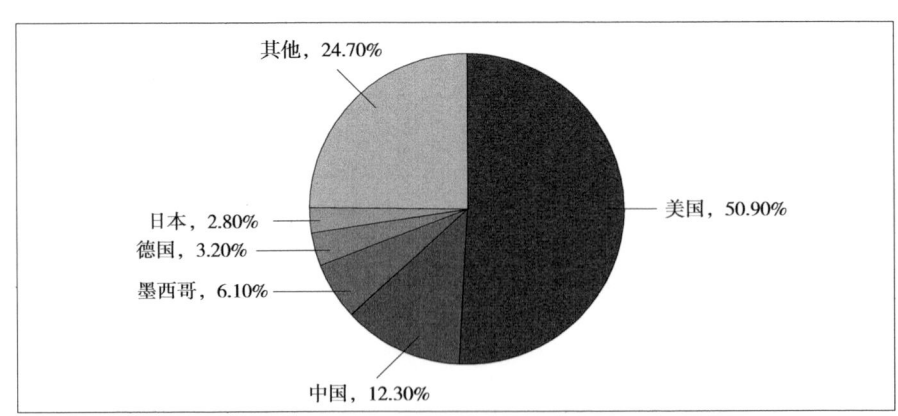

图8-21　2019年1-9月加拿大对主要贸易伙伴进口份额

数据来源：中华人民共和国商务部《国别贸易报告》

2019年加拿大对美国的出口额占其总额的75.7%，高达2527.08亿美元，受中加关系遇冷的影响，加拿大对华出口锐减，出口额仅为131.19亿美元，与2018年同期相比降幅高达11.0%，对美国和日本的出口额也呈下降势头，分别下降了0.9%和4.5%，对英国的出口额同比增长8.0%。同比增长最多的是对德国的出口额，为20.6%。

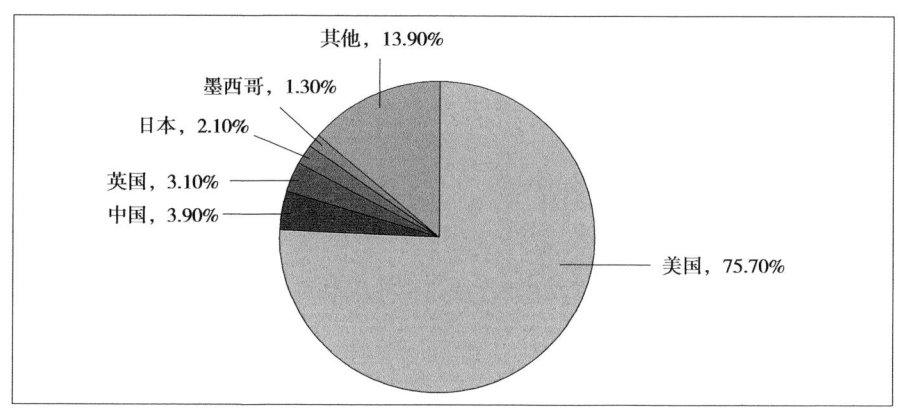

图 8-22　2019 年 1-9 月加拿大对主要贸易伙伴出口份额

数据来源：中华人民共和国商务部《国别贸易报告》

加拿大的逆差主要来自中国、墨西哥及德国，分别为290.23亿美元，168.13亿美元，75.88亿美元。顺差主要来自美国和英国，分别为782.40亿美元和53.06亿美元。

表 8-2　2019 年 1-9 月加拿大主要出口商品构成（单位：百万美元）

商品类别	2019 年 1-9 月	2018 年同期	占比 %	同比 %
总值	333,790	338,569	100	-1.4
矿物燃料、矿物油及其产品、沥青等	73,579	76,370	22	-3.7
车辆及其零附件，但铁道车辆除外	45,648	44,979	13.7	1.5
核反应堆、锅炉、机械器具及零件	26,122	25,604	7.8	2.0
珠宝、贵金属及制品；仿首饰；硬币	15,183	13,975	4.6	8.7
电机、电气、音像设备及其零附件	10,255	9,959	3.1	3.0
塑料及其制品	9,777	10,403	2.9	-6.0
木及木制品；木炭	8,989	11,231	2.7	-20.0
航空器、航天器及其零件	7,854	7,637	2.4	2.9

续表

商品类别	2019年1-9月	2018年同期	占比%	同比%
矿砂、矿渣及矿灰	6,714	5,671	2.0	18.4
药品	6,352	5,854	1.9	8.5

数据来源：中华人民共和国商务部《国别贸易报告》

按商品类别看，2019年1-9月，加拿大的主要出口商品包括矿物燃料、矿物油及其产品、沥青等，车辆及其零附件（铁道车辆除外），核反应堆、锅炉、机械器具及零件，该三类商品的出口额分别为73579百万美元、45648百万美元和26122百万美元，占加拿大出口总额的22%、13.7%和7.8%。其中矿物燃料、矿物油及其产品、沥青等同比下降3.7%，另外两种主要出口产品同比呈上升趋势。

表8-3 2019年1-9月加拿大主要进口商品构成（单位：百万美元）

商品类别	2019年1-9月	2018年同期	占比（%）	同比（%）
总值	342,639	347,831	100	-1.5
车辆及其零附件，但铁道车辆除外	58,021	58,703	16.9	-1.2
核反应堆、锅炉、机械器具及零件	52,472	51,636	15.3	1.6
电机、电气、音像设备及其零附件	31,944	32,607	9.3	-2.0
矿物燃料、矿物油及其产品；沥青等	24,568	28,815	7.2	-14.7
塑料及其制品	12,550	12,939	3.7	-3.0
药品	10,300	9,463	3.0	8.9
光学、照相、医疗等设备及零附件	9,485	9,475	2.8	0.1
钢铁制品	7,836	8,264	2.3	-5.2
珠宝、贵金属及制品；仿首饰；硬币	7,514	6,548	2.2	14.8
航空器、航天器及其零件	7,252	6,395	2.1	13.4

数据来源：中华人民共和国商务部《国别贸易报告》.

车辆及其零附件（铁道车辆除外），核反应堆、锅炉、机械器具及零件和电机、电气、音像设备及其零附件这三类商品在加拿大的进口中占比最大，2019年1-9月，这三类商品的进口额共计1424.37亿美元，占加拿大进口总额的41.5%。除核反应堆、锅炉、机械器具及零件同比上升外，前五类主要进口商品均呈下降趋势。

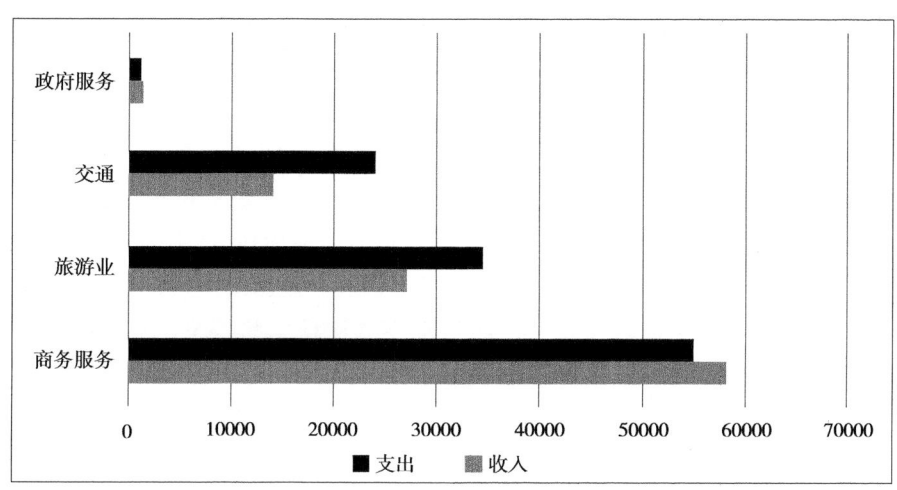

图 8-23 2019 年前三季度国际贸易服务业收支情况（单位：百万加元）

数据来源：Statistics Canada.

截至 2019 年第三季度，加拿大国际贸易服务项下收支总额为 2147.45 亿加元。其中服务项下支出为 1145.63 亿加元，收入为 1001.82 亿加元，收支余额为逆差 143.81 亿加元。在各服务项下商业服务所占比重最大，收支余额表现为顺差，交通和旅游业均为逆差。

二、2019 年重要事件回顾

（一）联邦大选

2019 年 10 月 22 日，加拿大联邦大选结果揭晓，自由党以 157 个席位击败保守党，特鲁多成功连任总理，将组建少数政府，新一届政府的施政重点包括推动西部石油管道工程、应对气候变化、给中产阶级减税和经济发展等。

本届选举共有来自 6 个政党的候选人以及部分独立候选人参选，其中有 4 个政党较受关注，分别是特鲁多领导的自由党、安德鲁·希尔领导的保守党、新民主党和绿党。自由党以议席总数比保守党多 36 个席位的差距取胜，自由党在东岸大西洋四省保住了绝大部分议席，在安大略和魁北克这两个人口大省占据了显著的优势，最大城市多伦多更是一面倒地支持自由党。

尽管如此，作为少数政府意味着自由党需要获得其他党的支持来维持执政地位，另外保守党获得的选票总数比自由党多出 25 万张，有更高的民众支持率，这都意味着自由党在实施政策上失去了绝对优势。

在对待中加关系上，自由党和保守党态度不同。保守党对华态度强硬，希尔不仅明确反对加拿大加入亚洲基础设施投资银行，还多次表示决不允许华为参与加拿大 5G 建设。而自由党致力于多边主义、气候合作和贸易多元化的外交政策，在对华政策上相较于保守党更温和。虽然这并不意味着中加关系会好转，但相对于保守党而言，自由党上台应该会更利于中加关系发展。

（二）修订《美国墨西哥加拿大协议》

2019 年 12 月 10 日，加拿大、美国和墨西哥三方签署了更新后的新北美自由贸易协定，虽然新北美自贸协定在 2018 年 9 月就达成协议，但由于美国民主党议员对劳工和环境保护等条款存在异议，协定一直进展甚微。

在劳工方面，修订后的《美国墨西哥加拿大协议》将建立严格的执行机制，落实以设施为基础的劳工义务，并由独立劳动专家来进行法规稽核；在环境保护方面，美国一个新的跨部门委员会将监督墨西哥的环境保护，由墨西哥的联系人提供协助。

另外，修订版协议对生物制药专利保护期也作出了调整，在 2018 年的协定中加拿大对生物制药的数据保护期被要求改为 10 年，而这一保护期在加拿大原本是 8 年，意味着生物药物的非专利生产要延迟 2 年。但是在美国民主党的反对下，最新版协定允许各国自行决定生物制剂的数据保护期，消除了加拿大药品价格上涨的风险。

在新协定中，加拿大同意取消"Class 7"的乳品定价协议，将向美国开放约 3.5% 的乳品市场份额，这必然会对加拿大本土的乳品市场造成一定程度冲击，但与此同时，加拿大政府也准备向受影响的奶农提供补偿。另外加拿大的汽车行业获益，《美国墨西哥加拿大协议》在一定程度上豁免了加拿大的汽车出口关税，新协定同意免除关税或近乎免税的将加拿大对美出口汽车配额限制在 260 万辆。

（三）大麻合法化满一年

2018 年 10 月 17 日，加拿大大麻全面合法化，加拿大成为继乌拉圭之后全球第二个大麻全面合法化的国家，也成为全球最大的大麻市场。加拿大大麻合法化的一年多时间里，加拿大的经济和居民生活都有一定变化。

加拿大统计局发布的数据显示，自宣布大麻合法化后，加拿大使用大麻的人数明显增多，2019 年第一季度达到了 530.6 万人的峰值，第二季度虽有所回落，但整体来看，这一年多时间来，使用大麻的人数仍呈上升趋势。大麻使用者中男性明显高于女性，25-34 岁和 35-44 岁年龄阶段的大麻使用者人数有明显的上升，截至 2019 年第三季度，这两个年龄阶段的大麻使用者分别占比 29.8% 和 20.5%。2019 年 10 月，加拿大当局又宣布大麻食品合法化，这应该会使大麻使用人数进一步增多。

截至 2019 年 10 月，大麻部门为加拿大贡献了 691.42 亿加元的 GDP，加拿大大麻产业快速发展，大麻产业成为经济增长点；加拿大各大学开设大麻专业，教授大麻种植的相关知识，解决大麻教育市场的真空问题，进一步推动整个行业的合法性；据统计局公布的数据，合法化后大麻相关的犯罪率从合法化前的 92/10 万人降至 0-5/10 万人。

打击黑市是加拿大大麻合法化的重要目标之一，但合法化一年以来，大麻黑市依旧强劲。合法大麻的供应不足和种植成本高，因此价格远高于黑市大麻，这是许多大麻使用者选择黑市大麻的重要原因，显然加拿大政府还需在加大合法大麻供应，打击大麻黑市上做出努力。

（四）移民政策调整

2019 年加拿大的移民政策做出了很多调整，进一步降低移民门槛，以更加开放的态度接纳各个国家的移民，从"人口与就业"部分给出的数据中可以发现，自 2019 年开始，国外移民人数有明显的增长，仅 2019 年第三季度国外移民人数就高达约 10.4 万人。加拿大联邦自雇移民是移民加拿大最便捷、条件最宽松的申请方式，对学历、语言以及净资产等没有要求，只需满足两三年的工作经验要求和打分要求即可以移民，该政策自设立至今审理所需时间一直在缩短，如今最长仅需 22 个月即可完成审理。

2019 年 3 月 14 日，加拿大不列颠哥伦比亚省企业家移民区域试点项目正式启动。该项目对于申请人的投资额和净资产要求低，投资额只需 10 万加元起，申请人的家庭资产要求最低仅为 30 万加元，创业时间和申请周期都较短，并且在取得工签登陆后 12 个月就可以递交最终报告，然后申请省提名获得永居居民身份。

2019 年 9 月份出台的北方移民试点项目旨在帮助较小的农村和偏远社区吸引各种技能水平的外国工人，并为他们提供永久居民身份，帮助这些社区应对因出生率下降、退休率上升以及青年人口迁移到加拿大人口较多地区而造成的劳动力市场短缺问题。

三、未来与展望

2019 年 10 月，联邦大选结束，自由党当选少数政府，特鲁多总理承诺减税和扩大贸易，并继续推行管道项目，新政府将在 2020 年初公布经济预算案，也有希望出台一些政策刺激经济发展；另外《美国墨西哥加拿大协议》已经敲定，取代了长达 25 年的《北美自由贸易协议》，加拿大、北美和墨西哥三国之间的贸易关系会因此加强，对加拿大经济无疑是利好消息。

全球经济受中美贸易摩擦的影响陷入低迷，加拿大制造业也因此受到破坏性的打击，2019 年 10 月中美达成第一阶段贸易协议，WTI 油价和股票指数都做出迅速反应，中美贸易关系缓和会提振加拿大经济。加拿大的就业市场一直表现不错，尽管 2019 年 11 月失业率出现 5.9% 的高位，但 12 月就业情况就出现了明显反弹，加拿大完善的退休金制度、人性化的带薪休假制度对于移民有很大的吸引力，因此就业市场长期存在的劳动力短缺问题也会随着更多的移民加入而得到改善。

2019年12月，连任后的特鲁多总理在给财政部部长的授权书中表示，要求其"审查并考虑金融机构有关借款人压力测试更具活力的建议"。尽管政策调整的细节还未出台，但对于加拿大房市来说仍是重大利好消息，对房市前景的乐观预期会吸引许多买家在2020年重返市场，稳定的高移民率会进一步促使住房需求上升，但房屋供应不足，预期房价会明显上升。

2019年受全球经济放缓、中加政治关系紧张等外因的影响，加拿大经济有下行压力，但考虑到债务压力和通胀率目标，联邦政府及央行并未做出降息等相应措施。2020年1月22日，加拿大央行连续第十次将利率维持在1.75%不变，这使加拿大成为发达经济体中政策利率最高的国家，加央行表示在减税措施的帮助下，未来加拿大家庭支出将回升，出口和商业投资也将回升。在英国经济与商业研究中心发布的2020世界经济排名中，加拿大在2019年重返世界第十大经济体。随着众多影响经济的因素逐渐明朗，以及移民带来的经济红利，2020年加拿大经济应比较乐观。

第九章　2019年韩国经济观察报告

曹雪城[①]

一、经济概况

2019年对全球经济和很多国家来说都是艰难的一年。由中美两大世界经济引擎间的贸易争端所引发的全球性"蝴蝶效应"正在波及越来越多的经济体。在贸易壁垒上升和中东、美俄、英国脱欧等地缘政治局势持续紧张的大背景下，全球贸易和制造业的成长环境急剧恶化。国际货币基金组织（IMF）于2019年10月发布的《世界经济展望》中已明确将2019年的全球经济增速下调至3%，这也是自2008年国际金融危机爆发以来的最低水平。全球经济增长的低迷、贸易政策不确定性的增强和一系列黑天鹅事件的出现，让悲观情绪不断蔓延，许多人甚至认为世界正处在下一次经济危机爆发的前夜。

对于高度依赖中美市场的韩国，自然在这场"风暴"里难以幸免，经济受到明显冲击，外贸萎缩、经济增速下滑、内需低迷、物价停滞等问题凸显，2019年韩国国内此起彼伏的罢工和示威游行运动，证明由上述问题引发的社会矛盾渐渐浮出水面。而让韩国逆势增长的延续了近两年的全球"内存景气"也已基本步入尾声。在内外部因素的共同作用下，韩国经济可以说正在经历着前所未有的重大挑战。与此同时，韩国社会中长期存在的人口结构恶化、大企业垄断、经济失活等问题依然有待解决，韩国政府推出的一系列所谓"新政"的有效性也受到广泛质疑。所幸，韩国宏观经济的基本面并未改变，政府财政状况总体稳健，优势产品依然保持着较强的国际竞争力，相信其在可见的未来有能力应对这些中长期挑战，不过韩国社会也要为很可能已经到来的低增长阶段做好准备。

（一）国内生产总值

2019年，韩国经济增长的表现可谓差强人意。虽然全年数据尚未出炉，但来自IMF早先发布的《2019全球经济展望》报告预测，韩国2019年的国内生产总

[①] 北京外国语大学佛山研究生院。

值（GDP）按现价美元计算为1.6295万亿美元。在全世界主权国家经济总量排位中，继续保持全球第11位。虽然经济保持了正向增长，但较2018年IMF的预测值（1.655万亿美元）相比有微弱下滑，韩元对美元贬值所造成的汇率波动是造成这一结果的主要原因。

从经济增长情况来看，韩国2019年勉强保住了2%的实际GDP增长率，虽同比降幅达0.4%，但依然达到了韩国政府的预期目标。外界普遍认为，这是韩国政府为弥补民间消费不振而主动加大投资的结果。另外，因半导体价格下跌所导致的贸易环境恶化则是韩国2019年经济增速不佳最直接的导火索。不过，韩国政府的主动出击并不能从根本上扭转局势，这依然是韩国自2009年全球金融危机0.8%的增速之后10年来的最低增长率，距韩国央行此前预计的2.5%-2.6%的潜在增长率相去甚远。这也是在没有任何国际经济波动的情况下，韩国经济增长连续从2017年的3.2%降至2018年的2.7%，再降至2019年的2.0%，这样的状况对韩国经济来说是少见的（参见图9-1）。面对经济低增长、通货紧缩、老龄化等问题的不断深化，关于韩国已走向"日本化（Japanification）"的担忧已开始屡屡见诸报端。

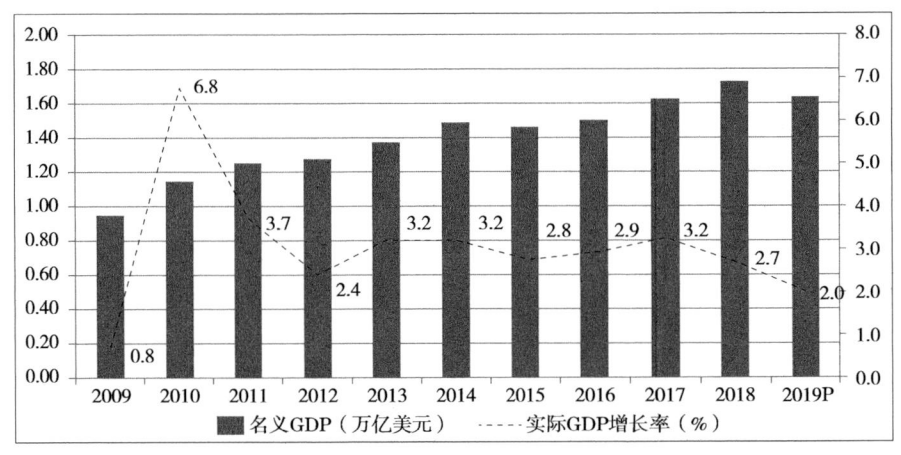

图9-1 2009-2019年韩国名义GDP及其实际增长率变化

数据来源：国际货币基金组织（IMF）

按季度统计具体来看，2019年第四季度韩国实际GDP同比增长1.2%，而第三季度仅同比增长了0.4%。据韩国央行的测算，为了实现全年2%的预期增长目标，第四季度增长率必须超过0.93%。于是进入第四季度以来，来自韩国政府的消费和建设投资明显增加，展示出主动刺激经济的意图。同样，根据韩国央行的披露，在2019年第四季度的GDP核算支出项中，材料费和医疗保险金支出成为政府支出的主体，增幅为2.6%。基础设施建设投资中，建筑物和土木工程建设投资增长了6.3%,与第三季度6%的负增长形成了鲜明对比。而在设备投资当中,以半导体制造装备为中心的机械类产品增长了1.5%。民间消费也较第三季度的0.2%小幅回升至第四季度的0.7%(参见表9-1)。韩国央行相关人士表示,民间和政府消费、设备投资领域的增幅未来将进一步扩大,建设投资也将有所增加。

按产业类型来看,电力燃气业涨幅最高,达到4.5%;建筑业延续去年负增长的态势,跌幅为3.2%,但较2018年的-4%已有所收窄;制造业和工矿业增幅为1.4%,与2018年相比大幅放缓;而农林业和以零售、住宿餐饮、医疗保健和社会福利服务业等为主的服务业均上涨了2.6%,依然保持稳定。由此可见,与实体经济密切相关的建筑业、制造业和工矿业的增速下滑是造成2019年韩国经济增长不尽如人意的主要因素。

表9-1　2018、2019年韩国GDP及支出项增长明细

指标	2018					2019				
	全年	一季度	二季度	三季度	四季度	全年	一季度	二季度	三季度	四季度
国内生产总值(GDP)	2.7	1 (2.80)	0.6 (2.90)	0.5 (2.10)	0.9 (2.90)	2	0.4 (1.70)	1 (2.00)	0.4 (2.00)	1.2 (2.20)
民间消费	2.8	0.7	0.5	0.4	0.8	1.9	0.1	0.7	0.2	0.7 (1.7)
政府消费	5.6	1.9	0.6	1.6	2.8	6.5	0.4	2.2	1.4	2.6 (6.7)
建设投资	-4.3	0.9	-2.5	-6	1.8	-3.3	-0.8	1.4	-6	6.3 (0.5)
设备投资	-2.4	4.3	-8.4	-4	3.2	-8.1	-9.1	3.2	0.6	1.5 (-4.2)
知识产权投资	2.2	-0.7	0	1.2	0.3	2.7	1.3	0.1	1	0.7 (2.8)
出口	3.5	3.5	0.7	4	-1.4	1.5	-3.2	-3.2	4.6	-0.1 (3.1)
进口	0.8	4.3	-2.3	-1.1	1.6	-0.6	-3.4	-3.4	1.2	0 (0.6)

注:列表中为环比增长率,( )中为同比增长率,%

数据来源:韩国银行

从具体构成韩国GDP的支出项看,一直以来备受关注的民间消费仅增长了1.9%,较2018年继续下跌了0.9个百分点,内需依然处于低迷状态。而政府消费则逆势增加0.9%,达到6.5%的高位。出口增长1.5%,同比下跌2%。代表企业扩张预期的设备投资则从2018年2.4%的负增长跌至2019年的-8.1%,跌幅进一步扩大,与前述制造业产值的负增长相呼应。所以总体上看,2019年韩国政府的消费有所扩大,但民间消费和出口增速下滑,建筑和设备投资不振,可以说基本是靠政府支出的增加保住了经济增长预期。在经济增长的贡献率上,政府高于民间已是基本可以确定的事实。

（二）政府财政状况

2019年，韩国中央和地方政府的财政状况总体稳健。包括国税收入、税外收入及社保基金等在内的韩国政府财政总收入为402万亿韩元，同比减少17万亿韩元，降幅超过4%，也少于404.1万亿韩元的预算额。而财政支出则较2018年增加了32.8万亿韩元，涨幅接近9%，达到397.3万亿韩元，本财年预算总执行率为97.4%。除去上一年度2.6万亿韩元的结转金额，韩国政府2019年共实现预算内财政盈余约2.1万亿韩元。韩国企划财政部官员表示，韩国政府将参照《国家财政法》将其中的619亿韩元用于地方交付税结算、公共资金捐赠和债务偿还，有必要的话将追加补充预算案，灵活使用剩余资金。韩国有关部门正在起草《国家决算报告书》，经监察员完成决算监查后将于2020年5月末将报告提交至韩国国会审议。该报告书届时将会公布韩国政府2019年的财政收支、财政数据、国家债务和财务报表等更为翔实的数据。

作为韩国政府财政收入的最主要部分，2019年韩国的国税收入低于预期。韩国企划财政部2020年2月10日发布的数据显示，韩国2019年实现国税收入293.5万亿韩元，占当年韩国政府财政总收入的73%，小于预算值294.8亿韩元，缺口为1.3万亿韩元。这是自2014年之后五年来，韩国国税收入首次未能达到预算额。此前，韩国曾于2012年、2013年和2014年连续三年出现实际国税收入未达预算的情况，2015年才得以重返"税收景气"，超收2.2万亿韩元。此后的2016-2018年也先后实现了9.8万亿韩元、14.3万亿韩元和25.4亿韩元的超预算收入。税收变化作为经济的重要晴雨表之一，一定程度上反映出韩国经济近年来的波动情况。至于2019年国税收入未达预算值的原因，与文在寅政府开启新一轮财政分权改革后，中央财政向地方追加增值税（3.5万亿韩元）和因韩国扩大实施劳动所得税扣抵制（ETIC）和子女奖励税制（CTC）而导致的所得税收入减少（3.8万亿韩元）等政策有关。

政府负债方面，2019年韩国国家债务和赤字总额继续小幅增长。截至11月，韩国中央及地方政府债务总额达704.5万亿韩元，较10月增加了6万亿韩元，历史上首次突破700万亿韩元大关，全年债务总额占GDP的比重预计将超过36%（参见图9-2），虽然均创下历史高位，但总体上依然处于可控水平。而反映政府实际财政状况的管理财政收支①则留下了总额达45.6万亿韩元的财政赤字，也达到自2011年有相关统计以来的最高水平，在韩国央行保持扩张性财政政策的背景之下，预计2019年将继续维持赤字扩大的趋势。同其他国家一样，发行国债也是韩国政府用以弥补财政赤字的主要手段。韩国每月都会对外发行国债，但每年3、

---

① 作者注：管理财政收支指财政总收入减去财政总支出之后再剔除养老金、雇佣保险等韩国四大社会保障基金后的数值。是韩国为判断政府财政的健康状况而制定的指标。

6、9、12月都是偿债期，所以除上述四个月外，其他时间的韩国国债规模均会被动放大。因而待2019年12月的数据公布后，韩国实际国债总额低于700万亿韩元也并非没有可能。

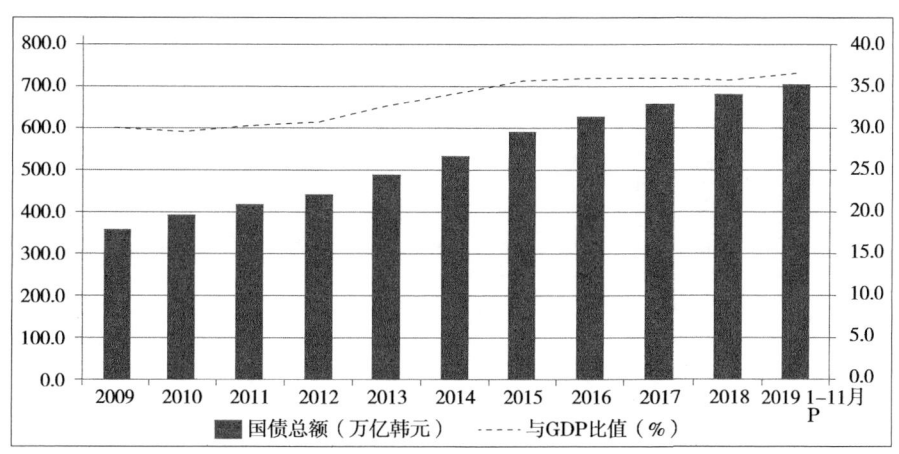

图9-2　韩国2009-2019年国债总额及其与GDP比值变化

数据来源：韩国统计厅，韩国企划财政部

宏观层面上，韩国政府财政收入减少的同时，财政支出和增速却在日益增长。而文在寅政府为应对经济下滑而采取的扩张性财政政策，更是让韩国近三年来的财政赤字迅速走高，已引发韩国国内一些官员和学者的批评与质疑。但面对当下日益艰难的经济形势，韩国政府似已陷入骑虎难下的两难处境，如何在刺激经济与控制债务规模之间保持适度平衡将是2020年对韩国政府的一大考验。

（三）收入与就业

受制于2019年经济的低增长和韩元的持续疲软，韩国2019年人均国民总收入（GNI）会出现小幅回调。以韩国央行近期公布的预测值3.2万美元计算，韩国2019年人均国民总收入较2018年的3.34万美元同比下降了4.2%。这一预测值是韩国央行在考虑了名义GDP增长率、人口增长率和韩元兑美元汇率变动的基础上做出的[①]。如果韩国央行的预估值准确，那么这将是韩国以美元计价的人均GNI自2015年来首次出现负增长，不过依旧保持在3万美元的关口以上，远高于世界银行2019年公布的高收入国家标准——12375美元。值得注意的是，2019年韩元兑美元汇率同比下跌5.9%，这或许是韩国人均GNI下滑的主因，但经济不景气所造成的居民收入下滑才是根源所在。

---

① 数据来源于韩国银行。

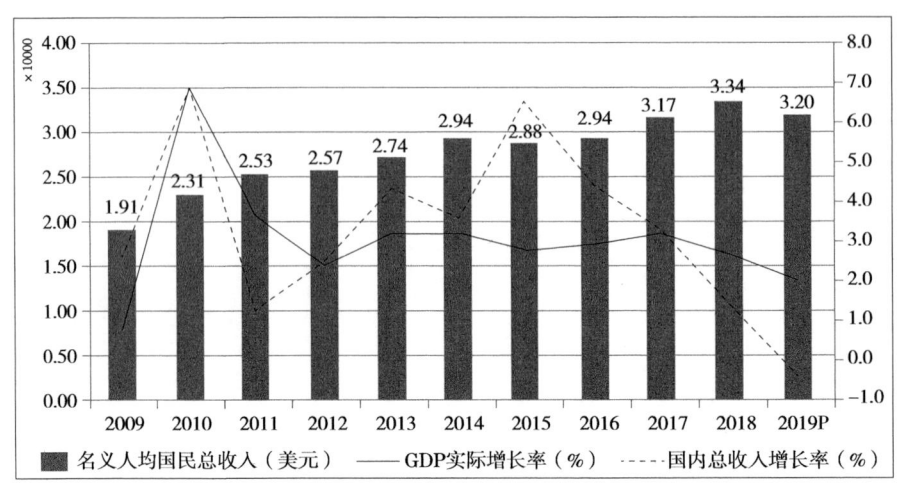

图 9-3　2009-2019 年韩国国民收入情况与 GDP 实际增长率变化对比

数据来源：韩国统计厅

根据 2018 年修正后的数据，韩国人均国民收入于 2017 年就超过了 3 万美元大关，达到 3.17 万美元，使韩国正式成为"3050 俱乐部"①的一员。但国内总收入（GDI）增速的连年下滑甚至负增长（参见图 9-3），正在让韩国国民收入的倒退成为可能。2019 年，韩国迎来了自 1998 年亚洲金融危机以来的首次 GDI 负增长，增长率为 -0.4%。这已是韩国 GDI 连续第四年下滑，且下滑速度非常快，远超过实际 GDP 的跌幅，一定程度上反映了近年来韩国经济质量下滑的趋势，需要引起关注。

在关乎内需消费和社会稳定的居民就业保障方面，2019 年的韩国社会就业状况总体表现平稳，失业人数和平均失业率分别为 1063 人和 3.8%，对比历史情况来看虽然处于历史高位，但较前几年并未出现大幅波动，尚处在合理运行区间（参见图 9-4），也低于 OECD 国家 5.2% 的平均水平。经济增速下滑和外贸萎缩等负面因素并未产生大规模的失业潮，说明韩国经济运行宏观上依然保持稳定，这也是韩国社会稳定的基础。不过，韩国 20-29 岁年龄段的青年阶层失业问题依然严峻，失业率长期居高不下，全年平均值为 8.9%，虽然较 2018 年下降了 0.6%，但仍高出全社会平均失业率 5.1 个百分点，4 月份甚至一度飙升至 11.7% 的历史高位。近年来，青年阶层的高失业率问题已经演变成韩国社会的一大常态，从上届朴槿惠政府到本届文在寅政府，都曾先后推出针对性的政策加以应对，但事后来看均成效甚微。青年失业问题的常态化，其实凸显的是韩国经济背后的结构性矛

---

① 作者注：指人均国民收入突破三万美元，人口规模在 5000 万以上的经济体。韩国是继美英日法德意等六个发达国家之后第七个达到该标准的国家。

盾，仍需要长时间的、更深层次的改革举措。

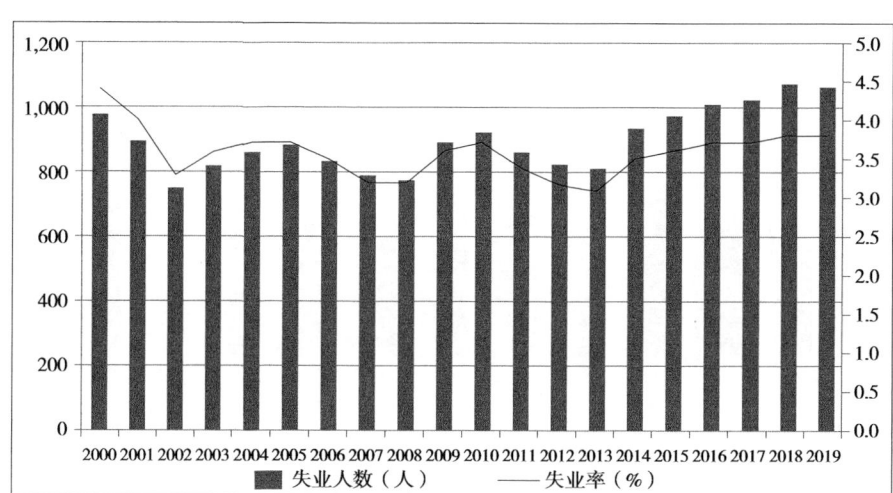

图 9-4　韩国 2000-2019 年失业人数和失业率变化

数据来源：韩国统计厅

（四）贸易与投资

受国际环境的影响，2019 年的韩国对外贸易受到显著冲击，收缩态势明显。根据韩国贸易协会公布的数据，韩国 2019 年实现对外贸易总额 10455 亿美元，同比大幅下降 8.3%。其中出口总额 5422 亿美元，同比下降 10.4%，是自 2009 年以后近十年来的最大跌幅；进口总额 5033 亿美元，同比下降 6%，也是近三年来的最低值（参见图 9-5）。全年共实现贸易顺差 389 亿美元，较 2018 年的 697 亿美元大幅减少，对外贸易顺差已连续两年收窄，也降至 2013 年以来的最低值。

具体到贸易产品类别来看，在韩国出口金额超过百亿美元的主要优势产品当中，存储器、处理器和控制器等半导体元器件出口均出现大幅下滑。仅存储器单一类别的出口萎缩幅度就达到 36%，成为拖累韩国出口下行的主要"元凶"。而在进口方面，天然气、石油及其制品、煤炭等消费能源作为韩国进口产品的主体，2019 年的降幅均在 10% 以上。受半导体产品出口下跌的影响，半导体相关零配件的进口甚至暴跌了 57.6%。得益于存储器价格的上涨和全球对智能设备消费的持续增加，韩国 2017 年和 2018 年的半导体出口总额曾现井喷之势，对韩国经济和对外贸易做出了重要贡献。然而，这样的"好日子"终究难以持续，随着存储器价格的回落和全球经济不振，特别是发达国家消费的普遍低迷，"内存景气"带来的逆势增长已经见顶，2019 年韩国贸易状况的恶化其实一定程度上可以看作是向正常状态的回归。

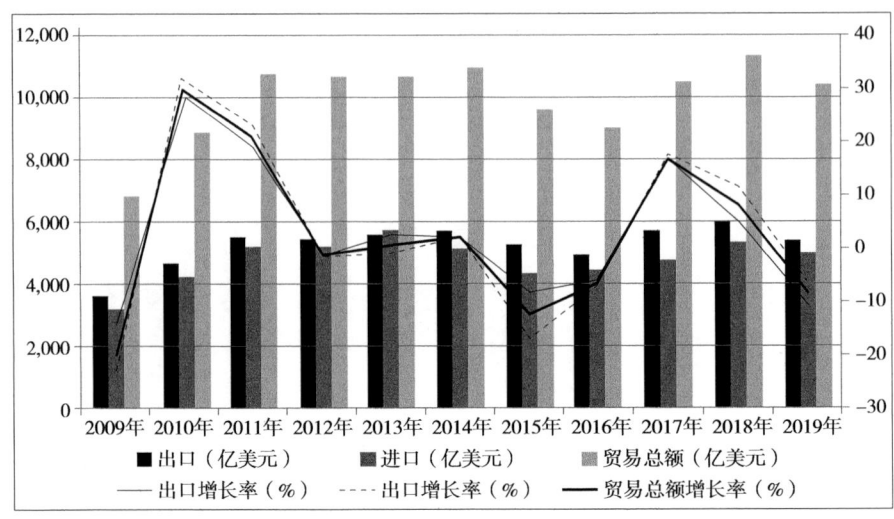

图 9-5 2009-2019 年韩国进出口贸易总额及其增长率变化

数据来源：韩国贸易协会

而从贸易对象上看，2019 年韩国前十大贸易伙伴依次是中国、美国、越南、日本、马来西亚、中国香港、印度、中国台湾、新加坡和菲律宾。与这前十大贸易伙伴的进出口总额占据当年韩国对外贸易总额的 63.1%，且除美国外全部集中在亚洲地区。其中，仅中美两国的占比又超过 20%，但较 2018 年（35.1%）已出现大幅下滑，对华出口高达 16% 的降幅是主要诱因。对整个大中华地区出口的"暴跌"也是韩国 2019 年 10.4% 的出口跌幅的主要来源（参见表 9-2）。尽管对华出口大幅萎缩，但中国内地和香港依然是韩国贸易顺差的最主要来源，对韩贸易逆差接近 600 亿美元，中国市场依然对韩国经济具有举足轻重的意义。

表 9-2 2019 年韩国对前十大贸易伙伴进出口变化情况

序号	贸易伙伴	出口总额（亿美元）	出口增长率（%）	进口总额（亿美元）	进口增长率（%）	进出口差额（亿美元）
	全年总计	5,422	-10.4	5,033	6.0	389
1	中国大陆	1,362	-16.0	1,072	0.7	290
2	美国	733	0.9	619	5.1	114
3	越南	482	-0.9	211	7.3	271
4	日本	284	6.9	476	-12.9	-192
5	马来西亚	88	-1.7	93	9.1	-5
6	中国香港	319	-30.6	18	10.9	301
7	印度	151	-3.3	56	-5.4	95

续表

序号	贸易伙伴	出口总额（亿美元）	出口增长率（%）	进口总额（亿美元）	进口增长率（%）	进出口差额（亿美元）
8	中国台湾	157	−24.6	157	−6.1	0
9	新加坡	128	8.4	67	−16.5	61
10	菲律宾	84	−30.5	37	2.5	47

数据来源：韩国贸易协会

2019年韩国对外贸易负增长的另一个重要背景，便是陷入白热化的中美贸易争端。不仅是韩国，2019年的全球贸易都因此出现萎缩，同时也为韩国贸易强国地位的维持敲响了警钟。韩国全国经济人联合会最新公布的数据显示，自2018年中美贸易争端全方位开启之后，2019年第1–3季度，全世界贸易出口总额同比下降了2.94%，韩国、中国、日本、德国等传统四大制造业强国分别出现了9.83%、0.09%、4.5%和5.21%的出口负增长，其中又以韩国为甚[①]。中韩间密切的经贸联系和高度互补的产业分工，必定会让韩国在愈演愈烈的中美贸易纠纷中被"误伤"，只是其影响规模和传导速度出乎很多人的预料。就目前的局面来看，中美短时间内恐怕在贸易谈判中难以达成一致，因而韩国对华贸易未来存在继续收缩的可能。

在吸引外资方面，服务业和制造业依然是2019年外商投资（FDI）韩国的主体，但金额较2018年的史上最高值（269亿美元）出现明显回落。根据韩国统计厅的数据，2019年，韩国共吸引外资2675件，总申报金额为233.29亿美元，虽然已是连续第5年FDI突破两百亿美元，但同比大幅下滑13.28%，这也是自2013年以来韩国首次出现FDI总额同比下跌的现象。构成FDI统计的农畜水产矿业、制造业、服务业以及水电燃气公用事业等四大行业同比全线下跌，其中又以制造业下降程度最为严重，跌幅高达18.2%，终结了此前连续三年增长的态势，反映出韩国制造业增长的放缓和外资对韩国制造业投资的信心不足（参见图9-6）。不过，技术研发领域的投资额（7.9亿美元）较2018年同比增长了两倍以上，表明韩国国际半导体设备企业研发中心的地位依然稳固。而从韩国产业通商资源部公布的投资来源地和投资额看，欧盟和美国依然是韩国的主要外资来源地，分别有71.31亿美元和68.42亿美元的投资额，合计占到韩国2019年FDI总额的59.4%，可同比涨跌不一，二者分别同比增长了−20.1%和16.4%。尽管日韩在2019年出现严重的贸易纠纷，但日本对韩投资额依然同比增长了9.9%。此外，来自中国大陆的投资额2019年大幅回落至9.81亿美元，降幅高达64.2%，相反，来自中国香港的投资额激增了27.2%。

---

① 韩国十年来首现出口增长"红灯"。

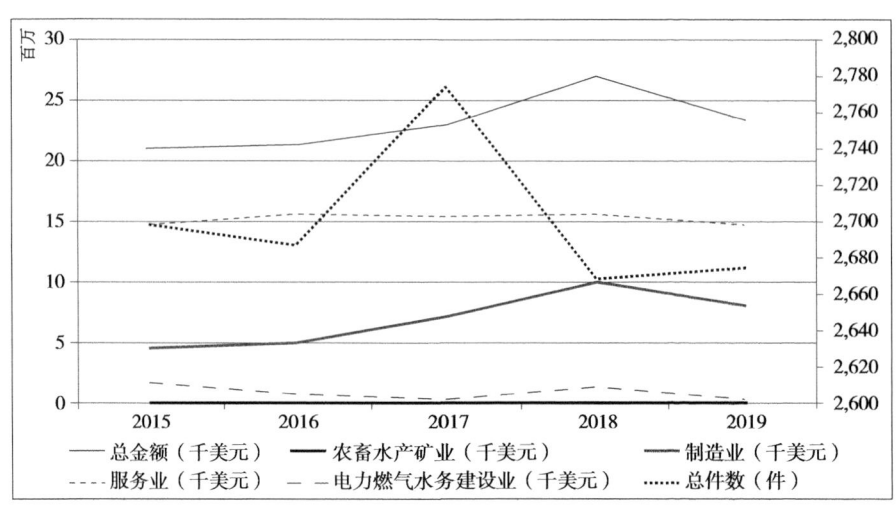

图 9-6　2015-2019 年韩国吸引外资总金额、总件数及行业变化

数据来源：韩国统计厅

分具体行业来看，农畜水产矿业流入约 924.6 万美元，制造业流入约 82.19 亿美元，服务业流入约 147.59 亿美元，公用事业领域流入约 3.41 亿美元，分别占 2019 年韩国 FDI 总额的 0.04%、35.23%、63.27% 和 1.46%（参见图 9-7）。由此可见，服务业和制造业依然是外商投资韩国的绝对主体。而在服务业中，仅房地产和零售流通业两项就占比超过一半，总额均超过 30 亿美元，分别占到服务业 FDI 总额的 26.98% 和 23.5%。而在制造业领域，传统的资金密集型行业化工业依然吸收外资最多，占制造业外资流入总额的 48%，紧随其后的是机械装备和电机电子业，占比分别为 14.1% 和 13.2%。

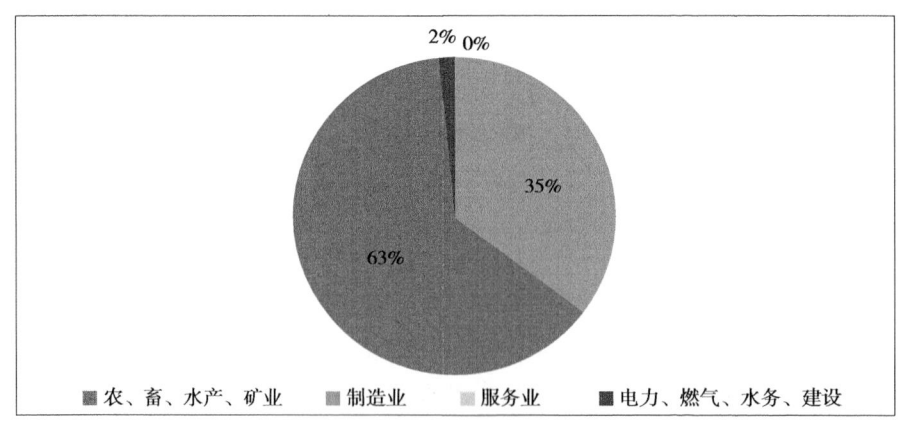

图 9-7　2019 年韩国 FDI 流入产业分类及占比

数据来源：韩国统计厅

总体而言,2019年一、二季度,由于中美贸易争端和全球投资萎缩等外部环境的恶化以及韩国针对法人税减免措施的终止,对韩FDI同比下滑幅度较大。但下半年,韩国政府陆续推出了"现金支援"等刺激政策,提振了地方招商引资的效果。另外,对资金筹措和企业并购审查的放宽,也大幅提升了大型并购的通过率,使第四季度达到了98.4亿美元的超大投资额,从而带动全年FDI大幅上扬。韩国产业通商部表示,未来将继续推出诸如强化对尖端技术投资的现金扶持以及对既有FDI的未支配部分依然可作为外商投资享受相关优惠政策等更为积极的措施,吸引来自核心材料及零部件、新兴产业(未来汽车、氢能经济、生物、IT等)和国际研发中心等领域的FDI,推动韩国产业结构加速向高端化迈进。

另外,2019年韩国海外直接投资(ODI)继续快速增长。根据韩国企划财政部的最新数据,2019年1-9月,韩国海外直接投资总额达444.5亿美元,同比增长21.6%,预计全年大概率将突破500亿美元达到史上最高值。其中金融保险和制造业是韩国对外投资的主体,占比分别达到38.2%和33%。按投资目的地划分,韩国八成以上的投资都集中在北美、亚洲和欧洲地区等三大传统投资区域,且金额均超过100亿美元。前五大投资目的地分别是美国(102.5亿美元)、开曼群岛(54.2亿美元)、中国(47.8亿美元)、新加坡(24.7亿美元)和越南(23.2亿美元)。[①]另根据韩国央行近期公布的《2019年末国际投资对照表》,2019年韩国居民累积对外金融资产总额达1.6997万亿美元,较2018年增加1534亿美元,同比增长约10%,主要得益于海外证券投资余额的大幅增长(1070亿美元),这应该与美欧日等全球主要股票市场2019年的良好表现有关。对外金融投资的大幅增长也让韩国对外金融资产净值在2019年首次突破5000亿美元大关,达到5009亿美元。[②]韩国海外直接投资及金融投资的大幅增长,一方面体现了韩国相关业界对海外市场的信心增加,另一方面其实也反映出企业和投资者对韩国本土投资机会的悲观情绪。许多人将"资金出逃"归咎于企业法人税提高、劳动力市场弹性下降、监管改革不力等近期韩国国内饱受争议的问题,希望韩国政府在税收扶持、劳资关系的改善上多下功夫,积极改善韩国的投资环境,提振投资者信心。

二、2019年重大经济事件

(一)人口结构持续恶化

韩国与日本一样,是超低生育率国家中的一员,甚至被认为已事实上跌入

[①] 数据来源:韩国企划财政部,《2019년 3분기 해외직접투자 동향(2019年第三季度海外直接投资动向)》,2019年12月,第4-7页。
[②] 数据来源:韩国银行,《2019년말 국제투자대조표(2019年末国际投资对照表)》,2020年2月,第3页。

"低生育率陷阱①"。由严重的人口老龄化、少子化所造成的韩国人口结构恶化现象，已是韩国多年来老生常谈但又无计可施的话题。2019年，这一问题继续成为韩国政府和舆论关注的主要议题，也成为外界质疑未来韩国经济成长性的重要因素。

2019年11月，韩国新生儿人数降至23819人，同比下降5.9%，低于当月韩国人口死亡数25438人。这意味着自1983年开始相关统计以来，韩国人口首次出现了单月负增长的现象，也创下了自2016年4月以来单月新生儿数最低值的记录。2019年1–11月，韩国新生儿总数为28.1784万人，较2018年同期下降7.3%，照此趋势，预计全年新生儿总数勉强能达到30万人。而与此同时，韩国社会老龄化的加速也让死亡人口不断增加。2017年12月与2018年12月，韩国均为人口负增长，以此推断，数据尚未公布的2019年12月也不会例外，这都显示出韩国人口自然减少速度正在加快的趋势（参见图9-8）。对韩国来说，人口负增长的"噩梦"已近在咫尺。连韩国统计厅人口动向科长也对外公开表示"根据当前人口减少的趋势，2020年人口自然减少的月份将会频繁出现，甚至不排除出现全年人口负增长的可能"。此前已有预测称，即使算上海外流入移民，韩国人口总量也将在2028年达到峰值，之后就会开始逐年减少，韩国将很快步入人口负增长的现实似乎已不可避免。

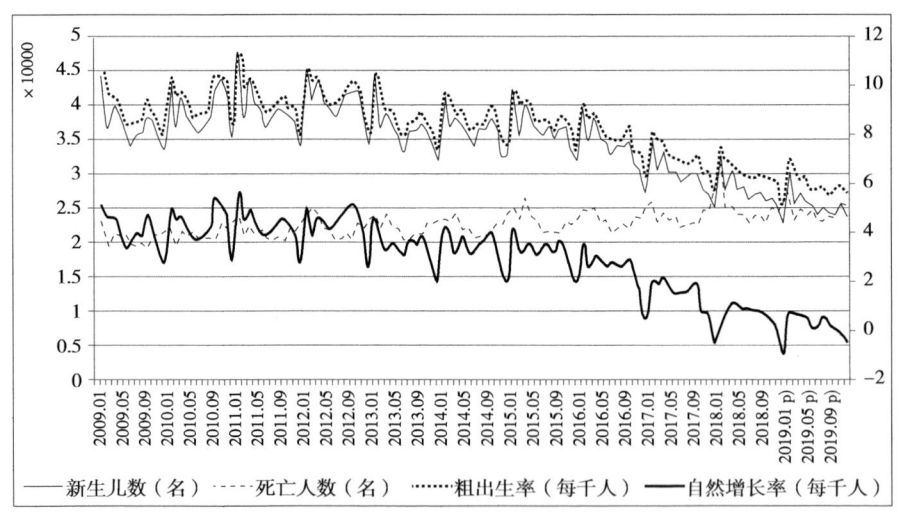

图9-8　2009年1月–2019年11月韩国人口动向变化

数据来源：韩国统计厅

---

① 作者注：指人口老龄化日趋加快，且少子化程度超过老龄化且难以逆转的生育现象，长远来看将对一国经济发展和社会结构产生重大影响。

相形之下，劳动人口①规模缩减的开始恐怕更让韩国政府紧张。世界贸易组织（WTO）2019年底发布的《世界贸易报告2019》预测，到2040年韩国人口总规模不会有太大变化，但劳动人口将较2019年减少17%，减幅为为世界最大。而韩国政府方面也预计，韩国劳动人口将在今后五年间以每年30万人的速度缩减，为此，韩国相关部门正在研究制定相关对策。为了尽快出台应对人口结构恶化的方案，韩国企划财政部已于2019年内先后成立两期"人口政策特别工作组"，将老龄化时代所要面对的老年人再就业、教师及军人人数缩减、提升女性及青年阶层经济活动的参与率、强化终身教育等纳入长期研究课题。中长期来看，人口结构的快速恶化对韩国经济的影响无疑是致命的，而这一问题在东亚经济体中普遍存在。青年人口缺少所带来的劳动力不足、社会创造力下降和老年人口持续膨胀所带来的消费低迷与财政负担加剧，将从根本上透支一个国家的发展潜力。人口很有可能在未来的国家间竞争中起到决定性的作用。

（二）国内人口流动放缓

相对周边大国而言，韩国国土面积不到十万平方公里，又以山地丘陵为主，人口相对集中居住在平原地区。加之经济发达，城市化率非常高，所以人口密度也较高。由于历史原因，以首尔为中心的京畿地区（也叫"首都圈"）是韩国经济最为发达，人口也最密集的地区，这里集中了韩国逾三分之一的人口和接近一半的经济产出。因而，韩国同中国一样也是人口流动较为频繁的国家，到首尔或首尔周边就业和生活是很多地方居民的现实选择。

韩国统计厅2020年1月公布的《2019年国内人口流动统计结果》显示，2019年韩国流动人口总数为710.4万人，同比下降2.6%。人口流动率降至13.8%，为1972年（11%）来的最低值，流动人口总数也是自1976年（677.3万人）以来的最低值。自2016年创下14.4%的低值以后，韩国人口流动率已连续4年低于15%（参见图9-9）。可以说2019年的韩国迎来了前所未有的人口流动放缓的局面。

韩国人口流动的大幅放缓，不过是韩国多年来"老龄化、少子化"问题的外在反映。在经济保持稳定发展的国家中，迁徙流动率最高的大多是20-30岁的青壮年阶层，韩国这一年龄层人口的减少与韩国人口流动率大幅放缓紧密相关。而流动率相对较低的60岁以上老年人口，恰恰是韩国社会中正在日益扩大的群体，鉴于此，韩国社会的人口流动率预计未来将会进一步下降。

此外，韩国经济增速的放缓也被认为是其人口流动率下降的重要原因。发达国家的经验表明，由于就业、机会、公共资源等因素，经济高速增长的时期往往也是人口流动较为活跃的时期。同理，经济增长放缓甚至停滞的同时，人口流动率也会相应下降。韩国经济已基本步入低增速阶段，而且在当前的国际经济形势

---

① 作者注：韩国将15-64岁人口统计为劳动人口。

下，能保持正增长已属不易，因此韩国人口流动放缓这一现象将成为长期趋势。

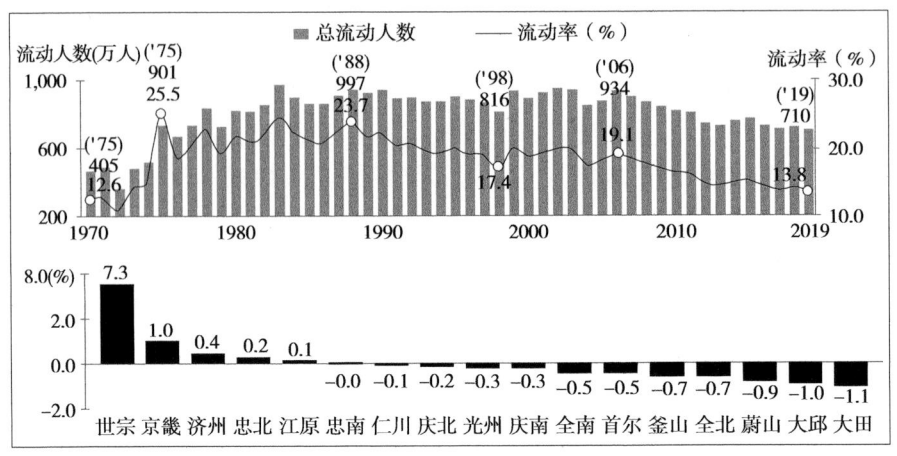

图 9-9 1970–2019 年韩国流动人口变化及 2019 年各市道人口流动情况

数据来源：韩国统计厅，Nocut News

人口流动率的下降给韩国带来的影响将是多方面和长期的。对于一个城市来说，流动人口尤其是青壮年阶层的流入将对住宅交易和由此带来的相关产业投资带来较为明显的促进作用。而 2019 年，韩国新房供给和住宅交易量同比分别下滑了 11.6% 和 6%，也从侧面印证了韩国流动人口规模缩减的事实。具体到人口流动的分布情况来看，韩国 17 个市、道级行政区划当中，只有 5 个为人口净迁入地区，其余 12 个均为迁出区。而在人口净流入地区中，又以韩国新行政首都世宗市和首尔附近的京畿道、江原道和忠清北道为主，仅首都圈地区就净流入达 8.3 万人（参见图 9-9），显示出人口继续由南入、流入传统发达地区的特点。不过，首都首尔高企的生活成本和周边区域基础设施的不断完善，也让首尔本身成为人口迁出地区。不过也有分析认为，韩国岭南、湖南地区的人口流出与通用汽车韩国群山工厂的关闭和当地造船业的结构性调整有一定的关系，二者在当地均为就业供给的主力，在此情况下人口流出可以理解。

（三）货币流通速度大幅下降

由于长期的经济低增长和低物价涨幅，韩国的货币流通速度连续多年大幅减缓，成为经济合作与发展组织（OECD）16 个国家中货币流通情况最为严峻的国家。2019 年，这一态势不仅未能得到缓解，还出现了物价负增长的情况，这在韩国国内金融和实业届引起了普遍担忧情绪。许多专家学者和业界人士已公开呼吁出台企业扶持政策，确保经济活力。

韩国全国经济人联合会旗下的韩国经济研究院于 2020 年 2 月发布的《货币流通速度变化与政策启示分析》报告中指出，用韩国名义 GDP 除以广义货币供应量

（M2）得出的评价基准显示，韩国市场的货币流通速度已从2004年的0.98大幅下降至2018年0.72。2019年第一和第二季度分别为0.68和0.69，全年预计在0.7上下，继续保持下降态势（参见图9-10）。世界银行的统计也显示，韩国2018年的货币流通速度减幅是OECD16个国家中最大的。紧随其后的，是波兰、英国、匈牙利和日本等国。

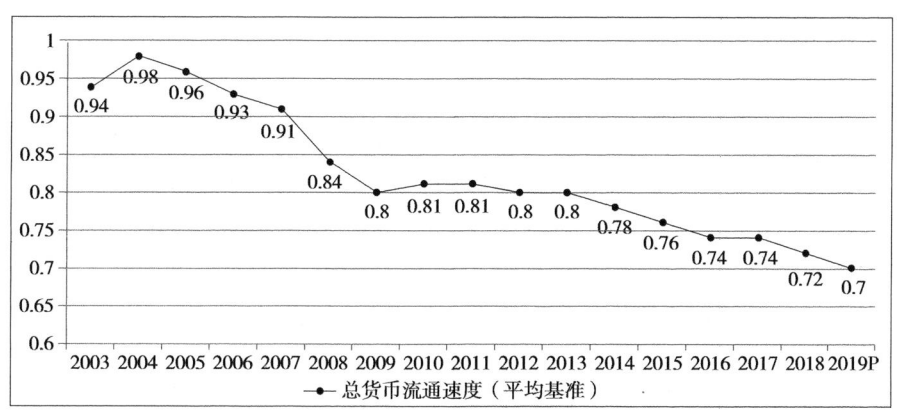

图9-10　韩国2003-2019年总货币流通速度变化

数据来源：韩国经济研究院，韩国银行

通过对OECD国家相关资料的分析可以发现，货币周转速度与消费者价格指数（CPI）呈现出一定的正相关关系，另外GDP、物价、市场利率、广义货币等指标也都会对货币流通速度产生影响。一般而言，GDP每增长1%或物价每上涨一个百分点，货币流通速度会分别加快1.3%和0.8%。另据韩国经济研究院的分析，国民收入增长越多，居民就越倾向于使用信用支付而非现金支付，由此导致的货币持有需求缩减与流通速度上升有一定的关联性。可以理解为经济体的通货膨胀率越高，货币持有需求就越低，市场中的货币流通速度也就越快，反之则会导致货币流通速度放慢，这与当下韩国超低通胀、低消费的现实不谋而合。

如果经济活力不足所导致的低增长、低物价状态长期持续，无疑将会影响韩国经济的基本面。与其他国家一样，韩国经济增长的主要动能依然是企业，为了提振韩国经济活力，已有专家学者提出，希望政府推出诸如企业法人税减免、研究开发（R&D）经费援助，鼓励更柔性化的劳动力市场以及取消部分行业限制和严苛标准等有利于企业生存发展的政策，打破目前经济低迷的僵局。

（四）汽车制造业稳中有进

汽车产业一直是韩国经济的重要支柱之一。虽然韩国车企近年来在中国内地的表现欠佳，但综合全球情况来看，2019年的韩国汽车制造业在经济下滑的背景下依然保持了稳中有进的态势。韩国汽车制造商协会（KAMA）2020年2月发布的"2019年世界四大汽车生产国现状"报告披露,韩国2019年共生产395万台汽车,继续维持其全球第七大汽车生产国的地位,并在2019年实现了全球市场占有率的扩大,较2018年增长了0.1个百分点达到4.2%。值得注意的是,鉴于美国、中国、印度、俄罗斯等主要新车消费市场的增长停滞,2019年全球汽车产量9323万辆,同比下滑4.9%,前十大汽车生产国中有八个都进行了减产(参见表9-3)。韩国汽车产量也同比下降1.9%,但同主要汽车生产国相比降幅较小,显示出较强的韧性,并有望在2020年实现对第六位墨西哥的反超。这对当下承压的韩国经济来说是个难得的好消息。

表9-3 世界前十大汽车生产国2019年产量变化

排位	国家	产量(台)	市占率(%)	增减率(%)
1	中国	25712000	27.6	-7.5
2	美国	10884855	11.7	-3.7
3	日本	9683000	10.4	-0.5
4	德国	5106752	5.5	-8.1
5	印度	4515823	4.8	-12.7
6	墨西哥	3972870	4.3	-3.1
7	韩国	3950614	4.2	-1.9
8	巴西	2944988	3.2	2.3
9	西班牙	2822360	3	0.1
10	法国	2228263	2.4	-1.8

数据来源:韩国汽车制造商协会

2019年,韩国主要车企现代、双龙等虽然同工会达成了新一轮薪资谈判,一定程度上改善了生产条件,但韩国国内其他相关企业还不时面临着因薪资问题而引发的工人罢工等问题,而且就目前态势看此类问题有常态化、长期化的趋势。由此导致的生产停顿、原料储备萎缩等问题,可以说让韩国在2019年错失了重新夺回世界第六大汽车制造国的机会。

当前全球汽车产业正处于从传统汽车向未来汽车转型的进程中。由于全球汽车市场整体陷入低迷,世界主要车企都处在低增长、高成本的阵痛期和结构调整的转型期当中,韩国车企也不例外。此外,中国本土汽车企业近年来的快速进步和进军海外步伐的加快,已经让韩国车企感到压力。近年来,中国长城汽车收购通用印度工厂,吉利汽车成功打入欧洲市场等标志性事件引起韩国国内的高度关注。许多中国车企在国际市场上站稳脚跟,无疑将加剧中韩汽车企业间的竞争。对此,韩国相关业界已经表露出担忧情绪,预计未来将出台更多提振韩国车企竞争力的政策,避免同中国的恶性竞争,保持韩国汽车产业的稳定。

(五)日本开启对韩核心材料出口管制

2019 年 7 月开始,日本政府决定限制日本对韩国部分半导体和 OLED 材料的出口,其中包括生产电视、智能手机中 OLED 显示器部件时使用的"氟聚酰亚胺"、半导体制造过程中必须使用的"光刻胶"和"高纯度氟化氢"等三种产品。此举迅速引发了韩日两国间的关系紧张,韩国民间甚至多次出现了抵制日货的运动。韩国方面认为,日本推出这样的贸易制裁政策,是针对 2018 年韩国发起的二战期间韩国劳工征用赔偿诉讼和"慰安妇"问题所采取的报复性措施。日韩领导人曾在 2019 年 6 月的 G20 大阪峰会上针对该问题进行了谈判,但双方没能在谈判中达成一致,日本随即推出相关制裁政策。韩国方面事后也迅速做出反应,以日本政府违反"禁止歧视"原则而于两个月后向世界贸易组织(WTO)发起了诉讼。随后双方历经多次低层级会谈,日本于 2019 年底小幅放开了部分材料的对韩出口,但限制措施本身至今尚未解除。

此事在韩国社会引起了极大的震动。一方面是因为相关日本产品的限制出口已对韩国电子产业造成冲击。由于日本在上述产品的生产和全球市场份额中具有绝对垄断的地位,因此韩国在上述三类产品的对日依存度上分别高达 93.7%、91.9% 和 43.9%。而韩国的主要电子企业三星、LG 和 SK 海力士等生产过程中所需的上述材料,也绝大部分都进口自日本。众所周知,半导体、显示器产业本身在韩国经济中占据核心地位,因而关键材料的供给短缺已对韩国相关企业的生产秩序造成不小的影响。另一方面则是韩国社会骤然泛起的"脱日"呼声。很多企业和市民开始意识到韩国在某些核心原材料上依然受制于日本的现实,从政府到相关企业界都有意识地加快了"国产替代"的步伐,希望实现核心原材料的自给,早日摆脱对日本的依赖。韩国国内发起的"罢买日货"运动正是这样一种心理的极端反映。日本此次对韩出口管制虽然可以在短期内为韩国相关产业带来负面影响,但也很有可能促使韩国在相关产品上的国产化。长远来看不仅不能达到日本预期的效果,反而有可能让日本企业的利益受损。

三、未来与展望

(一)潜在经济增长能力承压

相对于经济增速的放缓,韩国近年来潜在经济增长率的快速下滑则显得更为突出。据韩国媒体统计,韩国经济潜在增长率十八年间收缩近一半,从 2001 年的 5.4%一路跌至 2019 年的 2.7%,下滑速度紧随爱沙尼亚、斯洛伐克、希腊、西班牙等近年来表现不佳的东南欧国家,在 OECD 国家中位列第八。而同期,OECD 国家的平均潜在经济增长率跌幅仅为 0.4%。潜在经济增长率是指通过充分利用全部生产要素而又不引发通胀的情况下创造出的最大经济增长率。其一定程度上可以反映经济的基本面,尽管短期内可能不会发生变化,但潜在经济增长率的大幅下降意味着韩国经济未来的增长潜力正在恶化。另一方面,韩国实际GDP增长率的下滑也在让其实际GDP增长率与潜在济增长率的差值由正转负并逐渐拉大——由2011-2015年间的-0.1%扩大至2016-2019年间的-1.4%,2019年更是达到了-2.1%(参见图9-11)。该指标自2013年起已连续七年为负且进一步下探,表明韩国经济越来越不能充分发挥其生产要素优势来达到预期的GDP增长目标,正在丧失经济活力。

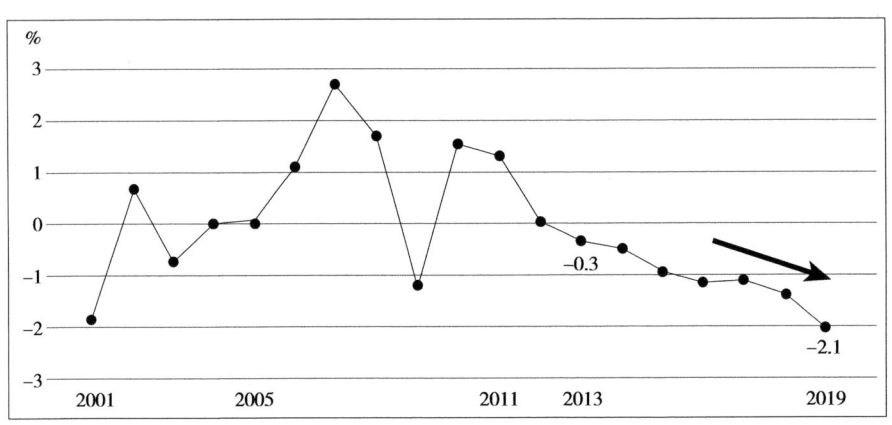

图9-11 2001-2019年韩国实际GDP与潜在GDP增长率差值变化

数据来源:经济合作与开发组织(OECD)

虽然从发达国家的经验来看,经济增长率和潜在增长率会在经济体不断发展和走向成熟的过程中逐渐放缓,但韩国在这一指标上的下滑程度却尤为显著。随着2020年韩国劳动人口规模开启负增长之路,相信对韩国经济未来成长性的影响将很快显现出来。对此,韩国民间正在呼吁更激烈、更彻底的监管改革,希望通过大力培育新兴产业和高附加值服务业来扭转目前的不利局面。至于效果如何,恐怕还要拭目以待。

(二)通缩恐慌引发利率下行

韩国物价涨幅2019年全年跌入"0时代",引发了韩国人对于经济通货紧缩的担忧。自2019年1月消费者物价同比增长了0.8%之后,韩国物价接连11个月都维持在小于1%的增长水平。9月份单月的物价甚至出现了0.4%的负增长,这也是自1965年有相关统计以来,韩国历史上首次出现物价负增长的情况(参见图9-12),在韩国国内引起轩然大波。对此,韩国政府表示,2019年农产品价格的下跌和政府福利政策的强化是使物价保持在较低水平的主要原因。但有专家学者并不认同,认为韩国长期经济增长不振而导致的消费停滞,才是物价保持不变甚至下跌的根本原因。

经济正常发展的情况下，消费者物价会基本呈正向小幅增长的状态，物价不增长甚至负增长的出现往往预示着经济衰退和通货紧缩。虽然韩国政府并未从这一角度解读这项指标的低迷，但相关部门依然为预防经济衰退采取了一些经济刺激措施。物价负增长后的2019年10月，韩国央行金融货币委员会便将韩国一年期基准利率下调0.25个百分点，从1.5%降至1.25%，这已是韩国央行2019年7月以来的第二次降息。曾于2016年6月至2017年11月间出现的1.25%的超低基准利率再次在韩国市场上出现。外界普遍认为，韩国央行保持宽松的货币政策，接连推出降低基准利率的刺激措施，意在避免韩国陷入经济衰退，说明政府对经济的潜在增长能力也不乐观。可尽管如此，2019年第一季度韩国GDP依然同比负增长0.4%，创下除2017年第四季度外近十年来的GDP增速最大跌幅。

与此同时，受新冠肺炎疫情和对外贸易下滑的持续影响，韩国2020年的经济增长继续低迷将是大概率事件。所以预期韩国央行仍会保持宽松的货币政策，甚至不排除进一步下调基准利率的可能，以降低社会融资成本，释放流动性。IMF曾在2020年2月发布的《二十国集团监管注意事项》中，建议韩国这样低通胀的国家采取扩张性的财政政策以及有利于扩大内需的货币政策，以应对因新冠肺炎疫情带来的冲击和不确定性。韩国企划财政部副部长也在2020年初举行的"2019财年韩国财政收支收官仪式"上表示，将尽最大努力完成应对新冠肺炎的财政执行工作，并更好地编制预算，助力韩国经济的提振。由此可见，2020年韩国将很有可能推出扩张性的财宽松政策和继续维持的货币政策，超低水平的基准利率也将成为常态。

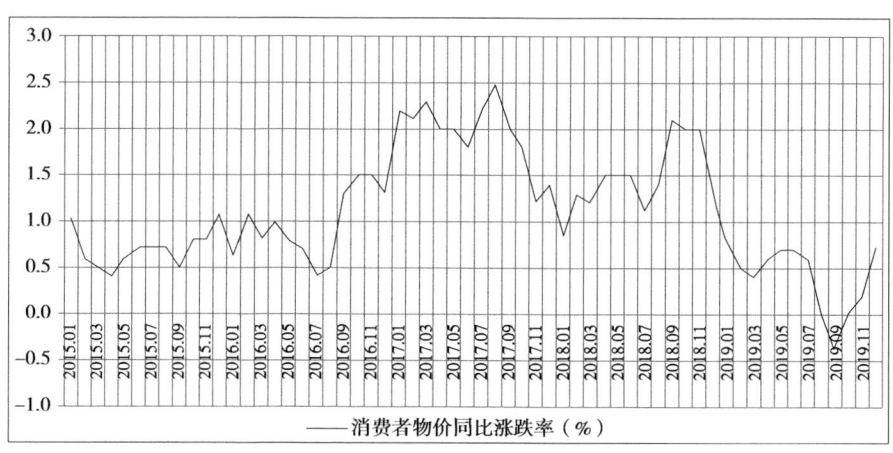

图9-12　2015-2019年韩国消费者物价月别涨跌情况变化

数据来源：韩国统计厅

2019年对韩国经济来说是充满挑战和不确定性的一年。经济增速下滑、外贸萎缩、民间消费低迷、单月人口首现负增长、新冠肺炎疫情蔓延、中美贸易争端持续等等一系列内外部、中长期因素相互交织，可以说每一个都会对韩国经济和社会产生重大影响。与中美印这种主要立足于国内的巨型经济体不同，高度外向型的韩国经济对国际环境异常敏感，也不得不依赖于外部市场来促进本国经济的发展。其中很多因素并不在韩国政府及企业的可控范围之内，因而经济出现小幅波动可以理解。但如何在危机中发现机遇，同时又做到未雨绸缪、科学施策，却是对韩国政企两界的一大考验。

不能否认的是，韩国在电子、汽车、造船及文化娱乐产业上的核心竞争力还依然强劲，这些既是韩国经济基本面的支柱，也是韩国在面对外部危机时得以屹立不倒的基石所在。但与此同时我们也要看到，韩国经济和社会中的一些结构性矛盾近年来正在浮出水面——中小企业的持续萎缩和人口结构的不断恶化正在让韩国社会失去活力；接连爆发的罢工潮与示威游行背后，其实是韩国经济步入低增长阶段和缺乏新的经济增长点的写照；过度依赖对外贸易和中美等大型经济体，客观上降低了韩国经济抵御风险的能力等。韩国政府和企业虽然为此做出了努力，但这些问题的解决绝非一朝一夕之功，也并没有现成的解决方案和路径可供选择。如何在老龄化、低增长的时代提升全社会创造力，打破增长瓶颈进一步提升居民收入水平，这对当下的许多中等发达国家和新兴发展中国家来说都是个难题。相信在众多优秀企业和成熟高等教育体系的支撑下，韩国未来会为世界提供一个值得借鉴的方案。

第二部分 国际经济组织观察

第十章 2019年全球经济组织观察

许斯昂 任康钰[①]

第一节 世界银行（The World Bank）

一、基本情况

世界银行（The World Bank，WB）成立于1944年，总部设在华盛顿特区，在全球120多个办事处拥有10000多名员工。世界银行隶属于世界银行集团（World Bank Group）——世界银行集团由国际复兴开发银行（The International Bank for Reconstruction and Development）、国际开发协会（The International Development Association）、国际金融公司（The International Finance Corporation）、多边投资担保机构（The Multilateral Investment Guarantee Agency）和国际投资争端解决中心（The International Centre for Settlement of Investment Disputes）五大机构组成，其中国际复兴开发银行与国际开发协会组成了世界银行。世界银行并不是一般意义上的银行，它是向全世界发展中国家提供财政和技术援助的重要来源，是减少贫困和支持发展的特殊机构。

世界银行集团为世界设定了到2030年实现的两个目标：一、通过将日生活费低于1.90美元的人口比例降至3%，结束极端贫困情况；二、促进占世界各国40%人口的底层收入增长，从而促进共同繁荣。围绕这两个目标，世界银行开展其相关工作。

世界银行提供的金融产品与服务向发展中国家提供低息贷款、零至低息信贷和捐赠。这些款项各国在特定领域的投资，例如教育、卫生、公共行政、基础设施、金融、私营部门发展、农业、环境和自然资源管理等领域。其中的部分项目是世界银行与政府、其他多边机构、商业银行、出口信贷机构和私营部门投资者

[①] 北京外国语大学国际商学院。

共同出资的。同时，世界银行还通过与双边和多边捐助者的信托基金结成合作伙伴关系，以此来提供或促进融资。

在创新知识共享领域，世界银行通过政策咨询、研究和分析以及技术援助向发展中国家提供支持。其中，分析工作成为世界银行融资的基础，这一工作也有助于为发展中国家的投资提供信息。此外，世界银行也支持其成员国的能力建设，并经常与各类合作伙伴合作，并赞助、主办或参加许多关于发展问题的会议和论坛。同时，为了确保各成员国能够及时获得专业知识，并帮助前沿知识理论的发展，世界银行致力于寻求改进其分享知识的方式。比如如何设计项目，如何提供信息与获取信息，以及如何让自己的业务更贴近各政府和社区。

如今，世行集团的工作涉及几乎所有和消除贫困、支持经济增长以确保发展中国家人民生活质量可持续提高等相关的部门。世界银行与全球超过180个成员国建立了长期关系，并利用这些关系应对日益全球化的发展挑战。在应对气候变化、流行病和强迫移民等关键问题上，世行集团发挥了主导作用，原因正是因为它能够同其成员国及广泛的合作伙伴之间进行讨论，从而帮助它们解决危机，为这些国家长期、可持续的发展奠定基础。

世界银行集团的演变也反映在其工作人员的多样性上，他们包括经济学家、公共政策专家、部门专家和社会科学家。截至目前，三分之一以上的工作人员在各国家办事处工作。

二、重大事件

1. 世界银行继续推进 NBS 解决环境问题

自 2012 年以来，世界银行已经在 60 个国家的约 100 个项目中整合了基于自然的解决方案（Natural-based Solutions，NBS）。例如，世界银行通过斯里兰卡科伦坡的湿地支持城市防洪，恢复红树林防止越南沿海洪水和侵蚀。

在过去 20 年里，自然灾害带来了毁灭性的影响，波及了共 40 多亿人，其中包括造成了 100 多万人丧生、约 2.9 万亿美元的经济损失。而流域退化影响了 7 亿多人的饮用水，全球城市为此共花费了 54 亿美元的费用，其中造成的干旱平均每年影响 3500 万人。传统上，使用混凝土和钢材的工程项目，是减少和管理自然灾害影响以及管理水资源的主要措施。

但如今在国际上，重点正在转向以自然为基础的水资源管理、减少灾害风险和适应气候变化的解决办法。这就是基于自然的解决方案（NBS）或基于自然的基础设施，它是一种利用自然系统提供关键服务的方法，例如用于防洪的湿地或红树林，以减少波浪、风暴潮和海岸侵蚀的影响。这些解决方案还可以与灰色基础设施协同，形成所谓的"混合"解决方案。自然系统长期以来为人们提供了许多屏障，从而保护他们免受自然危害，并提供关键资源，如水和能源。自然系统也提供了额外的好处，例如，红树林提供海岸保护，同时也可以支持渔业和粮食安全、木材、非木材森林产品、旅游业，并充当重要的碳来源。总的来说，基于自然的解决方案（NBS）可以为灾害风险和水资源管理提供一种成本效益高、灵活的方法。

进入 2019 年，世界银行也一直在发展其知识库，以支持 NBS 帮助各国家地区管理灾害和水资源。2012 年，世行就通过东亚基于自然的解决方案来维持水资源进行了一项全面研究。自那时以来，世行一直在扩大知识库，例如，城市洪水实践社区（Urban Flood Community of Practice，UFCOP）关于绿色基础设施在城市洪水风险管理中作用的说明。

2. 世界银行新目标：2030 年前学习贫困生至少减半

世界银行在 2019 年提出了一项新目标：到 2030 年前将全球学习贫困生率至少降低一半。学习贫困生率是指 10 岁儿童中不能阅读并理解简单故事的人数百分比。

世界银行利用与联合国教科文组织统计研究所（UNESCO Institute of Statistics）联合开发的一个数据库，发现在低收入和中等收入国家中，有大约 53% 的儿童在小学结束前无法阅读和理解一个简单的故事。而在贫穷国家，这一比例高达 80%。如此严重的"学习贫困"严重影响到了所有全球教育目标和其他相关的可持续发展目标。

世界银行认为，解决学习贫困问题需要进行全面改革，以确保各国国内资源得到有效利用。该目标同时表明了，对更好的教学环境投资的迫切程度，也要求我们需更好地协调教育问题。实际上，用于体现各国在健康、教育和生存方面进展的人力资本指数的差异很大程度上是由于教育成果的差异造成的。世界银行副总裁 Annette Dixon 称："众所周知，教育是确保机会平等的关键因素。其中许多国家都几乎已经消除了学习贫困，其学习贫困水平低于 5%。但在部分国家，这一数字高得令人难以置信，并正在危及许多儿童的未来，这在道德和经济上都是不被接受的。"世界银行新设立的这个学习目标目的就是激励人们朝着一个雄心勃勃但又能实现的目标努力。

我们注意到，在一些发展中国家加速进展是可能的。例如在肯尼亚，通过对教师专业辅导并为每个儿童提供包含英语、肯尼亚语的教科书以及适合学生水平学习的内容，已取得了显著进展。在埃及，政府对课程设置和评估制度进行改革，原来埃及的教育仅以证书的获取为导向，现改为对学生全年的表现进行评估。而在越南，清晰明确的国家课程、近乎普及的教科书、学生和教师的低缺勤率都为该国教育发展作出了重要贡献。但不幸的是，在许多其他国家，目前的改善速度仍然令人担忧。

三、未来展望

对于世界银行而言，其未来发展使命是明确的：促进共同繁荣，消除极端贫困。我们纵观许多国家会发现减贫已经放缓甚至逆转，而投资和增长不足以提高生活水平，面临的挑战仍然值得注意。其中较贫穷国家在实现基本发展方面面临许多挑战，挑战包括了在清洁水、电力、卫生、教育、就业等领域，还包括了妇女充分融入经济和社会的障碍。此外，政策常常倒向精英阶层而不是为最需要帮助的人们创造工作机会和支持，这也是世界银行在未来工作中所需要注意的事情，同样在未来工作中，需要注意的还包括环境和气候挑战，以及各国债务激增带来的弊端。

经济增长一直是全世界减贫的动力所在。然而，在许多国家，特别是资源型经济体的发展并没有推动中等收入的增长，也没有帮助到最贫穷的40%人口。随着全球经济增长放缓，世界大部分地区的收入中值增长缓慢，许多较贫穷国家的收入中值甚至出现了下降的现象。在中等收入国家，增长放缓会侵蚀中产阶级的生活水平，致使许多人进入了穷人的行列。这些情况都加大了2030年可持续发展目标面临的挑战，关键的减贫目标有可能无法实现。世界银行集团承诺帮助各国实现更好的发展成果，在截至2019年6月30日的财务报告中，世界银行集团的承诺金额已接近600亿美元。

而论及世界银行定下的2030年的脱贫目标，我们还需要明白其发展方向与措施。总的来说，世界银行将利用三大政策导向帮助各国实现这一目标，并改善本国人民的人力资本成果：一、扫盲政策。其中就包括国家干预措施，而这些措施也已被证明了对提高大规模阅读能力是有效的。政府将通过结构严密和有效的教育方法，确保扫盲活动有效进行，同时为教师提供适当水平的教学设备等，并提供切实可行的校内教师培训，确保所有人都能阅读课文并用母语教育下一代儿童。二、教育方法。新的教育方法将增强整个教育系统的行动力，从而使扫盲工作得以持续和扩大，并实现所有其他教育成果。这种方法由五个支柱组成：一）有动机的学习者；二）有效率的教师；三）有学习设备的教室；四）安全和包容的学校；五）管理良好的教育系统。三、监测体系。世界银行必须对其政策成效进行回访并评估，其中便必须强调技术在改革中发挥的重要作用，开放源码的数字基础设施和信息系统将用于确保所有教师、学生和学校都能获得资源。世界银行与其他国际机构将帮助各国加强其学习评估系统，并提高国家学习数据的广度和质量，以便更好地监测其长期表现。

第二节　国际货币基金组织（IMF）

一、基本情况

国际货币基金组织（International Monetary Fund，IMF），成立于1944年7月美国新罕布什尔州举行的联合国布雷顿森林会议——在此会议上，与会的44个国家尝试建立一个国际经济合作框架，从而避免重蹈覆辙，造成类似20世纪30年代大萧条的历史性事件。国际货币基金组织的总部位于美国华盛顿，截至目前共拥有189个成员国、24个执行董事和来自250个国家的约2700名员工。国际货币基金组织现有4770亿特别提款权（Special Drawing right，SDR）配额（等同6930亿美元），最大的借款国分别是阿根廷、乌克兰、希腊和埃及。一般来说，国际货币基金组织有五个首要目标：一、促进国际货币合作；二、推动国际贸易扩大与平衡发展；三、保证汇率稳定；四、协助多边支付系统的成立；五、在保证安全性的情况下向遇到国际收支平衡困难的成员国提供资源。在保证以上目标之外，国际货币基金组织还积极促进货币合作与国际贸易，提高就业和可持续经济增长，并致力于减少全球贫困。

为维持国际货币体系的稳定并预防经济危机，国际货币基金组织建立起一个正式的监督体系，以此监督成员国的政策以及区域、国家和全球经济和金融发展。不仅如此，国际货币基金组织也向成员国提供各种咨询意见，并促进旨在促进经济稳定、减少经济与金融脆弱性以及提高生活水平的政策。同时，它还定期评估《世界经济展望》（World Economic Outlook）中的全球前景情况、《全球金融稳定报告》（Global Financial Stability Report）中的金融市场情况、《财政监测》（Fiscal Monitor）中的公共财政发展情况等。

国际货币基金组织将财政援设定为其核心责任，其中个别国家的调整方案就是与国际货币基金组织密切合作制定的，同时也得到国际货币基金组织融资的支持，目前的财政支持取决于这些调整的有效实施。为应对全球经济危机，2009年4月，国际货币基金组织加强了贷款能力，并批准对其金融支持机制进行重大改革，随后几年还采取了额外的改革措施。而国际货币基金组织的优惠贷款零利率也一直延长至2019年6月底，其紧急融资利率永久定为零。其中成员配额是国际货币基金组织财政资源的主要来源，而成员国的配额大体上也反映了其在世界经济中的规模和地位。

国际货币基金组织为帮助成员国建立更好的经济模式和增强相关的人力资源能力提供了相应的技术援助与培训。例如，制定和执行更有效的税收和行政政策、支出管理、货币和汇率政策、银行和金融系统监督和监管、立法框架和经济统计。最后,必须提及国际货币基金组织的 SDR,它是 IMF 发行一种国际储备资产,可用以补充成员国的官方储备。截止目前,全球拨款总额约为 2040 亿 SDR(约 2830 亿美元),而国际货币基金组织成员国之间可以自愿 SDR 换成货币。

二、重大事件

1.2019 拉加德呼吁开展更紧密的国家合作

2019 年 6 月,时任国际货币基金组织总裁拉加德在日本大阪 20 国集团(G20)领导人峰会结束时认为,全球各国应该加强国际间合作来应对未来更多的风险与挑战。

进入 2019 年,全球经济遭遇了一个坎坷的时期——投资减弱,贸易大幅放缓,进出口增速处于金融危机以来的最低水平。尽管国际货币基金组织预计未来经济增长将会加速,但面临的风险依然严重。其中,最主要的风险是贸易。2019 年 5 月 10 日,美国对 2000 亿美元的中国进口商品征收 25% 的关税,加上中国宣布的回应措施,标志着中美贸易紧张局势的升级,而中美贸易紧张局势对两国消费者以及许多生产商都产生了负面影响。虽然目前对全球经济增长的影响相对较小,但可能会显著削弱商业和金融市场信心,扰乱全球供应链,并危及预期的未来全球经济增长的复苏。

表 10-1 2020 年部分国家和地区经济增长预测(单位:%)

美国	德国	法国	意大利	西班牙	日本	英国	加拿大	中国	印度
2.1	1.2	1.3	0.5	1.8	0.5	1.4	1.8	5.8	7.0
东盟	俄罗斯	巴西	墨西哥	阿拉伯	尼日利亚	南非			
4.9	1.9	2.0	1.3	2.2	2.5	1.1			

数据来源:《世界经济展望 2019》

虽然中美恢复贸易谈判值得肯定,但其中已经实施的关税正在拖累全球经济,悬而未决的问题对未来带来很大的不确定性。因此,国际货币基金组织当务之急应是协助减少贸易、关税和其他方面的障碍,并解决贸易紧张和扭曲的根本原因。

我们需要一个适合当今世界的贸易体系,这意味着 IMF 需要同世界各国共同解决国际规则手册中的空白,包括农业和工业补贴、服务和电子商务等领域。另外,IMF 还需要采取政策行动恢复信心和帮助其他关键领域:各国央行需要继续根据新数据调整政策,财政政策必须支持平衡增长和债务可持续性,并通过结构改革支持生产和就业。IMF 也肯定了缩小性别差距可以显著促进生产这一观点。

2. 数字货币的兴起

数字货币可以给客户和社会带来显著的好处：提高效率、更强的竞争力、更广泛的金融包容性和更多的创新性，但这可能会给金融稳定和诚信、货币政策有效性和竞争标准带来风险，正如IMF最近的一份工作人员文件（Fintech Notes）所概述的那样："采用新的货币形式将取决于它们作为价值储存和支付手段的吸引力。"

就在2019年，脸书宣布推出Libra，其商业模式也正变得越来越普遍。数字货币的优点在于作为一种支付手段的吸引力——低成本、全球流通和其流通速度都是巨大的潜在好处。此外，数字货币可以实现基于区块链的资产无缝支付，并且由于其开放的体系结构，数字货币可以嵌入到数字应用程序中，而不是银行专有的存储系统。但最吸引人的是其让交易变得和使用社交媒体一样简单的网络，如此一来支付便不仅仅是转移资金的行为，而从根本上讲是一种联系人们的社会手段，数字货币为更好地融入我们的数字生活提供了潜力，由以用户为中心的设计公司设计。其中，像脸书这样的拥有庞大全球用户基础的大型科技公司为数字货币的推动提供了一个现成的网络，新的支付服务可以在这个网络上迅速传播。当然，数字货币同样拥有诸多风险，政策制定者将需要在各国之间和各职能部门进行创新和合作。

三、未来展望

回望国际货币基金组织的2019年，我们首先应该明确政策的重要性，好的政策是世界经济发展的必要条件，而这也将是IMF未来重点关注的领域。对于世界来说，更加合适的财政政策可以在经济增长、债务可持续性与社会保护三者之间达成平衡，从而减少社会不平等现象。其中，合适的结构改革可以促进生产力并有利于经济的长期增长，这对那些发展中经济体极为重要。另一方面，对于各种形式的腐败的打击将大大促进政府建设基础设施和扩大公共服务的能力，这也将有助于恢复民众对于政府的信任。

对于国际货币基金组织来说，未来的工作中心同样需要落在全球贸易上。二战以来，贸易一体化给世界带来了巨大的利益，但由于现存的贸易体系中存在扭曲，导致了部分的不平等现象，这就需要改革发挥作用。同时，国际货币基金组织需要关注的还有公司税的国际架构，应该使其更加公平，让它更好地为新兴市场与其他发展中国家的利益服务。气候变化也将成为未来工作需要重点关注的领域。

而谈及未来货币发展趋势时，数字货币将成为关注的重中之重，这也是国际货币基金组织未来关注的重点领域。首先，国际货币基金组织必须加强与银行的合作。数字货币因为其"去中心化"的特点可能会使银行失去作为中间人的地位,因此他们肯定会通过提供自己的创新改革来竞争。此外,数字货币的供应商也可能将其资金回收到银行系统中,或者决定通过扩大存款来进行放贷。其次,国际货币基金组织还需要关注可能出现的垄断问题。科技巨头可以利用自己的网络,通过对客户交易数据的专有访问,将竞争对手拒之门外,并将信息货币化。因此对于数据保护、信息转移、控制和所有权都需要新的标准。另一方面,数字货币所滋生的非法活动也应该受到重视。未来的工作应当围绕如何通过执行国际标准,防止数字货币供应商通过网络洗钱或资助恐怖主义等活动。新的技术固然带来了监控的便利性,但是监管人员也需要适应数字货币更分散、地理位置更多样化的特点。第三,国际货币基金组织还需要关注弱势货币。通胀率高、货币调节手段匮乏的国家可能会避开本币转而选择外币稳定货币,大概率将走向"美元化",而这就可能会破坏货币政策、金融发展和经济增长,"铸币税"也是需要重点关注的对象。总的来说,数字货币带来的难题和潜在的好处一样多,这对于国际货币基金组织来说是机遇,也是挑战。

第三节 世界贸易组织(WTO)

一、基本情况

世界贸易组织(World Trade Organization,WTO)是世界上唯一一个处理国家间贸易规则的全球性国际组织机构。其核心是制定世贸组织协定,由世界上大多数贸易国谈判和签署,并在其议会中得到批准后实行。总的来说,世界贸易组织的主要目标是尽可能地确保贸易的顺畅、自由且可预测地进行。

表 10-2 截至 2019 年待加入 WTO 的 22 个国家

阿尔及利亚	赤道几内亚	波斯尼亚和黑塞哥维那	科摩罗
安道尔共和国	埃塞俄比亚	圣多美和普林西比	塞尔维亚
阿塞拜疆	伊朗	索马里	南苏丹
巴哈马	伊拉克	苏丹	叙利亚阿拉伯共和国
白俄罗斯	黎巴嫩	东帝汶	乌兹别克斯坦
不丹	利比亚		

数据来源:WTO2019 年年报

世界贸易组织于 1995 年 1 月 1 日成立,总部位于瑞士日内瓦。世界贸易组织现如今大部分工作来自著名的乌拉圭回合谈判以及更早之前的关贸总协定

（GATT）所进行的谈判，现任总干事为罗伯托·阿泽维多。概括说来，世界贸易组织主要拥有六大职能：一、管理世界贸易组织的各项贸易协定；二、组织各种贸易谈判；三、解决贸易争端；四、监督各国贸易政策的制定与实施；五、为发展中国家提供技术性协助与培训；六、与其他全球性组织互助协作。截至2019年共有164个成员国，业务涵盖了98%的世界贸易。

世界贸易组织实际上是由各成员国推动所形成的一个机构，但它仍然很大程度需要有其秘书处来协助其工作完成其各项职能。截至目前，其秘书处已雇用了超过六百名工作人员，其中包括了律师、经济学家、统计师和通信专家等，他们的工作内容包含但不仅限于协助各世贸组织成员国保证贸易谈判的正常进行，还包括确保谈判形成的各项贸易规则能够正常地运行。今天的世界贸易组织工作主要聚焦在五大模块：贸易谈判、政策的实施与检测、贸易争端解决、贸易能力建立上的协助以及其他。

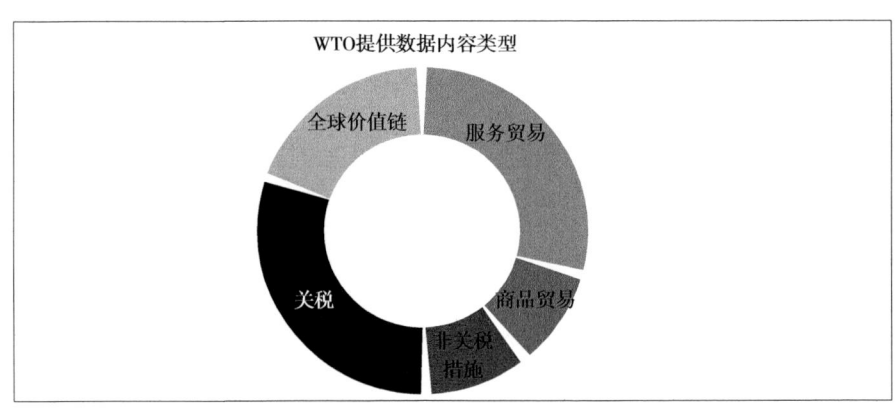

图 10-1　WTO 提供给各国的数据内容分类

数据来源：WTO 官网

进入到 2019 年，我们可以看到世界贸易组织更加强调对发展中国家的关怀。作为一个全球性组织，其协定包含了对发展中国家的特别帮助，包括对发展中国家相关协定执行时间的延长，增加贸易机会所能采取的措施，以及对发展中国家贸易能力的建设，处理各种争端以及所执行的特殊的技术标准。例如，世界贸易组织每年会组织数百个技术合作代表团造访各个发展中国家，同时在日内瓦为政府官员开办课程，目的就是为发展中国家提供扩大贸易所需要的技能以及各项基础设施。如图 10-1 所示的数据与信息共享方面的优势，也大大降低了发展中国家信息不对称程度，加速了它们与国际贸易的联结。

二、重大事件

1.《2019年度国际贸易报告》表明服务贸易将发挥巨大作用

根据《2019年度国际贸易报告》（World Trade Report 2019），2005年至2017年，服务贸易的增长速度已然快于货物贸易，平均每年增长5.4%。其中分销和金融服务是全球贸易量最大的服务，每一项都几乎占服务贸易份额的五分之一，其中教育、卫生或环境服务等其他服务的份额也正在迅速上升，但目前占比仍微乎其微。我们也可以看到在2005年至2017年这段时间，发展中国家对服务贸易的贡献增长超过10个百分点，但主要仅集中在五个经济体。

服务贸易成本几乎是商品贸易成本的两倍，但由于数字技术的普及、政策壁垒的降低和基础设施投资，2000年至2017年期间这一成本下降了9%。同时值得注意的是四大趋势将影响未来的服务贸易：数字技术、人口变化、收入水平增加和气候变化的影响。这些趋势将创造新的服务贸易类型，影响服务需求，在环境服务等领域创造新市场。根据世贸组织的全球贸易发展范式，到2040年服务业在全球贸易中的份额预估增加50%。如果发展中国家能够采用数字技术，它们在全球服务贸易中的份额可能增加约15%。

2. G20经济体贸易限制现处于历史高位

2019年11月21日，世界贸易组织发布新的《贸易监测报告》（Trade Monitoring Report）显示：G20经济体从2019年5月至10月推出了进口限制措施，其涉及价值约4604亿美元的贸易商品。相比之下，这一数字较上一期（截至2018年10月）增长了37%，仅次于2018年5月至10月报告的4809亿美元的进口限制措施覆盖率。报告指出，随着限制措施的不断累积，这些措施所涵盖的全球贸易份额已经飙升。世界贸易组织总干事阿泽维多呼吁G20经济体应当缓和贸易紧张局势，以刺激投资、增长和创造就业。

该报告涵盖了G20经济体在2019年5月至10月期间实施的新贸易措施，这些新的贸易限制和日益加剧的贸易紧张局势继续增加了国际贸易和世界经济的不确定性，这是世界贸易组织所不希望看到的，也是违反世界贸易组织的主张的。同时，由于世界贸易增长停滞，世界贸易组织在10月份已将2019年世界贸易增长预期下调至1.2%，低于4月份2.6%的预期。

3. WTO"贸易政策审议机制"创立30周年

2019年是WTO"贸易政策审议机制"（Trade Policy Review Mechanism）创立的第30周年，"贸易政策审议机制"是确保和促进多边贸易体制透明度、问责制和可预测性的重要工具。三十周年对于世界贸易组织发展来说是一个重要的里程碑，同时也是一个回顾并审视该机制如何适应和应对不断变化的贸易体制的机会。

追根溯源，"贸易政策审议机制"的创立本身就是成员国对不断演变的贸易格局的反应。这一机制于 1989 年 4 月由关贸总协定缔约方首次创立,这是主权国家政府第一次同意将其国家贸易政策和做法提交多边监督和同行审查的经常程序,当时是十分具有革命性意义的。这意味着与会者需要进行长时间的谈判,以商定所需的体制设置和程序。1989 年 12 月,澳大利亚、摩洛哥和美国成为最早接受政策审查的三个国家。到 1994 年,《马拉喀什协定》(Marrakesh Agreement)确认该协定为世贸组织不可分割的一部分。1995 年世界贸易组织成立,该机制的审查范围被扩大到货物以外,包括服务和与贸易有关的知识产权方面。因此,我们不可否认,30 年前各缔约方的决定,提高透明度可以对多边贸易体系作出贡献。

三、未来展望

世界贸易组织的存在对国际贸易的发展起到了重要作用,重点体现在减少国际贸易障碍并确保各成员国享有公平竞争环境,极大地促进了经济的发展。同时,世界贸易组织还为执行和监测这些协定以及争端的解决提供了法律和体制框架。回顾过去,1995 年成立的世贸组织及其前身 GATT 帮助建立了一个强大和繁荣的国际贸易体系,截至目前由世贸组织组成的贸易协定包括 16 项不同的多边协定和两项不同的诸边协定。进入 2019 年,世界贸易组织同样面对着各种机遇与挑战。

随着世界各国之间的联系越来越紧密,对国际贸易的需求也越来越强烈,世界贸易组织对于国家贸易秩序的贡献越来越大。2020 年,国际贸易组织将会继续发挥其重要的作用:从国家层面,它有利于成员国更积极地解决各种贸易争端,缓解时常发生的贸易紧张局势,以此来节约国际贸易成本,刺激经济增长,并降低失业率;另一方面它不仅通过贸易改善提高了各国的社会福利,也帮助了众多发展中国家实现经济增长,促进了和平与稳定,许多国家也提高了参与的积极程度,并承担了相应的责任。例如,到 2019 年作为世界贸易大国的中国已经举办了两届中国国际进口博览会(China International Import Expo,CIIE),其立场坚定地支持贸易自由化和经济全球化,并向全球开放其市场,其中第二届进博会闭幕已累计意向成交 711.3 亿美元,比首届增长 23%,大大促进了世界贸易的发展,增强了世界各国对国际贸易的信心。从消费者层面,世界贸易组织的存在将继续降低全世界人民生活成本,提高生活水平。同时,它也保证全世界人民的健康,大大改善了环境卫生。

在看到世界贸易组织在未来的机遇的同时,我们也必须承认世界贸易组织在未来发展的过程中仍然将面临许多挑战:迫切需要缓解的贸易紧张局势,解决系统性问题,并进一步实现规则的现代化与高可行性。

一方面,随着世界贸易组织成员国数量的逐渐增多,也伴随着国家贸易的发展，国际贸易争端将会越来越复杂，数量也会逐渐增多，例如中美贸易摩擦，其实质上是世界上最大的两个经济体之间的国际贸易博弈，持续时间长，对双方两国以及世界其他很多国家的负面影响都极大。同时，世界贸易组织对于各成员国的政策实施监督难度也会越来越大，这是世界贸易组织体量发展所无法避免的难题。

另一方面，我们也需要注意到以美国为首的逆全球化力量渐渐抬头，国际贸易局势因此更加紧张，贸易限制措施也成增长性趋势，它们成为世界贸易发展的一大阻碍。从数据上看，商品贸易增长率已经连年下降，如果想要贸易增长在2020年反弹，就必须解决紧张的局势。国际贸易的发展有利于全球各国社会福利提高，促进国家间经济交流，对于生产者、消费者来说都是极大的福祉，而逆全球化的出现将会给致力于处理世界贸易争端的世界贸易组织带来工作上极大的困难，在未来发展的过程当中，世界贸易组织需要迎难而上，保证国际贸易正常平稳运行。

进入2020年，世界贸易组织工作将在这几个方面进行集中：第一，对于如何加强贸易体系问题。贸易体系的完善能够更好地使其应对当今经济的挑战，包括迅速的技术变革，这正在造成就业模式的巨大转变。例如已经生效的《贸易便利化协定》，到2018年年底已有超过80%的成员国批准该协议的实施，如果该协定全面实施，预计将削减14%的成本。第二，上诉机构的改进问题。上诉机构是世贸组织争端解决体系的一个重要组成部分。但目前在任命上诉机构成员的过程中陷入僵局，使争端解决制度面临严重压力，因此2020年世界贸易组织成员国正在积极提交解决僵局和改进这一制度的建议。第三，对于世界贸易组织谈判的改善。谈判机制的改善能够使成员国继续执行新的协定，并在近年来取得的成功的基础上再接再厉，例如具有里程碑意义的《贸易便利化协定》、取消农产品出口补贴、扩大信息技术协定，为最不发达国家和粮食安全问题采取了一些积极步骤。第四，关于农业问题。农业方面包括国内补贴、以粮食安全目的地公共库存、棉花和市场准入。同时，世贸组织成员集团也在讨论所谓的联合倡议，其中包括电子商务、中小企业、投资便利化和赋予妇女经济权力等问题。其中特别是对发展中国家的关怀仍然是工作的核心重点。

第十一章 2019年区域经济组织观察

许斯昂[①]

第一节 亚洲太平洋经济合作组织（APEC）

一、基本情况

亚洲太平洋经济合作组织（Asia-Pacific Economic Cooperation，APEC）是亚太地区最重要的经济组织，其首要目的是支持亚太地区的可持续经济繁荣与发展。1989年1月31日，澳大利亚前总理鲍勃·霍克在韩国首尔发表演讲时首次公开提出了亚洲太平洋经济合作组织的构想。10个月后，12个亚太经济体在澳大利亚堪培拉举行会议，成立亚洲太平洋经济合作组织，简称亚太经合组织——创始国包括澳大利亚、文莱、加拿大、印度尼西亚、日本、韩国、马来西亚、新西兰、菲律宾、新加坡、泰国和美国。1991年，中国以主权国家身份，中国香港和中国台北以地区经济体名义加入了亚太经合组织。1993年，墨西哥和巴布亚新几内亚紧随其后，而智利于1994年加入。1998年，秘鲁、俄罗斯和越南加入，正式成员国增至21个。1989年至1992年间，亚太经合组织举行了非正式的高级官员和部长级对话。1993年，美国前总统克林顿确立了亚太经合组织年度经济领导人会议的惯例，为亚太经合组织在该地区的合作提供了更完备的战略眼光和方向。

亚太经合组织实质上是一个多边合作的经济贸易论坛，是世界上唯一致力于减少贸易和投资壁垒，而不要求其成员国承担具有法律约束义务的国际政府间集团。亚太经合组织通过促进对话和协商来实现其目标，同时也同等重视所有成员的意见与建议。其中，亚太经合组织成员报告通过个人行动计划（Individual Action Plans，IAPs）和集体行动计划（Collective Action Plans，CAPs）推动实现自由开放贸易和投资目标。亚太经合组织提倡团结一致，主张通过自由开放的贸易和投资，促进和加快区域经济一体化，并鼓励经济和技术合作，提高人民安全水

[①] 北京外国语大学国际商学院。

平，以此促进发展可持续的商业环境，努力构建和谐且充满活力的亚太共同体。总的来说，亚太经合组织积极倡议将政策目标转化为具体成果，将协议转化为切实利益。其中21个成员国拥有约28亿人口，约占2019年世界国内生产总值的59%和世界贸易的49%。

在亚太经合组织的21个成员国中，每年都会有一个国家作为东道国主办亚太经合组织会议，并担任亚太经合组织主席。亚太经合组织东道国负责主持年度经济领导人会议、部分部长级会议、高级官员会议、亚太经合组织工商咨询理事会和亚太经合组织研究中心联合会。截至2009年，东道国还兼任亚太经合组织秘书处执行主任一职。并自2010年起，执行主任的任期固定为三年，将向所有成员国的候选人开放。

亚太经合组织的活动由亚太经合组织成员的年度捐款资助，目前总额为500万美元。这些捐款用于资助新加坡的一个秘书处和支持亚太经合组织经济和贸易目标的各种项目。其中各成员国还提供自愿性捐款，来支持促进亚太经合组织贸易和投资自由化、便利化目标的项目，从而满足能力建设需要，特别是亚太经合组织发展中国家的能力建设需要。一般来说，该项目涉及以下内容：一、亚太经合组织领导人和部长会议的关心优先事项；二、涵盖至少几个亚太经合组织成员的利益；三、各国的建设能力；四、各国经济效益的提高；五、商业部门、非政府机构和妇女的参与支持。

二、重大事件

1. 亚太经合组织成员鼓励并支持妇女参与建设

2019年，亚太经合组织成员推出了《亚太经合组织妇女参与STEM原则和行动》（APEC Women in STEM Principles and Actions），这是一套鼓励妇女参与STEM（即科学、技术、工程和数学）领域的建议原则和行动。亚太经合组织编写并批准了该项行动，并邀请亚太经合组织区域内的私营部门、学术界和民间社会机构自愿通过这些原则和行动，在STEM领域提高妇女和女孩的地位。

根据《2019年亚太经合组织妇女与经济仪表盘》（APEC Women and the Economy Dashboard 2019）的数据，在STEM领域的毕业生中的女性比例远低于50%，而在一些亚太经合组织经济体中，这一比例低至13%。其中有许多因素阻碍了妇女作为创新者参与知识经济和全球竞争。我们要认识到，亚太经合组织经济体是创新和经济增长的领导者，而其中妇女的贡献可以更好地加速进步。该份文件是在2019亚太经合组织妇女与经济论坛（APEC Women and the Economy Forum）上发起的，由美国、澳大利亚和智利联合提出，是在2016亚太经合组织妇女参与STEM倡议下进行的磋商的结果。

《亚太经合组织妇女参与 STEM 原则和行动》有三个原则：第一项原则承认妇女在经济中的关键作用，承认妇女参与发展创新和技术的贡献，特别是妇女使用的创新和技术的重要性。支持这一原则的行动包括为 STEM 中的妇女和女孩提供终身教育、培训和指导，支持妇女主导的企业，提高公众对 STEM 领域妇女的价值的认识。第二项原则主张扩大和展示 STEM 领域中不同妇女群体的成就，并增加妇女的参与。其中包括审查领导职位的性别差异，收集和分享与 STEM 教育和职业有关的性别相关数据。第三项原则侧重于查明和解决 STEM 领域中妇女和女孩面临的社会、文化和经济障碍。其中包括消除法律和监管障碍的干预创造有利的环境。

2. 亚太经合组织：结构性改革可以缓解亚太地区经济增长放缓

由亚太经合组织政策支持小组（APEC Policy Support Unit）发布的一份新报告称，结构性改革可以对抗亚太地区经济增长放缓。亚太经合组织 2019 年 11 月出版《区域趋势分析报告》（APEC Regional Trends Analysis report）显示，与贸易紧张局势有关的持续不确定性抑制了亚太地区 2019 年上半年的投资和消费支出，导致增长放缓至 3.6%，而 2018 年，亚太经合组织地区经济同期增长 4.3%。其中需要注意的是亚太经合组织成员人口占世界人口的 40%，占全球 GDP 的 60%。

亚太经合组织政策支持小组主任 Denis Hew 博士称："这对于我们来说是一个重要的机会——更多的结构性改革有助于亚太经合组织各经济体以不同的增长来源巩固其基础。"虽然贸易摩擦的缓和可能会改善该地区 2020 年的前景，但前两个季度商品贸易无论是在数量还是价值上的增长都将持平或收缩。

这份报告概述了各项能够促进经济增长的政策改革，例如，经济体可以通过投资和支持数字技术来促进金融包容性。数字经济也可以帮助一些经济体更快地进入市场。政策制定者还可以消除阻碍妇女充分参与经济的障碍从而带来经济的更高的增长。

更公平增长的目标也是论坛衡量经济产出以外进展的努力的基础，因此在亚太经合组织庆祝成立 30 周年之际，决策者们呼吁采取其他手段来跟踪发展并为政策提供信息，例如考虑环境影响评估或获得优质商品和服务。紧接着的 2020 年亚太经合组织由东道主经济体马来西亚牵头。

三、未来展望

2019 年是亚太经合组织成立三十周年，这三十年来亚太经合组织致力于构建一个在无约束力与协商一致基础上进行合作的多经济体集团，这也使得各成员国之间能够建立信任，加深相互之间的了解，培养新思想。不得不说，亚太经合组织朝着 1994 年在印度尼西亚达成的亚太自由开放贸易和投资的中心目标在不断靠近，坚持履行了区域的增长平衡、包容、可持续、创新和安全等原则，加强经济增长和以规则为基础的国际贸易发展。在肯定亚太经合组织的发展的同时，我们也应该认识到人们的需求在不断变化，新的改变也会出现，其中包括通过数字技术与信息社会的发展。伴随而来的还有各种各样的全球挑战，如社会不平等、气候变化、恐怖主义和人口老龄化等问题。亚太经合组织等多边和区域论坛应该为人们持续提供包容和可持续的解决方案，创造新的机会。

2019年，亚太经合组织的各项工作组取得重要进展，在未来的工作规划中也将继续把人民放在亚太经合组织工作的中心，并努力在以下领域取得重大突破：数字社会建设，经济融合，女性权利建设，中小企业发展，以及经济的可持续增长。

全球大约一半的互联网用户位于亚太地区，而数字经济可以促进贸易、投资、互联互通和包容性经济增长，造福于全体人民。亚太经合组织将通过其数字经济指导小组制定适当的框架，帮助亚太地区抓住这些机遇，管理风险，确保亚太地区继续成为世界经济引擎。亚太经合组织将全面优先考虑和促进妇女在经济中的作用，并积极推动解决现有障碍的举措，例如改善资本和市场的准入，支持女性教育事业，同时重视数据收集和分析。另外，亚太经合组织也将致力于长期保护我们的生态系统和生物多样性，以及可持续利用亚太地区的自然资源。在今后几年采取的行动将对我们地区的粮食安全和子孙后代的繁荣至关重要。

除此之外，亚太经合组织也将继续解决限制边境内外商业机会的结构性和监管障碍——通过共同努力，提高透明度，创造有利的商业环境，打击腐败，为企业创造一个竞争性、非歧视性和开放的市场。亚太自由贸易区（The Free Trade Area of Asia-Pacific，FTAAP）仍然会是亚太经合组织的一个重要努力方向，亚太经合组织将全面开展支持亚太自由贸易区的建设工作。同时让中小企业、学术界和民间社会更多更好地参与进来，使得亚太经合组织的工作更有针对性，让组织建设更加完善。

第二节　东南亚国家联盟（ASEAN）

一、基本情况

东南亚国家联盟（简称东盟）（The Association of Southeast Asia Nations，ASEAN）于1967年8月8日在泰国曼谷成立，以东盟创始国印度尼西亚、马来西亚、菲律宾、新加坡和泰国签署《东盟宣言》/《曼谷宣言》（ASEAN Declaration / Bangkok Declaration）为标志。随后于1984年1月7日文莱加入，越南于1995

年 7 月 28 日加入，老挝和缅甸于 1997 年 7 月 23 日加入，而于 1999 年 4 月 30 日柬埔寨的加入组成今天的东盟十个成员国。

正如《东盟宣言》所述，东盟的目标和宗旨是：一、以平等互利的精神，共同促进本地区经济增长、社会进步和文化发展，为东南亚国家与地区建立一个繁荣和平的共同体奠定基础；二、东南亚各成员国遵守正义及法治，同时遵守《联合国宪章》的原则，促进区域和平与稳定；三、在经济、社会、文化、技术、科学和行政领域共同关心的问题上积极合作和互助；四、在教育、专业、技术和行政领域相互提供培训和研究设施；五、更有效地合作并利用东盟各国的农业和工业优势扩大相互之间的贸易，包括合作研究国际商品贸易问题，从而改善运输和通信设施并提高其人民的生活水平；六、促进东南亚学科研究；七、与目标和宗旨类似的国际或区域组织保持密切有益的合作，致力使相互间合作更为密切。

《东盟宪章》（The ASEAN Charter）是东盟内部拟定的法律文件，为东盟各国提供了法律地位和制度框架，奠定了东盟共同体的坚实基础。它还编纂了东盟的准则、规则和价值观，并为东盟确定了明确的目标，提出了问责制和遵守情况。2008 年 12 月 15 日，在雅加达的东盟秘书处举行了东盟外长会议，《东盟宪章》同时生效，以纪念东盟这一具有历史意义的时刻。而随着《东盟宪章》的生效，东盟今后将在一个新的法律框架下运作，同时建立一些新的机构，以推动其社区建设进程，为东盟 10 个成员国提供更好的法律约束力。

东盟成员国的相处采取了 1976 年《东南亚友好合作条约》（Treaty of Amity and Cooperation in Southeast Asia，TAC）所载的下列基本原则：一、相互尊重所有国家的独立、主权、平等、领土完整和民族特性；二、各国有权在不受外来干涉、颠覆或胁迫的情况下领导其国家存在；三、互不干涉内政；四、主张以和平方式解决分歧或争端；五、放弃武力威胁或使用武力；六、提倡各国之间的有效合作。

东盟领导人在东盟成立 30 周年之际通过的《东盟 2020 年远景规划》（The ASEAN Vision 2020），就东盟的共同愿景达成一致：他们认为东盟是东南亚国家的一个共同体，各国人民和平稳定地生活，并在充满活力的发展中结成伙伴关系，在一个充满关爱的社会共同体中团结在一起。在 2003 年第九届东盟首脑会议上，东盟领导人决定建立东盟共同体。其中，东盟共同体由三大支柱组成，即东盟政治安全共同体（ASEAN Political-Security Community）、东盟经济共同体（ASEAN Economic Community）和东盟社会文化共同体（ASEAN Socio-Cultural Community），每个支柱都有自己的蓝图。

二、重大事件

1.《2019东盟一体化报告》发布

2019年11月1日《2019东盟一体化报告》(The ASEAN Integration Report 2019，AIR）发布，正好赶上在泰国曼谷举行的第35届东盟峰会。该报告全面评估了自2015年通过《东盟经济共同体蓝图2025》(ASEAN Economic Community Blueprint 2025，AEC）以来东盟经济一体化的进展和成就。报告首先分析了东盟近年来的宏观经济形势，然后在《东盟经济共同体蓝图2025》的背景下，全面评估了2016年以来东盟经济一体化的进展和成就。它还提出了第四次工业革命的主题章节，这也是东盟最重要的大趋势之一。

《2019东盟一体化报告》强调，在实施《东盟经济共同体蓝图2025》四年之后，东盟继续朝着实现其2025年共同愿景进发。该愿景具有高度的综合性，同时兼顾凝聚力、竞争性、创新性和动态性，旨在实现各国之间的连通性和部门合作，使东盟成为一个更具弹性、更具包容性和以人为本的共同体，与全球经济融为一体。

2.东盟与国际原子能机构签署合作协议

2019年9月16日，东盟和国际原子能机构（International Atomic Energy Agency，IAEA）在维也纳签署了合作协议，以促进在核科学技术与应用、核安全、安保和保障监督方面的合作。在维也纳国际原子能机构总部举行的第63届国际原子能机构大会年度常规会期间，东盟秘书长和国际原子能机构代理主任代表各自组织签署了协议。

这一合作框架的签署是东盟与国际原子能机构合作的重要里程碑，为国际原子能机构扩大在南洋已有的项目和新项目的工作提供了基础，协议中的实际安排有望成为未来实施的总体框架，促进两个组织之间的合作。原子能机构多年来通过与东盟各部门机构的合作，在核不扩散安全、安全保障以及和平利用核能等领域拥有先进的专门知识和大量资源，一直是东盟的重要伙伴。同时，东盟将继续欢迎并寻求原子能机构协助开展区域活动，以建设其在和平利用核能的政策、技术和管理方面的能力。

三、未来展望

2019年正值东盟成立52年，东盟共同体成立的第4年，东盟作为世界上第五大经济体，也成为引人注目的投资目的地，这都是几十年来建立信任、合作和共同开放市场的结果。2015年，东盟经济共同体作为东盟支柱的启动，是该地区经济一体化的里程碑，这也标志着东盟十国集体征程的开始。作为一个经济共同体，东盟以《东盟经济共同体蓝图2025》为指导，在经济领域实现了许多目标。

2019年是特殊的一年，全球经济前景不明朗，尽管东盟的经济表现依然强劲，但鉴于普遍存在的保护主义、多边主义的压力越来越大，以及可能到来的经济衰退的风险，该地区的前景仍有放缓的危险。因此，东盟的一体化要求我们仍需要深化和扩大其内部市场的一体化，同时保持市场开放，以加强与世界各国经济的伙伴关系。同时，东盟需要成为一个更加积极主动的全球角色，以维护和塑造它从中受益的体系。东盟也需要为未来做好准备——包括在第四次工业革命和可持续性发展要求的背景下。

《东盟经济共同体蓝图2015》实施四年来，东盟在实现其2025年东盟经济共同体愿景方面继续取得进展，这一愿景具有高度的综合性和凝聚力，具有竞争力、创新性和活力，同时加强了互联互通和部门合作，更具弹性、包容性和以人为本性质。虽然部分目标已经实现，但其他目标仍在进行中。随着东盟深化和扩大其一体化，它需要考虑到未来的挑战。在内部，东盟要求成员国有效并及时地履行承诺，以实现效益。而有力的执行机制或有效的争端机制取决于各国的努力——包括内部协调和监测努力——以及对区域目标的点对点承诺。各成员国需要将区域承诺转化为国家一级的承诺和目标，这些承诺和目标应该保证可以随时执行、遵守和衡量。这就要求成员国将东盟的一体化议程纳入国家决策和执行领域，例如在制定国家发展计划和战略时纳入其中。同样，区域协调还需要辅之以国家间协调，以监督东盟各项目标的执行情况，有效的国家机制应促进机构间协调、信息共享、执行情况监测以及利益攸关方协商和反馈。这种机制还可以帮助查明在履行区域承诺方面面临的技术和政策问题以及解决这些问题的方法。

东盟在努力创建高度一体化和凝聚力的经济上，应更加注重市场开放以外的举措，例如改善贸易便利化、透明度和监管合作以及提供高效的金融服务。在当今不确定的世界，东盟内部市场为外部冲击提供了有意义的缓冲。同时，东盟也需努力改善其内部的贸易和投资联系，使其各项贸易便利化倡议全面运作。同样，必须继续保持投资领域的改革努力，特别是考虑到其他竞争市场正在大力推行改革的情况。经济一体化需要深化金融一体化，这是经济稳定和经济互联互通的关键。东盟需要对金融基础设施进行长期投资，并得到健全的体制和立法框架的支持。

为了建设一个以人为本的东盟，东盟经济共同体同时必须为东盟各国人民带来具体利益。它应该具有参与性和包容性，必须进一步加强东盟与公众的接触，改善东盟与私营部门之间的协商机制——包括部门机构与私营部门之间的反馈和协商机制的制度化，以及对私营部门提出的合法问题的跟进，东盟还应推动东盟各项倡议的社会化和利用。

最后，东盟需要灵活迅速地处理在日益不确定的全球环境中不断出现的各种新趋势和问题，例如日益严重的不平等、破坏性技术的出现、气候变化、不可持续的生产和消费、地缘战略平衡的变动以及人口结构危机等，迎接对该区域的政治和经济格局构成的挑战。东盟将需要从一个具有包容性，兼具可持续性的共同体角度，同时考虑到现有的各种倡议、其成员的多样性及其在全球经济中的特殊地位有效地处理问题。

第三节　亚洲基础设施投资银行（AIIB）

一、基础情况

亚洲基础设施投资银行（Asia Infrastructure Investment Bank，简称亚投行，AIIB）是一家多边开发银行，其使命是改善亚洲的社会和经济成果。亚投行总部位于北京，于2016年1月开始运营，截至目前已发展到102个成员国。亚投行通过投资于亚洲及其他地区的可持续基础设施和其他生产性部门，将影响数十亿人生活的人、服务和市场联系起来，致力于建设一个更美好的未来。

亚投行作为国际开发银行的一员，重视伙伴关系与合作。截至目前，已与世界银行签署了共同融资框架协议，还与各区域性机构签订了合作备忘录，其中包括非洲开发银行、非洲发展基金、亚洲开发银行、欧亚开发银行、欧洲复兴开发银行、欧亚开发银行、欧洲投资银行、美洲开发银行和美洲投资公司、伊斯兰开发银行集团、新开发银行和世界银行集团。同时，亚投行还与私营金融机构合作，也与公共和非政府部门的其他伙伴合作，推动各地区基础建设发展。

进入21世纪，世界格局进入一个高速变化阶段，各国发展速度不均衡——其中部分发展中国家增长较快，而发达国家的发展速度相对缓慢，为更好地实现新兴国家在全球治理中的重要作用，旨在改善亚洲及其他地区社会和经济成果的多边开发银行——亚投行应运而生。从地理上讲，亚投行集中关注位于亚洲的发展中经济体，但也同时将投资眼光扩展到该地区以外，以获得互联互通、促进全球公共产品的机会。从部门上讲，基础设施有助于改善当今人民的生活并提高后代的经济环境，亚投行重点投资于可持续的基础设施，如电力、水资源管理、交通和城市，以建设现代化的亚洲。同时，亚投行与各成员国合作，也与私营和公共部门合作，因为只有通过伙伴关系，我们才能满足亚洲基础设施的资金需求，预计到2030年每年的资金需求约为1.7万亿美元。

二、重大事件

1. 亚投行成员国数量突破一百

2019年7月13日,亚投行董事会通过了贝宁、吉布提和卢旺达三个非洲国家的加入申请,成员国数目达到100。截至目前,亚投行成员国总人口占世界人口的78%,占全球GDP的63%。亚投行在所有成员国的支持下,致力于建立一个实干、清洁、绿色的机构,帮助并支持各成员国的可持续发展。

非洲开发银行(African Development Bank)最新估计,每年非洲的基础设施建设达1300亿–1700亿美元,融资缺口在680亿–1080亿美元之间。2018年4月,亚投行与非洲开发银行签署了一份备忘录,以加强在开发项目、共同融资以及其他形式的财政援助、知识和人员交流方面的合作。这三个非地区成员国一旦完成规定的国内程序,并将第一笔资金存入亚投行,便将完成正式加入亚投行的程序。

亚投行由57个创始成员国创建,是一个致力于通过基础设施支持可持续发展的多边机构。这些年随着越来越多的成员国加入,体现出亚投行渐渐融入以规则为基础的国际体系,并拥有强有力的治理和高国际标准。亚投行现于每个大陆都拥有成员国,并大力支持各个国家在未来几年的发展。亚投行的项目包括印度尼西亚的贫民窟改造项目,阿塞拜疆的气田新管道项目。迄今为止,已批准了18个成员国的45个项目,总额达85亿美元。

2. 亚投行启动于柬埔寨首个投资项目

2019年,亚投行向柬埔寨最大的独立光纤网络提供商投资7500万美元——这也是亚投行于柬埔寨的首个投资项目——将迅速提高柬埔寨互联网速度和质量。该项目将投资于大约2000公里的地铁和区域光纤骨干网,以便在主要城市以及郊区和农村地区提供更广泛的互联网覆盖范围。预计通过支持政府的信息和通信技术(ICT)发展计划,到2020年城市宽带覆盖率达到100%,农村宽带覆盖率达到70%。

对于亚投行而言,改善互联互通属于基础设施的改善,也是亚投行任务的核心。该项目将有助于柬埔寨加快数字连接的步伐,并有助于该国的电信、信息和通信技术部门发展和扩大,令大量用户和企业受益。

根据国际电信联盟(International Telecommunications Union)的ICT发展指数,尽管柬埔寨的移动订阅率高于大多数邻国,但需要高宽带的服务(如移动货币服务)的使用率远低于中低收入国家和全世界的平均水平。更快、更可靠的互联网接入有望通过提高数字活动的生产力和更加精简的商业系统来提高经济效率。

3. 亚投行启动于尼泊尔首个投资项目

2019年,亚投行董事会批准位于尼泊尔的水电站项目,提供高达9000万美元的贷款,这是亚投行在尼泊尔的第一个项目。该项目将使该国的发电量增加近20%,将大大解决该国严重的电力短缺问题。该项目是亚投行为支持尼泊尔电力行业发展而采取的几项措施之一,亚投行还向尼泊尔提供了90万美元用于拟议的水电项目,100万美元用于拟议的配电系统升级和扩建项目,资金来自其项目准备特别基金。所有这些赠款是亚投行在尼泊尔提高能源发电能力、减少供需缺口、升级输电基础设施和减少电力系统损失的总体目标的一部分。

实际上,尼泊尔的电力供应短缺已导致受2015年地震影响的基础设施和服务恢复出现重大延误。通过投资水力发电和鼓励私营部门进一步投资,亚投行将有助于推动经济增长和扶贫工作。该项目由国际金融公司(International Finance Corporation)、亚洲开发银行(Asia Development Bank)等开发机构共同出资,投资6.5亿美元,全部由外资提供资金。其中,亚投行的投资将为一个至关重要的基础设施项目提供急需的长期融资。

三、未来展望

亚投行诞生于亚洲,不过,其诞生和发展应归功于所有创始成员国的智慧与努力。亚投行始终坚持精益、清洁和绿色的价值观,将其标准与其他多边开发银行的治理结构保持一致。所有这些价值观都表明,亚投行对腐败零容忍,并致力于促进绿色经济。亚投行的任务是改善其成员国之间和各地区之间的联系,同时其基础设施投资业务必须适应和发展,应强调建设基础设施的绿色方法——项目实施应该是绿色的,设施的运行和维护应该是绿色的,基础设施带来的总体增长和发展也应该更加环保。绿色环保,减缓气候变化对我们所有人都至关重要,更重要的是,对子孙后代都至关重要。亚投行与其他国际组织都应该正面应对这一挑战。

进入2019年,我们现在面临的全球局势比前几年都复杂得多。总体而言,全球经济增长正在趋于稳定,但保护主义、贸易中断和跨境投资对许多国家构成重大风险。许多低收入国家特别容易受到市场动荡的影响,它们的出口可能遭受挫折,它们的债务可持续性也受到了不利影响。在这样的环境下,亚投行应该努力克服全球政治和经济形势的复杂性,促进低收入国家的基础设施和其他生产部门的良好协调,达到创造就业机会和减少贫困的目的。同时,也应赋予妇女权力,推动更高水平的发展,使各国政府能够在教育和卫生方面提供更多的投资,最终实现长期的经济和社会成就。

如今,亚洲一直保持着较高的储蓄率,尽管亚洲内部各国之间存在很大差异。其中主要问题是,将这些庞大的储蓄池转变为长期投资的机制仍然有限。而基础设施项目通常规模较大,需要很长的酝酿期,也需要一个稳定、可预测的政策和监管环境,因此适合并有利于此类投资。值得注意的是包括亚投行在内的多边开发银行经济学家对影响亚洲发展中国家增长的制约因素进行了研究和分析,他们发现基础设施投资不足是主要原因。

在未来的工作中亚投行应该认识到:虽然对发展中经济体来说,增加基础设施投资很重要,但必须以可持续的方式进行,尤其是在债务问题上。亚洲许多国家的公共债务和外债都增加了,尤其是对于规模较小的经济体,因此投资高质量的基础设施很重要。新的投资必须提高一个国家还债的能力,亚投行还应选择经济效益高的项目,精心设计,持续融资,确保项目惠及当地群众,不损害人民和环境,不给腐败留下任何机会。对于那些债务水平较高的成员国,必须在预算控制与确保债务可持续性的基础设施投资之间取得适当平衡,为长期发展铺平道路。对于这些国家来说,商业资本来源可能不多,而亚投行必须是一个更具支持性的合作伙伴,能够满足它们的特殊需求。

第三部分 气候与能源

第十二章 全球气候治理进程中的"基础四国"合作机制探析

邓会荟[①]

【摘要】"基础四国"自成立以来作为与欧盟、以美国为首的"伞形国家"集体抗衡的第三股力量,在全球气候治理进程中发挥着至关重要的作用。然而近年来,由于受到内外部干扰,"基础四国"的作用和地位饱受争议。本文结合"基础四国"的战略基础和面临的现实挑战对四国合作机制进行全面探析,通过研究认为,尽管四国机制现下主要面临着"共区原则"受到挑战、国际碳市场机制发展方向不明确、发展中国家内部分化、四国出现分歧、建制松散等五方面挑战,但深刻的战略基础和机遇仍是四国今后合作的动力。对此,本文也提出相应深化四国合作机制的路径。

【关键词】全球气候治理;基础四国;发展中国家;国际气候秩序;共区原则;气候南南合作

一、引言

2009年哥本哈根气候变化大会举办前夕,由于立场相近,且为在谈判中代表和维护广大发展中国家的共同利益,四个主要的发展中国家,巴西(Brazil)、南非(South Africa)、印度(India)和中国(China)一同建立"基础四国"(BASIC)气候谈判协商机制。自成立以来,作为"77国集团+中国"的中坚力量,基础四国在历届国际气候大会和气候变化南南合作中发挥着不可替代的重要作用。其在气候治理议题中的协作和成绩颇受世人瞩目,且随着英国脱欧,美国政府退出《巴黎协定》,欧盟部分国家的立场倒退,有学者认为基础四国是后巴黎时代的气候领路人。然而,近年来,基础四国却在气候谈判的一些问题上立场出现分歧,且巴西政府在2018年卡托维兹气候变化大会和2019年马德里气候变化大会中出现气候立场倒退;同时,大部分小岛屿与最不发达国家立场也逐渐向

---

① 邓会荟,北京外国语大学国际商学院2019级研究生。

欧盟靠拢。因此，也有观点认为基础四国影响有限，难以引导气候合作开创全新局面。基于气候治理的紧迫性与复杂性，有必要了解基础四国气候合作机制的战略基础及其现下面临的挑战，以加强对"基础四国"机制的全面认知，找到深化四国合作的路径与方法。

根据研究，作者认为基础四国机制虽面临不少内外部挑战，但并非不可调和，基础四国的共同机遇与利益大于分歧。四国应共同努力，携手推动全球气候治理进程。

二、"基础四国"气候合作机制的战略基础

（一）共同的身份属性

20世纪70年代以来，全球厄尔尼诺现象频发，气候变化和极端天气严重威胁人类的生命健康安全，影响社会经济发展。有研究指出，这些现象与使用化石能源燃料息息相关。要想缓解气候变化带来的危害，转变人们的生活生产方式，减少化石燃料使用与二氧化碳排放是根本途径。然而，化石能源是全球消耗的最主要能源，尤其工业活动对化石能源更为依赖，这便牵涉了发达国家与发展中国家最核心的矛盾所在：发达国家在20世纪已基本完成工业化，现今多以生活性的"奢侈排放"为主；而发展中国家普遍处于工业化起步或发展阶段，需要靠工业化带动整个社会经济的发展。发达国家前期工业化产生的温室气体占全球温室气体总量的绝大部分，理应承担最主要的减排任务，而为了模糊历史责任，逃避提供技术资金支持的承诺，同时阻碍以中国为代表的新兴国家的崛起与发展进程，发达国家强烈要求发展中大国共同承担严格的减排责任。

中国、印度、巴西、南非同为发展中国家，更是快速崛起的新兴大国。据《BP世界能源统计年鉴2019》统计，中印巴南四国2018年的二氧化碳排放量分别为9428.7百万吨、2479.1百万吨、441.8百万吨和421.1百万吨，四国排放总量占世界总量从2008年的31.86%上升至37.68%，巨大的生存和发展排放需求必然与发达国家的激进减排要求形成难以协调的矛盾。基于共同的身份属性和命运诉求，四国紧密联合形成"基础四国"合作机制，成为发展中国家的中坚力量，在国际气候领域中与发达国家阵营抗衡。

（二）国际气候秩序构建需求

康晓（2015）指出，国际气候秩序是国际社会为所有行为体制定的包括秩序目标、原则、规则和保障机制的相关制度安排，"国际气候秩序规定了未来各国的排放空间，而排放空间就是各国的发展空间，谁具有规则制定权，谁就获得更多发展空间。"据国际货币基金组织统计，中印巴南四国2018年的GDP总量分别为133680.7亿美元、27187.32亿美元、18678.18亿美元、3681.35亿美元，依

次成为世界第二、第七、第九和第三十二大经济体;在人口规模方面,截至2018年年底,四国总人口量占世界总人口的40.1%。无论经济规模,还是人口规模,四国都蕴含着极大的发展需求,即意味极大的排放需求。尽管基础四国经济快速崛起,在国际舞台中的影响力不容小觑,但发达国家仍凭借先进的技术和制度优势,控制着国际规则制定权,一方面欲给以基础四国为代表的新兴大国设置约束性减排规则,以期延缓国际格局转型,另一方面却不设置严格的履约机制,即使发达国家未完成相应的目标与资金承诺,也不会受到任何惩罚。

规则制定权掌握在发达国家手中,发展中国家难以获得公平,只有参与国际气候秩序构建,提升在全球气候治理中的影响力,掌握更多话语权,才能为本国争取更多的发展空间与发展权利。通过制定规则和相关保障机制,才能切实敦促发达国家履行历史责任和现实义务,避免其他国家效仿美国政府本着"国家主义"随意退出《巴黎协定》,致使全球气候治理进程放缓。

(三)经济转型与发展需求

在进行工业化期间,由于技术与观念限制,同时追求经济的大规模快速发展,发展中国家基本采取粗放型经济生产模式,这既存在消耗大、成本高、经济效益低等问题,又增加了温室气体的排放。如图12-1所示,中印巴南四国二氧化碳排放总量在2008-2018年间不断上升,尽管2011年排放增速在达到一个较高峰值后不断降低,甚至得益于《巴黎协定》的签订在2016年增速为负,但2017年以后,四国总量开始显著回升。

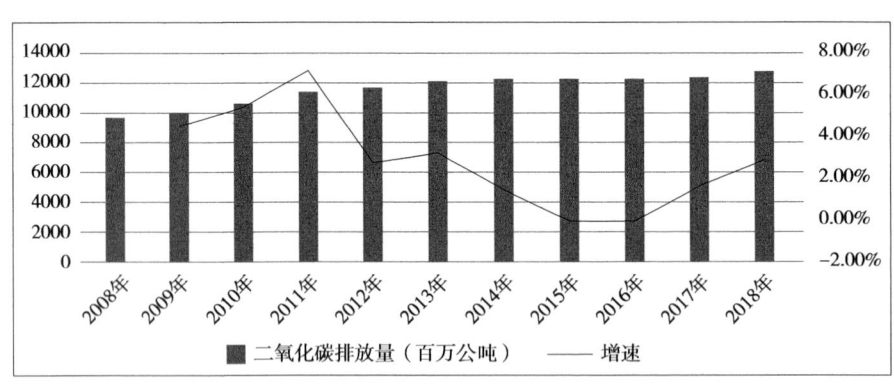

图12-1 2018-2018年基础四国总体二氧化碳排放量变化

数据来源:《BP世界能源统计年鉴2019》

造成巨大排放的部分原因是能源消耗大、能源消费结构不合理。根据《BP世界能源统计年鉴2019》的数据显示,中印巴南四国2018年的一次能源消费量分别为3273.5百万吨、809.2百万吨、297.6百万吨、121.5百万吨油当量,依次成为世界上第一、第三、第九、第二十一大一次能源消费国,此外,从表12-1可以看出，2018年，四国的高碳能源消费均超过本国能源消费的50%，而中国、印度、南非更是高达75%以上。在低碳能源的使用上，四国却远低于世界总体水平。可见，四国在能源消费结构的转型升级上存在不小空间。

表12-1 基础四国一次能源（分燃料）消费占比（2018年）[①]

	高碳能源			低碳能源	零碳能源			
	煤炭	石油	合计	天然气	核能	水电	其他可再生能源	合计
中国	58.25%	19.59%	77.84%	7.43%	2.03%	8.31%	4.38%	14.72%
印度	55.89%	29.55%	85.44%	6.17%	1.09%	3.91%	3.40%	8.40%
巴西	5.34%	45.68%	51.02%	10.39%	1.18%	29.48%	7.93%	38.59%
南非	70.78%	21.65%	92.43%	3.05%	2.06%	0.16%	2.30%	4.52%
世界	27.21%	33.63%	60.84%	23.87%	4.41%	6.84%	4.05%	15.30%

发展是一个国家的根本需求，然而，化石能源的高耗加速资源的枯竭，温室气体高排放威胁社会经济的发展。赵庆寺（2014）强调，如今低碳经济与气候变化已逐渐成为全球最重要的议题，可再生能源和新能源将引导本次产业革命的分工体系。而一旦掌握了可再生能源与新能源的技术制高点，便能直接影响全球利益的重组与构建。四国要想维持崛起与发展的可持续性，提升国际竞争力，在国际秩序构建过程中处于有利地位，经济发展方式转型势在必行。而恰好四国在气候不同领域中各有优势。目前，中国已成为清洁能源利用第一大国，风电、光伏发电机规模、太阳能领域和高效燃煤发电领域均领跑世界；印度的风电利用科技极具市场竞争力；巴西拥有丰富的生物能源并具有先进的海洋能源、可再生能源利用技术；南非由于矿产资源丰富，石油储备少，在煤炭液化领域具有显著优势。借助他国资源和技术优势促进本国经济发展升级转型是四国合作的又一动力所在。

（四）"基础四国"合力在国际气候领域方面取得成效

"基础四国"在成立初期形成部长级磋商、专家研讨会双层会晤协商机制，在历届国际气候大会前夕举行部长会晤，共商立场，一致发声；在大会期间坚定"发展中国家"立场，维护发展中国家集体利益。2009年四国共同坚持《公约》《京都议定书》"双轨制"谈判，成功抵制发达国家搭载"单轨制"的"丹麦草案"。2015年，四国联合在巴黎气候变化大会召开之前重申立场和原则，中国国家主席习近平出席开幕式并发表重要讲话，最终，在四国与多方的积极斡旋下，促成《巴黎协定》，开启"自下而上"的自主贡献新时代。从哥本哈根到后巴黎时代，基础四国在历届联合国气候大会中均发挥了重要作用，共同推动谈判进程

[①] 此处数据经笔者整理计算得出

（表12-2）。

表12-2 "基础四国"推动联合国气候变化大会进程（2009-2018年）[①]

时间	大会名称	"基础四国"推动大会进程情况
2009年	哥本哈根气候变化大会	抵制"单轨制"谈判，推动确认《公约》和《京都议定书》"双轨制"谈判；
2010年	坎昆气候变化大会	首次将发达国家的历史责任在缔约方会议决定中写明；大会决定建立绿色气候基金，发达国家缔约方承诺在2020年之前每年向发展中国家资助1000亿美元应对气候变化；
2011年	德班气候变化大会	成立"德班加强行动平台特设工作组"；《京都议定书》获得第二承诺期保障；启动绿色气候基金；
2012年	多哈气候变化大会	强烈敦促发达国家兑现资金承诺；2013年启动《议定书》第二承诺期，为期八年；达成《多哈修正》；
2013年	华沙气候变化大会	敦促发达国家提高减排力度和资金技术支持；就深入推动德班平台达成共识；
2014年	利马气候变化大会	完成为2015年巴黎气候大会制定新的约束力气候协议奠定基础的文本协议；明确缔约方向新协议提交"国家自主贡献"相关信息；绿色气候基金突破100亿美元；
2015年	巴黎气候变化大会	促成《巴黎协定》，包括目标、适应、减缓、损失、损害、技术、资金、能力建设、透明度、全球盘点等内容；各方将以"国家自主贡献"方式应对气候变化；
2016年	马拉喀什气候变化大会	维护《巴黎协定》，达成程序安排；通过《马拉喀什行动宣言》；
2017年	波恩气候变化大会	"基础四国"在大会上"空前一致"，推动达成《巴黎协定》实施细则谈判案文；
2018年	卡托维茨气候变化大会	达成《巴黎协定》实施细则，确定透明报告与监督机制，就减缓、适应、资金、技术、能力建设、自主贡献、全球盘点制定技术规则。

此外，基础四国还通过双边、多边合作推动气候变化南南合作。依托"金砖国家"平台，构建环境能源对话合作新机制，四国绿色能源项目均获得金砖国家新开发银行的贷款支持。在四国内部的双边合作方面，中印、中巴、中南分别就跨界水领域、水电和核电及生物乙醇领域、清洁煤炭技术领域展开合作；印巴两国就生物多样性、生物燃料利用、环境信息系统等领域签署合作协议。在其他的双边或多边合作方面，巴西向莫桑比克投资60亿美元以协助其进行生物能源开发；印度与非盟共建"泛非电信网络"平台，帮助非洲国家获取与利用气象、能源等各类信息；南非通过推动地区对话与联盟，推动国际间清洁能源合作。此外，中国政府在2011-2018年间累计向其他发展中国家出资7亿元，帮助其应对

---

① 笔者自制，主要参考缔约方会议历届会议报告。

气候变化。

三、"基础四国"合作机制面临的现实挑战

(一)"共区原则"受到挑战

1992年通过的《联合国气候变化框架公约》(以下简称"公约")和2015年达成的《巴黎协定》均强调在发达国家与发展中国家间"共同但有区别责任"的公平原则(以下简称"共区原则")。"共区原则"强调了发达国家对于全球气候变暖的历史责任,是气候变化治理的基本原则,维护了发展中国家的共同利益。然而现实中,发达国家却企图淡化和重构"共区原则"。欧盟和美国等发达国家一直以来有意强化新兴大国的"排放地位",强制发展中大国与发达国家一同严格减排,还在援助方面设立资格门槛,以逐渐模糊发达国家与发展中国家的分界。欧盟更是在2015年巴黎气候变化大会中公开将中国、印度、美国视为应量化减排的重点对象。大多数发展中国家长期以来反对纳入量化减排框架,并非不愿承担责任,而是希望在不影响本国发展的基础上根据自身条件量力减排。而2018年卡托维茨气候变化大会达成的《卡托维茨规则手册》将所有国家纳入量化减排框架,同时强调相关技术的规定适用于所有缔约方。不少西方媒体认为"共区原则"在此得以重大突破。

(二)国际碳市场机制发展方向不明确

国际碳市场机制被认为是2020年后有效应对气候变化的关键制度。《京都议定书》规则下的碳市场机制主要是"清洁发展机制"(CDM),能否将所有类型CDM减排活动过渡到《巴黎协定》规则下的"可持续发展机制"成为2018年卡托维茨气候大会争论的焦点。以欧盟为代表的相关国家认为,应对CDM项目设置限制条件。而若只有特定地区,如小岛屿和最不发达国家能进行过渡,则中印巴等发展中国家曾在CDM中注册的大量项目就会造成能力建设的浪费。此外,巴西坚持利用本国大面积雨林获得双倍"碳信用"也遭到大多数国家反对。由于不同缔约方各持己见,全球碳市场交易机制问题在2019年马德里气候大会上也未得到解决。

(三)发展中国家阵营分化

起初,由于共同诉求,中印巴南组成基础四国,为发展中国家发声,成为在国际中与欧盟、以美国为首的"伞形国家"集团抗衡的第三股力量,发展中国家阵营也因多了主心骨变得更加紧密。但自2011年德班气候变化大会以来,发展中国家阵营内部国家立场分化严重,并形成小岛屿与最不发达国家、非洲国家集团、石油输出国组织、立场相近的发展中国家、环境完整性集团、雨林国家联盟、美洲玻璃瓦尔集团等多种谈判组合。其中,小岛屿与最不发达国家在气候谈

判中的立场最为激进。首先，随着基础四国在国际谈判中话语权分量的增强，发展中国家其他较为贫穷的国家在国际谈判中的诉求却常被边缘化，得不到相应重视。其次，基础四国等新兴大国的排放已成为近年来全球温室气体的主要来源，而这些国家受气候变化影响最深，应对能力最弱，为维护地区气候安全，更愿意支持欧盟主张的在2050年前将全球气候上升幅度控制在1.5℃以内，并要求新兴大国与发达国家共同履行严格的减排责任。再者，欧美等发达国家加速对发展中国家阵营的分化。一方面，加紧对小岛屿与最不发达国家和非洲国家联盟进行游说；另一方面，通过加大援助以拉拢这些国家在立场上倒戈。

与小岛屿等国的"激进"、基础四国的"保守"不同，以沙特、阿联酋为代表的石油输出国组织以消极和怀疑的态度应对气候变化议题。另外，以韩国、墨西哥为代表的环境完整性集团和以阿根廷、孟加拉国为代表的雨林国家联盟都主张新兴大国与发达国家共同做出更大的让步。发展中国家内部诉求不尽相同，加之欧美国家的战略干扰，基础四国的地位和影响力受到不小挑战。

（四）"基础四国"利益考量不尽相同

除了发展中国家阵营分化，"基础四国"内部成员国之间也因各国国情与利益考量不同，在相关谈判问题立场上出现分歧（如表12-3所示）。

表12-3 基础四国在相关谈判问题上的立场[①]

	中国	印度	巴西	南非
气候治理谈判模式	双轨制二分法	双轨制二分法	双轨制可调整	双轨制可调整
发展中大国是否纳入强制性量化减排框架	反对	反对	支持	支持
排放权利标准	历史累计	人均排放	历史累计	历史累计
排放峰值时间	2030年	未提	2020年左右	2020年左右
设置2050年全球排放在1990年基础上减少50%的目标	反对	反对	反对	支持

能源结构是影响碳排放的主要因素之一。从图12-2可以看出，中国、印度、南非对于煤炭等高耗能源的依赖极大，而巴西的水电、生物等可再生清洁能源占比却高达38.59%，甚至高于世界平均占比的两倍，相对其他三国，其在碳排放源结构上具有显著优势。同时，巴西的森林覆盖率高达62%，林木能有效吸收温室气体、延缓气候变化，而巴西的排放主要为毁林所致而非能源和工业生产，因此其减排压力更远小于其他三国。此外，巴西还是世界上第二大生物乙醇出口国，乙醇占其可再生能源的66.1%，在"共区"立场上退化，支持发展中大国和发达国家一起量化

[①] 笔者自制，主要参考付宇的《对当前深化"基础四国"合作的思考》一文.

减排，既能塑造其"环境大国"的国际形象，对其森林保护起到切实促进作用，又能为其丰富的可再生能源寻求更多国际合作市场，促进其经济稳定发展。

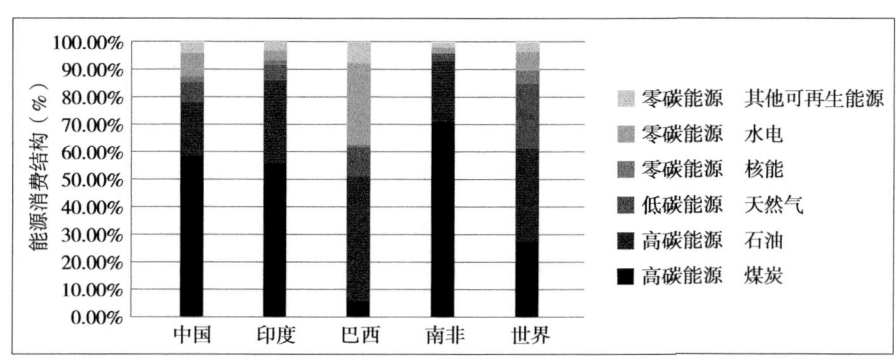

图 12-2　基础四国 2018 年一次能源消费结构图

数据来源：《BP 世界能源统计年鉴 2019》

与巴西更多基于市场考量不同，南非的气候立场主要受其国情与外交策略影响。南非在 2014 年就将进入工业化进程后期，对碳排放需求处于相对稳定阶段。而南非碳排放总量在 2008-2018 年间均不足中国的 10%，且保持连年下降，因而减排压力相对较小。但尽管碳排放总量不高，人均排放量却高于中国，加之受气候影响最大，而相关基础设施和应对能力却十分薄弱，南非希望通过所有排放大国的减排来减缓气候变化带来的风险与损失，同时也希望以此"松口"换取更多发达国家技术和资金的援助。此外，作为非洲经济最发达的国家之一，南非将非洲视为其外交政策立足点及发挥大国作用的战略依托，要维持其区域大国的地位，南非需要做到在气候治理方面与非洲国家同发声；同时作为非洲最大碳排放国，其必须制定更严格的减排计划以作表率。

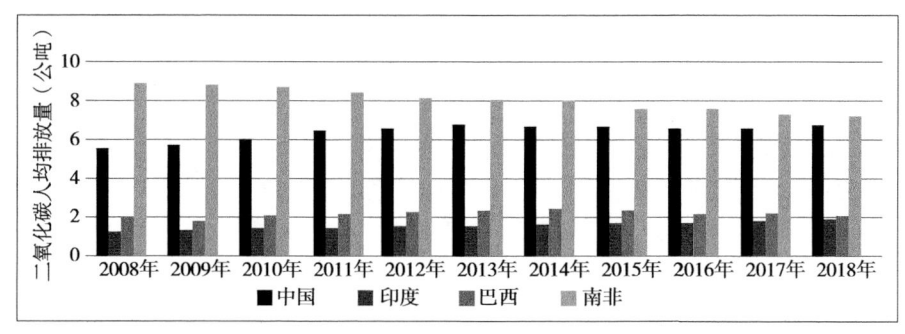

图 12-3　2008-2018 年基础四国各国二氧化碳人均排放量

数据来源：国际货币基金组织官网、《BP 世界能源统计年鉴 2019》

印度与其他三国立场的显著差异在于其支持以人均排放量而非历史累计排放作为制定气候协议的排放标准。据相关数据测算，2008年印度人均碳排放为1.26公吨，即便连年增长，在2018年也仅为1.86公吨[①]，小于其他三国人均量（如图12-3），且与最不发达国家水平相近。若以人均排放作为标准，其应对的外界压力将极大降低。此外，尽管与中国同为人口大国，2018年中国人均GDP为9580.239美元，而印度却只有2037.692美元[②]，中国目前已进入脱贫攻坚阶段，而印度当下仍面临着更严峻的脱贫任务。巨大的发展压力使得印度长期以来极力强调气候变化应对的公平与正义，强调发展中国家的气候应以国际支持为前提，以期借助发达国家的援助促进本国能源与经济转型。同时，印度也拒不接受设置约束性减排指标。柴麒敏等学者（2015）预测中印巴南四国温室气体排放达到峰值的时间分别为2030年前后、2045年、2020年左右和2020年前，这也是印度不明确表态峰值时间，并反对设置2050年减排目标以争取更多发展时间和发展空间的原因之一。

中国作为世界第二大经济体、人口第一大国、能源消费第一大国和碳排放第一大国，要做到发展的可持续，在减排方面必然面临更大的压力和动力。在国际气候谈判中，中国坚定"共区原则"和"公平原则"，反对发达国家给各国制定严格的量化减排标准，维护发展中国家共同利益。随着气候治理的意识增强，同时为提升在气候谈判中的地位，推动国内发展模式转变，中国政府在气候治理议题上逐渐从保守转向积极应对。根据国家发展情况制定减排计划，落实减排责任，以实际行动在国际中树立"负责任大国"形象。2015年，中国成为首个承诺在2030年前后达到碳排放峰值的发展中国家，而这在当时却给其他三个国家带来不少压力。

（五）"基础四国"合作机制松散

由于缺乏相关规章制度，"基础四国"合作机制往往呈现出一定的随意性。首先，在基础四国合作机制成立之后，巴西、印度部级领导在2010年以后定期举行的部长会议中多次缺席。其次，会议往往没有设置明确的议题，根据查看历年四国部长联合声明，发现声明多以"重申""注意到"和"强调"为主，"重申"过往立场，"注意到"现实情况，"强调"相关事项目标，缺乏实质性会晤成果。再次，四国专家会议主题侧重于"公平"和"资金"方面，从2011年起，随着四国的分歧加深，在其他关键问题上均难以达成共识。再者，由于缺乏执行监督机制，对于相关设想也难以真正付诸实践。对此，有学者认为，"基础四国"机制很可能沦为松散的对话论坛。

---

① 此处数据经笔者整理计算，相关数据来源：国际货币基金组织官网和BP Statistical Review of World Energy2019
② 数据来源：国际货币基金组织官网

四、深化"基础四国"合作机制的路径选择

共同的发展中大国及新兴经济体的身份属性,对内部经济转型、可持续崛起与发展、提升国际话语权和构建国际气候秩序的迫切需求,对推进国际气候变化应对具有切实的能力与成效,构成了"基础四国"合作机制丰富而深刻的战略基础。尽管面临内外部各种挑战,笔者认为,基于全球气候治理向多元化、多层次的转变,基于因美国退出《巴黎协定》、英国脱欧、欧洲债务危机等造成气候治理领导"真空"的现实环境,"基础四国"合作机制面临着更大的机遇和可挖掘的潜力。本文认为基础四国可以从以下方面进行深化合作。

(一)提升机制建设

"基础四国"应通过相关制度建设,增强机制正规化,将对话平台转变成务实的合作平台。可以模仿亚太经合组织设计由国家领导人峰会、部长级会晤、专家工作组、研究机构、秘书处等组成的顶层机制,加强各方的对话和信息交流通报。同时根据专家组和研究机构的专业性,赋予其更多自由度和权限,深入组织、指导、协调各国开展各项合作;同时建立行为约束、绩效衡量与奖惩等透明机制,增强成员国协调矛盾、达成共识、推进合作的动力。

(二)辩证看待"共区"原则和四国差异,加深相互理解信任

"共区"原则长期以来是发达国家和发展中国家对抗的焦点,亦为四国的分歧之一。辩证看待"共区"原则并非要放弃此原则。一方面,四国应坚定联合敦促发达国家履行历史责任,另一方面,作为当下排放大国的中国和印度应意识到排放导致的气候变化会加剧发展中国家分化的现实,并主动承担大国责任,化减排压力为经济转型的动力。同时,结合清洁能源对于整体气候治理的益处,理解巴南两国希望借助自身优势推动清洁能源发展的战略考量。总体来说,四国都应避免狭隘的"国家利己主义",防止因追求本国绝对利益最大化而损害全人类共同利益,将全球气候治理陷于僵局的境地。只有四国加深理解和信任,适当程度做出让步,达成共识,才能在关键问题比如国际碳市场机制的确立上,团结一致与多方进行沟通,以最大限度维护四国共同利益,像巴西应该适时调整其在碳市场上获取双倍"碳信用"的观念。

(三)加强自身能力建设,融入"金砖国家"等大型国家战略平台

基于发达国家有意针对新兴大国、向发展中国家兑现技术困难重重、资金承诺已成既定事实的现状,四国更应该加强自身能力建设,提高包括适应气候变化、科技研发和确保各自国家有序开展气候应对的组织与协调能力。四国在技术、资源上优势互补,甚至在某些领域已超过发达国家水平,因此,四国更应该深化在资源、技术、资金等各方面的合作与相互支持,加速本国能源经济转型以在国际竞争格局中占领优势地位。

虽然俄罗斯因作为附件一国家未加入"基础四国",但其曾与基础四国共同发表宣言,支持"共区"原则和公平原则,其在核电、水电等领域的竞争优势能帮助四国优化能源结构;而基础四国也曾依托"金砖国家"在环境技术等领域开展合作。因此,四国可以将俄罗斯争取为战略盟友,将四国机制融入金砖国家平台,借助平台的专业化和影响力扩大四国机制的竞争优势。此外,基础四国还可以融入"一带一路"等大型国家战略平台以扩大合作范围,同时借助亚洲基础设施投资银行、金砖国家新开发银行、气候变化南南合作基金将更多相关合作设想实施落地。

(四)以"基础四国+"形式推动气候变化南南、南北合作

促进气候变化南南合作是"基础四国"的建制目标和重要战略。发展中国家阵营是基础四国的重要后方保障,基础四国在自身发展与合作进程中应密切关注并解决其他发展中国家的合理诉求。通过开展南南合作,为小岛屿与最不发达国家、非洲国家等其他发展中国家提供技术、资金、人才培养等支持,有利于提升发展中国家整体的气候变化应对水平。通过对话交流,各国能第一时间解除误解和矛盾;通过援助与合作,能争取到更多发展中国家的支持,扩大基础四国的影响力,减轻四国在国际谈判中的"后顾之忧"。因此,深化气候变化南南合作是基础四国应长期努力的方向。此外,增强气候变化南北对话与合作,能促进发达国家与发展中国家的相互理解,以友好的合作方式促成发达国家对发展中国家各方面的支持,能尽可能降低四国的国际谈判成本。

目前,基础四国多单独与其他国家开展气候南南、南北合作,却鲜以"基础四国"的整体共同行动。双边合作有助于双方建立更充足的理解和信任,但若只以双边形式合作,容易导致同一行为体在不同合作和机制下利益的重合而增加责任认定的难度与成本。基于此,基础四国可以模仿"中日韩+""东盟+"设立"基础四国+"合作机制,既能强化四国合作机制地位,又能同时强化四国共同利益,以四国联合利益为出发点,能避免因协调多层利益冲突造成的效率的降低。

参考文献

[1] 康晓.金砖国家气候合作:动力与机制[J].国际论坛,2015(17).

[2] 赵庆寺.金砖国家与全球能源治理:角色、责任与路径[J].当代世界与社会主义,2014(107).

[3] 左品,蒋平.金砖国家参与全球气候治理的动因及合作机制分析[J].国际观察,2017(148).

[4] 李白."基础四国"与全球气候谈判[J].上海人大月刊,2012(261).

[5] 解振华.坎昆协议是气候变化谈判的积极助推力[J].低碳世界,2011(01).

[6] 祁悦;樊依纯.基础四国气候变化南南合作的政策行动及启示[J].世界环境,2017(164).

[7] 韩一元.《巴黎协定》以来的全球气候治理进程[J].国际研究参考,2019(382).

[8]付宇.对当前深化"基础四国"合作的思考[J].现代国际关系,2016(318).
[9]高帅;李梦宇;段茂盛;王灿.《巴黎协定》下的国际碳市场机制:基本形式和前景展望[J].气候变化研究进展,2019(15).
[10]牛华勇.《巴黎协定》后的全球气候治理趋势[J].区域与全球发展,2018.
[11]柴麒敏;田川;高翔;徐华清.基础四国合作机制和低碳发展模式比较研究[J].经济社会体制比较,2015(179).
[12]王宏岳.全球气候治理的僵局与超越[J].中国政法大学学报,2020(75).

第十三章 浅谈全球气候环境治理困境与发展

司润芳[①]

【摘要】 工业革命之前，世界各国对全球环境保护都没有充分的认识，但是随着工业革命中化石燃料的燃烧以及森林树木的砍伐，全球环境进一步恶化，全球气温不断上升，进而带来了海平面上升、物种灭绝的危机以及越来越频繁的气候灾难。这个时候人们意识到了环境保护的重要性，全球环境治理一步步展开。如今全球环境治理已经有了一定的成果，并且越来越多的国家积极参与到全球环境保护事业当中来，并作出一定的贡献。但是，全球环境治理依旧遇到一些阻碍，全球环境事业的进展比较缓慢。世界各国也应该在困境之中找到全球环境治理的未来之路。

【关键词】 工业革命；温室气体；发展困境；气候怀疑论；哥本哈根会议；共同但有区别

一、引言

（一）研究背景

工业革命前后，世界人民的生活都发生了翻天覆地的变化。我们在享受这些变化带来的巨大的物质财富增长以及生活水平提高的同时，生态破坏、气候变化、资源短缺、稀有生物灭绝、碳排放量超标等环境问题也值得我们关注。其中全球气候变暖以及臭氧层破坏是工业革命之后人类面临的最为严重的问题之一。工业革命之前，大气中的温室气体的含量还处于一个较低的水平。工业革命之后，全球气温开始逐渐升高。气温升高这个问题首先出现在北极，之后由北极蔓延，席卷全球。

工业革命之后，人们对化石燃料需求的增高是引起温室效应的一个重要原因。再加上森林树木被大量砍伐，导致 CO_2 不能及时被吸收转化，全球变暖愈演愈烈，并在很大程度上影响了人们的正常工作与生活。首先，气温升高导致了冰川融化以及海平面上升等问题，在过去一百年中海平面上升了 14.4cm，冰川的融

[①] 北京外国语大学国际商学院。

化，全球气温的上升危害到自然生态系统的平衡，一些物种因为失去了赖以生存的自然环境而濒临灭绝。

（二）内容结构

众所周知，任何一个国家或地区在面临环境问题的时候都显得势单力薄。厘清现阶段我们面临的环境问题，建立完善的全球环境治理体系、明确的环境改善目标、全球范围内的监督检查系统，需要各个国家积极的参与和不懈的努力。全球环境保护事业自1972年开始之后，就从未停下前进的脚步，虽然在发展的过程中困难重重，但是也取得了一定的进展以及较为可观的成绩。本文将在以下几部分内容中展开分析与研究：一、世界气候、环境保护主要会议综述；二、中、美、欧对全球气候、环境保护事业的立场与态度的转变；三、世界气候、环保事业前进中的困境；四、对全球气候、环境治理未来的展望。

二、世界气候环境保护事业主要会议综述

全球气候、环境治理指的是全球多个国家共同面对全球气温升高、生态环境恶化的挑战。主权国家、政府和非政府国际组织、企业等各种行为主体之间通过谈判、协调等方式进行合作，制定并维护良好的环境治理制度与国际环境秩序，从而达到治理与保护全球气候与环境的最终目的。

1972年，联合国环境问题会议在瑞典的斯德哥尔摩召开，中国也派代表出席。会议通过了《人类环境宣言》，这也成为全球环境治理重要的政治开端。此次会议的一个重要成果是将人类环境分为天然环境和人为环境两种，这为接下来政策的制定与实施提供了一定的基础。《人类环境宣言》确定了环境治理在国际问题中的重要地位，相关内容表明，保护和改善全球环境不仅是全球各国人民的迫切愿望，也是各国政府应该承担的责任。在面临环境相关的问题上，各个国家都应该被公平对待，没有一个国家可以被特殊化。

《人类环境宣言》另一重要成果是分别提出了发展中国家和发达国家现有环境问题的主要原因以及应对策略。发展中国家主要面临的是发展不足所造成的环境问题，其需要借鉴部分发达国家的环境历史经验，不能走先发展后治理的老路，要在不破坏环境的基础上发展本国经济。发达国家主要面临的是前期工业迅速发展所造成的环境遗留问题，应该在快速发展科技的同时试图利用科技改善环境，从而造福人类。会议确定了第三世界的国家为保护环境的重要力量，各个国家要大力支持并且配合工作。《人类环境宣言》是世界上第一个维护和改善全球环境的纲领性文件。此次会议的另一个贡献是成立了联合国环境规划署，总部设在肯尼亚首都内罗毕，并将每年的6月5日设为"世界环境日"。

1987年9月16日，联合国邀请了20多个会员国在加拿大蒙特利尔签署了环

境保护公约——"蒙特利尔协定书",该公约于1989年1月1日起生效,它承续了1985年保护臭氧层的维也纳公约的大原则,在其基础上进行进一步的完善。为帮助困难国家积极高效地参与到环境保护中来,该公约决定成立多变信托基金,为发展中国家提供技术支持。但是,公约并没有明确界定发达国家在臭氧层破坏中应付的主要责任,所以当时中国政府认为公约有失公平,拒绝签订。1988年,美国航天航空局发布了"全球臭氧趋势报告",其中多处数据指出,蒙特利尔公约对于氟氯碳化物的监管工作有许多不妥的地方。因此,1989年5月《蒙特利尔协定书》的修订工作正式开始。修订后的《蒙特利尔协议书》明确指出了造成臭氧层破坏的化学物质,统一了温室气体控制数量的计算方法。为各个国家提出了具体的措施建议,以控制破坏臭氧层的气体。除此之外,公约还考虑到了发展中国家的特殊情况,为发展中国家提供了一定的资金支持和技术转移。

1992年6月4日联合国通过又一全球环境治理条例——《联合国气候变化框架公约》,简称《公约》。该公约于1994年3月21日正式生效。《公约》的目标是将大气中的温室气体浓度控制在一个相对较稳定的水平,在该水平下人类的各项活动将不会对气候产生不利的干扰。《公约》中"共同但有区别的责任"原则表示,发达国家与发展中国家的义务内容以及履行义务的程序会有所不同。发达国家由于前期发展的缘故,遗留了很多历史气候环境问题,其温室气体排放总量远远高于发展中国家。因此,由于历史原因与发展中国家的国情,《公约》要求发达国家提供一定的资金用来帮助发展中国家支付履行《公约》中规定义务所需的费用。与此同时,提供温室气体源与温室气体汇国家清单与制订含有关于温室气体源与汇方面措施方案的义务将由发展中国家承担。此次会议充分考虑到了发展中国家的国情,制定了更加具体的、适合发展中国家的全球环境治理政策,并要求发达国家在全球环境治理问题中发挥带头作用,面对气候变化,率先采取措施。这是历史上第一个为全面控制二氧化碳等温室气体排放提供了具体方案措施的公约。如今已有190多个国家批准了该公约,从而成为公约的缔约方,缔约方被要求定期提交专项的气候及温室气体报告,其中需要报告该缔约方的温室气体排放等信息,并详细说明为实施公约所实施的具体措施。这次会议的重要意义在于,会议后,有关部门对于全球各个国家的碳排放量进行了监测,并且确定了在温室气体排放这一十分严重的全球环境问题中不同国家的不同分工。又由于每个国家所面临的问题不同,所以具体问题具体解决,提高了改善全球温室气体排放量的工作效率。同时这也是全球气候环境治理的初步建立。

"防止地球温暖化京都会议"于1997年12月在日本京都召开。在此会议上通过了《京都协定书》,该协议书明确规定世界各国在2008—2012年四年期间需要将全球温室气体的排放总量在1990年或经济体的基础上削减5.2%,《京都协定书》在《公约》的基础上进一步指出,发达国家中欧盟、美国、日本在应对温室气体问题上应当起主要的带头作用。美国于 1998 年签署《京都协定书》，但遗憾的是 2001 年 3 月，小布什政府突然宣布拒绝批准该协议书，小布什政府认为减少温室气体的排放将会影响美国经济的发展，随后受到美国的影响，加拿大、俄罗斯、日本等几个主要参与国家也退出了该协定。作为全球减排体系的第一步，《京都协定书》在全球气候环境方面对各国都产生了深远的影响。

2009 年 12 月，哥本哈根世界气候大会在丹麦首都哥本哈根召开，192 个国家的谈判代表前来参加会议，共同商讨《京都议定书》一期承诺到期后的后续方案，即 2012 年至 2020 年的全球减排协议。哥本哈根世界气候大会也被称为"拯救人类的最后一次机会"。其原因是，如果会议不能使各参与国达成共识并同意协议书的通过，那么 2012 年《京都议定书》第一承诺期到期之后，全球将不存在一个统一性文件用于约束温室气体的排放，人类在改善全球变暖问题的路途中也会因此遭受巨大的挫折。此次会议中，中美两国对于气候问题的态度也是各国媒体关注的重点，两国态度对会议的发展以及最终结果都有着十分关键的作用。这次会议讨论的主题集中在"责任共担"的问题上，但美方试图让中国承担更多的责任，大会之后美国舆论也将矛头指向中国，大量相关报道不乏抨击中国政府的言论，而对于自己在过去 200 多年间的碳排放量视而不见。虽然，欧洲试图在此次大会上起到主力作用，但是会议仍是由中、美两国主导，欧洲在大会上没有太多话语权。

大会最后颁布了不具备任何法律约束性的草案决议。大会之后中美关系进一步恶化，碳关税彻底搅乱了中美的贸易关系。很多相关领域的专家学者认为哥本哈根世界气候大会在种种方面来说都意味着失败，但是我们要知道，这次会议不是终点，而是一个全新的起点。虽然会议以没有通过一份令人满意的并且具有高效法律约束力的法案而告终，但是各个国家都充分意识到了节能减排的重要性，并且没有哪一个国家停下环保的步伐，特别是中国承诺的减排目标得到了多个国家的赞赏，为其他国家在面对气候环境的问题上树立了榜样。

2015 年 12 月 12 日《巴黎协定》在巴黎气候大会上通过，其主要目标是将本世纪全球平均气温上升幅度控制在 2 摄氏度以内，并将全球气温上升控制在前工业化时期水平的 1.5 摄氏度以内。中国于 2016 年 9 月 3 日加入《巴黎气候变化协定》，成为第 23 个完成批准协定的缔约方，此协定于 2016 年 11 月 4 日正式生效。《巴黎协定》具有一定的延续性，它延续了 1992 年的《联合国气候变化框架公约》和 1997 年《京都协定书》，是人类历史上第三个国际法律文案，会议之后的全球气候治理格局一直延续到今天。《巴黎协定》采取了非侵入、非对抗模式的平价机制，这有助于国际间双边或者多边的合作，能够有效提高各国的参与度。当时，部分专家学者认为英国脱欧会对此协定的实施产生无法预料的影响，但是，英国在此前经历过严重的环境污染和艰难的治理过程，因此对于气候环境问题有着十分深刻和清晰的认识，脱欧并不会对英国的环境治理有过大的负面影响，不会对《巴黎协定》的实施产生阻碍作用。但是2017年6月1日，美国总统特朗普宣布美国将退出《巴黎协定》，这一决定引起了世界各国极其强烈的反应。特朗普政府认为《巴黎协定》将会严重影响美国的经济发展，导致美国将近3万亿美元的损失与超过650万个工作岗位的减少。《巴黎协定》规定2020年之前，发达国家每年筹集1000亿美元作为"绿色基金"，并在2020年之后的五年期间，每年还需要向发展中国家提供1000亿美元的资助基金。但是，特朗普政府认为这项政策真正的目的是将美国的财富重新分配到其他国家，并且美国近几年来的温室气体的排放量在一定程度上有所降低，美国不应该承受如此巨大的责任。美国将于2020年11月退出该协定，美国的退出将会对世界环境保护事业产生十分巨大的影响，首先会对国际气候合作产生重大的打击，打击《巴黎协定》缔约方各国的信心。退出《巴黎协定》意味着美国将不会再履行协定条约，也无法兑现其减排目标，使世界环境保护事业倒退，将会对全球其后治理进程产生严重的阻碍。其次，美国的退出也会增加其他国家履行该项条约所产生的经济负担。当然，这项举措也将为美国带来不可估计的损失，美国在国际中的形象与信誉将会受到严重的打击。

2019年9月23日，联合国秘书长安东尼奥·古特雷斯主持召开气候峰会，以应对日益变化的气候给全人类带来的巨大威胁与挑战。本次峰会加快了《巴黎气候变化协定》的执行，并展现了各个国家在共同政治决心方面的飞跃。

三、中、美、欧三方对全球环境治理立场与态度的转变

（一）中国立场与态度变化

由于受到特殊国际环境的制约，新中国在成立之后并没有立即参与到全球环境治理体系中去，但是在改革开放之后，中国对全球环境治理的立场和态度发生了巨大的变化，积极参与世界各大环境保护会议，为世界环境保护做出了自己的贡献。但是中国仍属于发展中国家，其国情使其在全球环境治理会议中受到了众多不公平的对待。尤其是近几年，中国经济持续发展，美国试图让中国承担其不应承担的、巨大的全球环境保护责任。尤其是在哥根本哈根气候大会上，中美两国的立场与态度受到了广大媒体的关注。首先美国代表要求中国将自己的减排承诺纳入国际协议，并且表示美国不会向中国提供任何改善气候方面的资金以及技术援助。但是中方认为，从历史的角度出发，美国等发达国家应对全球气候变化承担主要的责任。由于中美两国在此问题上的巨大争议，哥本哈根气候大会并没有达成任何协议。但是，虽然中方拒绝了美方的各项不公平的要求，中国从来没有在环境保护事业中停下脚步，由图13-1可见，虽然随着中国的快速发展，其人均CO_2排放量有所增长，但是其数据仍旧处于一个较低的水平，这与中国在环保

问题上的重视与努力是分不开的。其次中国积极为世界各国提供国际公共产品，履行了大国的责任，展现出了应有的大国担当。中国从之前的被动接受者摇身一变，成为当今全球环境保护事业当中的重要引领者。中国积极参与全球各项气候环境相关活动，并持续深化与全球环境治理伙伴之间的良好关系。如今，中国已与世界100多个国家开展了全球环境保护合作交流，与60多个国家和国际组织签署了近150项环境保护类合作文件，与多个国家或区域组织建立合作机制，打造合作平台，已经形成了高层次、宽领域、多渠道的全球合作局面。并且将环境合作融入"一带一路"理念当中来，"一带一路"生态环境保护合作关系在不断变化与发展。共建绿色"一带一路"政策的实施，在一方面来说，有利于增加"一带一路"各沿线国家对于能源、气候、环境等问题的关注，增强其环境治理能力。另一方面，这一政策为全球气候、环境治理事业奠定了良好的基础。2018年，习近平主席在中非合作论坛北京峰会上提出为非洲实施50个绿色发展和生态环保援助项目，为非洲国家环境治理提供了一定的帮助。2017年特朗普政府宣布退出《巴黎协定》，全球目光更是转向中国，希望中国可以在全球环境保护事业中起到带头作用。

（二）美国立场与态度变化

美国作为世界第一超级大国，在全球环境方面更多的是扮演一个不合作的态度。美国各党派在治理全球环境问题上本身就存在一定的分歧。2001年《京都协定书》明确规定发达国家温室气体排放量要在1990年的基础上平均削减5.2%，其中美国削减7%，欧盟8%，但是对于这一规定，美国表示强烈的反对。美国总统小布什拒绝在《京都协定书》上签字，并在此后的一系列活动中表现出了消极的态度。在面对围绕着气候合作所产生的巨大的政治、经济合作的问题中，美国并没有做好准备。其对全球环境保护事业态度消极的一个重要因素是美国一直认为自己在各种条约当中受到了不公平的待遇，要求发展中国家与发达国家承担同样的责任。但是历史数据显示，全球气候变暖的主要原因是由于发达国家在工业革命之后排放了大量的温室气体，如今美国的平均温室气体排放量仍然远远超过中国。其次发展中国家无论在经济上还是技术上，都无法实现与发达国家承担相同的全球环境保护的责任。美国认为全球气候上升是发展中国家想要再分配美国财产的阴谋，但是美国应该意识到，全球环境治理不是一个国家所能够面对的，并且如果全球气温持续上升，这将为世界各国带来不能承受的灾难。除此之外，美国气候变化怀疑论者也是阻碍全球气候改善事业发展的一个重要因素。如今特朗普的上台更是让全球环境事业出现了倒退的现象。2017年特朗普政府宣布退出《巴黎协定》，世界各国为之哗然。由图13-1可以发现，美国虽然近几年的人均CO_2排放量有所下降，但是其数值仍然远远高于中国与欧盟，因此，美国应当为全球气候、环境治理承担更多的责任。

（三）欧洲立场与态度变化

欧洲在一体化之初，欧共体并没有认识到环境变化对人类带来的危害。在1957年通过的共同体条例在内容上也并没有涉及任何环境保护的条款。但是随着欧盟经济的发展以及全球环境的恶化，欧盟意识到了保护环境的重要性，采取了一系列的保护全球环境的措施。在20世纪70年代，欧盟在全球气候环境保护方面的意识开始逐渐增强。1972年10月，欧共体各国在巴黎召开首脑会议，发布了第一个关于全球环境保护方面的行动计划，但是总体来说，欧盟对于全球环境保护的态度并不是十分积极。进入20世纪80年代，欧盟对于全球环境保护事业的态度逐渐积极起来，大多数西欧国家都成立了绿党，很多政党开始加入联合政府，这也促进了欧盟在世界环境事业发展中扮演更加积极的角色。在面对《京都协定书》的签订时，欧洲不但毫无疑议，甚至在得知美国这样的世界头号温室气体排放国明确表明并不准备接受这一协议之后，还愿意支持各个发展中国家的环保事业。《京都协定书》最终签订的议定书并未对发展中国家做出强行限制，这也促进了之后在全球环境事业中各个国家的积极参与。欧盟估计到2020年，单方面实施其减排计划，将每年花费约600亿欧元，这将使欧洲国内年生产总值降低约0.5%，意味着欧盟国家每人每周要多交3欧元的税款。欧盟国家认为来自全球气候变暖的威胁十分严重，所以愿意做出表率带头作用，也一直希望在全球气候问题上展现其世界影响力。欧盟认为美国的经济、技术实力都远远超过其他国家，所以其应当义不容辞地为全球气候变暖承当责任，为发展中国家提供一定的资金以及技术的支持。在未来几年当中，欧盟将致力于促进全球范围的可持续发展，积极有效的解决各个国家尤其是发达国家与发展中国家之间关于环保问题所存在的矛盾与利益冲突，实行有效的环境外交。在与拉丁美洲与亚洲一些国家的自由贸易谈判中，欧盟将促进可持续发展相关产品和服务的贸易。可以说欧盟对于全球环境保护事业做出了不可磨灭的贡献，这也为欧盟赢得了在国际环境领域的足够的话语权以及一定的权威。

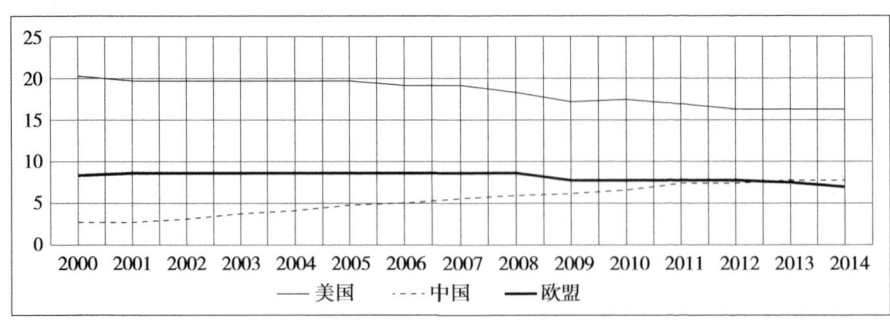

图13-1　2000—2014年中、美、欧三方人均CO_2排放量（单位：公吨/人）

数据来源：联合国

四、世界环境保护事业主要面临的问题

世界环境保护不仅仅是环境的问题，更是各国之间关于经济、政治方面的合作与协调的问题。尽管世界各国都在世界环境保护方面做出了巨大的努力，环境方面的政策与法律法规也在不断地出台，但是生态环境恶化的趋势并没有得到有效的解决，全球变暖问题并没有完全解决。全球环境治理体系陷入困境有以下几点原因：

（一）全球环境的恶化大大打击各国人民对各项法律政策的信心。

有些学者认为现在采取一系列环保政策为时已晚，气候变化怀疑论者的存在更是使得世界环境保护的步伐迈得十分缓慢。其中《巴黎协定》失败的部分原因是特朗普本人是气候变化怀疑论者，特朗普在竞选期间还称气候变化其实是一个骗局，并且认为这是中国为了抑制美国的力量而编造的问题。气候变化怀疑论者每年都会把环保局告上法庭，他们认为气候变化现在还没有科学的定论。但是数据显示2018年全球升温高于工业化水平1.5摄氏度，温室效应已经在很大程度上影响了人们的生产生活。现如今相对于工业化之前，化石燃料的燃烧，森林树木的砍伐等确实更为严重，在很大程度上造成了全球温度的持续上升。杰拉尔德·梅尔等人预测，即便本世纪全球人类不向大气排放任何的温室气体，到2100年大气中已存的温室气体也会造成全球平均气温上升0.5摄氏度，海平面上升11厘米以上。而且每年的世界环保会议以及各项法律规章的制定也将耗费大量的人力物力，然而结果并不是十分明确，所以这使得很多人认为现在的环保事业是无济于事的。

（二）全球环境治理机制相对落后，难以为全球环保事业做出高效的决策。

各个环保部门相对分散，工作程序和机制僵化，缺乏一定的资金支持与长远的策略。一些发展中国家无法得到相应的经济以及技术的支持，从而无法完成设定的环保目标。各个国家相互分离，环境治理的力量相对分散化、碎片化等问题严重。各国环保机制无法得到一定的协调统一，全球环境治理理论与实践脱节，使得全球环境治理效率相对低下。监督不到位以及环境改善计划实施不到位都使得环保事业的发展受到很大的打击与阻碍。

（三）世界环保事业最大的阻碍在于体系内部矛盾重重，谈判的成本十分巨大。

众所周知，发达国家与发展中国家积极有效的合作是全球环境治理高效进行的关键，其中发达国家在工业化之后大都面临着较为严重的环境污染并且也深知环境治理的艰难，所以有一定的环境治理经验。其次发达国家可以对发展中国家的环境治理提供一定的经济以及技术的支持，从而使发展中国家可以在一定时间内完成既定的目标，不再走老工业国家"先发展，后治理"的老路。但长期以

来，在环境问题上，发达国家与发展中国家之间存在着较为严重的立场分歧，这些问题在之前的每一次全球环境会议上都需要谈判，花费大量的谈判成本，并且有时谈判结果并不是十分理想，发达国家无法兑现承诺给发展中国家的援助资金。全球环境的治理涉及各个国家的利益，发达国家之间，发展中国家之间，发达国家与发展中国家之间都有不同的利益诉求。少数发达国家认为，气候问题是发展中国家编造出来的，目的是将发达国家的经济进行再分配。同时，发展中国家则认为全球环境治理政策是发达国家限制发展中国家发展的阴谋。环境问题又夹杂着一定的政治问题，有时发达国家借着环境问题插手发展中国家的内政。这一问题在2009年的哥本哈根世界气候大会上最为体现，发达国家与发展中国家的分歧以及一些非洲国家的抗议使得会议一度中断。在全球气候、环境治理过程中，这一矛盾尤为凸显。

（四）全球环境保护事业中的责任缺失

发达国家无论从历史的角度还是从现在的角度出发，都是全球温室气体排放的最大的来源国家，发展中国家则是全球气候变化的受害者。因此，发达国家对于全球温度上升有着难以逃脱的责任，理应在减少温室气体排放方面做出应有的带头作用，承担更多的责任。尽管1992年里约会议上明确了"共同但是有区别的责任"原则，但是很多发达国家却不愿意承担应有的责任，最终结果表明，包括美国在内的一些发达国家并没有向发展中国家提供所承诺的资金与技术的援助。而且现如今很多发达国家认为今天的环境问题和气候问题是发展中国家力图发展所导致的，所以发展中国家应当承担主要的责任。因此全球环境保护事业中的责任缺失是造成很多分歧以及谈判无果的主要原因。

（五）全球环境治理并未实现真正的公平，并且缺乏创新与活力

虽然全球环境治理一直以公平公正作为其出发点，但是却从未达到过真正的公平公正，虽然近几年来像中国这样的发展中国家由于经济的发展，世界地位以及影响力的提升，更加积极地参与到世界环保事业中来，但是全球环境治理在根本上还是由发达国家主导的。并且全球环境治理主体以政府部门为主，虽然也有企业、私人的参与，但是其发挥的作用却是十分有限的，非政府组织在各大全球环境会议上缺乏发言权，使得全球环境治理的主体较为单一，缺乏活力与创新的元素。

五、全球环境保护事业未来展望

现如今虽然全球环境治理有了很大的进步以及效果，但是全球利益不平衡以及治理不协调的问题仍旧阻碍着全球环境治理事业的进一步发展，使环境治理困境难以突破。只有世界各国都积极地参与到全球环境治理事业当中来，我们才可

以实现可持续发展的重要目标。全球环境治理未来应在"共同但有区别的责任"原则之下,进行一系列的改进以及努力,才能保证早日实现我们的环境目标,从而造福全人类。以下为全球环保事业发展的展望:

(一)增加各国非政府企业、组织的参与

首先,我们知道全球环境保护事业一直以政府组织为主体,这为非政府企业、组织的进入增添了壁垒,使得非政府企业、组织无法参与到全球环境保护的事业当中来。但是这些非政府企业、组织能够对环境产生十分重要的影响,具有专业性、灵活性的特点。[1]其次一些发展中国家由于经济落后,国际地位低,在全球环境保护事业当中没有话语权,只能被动参与,所以未来全球环境保护事业应该努力包容这些小国和非政府企业、组织,使其能够充分发挥其特点,积极参与进来,为全球环境保护事业增添更多的色彩。

(二)增强谈判与落实能力

长期以来,谈判都是全球环境保护事业当中主要的交流合作方式,但是我们发现谈判耗费了巨大的成本,并且有时效果并不是十分明显。因为各个国家,尤其是发达国家与发展中国家之间的主要矛盾与冲突是很难解决的,这才造成了全球环境保护事业虽有进展,但是却充满了不确定性。所以在未来全球保护事业应当集中精力解决发达国家与发展中国家之间存在的重要矛盾,在共同当中谋求不同。并且应当建立强有力的法律约束机制与违约惩罚机制,用高昂的违约成本来确保各项规章制度的实施。

(三)细化国际任务,增强各国合作

长期以来,全球环境治理都在"共同但有区别的责任"原则的基础上发展,发达国家注重"共同责任",而发展中国家更多注重的是"区别责任",所以才导致了发达国家与发展中国家之间的众多分歧与矛盾。未来全球环境治理要进一步科学细分各个国家的环境保护责任,并且充分考虑各个国家的发展程度以及自身的国情,根据发展情况以及自身国情制定更加细节化、有针对性的环境保护目标以及措施,这样有利于各国积极实施环境保护措施以及有效完成环境保护目标,避免无用的时间成本以及技术浪费。

---

[1] 卢静:《透析全球环境治理的困境》,教育与研究,2010年第8期,第79页。

第十四章 马克龙任期内法国的全球气候治理及其对中国的启示

罗曼娜 袁博[①]

【摘要】2015年,在法国政府的大力推动下,《巴黎协定》获得通过,马克龙接任总统后,在全球气候治理上采取了一种积极进取的态势。马克龙不仅在国内公布雄心勃勃的"气候计划",还高调提出"让地球再次伟大"的口号;在各大国际会议反复呼吁国际社会重视气候变化,坚定捍卫《巴黎协定》的决心;积极回应与气候议题相关的国际热点事件,积极发出法国声音,贡献法国力量;并在这一领域与中国频繁互动。积极有为姿态的背后是马克龙政府基于国内政治和国际战略的考虑。法国国内环保呼声的日益高涨和重视环境与气候问题的传统让马克龙在气候治理领域积极作为,以最大程度地吸引选民。在国际层面,马克龙则希望抓住美国退出《巴黎协定》,气候博弈阵营出现分裂的契机,重新谋求法国在欧洲以及国际的领导地位。虽然马克龙以气候变化世界冠军自居,但其政策在落地过程中遭遇诸多问题,被批评承诺与行动存在鸿沟。

【关键词】马克龙;法国;全球气候治理;中国

一、引言

1992年《联合国气候变化框架公约》(以下简称《公约》)的签署标志着国际社会在应对全球气候变化问题上形成了进行国际合作的一个基本框架,其中缔约方大会是《公约》的最高决策机构。在2015年巴黎谈判之前,缔约方大会已经举行了20次,其中产生的主要成果包括《京都议定书》《巴厘岛路线图》和《哥本哈根协定》等。《京都议定书》在人类历史上首次以法规的形式限制温室气体排放,通过具体的法律措施和手段体现了"共同但有区别的责任"原则;《巴厘岛路线图》则首次将美国纳入旨在减缓全球变暖的未来新协议的谈判进程之中,要求所有发达国家缔约方都必须履行可测量、可报告、可核实的温室气体减排责任;

[①] 北京外国语大学国际组织学院硕士研究生,研究方向为国际经济。

第十四章 马克龙任期内法国的全球气候治理及其对中国的启示

2009 年备受关注的哥本哈根大会最后达成的仅是不具法律约束力的《哥本哈根协议》。直至 2015 年 12 月，在法国政府的大力推动下，巴黎气候变化大会通过了《巴黎协定》，该协定拟定了 2020 年后的全球气候治理格局，被誉为是继 1992 年《公约》、1997 年《京都议定书》之后，人类历史上应对气候变化的第三个里程碑式的国际法律文本。但在 2017 年 6 月 1 日，美国总统特朗普以协定将给美国带来"苛刻财政和经济负担"为由，宣布美国将退出《巴黎协定》，不再履行其中的承诺，美国退出后，短时间全球气候治理呈现出减缓、资金和治理"三大赤字"。

在全球气候治理推进的同时，中国的参与过程可分为三个阶段：第一阶段为 1992 年到 2009 年，中国保持对气候外交的审慎态度；第二阶段 2010 年到 2013 年，中国在国际气候谈判中采取了更加灵活积极的举措，积极参与清洁发展机制，表现出更加开放合作的态度；第三阶段是 2014 年以来，中国在气候外交上已经转向积极的态势，并通过推动《巴黎协定》的缔结，促进发展中国家间气候合作，为建立统一的国家碳市场在全球气候治理方面做出了不懈的努力，凭借高度责任感赢得了良好的国际声誉。由此可以看出，中国已经从谨慎的全球气候治理参与者，转变为国际气候标准的主要推动者，乃至全球气候治理的主要贡献者倡导者。

法国方面，2017 年 5 月 7 日，马克龙赢得法国总统大选，成为法国历史上最年轻的总统。马克龙本人一直以环保主义的面貌示人，他在上台后力推"气候外交"，将应对气候变化作为法国外交政策的重心和在国际舞台上提高国家影响力的重要方式。截至 2019 年 12 月，马克龙的五年任期过半，他在和每一个外国领导人会面时几乎都会提起有关《巴黎协定》的话题，并在全球环境与气候治理方面出台了诸多政策，相关的发言、倡议更是不胜枚举。

二、马克龙出任总统后法国在国际气候问题上的表态

首先，在国内方面，马克龙任命曾在巴黎气候大会期间作为"法国总统保护地球特使"出席的尼古拉·于洛（Nicolas Hulot）为环保发展部长，在新部长班子中地位仅次于内政部长。在那之前，这位前电视主持人一直拒绝从政。"Après avoir convaincu Nicolas Hulot de faire partie de son gouvernement, le chef de l'État français tente de prendre le leadership de la défense de l'environnement.（在说服于洛成为法国政府的一员后，法国国家元首正试图在环境保护方面发挥带头作用）。" 2017 年 7 月 6 日，于洛在新闻发布会上公布其"气候计划"（PLAN CLIMAT）。这是以 2050 年为目标的一套极具雄心壮志的计划，包括多项重大工程与项目：到 2050 年，法国要成为"碳中性"国家（碳中性是指通过植树等方式把二氧化碳的总排放量消耗掉，达到环保的目的）；在房屋建筑方面（温室效应

废气第二大排放源），于洛表示将在10年期限内"消除全国的热能漏勺"（"热能漏勺"指的是全国700万套隔热保温防寒不良的建筑）；在交通方面（温室效应废气第一大排放源），他宣布将召开全国交通事务大会，将在2040年以后将终止销售柴油和汽油引擎汽车；在不久的将来，将针对低收入家庭创设一项"能源过渡"奖金，以协助这些家庭淘汰其污染严重的旧车和购买一辆污染较弱的汽车；重申政府不再签发新的勘探碳氢化合物的许可证，停止进口森林产品，也停止进口在亚马孙、东南亚以及非洲砍伐森林的农业企业的产品等等。

在国际层面，首先在2017年6月1日特朗普宣布美国退出《巴黎协定》仅仅几小时后，马克龙就向美国科学家发出邀请，并与特朗普"让美国再次伟大"的口头禅针锋相对，提出"让地球再次伟大"的口号。一周之后，法国政府专门设立网站，给出具体扶持计划：引进约50名高水平外国气候科学家，为每人提供3到5年约合150万欧元的资金支持，帮助他们到法国工作。截至2019年12月13日，该计划在两年的时间里吸引了42名研究人员，为期3至5年，每人获得150万至300万欧元的资助。"avec ces budgets, ils ont eux même attiré d'autres scientifiques pour leurs projets（有了这些预算，他们自己吸引了其他科学家参与他们的项目），"研究部长弗雷德里克·维达尔（Frédérique Vidal）表示，"Au total, «plus de 200 chercheurs» ont été recrutés par l'initiative（该计划总共招募了200多名研究人员）。"而2018年4月25日，在访问美国的最后一天，马克龙在美国国会发表讲话，提到了两国在气候变化等领域的分歧。他呼吁美国人"garder les yeux ouverts et être conscients des nouveaux risques（必须睁大眼睛，意识到新的风险）"，并强调"Il n'y a pas de planète B（没有第二个地球）"，"Nous devrons leur offrir une planète que nous pourrons toujours habiter dans 25 ans（我们必须为我们的孩子提供一个25年后仍能居住的地球）。"马克龙坚信，"un jour, les États-Unis reviendront dans l'accord de Paris（有一天，美国将重返《巴黎协定》）。"

马克龙在各大国际会议上反复呼吁国际社会重视气候变化，坚定捍卫《巴黎协定》的决心。在特朗普宣布退出《巴黎协定》后，马克龙在德国汉堡出席二十国集团峰会期间提出在巴黎举行纪念峰会，以进一步推动落实《巴黎协定》，尤其是为气候行动融资寻求具体途径。2017年9月19日，《世界环境公约》主题峰会在联合国总部纽约举行。马克龙正式向联合国递交公约草案，并发表讲话，"该协议不会被重新谈判，可能会加入新的贡献元素使其更丰富，但我们不会后退，"马克龙强调，"我在此确认法国将履行其承诺，至2020年，每年投入50亿欧元支持气候行动。递交《世界环境公约》体现了我们更为宏大的雄心，目标是通过联合国相关机构的支持，打造新世纪的国际法。"11月6日至17日，在第二十三届联合国气候变化大会（缔约方会议COP23）上，"Merkel et Macron réaffirment leurs ambitions climatiques. Le président français a promis que l'Europe se substituera

第十四章　马克龙任期内法国的全球气候治理及其对中国的启示

aux Américains pour assurer le financement du Groupe d'experts intergouvernemental sur l'évolution du climat（马克龙和默克尔重申了他们的气候雄心，承诺欧洲将取代美国，为政府间气候变化专门委员会提供资金）。"2017年12月12日，《巴黎协定》签署两周年纪念峰会"同一个地球"（One Planet Summit）气候行动融资峰会如期在巴黎开幕，由法国与联合国、世界银行共同主办，聚焦的首要问题是气候资金。近60个国家的领导人以及国际组织、金融机构、企业、地方政府等非国家主体代表约4000人出席。马克龙强调，"我们正在输掉这场（应对气候变化的）战役"。他表示，气候问题是当前人类面临的紧迫而持久的挑战，呼吁各方加快行动步伐，通过具体行动改变"我们的国家、社会和经济"。2019年6月二十国集团领导人第十四次峰会在日本大阪举行，美国在独自退出《巴黎协定》后，试图让巴西、土耳其、沙特阿拉伯和澳大利亚在G20峰会中占据重要位置，爱丽舍宫担心，"«19 + 1» ou «16 + 4», à la veille du face-à-face entre Trump et Xi, les coalitions se cherchent（这将不再是19对1，而是16对4）。"但"Avant le sommet du G20 à Osaka, Emmanuel Macron, en visite bilatéral à Tokyo a menacé de ne pas signer le communiqué final si l'accord de Paris n'était pas évoqué（在G20峰会之前，马克龙在对东京进行双边访问时威胁说，如果未提及《巴黎协定》，则不会签署最终公报）。"

除了呼吁国际社会坚定捍卫《巴黎协定》，马克龙还积极回应与气候议题相关的国际热点事件。包括2019年亚马孙森林火灾与瑞典环保少女格蕾塔·桑伯格（Greta Thunberg）的控诉等，积极贡献法国力量和智慧。2019年8月七国峰会上，马克龙强烈呼吁全球航运削减海上运输巨大碳排放量对全球环境的影响，并重申了法国致力于减缓碳排放作为应对气候变化的最佳工具。马克龙表示："De manière solennelle, nous allons nous engager avec les transporteurs maritimes, pour réduire la vitesse, ce qui est l'un des moyens les plus efficaces pour réduire les émissions（在此，我非常庄严地提出，我们将首次与航运公司合作，通过降低商船的速度来减少航运碳排放），"并专门将其观点的视频发表在社交平台Twitter上。在这段视频中，马克龙还呼吁道："此次G7峰会的核心议题是保护地球气候和生物的多样性。在亚马孙原始森林的燃烧和海洋生物正在呼唤我们，我们必须回答他们，并且我们要以具体行动，而非单单用语言来回应他们。"马克龙在会议结束后宣布，七国集团将向亚马孙雨林所处国家提供至少2000万欧元援助。然而，由于博索纳罗敦促马克龙就先前言论向巴西道歉、作为接受欧盟援助的"条件"，七国集团的援助资金预期短期内难以到位。2019年3月14日，马克龙在肯尼亚首都内罗毕"同一个地球"第三届峰会以抑制气候变化世界冠军自居，强调"我们有行动的责任"。他对法国被指控"在气候方面无作为"做出回应，表示抑制气候变化，"不应该以人民反对政府的方式"，"政府和人民、人人都应该行动起来"。他说:"年轻人说我们做得不够快。我要感谢全世界的年轻人,年轻人焦急是有道理的,我们确实是太慢了。"他认为"非洲必须成为气候行动的核心",呼吁非洲国家不要走上欧洲和美国在过去几十年所走的道路。在宣布法国将在2022年之前将其对非洲太阳能电池板设备项目的贡献增加5亿欧元之前,他警告说:"Ceux qui vous disent qu'il faut construire des centrales à charbon vous mentent(那些告诉你必须建设燃煤发电站的人是在欺骗你)。"2019年9月23日在联合国总部美国纽约举行亚马孙森林会议,面对16岁的瑞典少女格蕾塔·桑伯格与其他15名年轻环保主义者向联合国针对包括法国在内的五个国家的气候不作为提出了申诉,马克龙则表示:"Des positions très radicales de nature à antagoniser nos sociétés... Toutes les mobilisations de notre jeunesse ou des moins jeunes sont utiles. Mais il faut qu'elles se concentrent maintenant sur ceux qui sont le plus loin, ceux qui essaient de bloquer. Je n'ai pas le sentiment que le gouvernement français ou le gouvernement allemand, aujourd'hui, sont en train de bloquer... Je pense surtout maintenant qu'on a besoin qu'on ait une jeunesse qui nous aide à faire pression sur ceux qui bloquent, en se mobilisant, et qui aussi participent à des actions très concrètes. Il y a des tas d'actions citoyennes qui sont utiles(那些极端的立场,是造成我们社会敌对的根源……年轻人的集会活动都有意义,但必须将注意力放在那些阻碍政府采取有利于改善气候问题的政策的人士上,我没有感觉到法国政府或德国政府正在阻碍这些政策的实行……我们需要的是位可以帮助我们向那些阻碍环保政策实行的人士施压,可以做出具体行动的年轻人)。"

另外,马克龙上台以来,中法两国就全球气候治理方面的互动也十分频繁,其中主要包括三次国事互访和两次与联合国的三方小范围气候变化会议。在2018年1月8日访华首日,马克龙呼吁中法两国应为了"世界的未来"而联合起来,向气候问题"宣战"。马克龙建议中国应向气候变暖问题"再次发起战斗",并为即将于2018年在波兰举行的《联合国气候变化框架公约》第24次缔约方大会做好准备。关于中法两国在对抗气候问题领域的合作,马克龙表示,将于2018年至2019年举办"中法环境年"活动。2019年3月26日习近平对法国进行国事访问期间,双方公布了《中华人民共和国和法兰西共和国关于共同维护多边主义、完善全球治理的联合声明》,两国重申愿共同应对在气候变化、生物多样性丧失和环境保护领域的挑战;并承诺全方位履行《巴黎协定》,努力提高履约能力,并在不晚于2020年通报本世纪中叶温室气体低排放长期发展战略。2019年11月5日,马克龙在对中国的第二次国事访问期间,在上海第二届中国国际进口博览会上表示:"Si nous voulons être dans le respect de l'accord de Paris, il nous faudra l'année prochaine rehausser nos engagements en matière de réduction d'émissions, il nous faudra confirmer de nouveaux engagements pour 2030 et 2050(如果我们要遵守《巴黎协定》，明年我们就必须加强减排承诺，我们必须确认 2030 年和 2050 年的新承诺）"，并且 "La coopération à ce titre entre la Chine et l'Union européenne est décisive, a-t-il ajouté. Il nous faut, l'année prochaine, que dans l'agenda de rehaussement nous soyons collectivement aussi au rendez-vous（中欧在这方面的合作至关重要。我们需要在明年的增长议程上共同努力）。" "Au dernier jour de la visite d'Emmanuel Macron à Pékin, les présidents chinois et français ont réaffirmé mercredi leur "ferme soutien" à l'accord de Paris sur le climat... Dans cet 'Appel de Pékin sur la conservation de la biodiversité et le changement climatique', les deux présidents soulignent également 'leur forte détermination à améliorer la coopération internationale sur les changements climatiques pour assurer une mise en œuvre de l'accord de Paris totale et efficace'（在访问最后一天，中法两国元首重申他们'坚定支持'《巴黎协定》……在《中法生物多样性保护和气候变化北京倡议》中，两国元首还强调，'他们决心加强气候变化方面的国际合作，以确保全面有效地执行《巴黎协定》'）。除了中法双方的互动，中法两国还与联合国分别在 2018 年二十国集团领导人第十三次峰会和 2019 年第十四次峰会期间举行了应对气候变化问题的三方小范围会议，第二次会议后三方发布气候变化会议新闻公报，重申加强应对气候变化国际合作、推动《巴黎协定》全面有效实施的坚定承诺。由此可以看出，中法互动的主要成果依旧集中在强调中法两国共同坚持《巴黎协定》的决心，并强调中欧在全球气候治理方面合作的重要性，落实的具体行动并不多，主要为 2018 年"中法环境年"。

三、马克龙气候议题表态的原因分析

法国总统马克龙在气候议题上积极表态的原因，可以从法国的国内政治和国际战略两方面进行分析。

第一，法国实行多党制，目前共有 30 多个政党，主要政党包括共和国前进党、社会党、共和党等。法国多党制的一个特点是，基本上没有一个政党能够完全依靠自己的力量在选举中取得议会多数席位或当选总统。根据政党理论，政治家所追求的目标是党派或个人利益的最大化，而在西方选举制下，党派或个人利益最大化又能转化为追求选票的最大化，这就意味着政治家是为了获取更多选票而制定政策，而不是为了实现政策而吸引选票。马克龙身为法国前进运动党，他政策制定的最终目标也是实现法国前进运动党及其个人利益的最大化，这就要求他的政策能够最大程度地吸引法国选民。

法国是历史悠久、文化底蕴深厚的发达资本主义国家，社会的发展程度和国民的受教育水平较高，因此民众对环境保护、气候变化等议题较为关注，也相对支持政府在这些方面投入资金和人力资源。尤其在近些年法国民众对环境的担忧程度持续攀升。法国调查机构 BVA2018 年 12 月发表的《法国人，环境和生态公民的姿态》的调查结果显示：88% des Français déclarent que l'environnement est un sujet qui les préoccupe au quotidien（44% «beaucoup», 44% «un peu»）: une préoccupation plus présente chez les catégories sociales aisées（88% 的法国人说环境是他们日常关注的问题 <44%"很多"，44%"有点">：这在富裕的社会阶层中更为普遍）。而到 2019 年 9 月时，根据民意调查，"la protection de l'environnement est la première préoccupation de 52 % des Français（环境保护已经成为 52% 的法国人最关心的问题）"。因此在法国国内外经济形势仍较为严峻的背景下，马克龙在各类场合多次就气候问题积极发声，是顺应民意的举措，也能够分散民众对于其他领域问题的注意力，有利于保持个人和所在党派的支持率。《费加罗报》称，根据 2019 年 9 月的民调显示，"Le chef de l'Etat gagne près de 7 points auprès des sympathisants des Républicains... La séquence réussie du G7 de Biarritz est sans doute pour beaucoup dans la remontée du président de la République（马克龙在共和党支持者中获得了近 7 个百分点……而 G7 峰会在比亚里茨的成功举行，无疑在很大程度上促成了对总统的信心指数大幅上升）"。

马克龙高度重视气候变化，也是因为法国政府一向有重视环境与气候问题的传统。马克龙的这种激进表态在其他国家看来可能激情澎湃，但也只是 20 世纪 90 年代以来法国气候环境政策的自然延伸。法国在气候治理中的自身优势在于其核能大国的地位，对化石燃料依赖性较低，自身减排压力较小。而法国国内的环保力量和政党一直有较大影响力，并努力促使政府将环保政策纳入内政外交，尤其从 21 世纪初以来，减少温室效应和应对气候变化长期被法国政府列为国家优先级事务。希拉克是第一个公开呼吁应对全球变暖问题的法国总统，他曾在地球高峰会上发言，用"房子烧着了"来比喻全球变暖。其后的萨科齐在竞选时就强调环境议题。奥朗德时代更进一步，2015 年通过了法国能源转型法案，其中规定了转向清洁能源的路线图，每五年评估碳排放。其后，法国又作为东道主牵线完成了具有历史意义的《巴黎协定》……"并不是马克龙就真的特别环保，""气候行动网络"的国际政策顾问杜富尔（Lucile Dufour）说，"而是因为他是站在之前的基础上的……在法国，大家认同气候变化理论，《巴黎协定》也是法国的政治遗产。"

第二，法国历史上是外交大国，法语是重要的外交语言，但在二战之后，随着欧洲整体实力和国际地位的相对下降，法国的国际地位也不复往昔的辉煌。而马克龙在气候议题等领域的积极发言表态无疑可以提高法国在欧洲以及国际事务中的参与度。

首先，在气候方面，美国退出《巴黎协定》对马克龙来说是"un moment à saisir（一个值得把握的时刻）"。在全球气候治理进程中，气候谈判博弈阵营发

第十四章 马克龙任期内法国的全球气候治理及其对中国的启示

生多次重组，比较鲜明变化为如下四次：在谈判达成《公约》的阶段，博弈主要在进行过国家和发展中国家间进行，博弈的焦点为发展中国家是否应该承担绝对量化减排指标。在《京都议定书》阶段，原有的两大阵营大体分化成三大集团，并且有着各自的主张。以欧盟为首的欧盟、小岛国联盟和最不发达国家集团，减排主张最为激进；除欧盟以外的其他发达国家（因其在地图上的分布形状得名为"伞形集团"），这一集团不及欧盟集团主动，但又要保持气候治理话语权；"中国+77国集团"形成第三个集团，主张在坚持"共同但有区别"的原则基础上，基于各国自身的发展阶段和条件进行减排。三大集团博弈的焦点集中在，发达国家施行高标准量化减排，是否要以发展中大国的量化减排为前提。在《巴黎协定》达成阶段，发达国家阵营里，时任美国总统奥巴马一改以往美国政府在气候变化问题上的消极作风，推行绿色新政，于巴黎气候大会正式召开前，与中国签订了《中美气候变化联合声明》，一时弱化了欧盟在国际气候谈判中的主导地位。在发展中国家阵营中，以中国、印度、巴西和南非为代表的"基础四国"，与小岛屿国家及最不发达国家等利益集团分歧更加显著。前者的基本立场是主张发达国家和发展中国家依据公平原则各自履责，后者则出于对海平面上升、担心国土被淹的，以及对外部技术支持和资金援助的渴望，立场更趋向于发达国家靠拢。此时博弈各方的焦点问题是，如何做到不触碰任何一方的"红线"，使近200个缔约方共同签署一份《巴黎协定》。最后，在《巴黎协定》达成和后续细则的谈判阶段，在去全球化的背景下，气候博弈原有阵营出现了普遍的分裂现象。以2018年波兰卡托维兹气候大会为例，原发达国家阵营的"伞形集团"中，在化石能源的使用上，美国、澳大利亚、俄罗斯和沙特立场相近，加拿大和新西兰的立场转而趋向欧盟。发展中国家阵营中的"基础四国"当中，巴西和印度分别在市场机制和碳信用额度监管规则问题上保有各自的主张，"基础四国"达成共识出现困难。如何采取高效、稳定和全面的行动来落实《巴黎协定》，成为近期各方博弈的焦点。

而在当选之时，马克龙便在演讲中表示："今天，世界和欧洲比以往任何时候都更需要法国。他们需要一个强大而自信的法国。他们需要一个大声疾呼自由和团结的法国。他们需要一个能够创造未来的法国。"这显然也是延续法国的外交传统，尤其在2017年法国主场多边外交达成《巴黎协定》，《欧洲时报》评论，"人们可以放心地说，法国在经济上已经没有足够的全球影响力，但人们同样不可以否认，在外交领域，法国人依然有能力捍卫光荣与梦想。"另一方面，法国能源政策的转变也体现出欧盟内部大国不断竞争的态势。冷战后，法德作为欧盟的发动机，德国的领导作用不断凸显，相较而言，法国的影响力则日趋下降。因此，在能源议题上采取主动与积极姿态，成为法国谋求欧盟领导力及争当应对全球气候变化领导者的重要手段。

由以上分析可以看出，欧盟始终在全球气候治理中扮演领导者角色，即使在《巴黎协定》达成阶段领导地位一时为美国所削弱，但在特朗普政府对气候变化一直持怀疑态度，退出《巴黎协定》后，欧盟自然再次成为全球气候治理的排头兵。而马克龙此时想要当欧洲领袖，可谓"天时地利，尽握好牌"，有学者分析认为，"在目前这种情况下——德国经济问题加剧，默克尔时代即将落幕；比利时没有政府；西班牙又将大选；意大利和其他许多北部、东部国家都由脆弱的联盟进行统治；更不用说陷在'脱欧'漩涡中的英国——马克龙与法国的确是一个比较稳定的中心。"

有了"天时地利"，马克龙的积极态势成功地让"法国声音"重回欧洲和国际舞台。具体来说，在欧洲层面，据彭博社报道，"Macron's Influence Grows as Europe Charts a New Direction"。在国际影响力层面，马克龙还在美国总统特朗普宣布退出《巴黎协定》后，针对气候问题提出"让地球再次伟大"的口号，此举被认为是向特朗普"施以一记重拳"。美国《生物科学》杂志主编斯科特·柯林斯（Scott Collins）评论法国政府的"让地球再次伟大"人才引进项目，"我怀疑3000万欧元能否会再次创造一个伟大的地球。但我仍然钦佩法国科学界。"2018年9月26日，第二届"同一个地球峰会"在纽约举行，《费加罗报》称马克龙成为全球变暖斗争的领导者。中国新华网则评价道："在支持全球多边贸易体制、气候变化和伊核问题上，马克龙认可并维护现有国际秩序，表现出在推动全球治理变革中积极担当的意愿。"《欧洲时报》更是以《G7峰会成为马克龙提升法国影响力的秀台》为题，写道："峰会已矣，余音仍在，备受国内问题困扰的马克龙民意得以上升，法国的国际影响力得以提升。马克龙一时间成为世界级明星，获得不少称誉"，"伊朗外长扎里夫到访是一个突然事件，另一个突然事件则是'地球之肺'亚马孙森林大火。高举'气候外交'旗帜的马克龙自然不会放过这一扩大法国影响力的机会"，"马克龙还提出限制集装箱轮船航速以减少排放的建议，虽然无人响应，却再次在国际性会议上发出了法国的声音。"2018年9月26日召开第二届联合国"同一个地球"峰会，联合国环境规划署授予马克龙"地球卫士"称号。据法国BFMTV电视台报道，此项表彰赞赏了马克龙在应对气候变暖方面所做出的努力，尤其是于2017年成功组织了巴黎"同一个地球"气候行动融资峰会。"Même si sa stratégie nationale de lutte contre le changement climatique est critiquée par des ONG et des experts qui jugent insuffisants les efforts du gouvernement, sur le plan international le chef de l'État a gagné une stature de champion mondial de la lutte contre le réchauffement（尽管法国应对气候变化的战略受到非政府组织和专家的批评，他们认为政府的努力是不够的，但在国际层面上，这位国家元首在应对全球变暖方面获得了世界冠军的地位）。"

四、马克龙全球气候治理面临的挑战

虽然马克龙曾在公开场合以抑制气候变化世界冠军自居，但在很多人眼中，法国在气候和环保领域仍然还不足以被称作榜样。马克龙及其所领导的政府在气候治理问题上做出了诸多承诺，但在政策落地的过程中依然遭遇了诸多问题。

2018年8月，与马克龙私交甚密的环保发展部部长于洛辞职。他在职期间的几项环保措施包括反对朗德圣母机场计划、延期禁用草甘膦、通过结束烃类开采法案等，既有成效又有遗憾。辞职时他声称因为独自一人在政府中追求环保事业而颇感孤单。据猜测，直接导致于洛辞职的是他在狩猎改革中受到的阻力。法国当时面临欧洲议会选举，马克龙努力争取农村选票，而狩猎改革很大程度上会影响到农村选民的投票意向，但狩猎与环保之间的利益冲突又是显而易见的。于洛的离去势必对法国一系列环保政策的后续落实造成一定影响。

2019年6月25日，法国应对气候变化最高委员会公布报告表示，法国政府在应对气候变化层面设定的目标极富野心，但缺少必要行动，此外推出的应对机制相对薄弱，希望政府此后重新审视自己在应对气候变化层面的作为。报告认为按照法国目前的减排进度，难以完成此前设置的减排计划。事实上，该委员会于2018年底"黄马甲"运动兴起之初成立，这也是该委员会第一次作出报告并上交总理菲利普，能否真正对政府具体决策产生实质性影响也仍然是一个未知数。

媒体对于这位年轻总统的口号也发出了质疑。据法国《解放报》9月22日报道，法属圭亚那和苏里南的当地人指责马克龙"把36万公顷的森林用来采矿"。同时，法国大量进口南美大豆和亚洲棕榈油，而这些举措会导致当地的森林砍伐之风愈演愈烈。除此之外，法国在遵循欧盟新气候目标的问题上态度犹豫，迟迟未能出台新的气候与能源法。由此看来，法国很难真正被称为气候领域的榜样国家。

值得注意的是，一项由法国Viavoice调查公司进行的民调结果显示，虽然法国人普遍对气候问题采取了关注态度，但他们更加信任"非政府组织和各类协会"，或是"公民"本身，而非"国家和政府"及"企业"。专家分析，这反映了人们对于"服务于特定利益对象"的政府和企业的不信任态度。可见政府要想赢回失去的民意，就必须下定决心进行大刀阔斧的变革。

然而，很多人对"变革"的未来并不抱有很大信心。在他们看来，马克龙的演讲固然慷慨激昂、鼓舞人心，但他对于改变的勇气仅仅停留在了口头上，而不能真正付诸行动。值得一提的是，马克龙对于法国国内与气候议题相关的游行示威活动的忍耐度也正在下降，并逐渐表现出对于该类活动的不安。

五、马克龙任期内的法国全球气候治理对中国的启示

中国应当积极加强与法国这一潜在的有力合作伙伴的合作,学习气候治理的先进经验,并共同提高全球气候治理的水平。自2018年1月首次访华开始,法国总统马克龙就给自己定下了"每年都要来中国一次"的目标,并在访问中多次谈及气候议题。在2019年的访华之旅中,马克龙又强调了两国在"气候变化领域"的战略性合作。事实上,中法之间在该领域的战略性合作确实大有可为。从中国的立场上看,首先,法国在气候立法领域一直走在世界前列,可以为中国的相关领域立法所借鉴。第二,法国在核能等清洁能源的开发上经验丰富,技术水平处于世界顶尖水平,可以借鉴运用于中国清洁能源的研究与开发。第三,法国在节能减排的标准设定、技术规范上也有较为先进的经验,可为中国相关规则制定机构所借鉴。而对法国而言,与中国这个世界上最大的发展中国家进行气候领域合作,不仅使为自己的技术和产品开拓了一个潜力巨大的新兴市场,如果双方在共同关注问题上的协调发声,也能扩大自身在国际上的影响力。因此,中法之间的合作对于两国将是一个双赢的选择,甚至有可能为创造一个全新的全球气候治理秩序做出贡献。

参考文献

[1] 陈思科.气候大会协议在巴黎达成 法国外交为捍卫光荣"付出眼泪"[EB/OL.http：//www.oushinet.com/europe/france/20151214/215214.html.

[2] 春花.法国应对气候变化最高委员会发布报告：政府说得多做得少[EB/OL].[2019-6-27].欧洲时报网,http：//www.oushinet.com/europe/france/20190627/324574.html.

[3] 傅莎等.美国宣布退出《巴黎协定》后全球气候减缓、资金和治理差距分析[J].气候变化研究进展,2017(05)：415-427.

[4] 秋狸.气候问题,马克龙政府的"危机"还是"解药"？[EB/OL].[2019-9-23].http：//www.oushinet.com/europe/france/20190923/331376.html.

[5] 任其然.现场 | 在政策与政治之间：从联合国气候大会到巴黎"黄背心"[EB/OL].[2018-12-20].https：//www.thepaper.cn/newsDetail_forward_2753399.

[6] 孙海潮.G7峰会成为马克龙提升法国影响力的秀台[EB/OL].[2019-9-4].http：//www.oushinet.com/voice/forum/20190904/330020.html.

[7] 吴傲雪等."掌舵"法国满一年 马克龙交出了怎样的答卷？[EB/OL].[2018-5-8].http：//www.xinhuanet.com/world/2018-05/08/c_129867006.htm.

[8] 张富强等.法国能源战略——核能先行（世界能源风向）[N].中国能源报,2019-3-18（7）。

[9] 张雪飞.综述："一个星球"峰会为气候融资注入新动力[EB/OL].[2017-12-13].http：

//www.xinhuanet.com//world/2017-12/13/c_1122106684.htm.

［10］周绍雪.全球气候治理的中国方案［N］.学习时报，2019-12-13（2）。

［11］周绍雪.全球气候治理的新形势［N］.学习时报，2019-8-9（2）。

［12］周文仪.法国环保新政：2040年前停售燃油车［EB/OL］.［2017-7-7］.http：//www.oushinet.com/europe/france/20170707/266443.htm.

［13］周文仪.同一个地球峰会：马克龙自居"抑制气候变化世界冠军"［EB/OL］.［2017-3-15］.http：//www.oushinet.com/europe/france/20190315/316115.html.

［14］21.arl Meeus. Forte remontée de la cote de confiance d'Emmanuel Macron, le 9 mai, 2019, Le Figaro［EB/OL］.［2019-9-5］https：//www.lefigaro.fr/politique/forte-remontee-de-la-cote-de-confiance-d-emmanuel-macron-20190905.

［15］Le Figaro avec Reuters. Climat：Macron appelle à «être collectivement» au rendez-vous en 2020, le 5 novembre, Le Figaro［EB/OL］.［2019-11-5］https：//www.lefigaro.fr/international/climat-macron-appelle-a-etre-collectivement-au-rendez-vous-en-2020-20191105.

［16］Marc Cherki. Climat：l'initiative de Macron prend corps, le 1 octobre, 2019, Le Figaro［EB/OL］.［2019-9-30］https：//www.lefigaro.fr/sciences/climat-l-initiative-de-macron-prend-corps-20190930.

［17］Marc Cherki. 200 chercheurs sur le climat attirés en France en 2 ans, le 13 décembre, 2019, Le Figaro［EB/OL］.［2019-12-12］https：//www.lefigaro.fr/sciences/200-chercheurs-sur-le-climat-attires-en-france-en-2-ans-20191212.

第十五章　环境规制、环境信息披露与企业债务融资成本

任康钰　王琦[①]

【摘要】 随着绿色信贷的发展，企业的环境信息披露成为银行等债权人评估环境风险的重要信息来源，而对企业环境风险的评估直接影响着资金定价即企业的债务融资成本。与此同时，环境规制强度则体现出企业所在地的地方政府对环境问题的重视程度，既会影响企业的环境信息披露状况，也会影响金融机构在定价时的考虑。因此，本文首先从理论上论证了环境规制、环境信息披露与企业债务融资成本之间的逻辑联系，然后以2014-2016年几类环境敏感型行业的企业数据为样本进行实证检验，发现：在环境信息披露指数得分较高的行业里，环境信息披露能够降低企业债务融资成本；而在评分较低的行业，环境信息披露反而会增加融资成本；环境规制的存在能够提高企业环境信息披露的程度，并加强环境信息披露与债务融资成本之间的负相关关系。本文的创新在于进行了行业分组的检验，并引入环境规制要素探讨外部压力的影响，为企业环境信息披露选择以及绿色信贷政策未来的实施方向提供建议和参考。

【关键词】 环境规制；环境信息披露；债务融资；绿色信贷

一、引言

经过改革开放后四十年的高速发展，中国经济取得了举世瞩目的成绩，并已跃升为世界第二大经济体。但我们以往的发展模式较为粗放，部分企业尤其是高污染、高耗能企业带来许多环境问题。不仅我国如此，国际社会也面临越来越大的环境压力。如何缓解这一压力，一个非常重要的做法就是在经济活动中识别和评估环境风险，并进行相应的定价。2002年10月，国际金融公司和荷兰银行等9家银行在伦敦主持召开会议讨论项目融资中的环境和社会问题，会后荷兰银行等四家银行共同起草了关于项目融资中环境与社会风险的处理指南，形成"赤道原

[①] 北京外国语大学国际商学院。

则"。该原则旨在判断、评估和管理贷款项目中的环境与社会风险，第一次把项目融资中模糊的环境和社会标准明确化、具体化，为银行评估和管理环境与社会风险提供了一个操作参考。2003年6月，包括4家发起银行在内的10家国际大银行宣布接受"赤道原则"。2008年10月，兴业银行正式宣布采纳"赤道原则"，成为中国首家"赤道银行"，我国的绿色金融发展开始与国际接轨。近年来，我国的绿色金融发展迅速，2007年《关于落实环境保护政策法规防范信贷风险的意见》、2016年《关于构建绿色金融体系的指导意见》等文件相继出台。目前我国绿色信贷发展规模不断增加，截至2018年年末，工农中建等六大商业银行信贷余额已超过4.4万亿元，有较大幅度增长。

当前我国企业的主要融资方式仍是债务融资，在一定程度上，绿色金融的发展有可能为环境友好型企业降低债务融资成本，使其获得发展优势。但是相比财务数据，我国还没有建立起统一的企业环境信息披露标准，也没有官方权威的环境信息收录平台或数据库，要想获得企业的环境信息，企业年报、社会责任报告和企业官网等渠道成为重要来源。近年来相关方面的法规文件也逐渐发布，2007年国家环保总局公布了《环境信息公开办法（试行）》，2008年上海证券交易所发布了《上市公司环境信息披露指引》，2012年环保局发布《上市公司环境信息披露指南（征求意见稿）》，着重要求重污染行业企业提供环境报告和临时环境报告。2018年9月，证监会修订了《上市公司治理准则》，增加了环境保护内容，明确了上市公司对社会环境方面的责任。随着绿色信贷政策发展完善，金融机构对企业环境信息越发关注。金融机构对企业环境信息的关注除了绿色信贷的指引，还来自企业自身面临的环境风险，如收到环保罚单、行政处罚等。近年来我国环保监管趋严，企业环境风险和地方政府监管强度息息相关，政府环境规制力度越强，企业面临环保处罚风险越大，因此环境规制强度也会影响金融机构对企业环境信息的敏感度。

随着国家政策中对企业环境信息披露要求的提高，学术界对企业环境信息披露的研究也越来越丰富。在当前对环境问题给予极大关注的背景下，研究企业环境信息披露和企业债务融资成本之间的关系，以及环境规制强度对二者关系的影响，不仅可以帮助企业认知提高自身环境信息披露的重要性和有利性，还可以为政府、银行在绿色信贷政策制定、后续执行方面提供相关经验证据。

基于此，本文在我国绿色金融快速发展的背景下，以几个环境敏感型行业的企业数据为样本，分析不同行业环境信息披露水平对企业债务融资成本的影响，并检验地方政府的环境规制对企业环境信息披露水平以及环境信息披露与债务融资成本之间相关关系的影响。接下来我们首先对已有文献进行梳理，然后结合理论分析提出四个假设，再通过构造模型进行实证检验，最后得出结论并提出相关建议。

本文的主要贡献在于：通过行业分组对比了绿色信贷的政策效果，并引入环境规制要素探讨外部压力的影响，为企业环境信息披露选择以及我国绿色信贷政策日后的实施方向提供建议和参考。

二、文献回顾

环境信息披露的研究始于更为宽泛的信息披露研究，这方面已经形成了大量文献。Leu等（2000）认为企业丰富的信息披露，有助于帮助外界深入了解企业的真实情况，从而降低对企业融资的限制。于富生（2007）通过证券市场2002年和2003年的财务报告，根据深圳证券交易所的信息披露评级，研究发现信息披露质量与公司债务成本负相关。"赤道原则"逐步实施后，企业环境信息披露开始逐渐影响企业融资，引起学者们越来越多的关注。

对于环境信息披露的经济影响，目前学者们主要关注的是企业通过主动披露环境信息，减少和融资人之间的信息不对称，从而获得信任、降低融资成本。Aerts（2008）以美国、加拿大、荷兰、德国等国家的上市企业为样本，发现对于环境敏感型企业而言，环境信息披露水平与股权资本成本的负相关关系更为显著。国内学者也有研究，倪娟等（2016）研究重污染行业的上市公司环境信息披露的差异是否会影响银行贷款额度和债务融资成本，结果是披露的公司能够获得更多贷款并降低债务融资成本。朱新玲等（2017）以环保部公布的16个重污染行业企业2015年环境信息披露水平为样本，发现适度的环境信息披露水平有助于改善双方信息不对称情况，帮助企业获得更多的债务融资额和更优惠的贷款。范瑾（2018）通过手工收集2010-2015年沪深两市重污染行业上市公司的环境信息披露数据和单笔银行借款研究得出，企业充分的环境信息披露可以降低银行借款利率。

但也有学者提出不同观点，Clarkson等（2010）以美国主动向环保局披露SO_2的企业为样本，研究发现主动披露SO_2信息只能提升外部对公司的评价，但在融资方面却没有明显的正面影响。唐久芳等（2008）发现环境信息披露水平对企业债务融资影响并不显著，可能是由于国内债权人缺乏对企业环境风险的认知。高红贵（2010）等认为，在环境信息自主披露情况下，企业有粉饰过度可能，因此企业的环境信息披露情况可信度不高，不能成为银行等债权人信贷决策时考虑的主要因素。张淑惠等（2011）研究发现，企业提高信息披露水平不能显著降低资本成本。蔡海静（2013）也发现，企业积极披露环保情况，向银行申请贷款时并未能有效降低融资成本。可见，已有的关于环境信息披露和债务融资关系的研究有许多，但是研究结论不尽相同。

企业披露环境信息不仅受国家层面的绿色信贷政策、信息披露规则等方面的影响，还会受到所在地政府具体的环境政策即环境规制的影响。国外学者较早开始研究环境规制和环境信息披露之间的关系，Buhr 和 Freedman（2001）发现地方政府在环境方面具体的政策规制会影响行业和社会氛围，进而影响到企业在环境信息披露上的行为。王建明（2008）以 2006 年沪市 A 股上市公司为研究样本，发现地方政府的环境规制压力提高，企业就会更多地披露自身环境信息；重污染行业受到的外部监管制度压力较大，因此环境披露水平相对非重污染行业更高。沈洪涛、冯杰等（2012）研究发现地方政府对企业环境信息披露的监管能显著提高企业的环境信息披露水平并增强舆论监督的作用。

环境规制的加强可能还会使当地金融机构更为担心企业的环境风险、增加定价时对环境信息的敏感程度，从而影响企业的债务融资成本。不过，目前关于环境规制对信息披露和债务融资之间关系的研究还较为少见，刘东晓等（2018）以 A 股主板重污染行业上市公司为样本，研究得出政府监管不仅能够提高企业的碳信息披露，还能够正向调节碳信息披露和融资约束之间的关系。该研究印证了外部压力会对企业信息披露造成影响，进而可能影响信息披露与企业融资行为之间的关系。

对以往文献进行分析回顾可以看出，对环境信息披露与债务融资之间关系的研究结论有所不同；不同行业里这种关系可能有系统性差异，但目前的研究较为缺乏不同行业的横向对比；同时，已有研究中也较少引入环境规制这种外部压力。不同行业面临的环境信息披露要求不同，不同地方政府在环境管制上的强度不同，金融机构对该行业企业环境信息的敏感度也就不同，从而会影响企业债务融资。因此，本文将行业按其环境信息披露得分分为高得分组和低得分组，分别检验环境信息披露与企业债务融资成本之间的关系，对以往研究进行补充和完善。同时，本文还将引入环境规制因素，研究环境规制对环境信息披露与债务融资成本关系的调节强化作用。最后，本文采取的企业环境信息披露数据来自复旦大学环境经济研究中心，较为权威可靠。

三、理论、假设与模型

（一）理论分析与假设

根据信息不对称理论，在债务融资的过程中，银行等金融机构和企业之间在信息上是不对等的。企业管理者有天然的优势更了解自身状况，但商业银行等债权人只能通过企业公开的环境信息来判断其环境管理状况和面临的环境风险。因此，企业披露自身信息越多，债权人就越有安全感，越容易降低企业的融资成本。Goss 和 Roberts（2011）研究表明，企业自主披露环境信息等社会责任信息，可以降低借款利率，延长借款期限。Dhaliwal 等（2011）认为企业自愿披露环境信息能够让债权人更加了解企业情况，缓解信息不对称问题，让债权人降低对企业的风险评估水平，降低回报率要求。而且，随着我国环境问题越来越受到社会各界关切，债权人也会更加看重企业的环境信息披露状况。因此，我们提出假设1：环境信息披露的水平越高，企业债务融资成本越低。

虽然环境信息披露水平会影响企业的债务融资成本，但是，在绿色信贷发展还较为早期的阶段，环境信息披露和融资成本之间的关系可能存在行业差异性。在绿色信贷发展之前，银行等债权人可能更关注企业的财务信息，企业自主披露环境信息不能拉开与其他企业的差距。绿色信贷发展之后，环境信息披露对债务融资的影响开始逐渐扩大，主动披露的企业才可能更加获得金融机构的信任，在融资方面存在优势。目前我国还处于绿色信贷发展的早期，有待于不断完善环境信息披露制度，不同行业环境问题受关注程度不同，绿色信贷发展力度不同，行业间的披露水平可能存在显著差异，在一定程度上，行业整体环境信息披露程度高低，体现出该行业环境问题受关注程度以及绿色信贷政策实施力度强弱。对于整体披露水平较高的行业，企业主动披露环境信息能够降低与金融机构的信息不对称性，发挥绿色信贷政策作用，获得融资成本上的优势；而在整体披露水平较低的行业中，由于企业和金融机构都缺乏对企业环境状况的关注，披露水平与融资成本的关系可能存在显著差异。因此提出假设2：环境信息披露指数水平显著不同的行业，披露水平和企业的债务融资成本相关关系也不同。

环境信息披露影响债务融资成本，还可能源于外部压力，其中主要是地方政府的环境规制。在环境规制较强的地区，政府对于环境治理的关注会更高，相关环境法规制度等执行情况更为严格，环境违规的成本提高，因此企业会更有动力披露环境信息来证明自己经营的合法性，进而争取政府的支持、补贴甚至奖励。同时，地区内其他利益相关者对企业环境风险也会给予更多关注。作为潜在债权人的金融机构，银行会更为关注企业的环境风险，企业环境信息要素成为信贷审批中的重要环节。这一信号又会传递到企业，使得环境治理绩效好的企业更愿意披露自己的环境信息来区别于不如自己的企业，从而更容易获得融资上的优势。因此，当地区内环境规制强度较高时，企业倾向于选择更多的披露自身环境信息，证明自己合法经营，环境治理绩效好，争取相关支持或奖励，从而形成假设3：环境规制程度越高，企业会选择更多地进行环境信息披露。

当银行等金融机构向企业发放贷款时，对企业风险的评价会影响贷款利率。债权人会通过搜集到的信息来判断企业未来的经营风险和还款能力，企业未来风险越大，要求的利率风险补偿就越高。以往金融机构会更加关注企业财务上的经营风险，对企业环境风险关注相对较弱。但是如果一个地区政府环境规制强度较高，对企业环境表现重视，那么企业因为环境表现不佳面临的经营风险会更大。因此在政府规制强度较高的地区，债权人为了评估企业在环境方面的风险，会对企业环境信息更加关注，此时环境信息披露程度比较高的企业更容易获得债权人认可,降低资金成本。由此提出假设4:环境规制对环境信息披露水平和债务融资成本之间的关系有调节作用。在环境规制强度较高的地区,企业环境信息披露和债务融资成本之间的负向相关关系更显著。

(二)模型构建

1. 变量选取

首先,我们需要选择用来检验上述假设的一系列变量。显然,"债务融资成本"是本研究关注的核心变量,即"被解释变量"。我们借鉴李广子(2009)、倪娟(2016)及国外Pittman和Fortin(2004)、Francis(2005)、Minnis(2011)等学者的方法,采用"利息支出占平均负债的比重"来衡量企业的债务融资成本。

上述假设中解释融资成本的指标是环境信息披露情况,但目前我国的环境信息披露制度还不够完善,缺乏统一、权威的数据。因此,我们采用复旦大学环境经济研究中心发布的2014–2016年《企业环境信息披露指数》报告中所公布的企业环境信息披露指数。这一指数是在上市公司官网和其他披露的环境和环境相关信息和数据基础上进行全面整理和分析得来的,指标体系包括四个一级分类指标,分别为经济(如排污费、绿色费等税收支出、环保拨款补贴)、法律(如是否主动表明属于重污染行业)、政治(如环境政策、方针和理念)以及其他相关视角(如碳排放、本年度污染物直接和间接的排放情况),满分为100分。本文选择2014–2016三年有连续指数的企业,并去除期间有ST、*ST的上市公司,剔除指标异常公司;剔除缺乏相关数据的上市公司。由于本研究会分为几个不同行业展开,所以还剔除了样本公司数量过少的行业。

除了环境信息披露情况,还有很多因素可能会影响到企业的债务融资成本。从有关企业债务融资的相关文献中可以发现,公司本身的治理特征和经营情况等都会对债务融资成本有显著影响。因此,本文借鉴这些研究,选择资产回报率、总资产周转率、营业收入增长率、产权性质等指标作为控制变量。

在构建上述变量之间的关系后,我们还要检验环境规则可能产生的影响。因此,有关环境规制强度的指标会以调节变量的形式进入模型。但是,目前还没有度量这一指标的统一标准,有的学者通过单位产值污染治理支出来衡量环境规制(张成等,2011),也有部分学者采用污染物排放情况作为指标,如傅京燕(2010)基于污染物排放达标情况来构建环境规制强度。但是在本研究中,主要是考虑外部压力对于两者关系的影响,而这一压力的来源主体是政府,所以我们借鉴洪涛(2012)、刘力(2016)等采用的研究方法,用中国污染源监管信息公开指数(PITI)作为环境规制的数量化指标[1],该指标从2009年以来连续发布了9年,指数构建分为四个维度(系统、完整、及时和用户友好),对涉及污染管

---

[1] 该数据指标在公众环境研究中心网站(www.ipe.org.cn)下载。

的自行监测、排放数据、日常监管、举报回应和环境评价信息等五个方向进行量化，该指数客观反映了我国各地区环境规制程度的不同。

表 15-1 变量定义表

变量类型	变量名称	变量符号	变量定义
被解释变量	债务融资成本	Cost	利息支出/平均负债
解释变量	环境信息披露指数	EID	摘录打分所得
控制变量	盈利能力	ROA	净利润/平均资产
	总资产周转率	Turnover	营业收入/平均资产
	营业收入增长率	Growth	营业收入同比增长率
	股权集中度	Top10	前10大股东持股比例之和
	产权性质	Nature	国有为1，民营为0
调节变量	环境规制强度	Gov	中国污染源监管信息公开指数

2. 模型方程

在确定了以上变量的基础上，我们构建3个模型，每个模型都由两组行业数据对比检验。首先验证环境信息披露指数对企业债务融资成本的影响（假设1），我们构建模型1，如果EID系数显著为负，则说明环境信息披露可以显著降低企业债务融资成本。然后我们分两组行业数据进行检验，预计环境信息披露水平较高组，EID系数显著为负；披露水平较低行业组EID系数没有显著为负，则验证了假设2。

模型1：

$$Cost_{it} = \alpha_0 + \alpha_1 EID_{it-1} + \alpha_2 ROA_{it-1} + \alpha_3 Turnover_{it-1} + \alpha_4 Growth_{it-1} + \alpha_5 Top10_{it-1} + \alpha_6 Nature_{it-1} + \varepsilon_1 \quad (1)$$

我们接着构建模型2来验证地区环境规制强度对企业环境信息披露选择的影响（假设3），选择盈利能力、总资产周转率、营业收入增长率等作为控制变量。预计变量GOV系数显著为负，即当地政府环境规制强度越高，企业越会进行环境信息披露。

模型2：

$$EID_{it} = \alpha_0 + \alpha_1 Gov_{it} + \alpha_2 ROA_{it-1} + \alpha_3 Turnover_{it-1} + \alpha_4 Growth_{it-1} + \alpha_5 Top10_{it-1} + \alpha_6 Nature_{it} + \varepsilon_1 \quad (2)$$

为了检验假设4，即环境规制的作用效果，验证其是否能对环境信息披露与债务融资之间关系的产生调节作用，在模型1中加入环境规制变量Gov，并构建披露指数和规制强度的交互变量Eid*Gov来检验环境规制对两者之间关系的作用效果，构建模型3：

$$Cost_{it} = \alpha_0 + \alpha_1 EID_{it-1} + \alpha_2 Gov_{it} + \alpha_3 EID_{it-1} * Gov_{it} + \alpha_4 ROA_{it-1} +$$
$$\alpha_5 Turnover_{it-1} + \alpha_6 Growth_{it-1} + \alpha_7 Top10_{it-1} + \alpha_8 Nature_{it} + \varepsilon_i \quad (3)$$

由于当地环境规制强度会影响金融机构对企业环境经营状况的关注，我们预测交互项系数为负，即环境规制能够加强环境信息披露和债务融资之间的负相关关系。

四、实证检验与分析

（一）描述性统计

为了保证每个行业有足够多的样本公司，我们剔除了样本量较少的行业，最终剩余四个行业，它们的环境信息披露情况见表 15-2。

表 15-2 环境信息披露指标的描述性统计

行业名称	2014 年	2015 年	2016 年	三年均值
纺织业	30.2	28.3	43.4	33.97
黑色金属冶炼及压延加工	47.16	41.76	46.23	45.05
化学原料及化学制品制造业	40.19	39.91	43.43	41.18
医药制造业	27.2	30.96	31.99	30.05

在四个行业中，以黑色金属冶炼及加工行业披露得分最高，其次是化工行业，医药制造业和纺织业环境信息披露指数水平相对较低，但可以看出两个行业环境信息披露水平在不断提高。黑色金属和化工行业环境信息披露水平较高，本文首先采用这两个行业的样本企业进行回归分析，评分较低的纺织和医药制造行业作为对比以验证假设 1。

由变量描述性统计看出，企业债务融资的成本均值为 2.9%，最小值约为 0.1%，最大值为 5.5%，标准差为 0.116，说明样本公司债务融资成本和均值偏离不大，其他控制变量的相关信息均在表 15-3 中展示，不再一一赘述。

表 15-3 变量描述性统计

变量	样本数	均值	标准差	极小值（%）	极大值（%）
Cost	81	0.029	0.116	0.001	0.055
EID	81	43.953	17.589	13.21	86.8
ROA	81	0.003	0.074	−0.199	0.187
Turnover	81	1.045	0.525	0.257	4.693
Growth	81	−2.3	22.907	−48.85	77.48
Top10	81	60.821	16.839	21.76	90.86

续表

变量	样本数	均值	标准差	极小值（%）	极大值（%）
Nature	81	0.63	0.486	0	1
Gov	81	46.806	15.262	15.2	75.9

（二）检验结果

在回归分析之前，我们首先对变量进行了相关性分析，债务融资成本与环境信息披露指数呈显著负相关关系。根据经验理论，当相关系数绝对值大于0.8时，有很大可能存在多种共线性，影响模型有效性。但本文变量间相关系数较低，初步判断本文建立的模型基本合理。

本文基于钢铁和化工行业、纺织和医药制造业分别对三个模型进行了回归分析，实证检验结果如表15-4。

表15-4 实证检验结果

变量	模型1 钢铁化工	模型1 纺织医药	模型2 钢铁化工	模型2 纺织医药	模型3 钢铁化工	模型3 纺织医药
EID	−0.0002*** （−3.60）	0.0003** （2.19）			−0.0002*** （−3.08）	0.0003*** （2.83）
Gov			0.459*** （2.88）	0.233* （1.92）	−0.0002** （−2.12）	−0.0006*** （−3.03）
EID*Gov					−0.0000* （−1.86）	0.000 （0.75）
ROA	−0.5769*** （−2.84）	−0.194 （−0.59）	28.345 （0.84）	5.594 （0.19）	−0.585*** （−2.96）	0.1429** （2.37）
Turnover	−0.0042* （−1.87）	0.0024 （0.34）	−2.215 （−0.56）	0.595 （0.1）	−0.0032 （−1.4）	0.005 （1.36）
Growth	0.0002** （2.46）	−0.0006 （−0.9）	0.045 （0.42）	−0.813 （−0.88）	0.0002*** （2.76）	−0.0002** （−2.02）
Top10	−0.0000 （−0.39）	−0.0003*** （−3.05）	0.337*** （3.02）	0.154 （1.55）	−0.0000 （−0.46）	0.0002 （0.67）
Nature	−0.0012 （−0.49）	0.0049 （2.19）	3.573 （0.87）	1.272 （0.44）	−0.0025 （−1.06）	omitted
Constant	0.05*** （10.26）	0.03*** （3.87）	6.327 （0.68）	5.537 （0.66）	0.0567*** （10.52）	0.021 （0.98）
year	控制	控制	控制	控制	控制	控制
R-squared	0.2993	0.1584	0.1631	0.0592	0.3591	0.0605

注：*** $p<0.01$，** $p<0.05$，* $p<0.1$，括号内为t值。

根据回归分析结果来看，钢铁和化工行业环境信息披露指数较高，债务融资成本和环境信息披露水平呈显著负相关关系，验证了假设1；相反，纺织业和医药制造业环境信息披露指数较低，环境信息披露水平增加甚至会提高债务融资成本，和钢铁化工行业组的回归结果有很大差异，验证了假设2中关于行业整体环境信息披露水平不同，企业债务融资成本受环境信息披露影响程度不同的假设。在不同行业中，环境信息披露水平不同，政策偏向不同，都会影响银行等金融机构绿色信贷的实施效果。纺织业和医药制造业整体环境信息披露水平较低，政策关注度不足，绿色金融机制不完善，环境相关建设和信息披露反而加重了企业负担，影响企业债务融资成本。

在分析环境规制因素的影响时，我们首先检验环境规制对企业环境信息披露的影响，根据数据可以看出，无论在哪个行业，环境规制水平的提高都会增加企业环境信息披露水平，验证了假设3；在钢铁化工行业中假设4得到了验证，即环境规制能够强化债务融资成本和环境信息披露之间的负相关关系，但是这个作用关系不是在所有行业适用，在整体披露水平较低的纺织医药行业，效果就不够明显，我们猜想是由于绿色信贷政策机制在该行业中发展仍不够完善，因此环境规制增强只能提高企业环境信息披露水平，却没能降低企业债务融资成本。

（三）稳健性检验

目前债务融资成本在学术界没有统一的标准，指标定义可能会影响回归结果，本文采用李广子（2009）等做法，采用（利息支出+手续费+其他财务费用）/平均负债来进行稳健性检验，回归结果如表15-5。

表15-5 稳健性检验结果

变量	模型1		模型2		模型3	
	钢铁化工	纺织医药	钢铁化工	纺织医药	钢铁化工	纺织医药
EID	−0.0002*** （−3.76）	0.0002* （1.87）			−0.0002*** （−3.2）	0.0003** （2.07）
Gov			0.459*** （2.88）	0.233* （1.92）	−0.0002** （−2.31）	−0.0000 （−0.03）
EID*Gov					−0.0000* （−1.86）	−0.000 （−1.65）

注：*** $p<0.01$，** $p<0.05$，* $p<0.1$，括号内为t值。

根据模型1回归结果可以看出，钢铁化工行业中，环境信息披露仍然能够显著降低债务融资成本，验证了假设1；纺织医药行业作用结果相反，验证了假设2；在模型2中，无论哪个行业，环境规制强度增加都能够显著增企业的环境信息披露程度，验证了假设3；根据模型3回归结果，在钢铁化工行业环境规制能够加强环境信息披露和债务融资成本负相关关系，验证了假设4。总体来看，回归结果没有发生改变，依然验证了4个假设，通过稳健性检验。

五、总结与建议

本文以2014-2016年重污染行业企业数据为样本，选取资产回报率、总资产周转率、营业收入增长率、产权性质变量等为控制变量，对企业环境信息披露、企业债务融资成本以及地方环境规制强度之间的关系进行了实证检验，得出如下结论：第一，对于环境信息披露指数得分较高的行业，环境信息披露能够降低企业债务融资成本，假设1成立；第二，在评分较低的行业组，环境信息披露反而会增加融资成本，绿色信贷机制并不显著，验证了假设2，未来仍需加强部分重污染行业环境信息披露管理；第三，根据合法性理论和信号传递理论，环境规制的存在能够提高企业环境信息披露程度，验证了假设3；第四，在环境规制强度比较高的地方，环境信息披露和债务融资成本的负相关关系更加显著，体现出在环境规制比较强力的地方，金融机构更关注企业环境风险，对环境信息披露水平较低的企业会要求更高的风险补偿，假设4成立。

随着人们环境保护意识的增加，绿色金融也在蓬勃发展，越来越多的金融机构在进行决策时，会将企业的环境风险纳入考虑范围。尽管我国目前的环境信息披露机制还不够完善，但企业高质量的环境信息披露不仅能督促自身注重可持续发展，保护生态环境，改善社会形象，还能够获得财务、经济方面的优势，降低企业的融资成本。当然，要建立一个良性互动的机制，还需要各个方面的努力，因此我们从政府、企业和银行三个角度提出相关建议。

从政府角度来说，应该完善制度建设，同时加强监督调控作用。目前我国关于环境信息披露的法律规范较少，以指引为主，没有严格的法律约束性，实际操作过程中企业活动空间较大，披露以文字描述为主，缺乏统一的数据标准，因此我国目前企业环境信息披露水平总体较低，行业之间、企业之间环境信息披露水平存在较大差异，行业和企业之间缺乏可比性。因此政府应结合实情，制定健全的环境信息披露体制，明确企业环境信息披露标准，制定统一的规范，做到有法可依。同时政府应增强当地的环境规制程度，严格实行各项环境政策，加强对企业的监督制约，让企业重视自身环境风险，进一步加强环境规制和绿色信贷政策的联动作用，使企业更加关注承担社会环境责任。

对于企业来说，应该完善自身环境管理制度，建立环境信息披露制度，主动和外界沟通企业的环境建设情况。不仅能够提高企业的社会荣誉度，得到公众信任等无形的声望度，通过本文的研究还可以看出，提高环境信息披露水平，能够在一定程度上降低企业的融资成本，在环境规制水平较高的地区尤为如此。

商业银行作为绿色金融政策执行的主体，直接影响着企业对环境信息披露的重视程度。因此商业银行更应完善绿色信贷机制，在信贷审批过程中，更加注意企业的环境表现，让绿色信贷影响到企业的信贷成本，全方位贯彻绿色信贷政策。

参考文献

[1] Aerts W, Cormier D, Magnan M. Corporate environmental disclosure, financial markets and the media: an international perspective[J]. Ecological Economics, 2008（3）: 643–659.

[2] Buhr, N., & Freedman, M. Culture, institutional factors and differences in environmental disclosure between canada and the united states[J]. Critical Perspectives on Accounting, 2001（3）, 0–322.

[3] Dhaliwal, D.S., O.Z.Li, A.Tsang, and Y.G.Yang. "Voluntary nonfinancial disclosure and the cost of equity capital: the initiation of corporate social responsibility reporting[J]. The Accounting Review, 2011（1）: 59–100.

[4] Francis, J., R. LaFond, P. Olsson, and K. Schipper. The market pricing of accruals quality[J]. Journal of Accounting and Economics, 39（2）: 295–327.

[5] Goss, A., G.Roberts. The impact of corporate social responsibility on the cost of bank loans[J]. Journal of Banking and Finance, 2011（7）: 1794 — 1810.

[6] Leuz C, Verrecchia R. E. The economic consequences of increased disclosure[J]. Journal of Accounting Research, 2000（5）: 91–124.

[7] Minnis, M. C. . The Value of Financial Statement Verification in Debt Financing: Evidence, from Private U.S. Firms[J]. Journal of Accounting Research, 2010（2）: 457–506.

[8] Pittman, J. A., and S. Fortin. Auditor choice and the cost of debt capital for newly public firms[J]. Journal of Accounting & Economics, 2004（1）: 113–136.

[9] 蔡海静. 我国绿色信贷政策实施现状及其效果检验——基于造纸、采掘与电力行业的经验证据[J]. 财经论丛, 2013（01）: 69–75.

[10] 狄为, 郭梦婕. 市场化水平、环境信息披露与企业绩效[J]. 财会通讯, 2019, 2（6）: 96–99.

[11] 范瑾. 企业环境信息披露与银行借款成本——来自2010～2015年沪深两市重污染行业的经验证据[J]. 财会月刊, 2018（08）: 64–71.

[12] 高红贵. 现代企业社会责任履行的环境信息披露研究——基于"生态社会经济人"假设视角[J]. 会计研究, 2010（12）.

[13] 李广子, 刘力. 债务融资成本与民营信贷歧视[J]. 金融研究, 2009（12）: 137–150.

[14] 刘东晓, 彭晨宸. 政府监管、碳信息披露与融资约束[J]. 财会通讯, 2018（27）: 17–23, 129.

[15] 倪娟, 孔令文. 环境信息披露、银行信贷决策与债务融资成本——来自我国沪深两市A股重污染行业上市公司的经验证据[J]. 经济评论, 2016（01）: 147–156, 160.

[16] 沈洪涛, 冯杰. 舆论监督、政府监管与企业环境信息披露[J]. 会计研究, 2012（02）: 72–

78，97.

[17] 唐久芳，李鹏飞.环境信息披露的实证研究——来自中国证券市场化工行业的经验[J].中国人口资源与环境，2008（5）：112－117

[18] 王建明.环境信息披露、行业差异和外部制度压力相关性研究——来自我国沪市上市公司环境信息披露的经验证据[J].会计研究，2008（6）：54-62.

[19] 姚圣，杨洁，梁昊天.地理位置、环境规制空间异质性与环境信息选择性披露[J].管理评论，2016（6）：192-204.

[20] 于富生，张敏.信息披露质量与债务成本——来自中国证券市场的经验证据[J].审计与经济研究，2007（05）：93-96.

[21] 张淑惠，史玄玄，文雷.环境信息披露能提升企业价值吗？———来自中国沪市的经验证据[J].经济社会体制比较，2011（6）.

[22] 朱新玲，蔡颖.环境信息披露影响银行的信贷决策吗？——来自重污染行业的经验证据[J].武汉金融[J].2017（11）：63-69.

第十六章 加拿大可再生能源产业的特点与发展趋势——以安大略省电力回购项目为例

董宜坤　杜婷[①]

【摘要】作为具有世界影响力的能源大国，加拿大可再生能源产业具有基础良好、成就显著存在政策不稳定的特点。其中，安大略省的电力回购项目具有政策代表性。本文运用定性分析、过程追溯法和图表法，回答了过去十年间联邦制制度环境下影响政府可再生能源政策的直接因素及其相互关系。本文的结论是：发电技术和电网架构影响可再生能源政策的侧重和规划；政府的分工和效率会影响可再生能源政策的持续性和稳定性；利益相关者的支持与反对会使政府在可再生能源政策制定中更倾向于消费者而非生产者。

【关键词】能源转型；可再生能源；电力回购项目；加拿大；安大略省；联邦制度

一、引言

加拿大作为一个能源大国，过去十年，一直是可再生能源转型的主导者和推动者[②]。非政府组织"加拿大清洁能源组织"（Clean Energy Canada）在2012年《清洁能源协定》（Towards a Clean Energy Accord）言明"全球的清洁可再生能源转型是加拿大的重要机遇"，"发展大胆的新能源策略不仅是加拿大的领导力责任，也是一个国家经济机会。"

加拿大在2015年发布的一份报告中表示，加拿大是经合组织（OECD）国家中能为其他国家提供能源的少数成员国之一。加拿大一次能源（Primary Energy）[③]

[①] 董宜坤，北京外国语大学二十国集团研究中心研究员；杜婷，北京外国语大学英语学院研究生。
[②] 本文提及的可再生能源指的是取之不尽、用之不竭的能源，如风能、太阳能、水能、生物质能、地热能、海洋能等非化石能源。清洁能源相比可再生能源的范畴，涵盖更广，指不排放污染物、能够直接用于生产生活的能源，它包括核能、天然气等新能源和可再生能源。
[③] 一次能源是指可从自然界开采、直接被使用的能源，又可称为"原生能源"，指其自身能量是从太阳辐射能直接转化而来的能源，如煤、石油、天然气、铀、阳光等。

生产能力世界排名第 6 位。目前可再生能源占到加拿大一次能源总量的 17.3%。作为能源大国，加拿大能源产业转型的重要性不言而喻。在其能源政策由传统能源向新能源转型的过程中，我们必须看到加拿大可再生能源的发展有能源基础良好、政策重视、成果显著的特点，但是由于制度方面的限制，其政策发展往往具有不稳定性和不可预测性。

二、加拿大可再生能源政策及产业发展状况（2009–2018）

过去十年，加拿大政府高度重视可再生能源发展。前阿尔伯塔省省长艾莉森·雷德福德曾说，"是时候站起来向其他国家展示加拿大能够在各个领域全球领先的实力，包括能源供给，创新和效率，清洁能源和处理气候变化的实力。"

一个国家向可再生能源转型具有的挑战主要有三个方面，转型的主要动力从原动机驱动转向政策主导；能源转型长期性与加快当前转型的迫切性之间的矛盾；单一主导能源向多种能源共同主导转变。从联邦政府政策角度出发，加拿大出台了一系列白皮书和长期性法案向多种能源转变，以抓住时机，重新确立自己在可再生能源领域的领导地位。2011 年，超过 150 家公司、组织和当地政府提出了一个合作性文件《加拿大新能源愿景》（A New Energy Vision for Canada），展示出加拿大从依赖化石燃料向可再生能源转型的光明前景。2012 年《清洁能源协定》（Towards a Clean Energy Accord）出台，进一步展示了加拿大国民推动能源政策转型，建设低碳经济的决心和努力。2014 年，加拿大针对上路的重型车辆出台了排放标准，计划在 2018 年之后施行。2016 年是可再生能源政策井喷的一年。2016 年 3 月，加拿大和美国宣布出台联合政策，到 2025 年，将油气行业产生的甲烷减少至 2012 年排放水平的 40% 到 45%。加拿大政府也宣布将减少政府建筑的能源消耗，建设绿色政府。同年 11 月，联邦政府出台到 2030 年全部淘汰传统燃煤发电的规定。2016 年 12 月颁布的《泛加拿大清洁增长和气候变化框架》（Pan-Canada Framework on Clean Growth and Climate Change）目标是能够帮助完成 2030 年碳排放相较于 2005 年减少 30% 的目标，甚至是超过这一指标。同年，加拿大加入了全球性的《创新任务》（Mission Innovation），这是一个包含欧盟和 22 个国家在内的全球性倡议，共同促进全球清洁能源创新。对此，加拿大总理贾斯汀·特鲁多表示，"通过合作，我们能够真正造福我们的环境，同时通过更多中产阶级就业促进经济发展。加拿大国家能源局出台的《加拿大能源未来 2017：能源供给和需求预测 2040》强调了气候政策和科技对于扭转加拿大化石燃料使用轨道的重要性。

加拿大联邦制决定了其可再生能源政策呈现分级制定与执行的特点。"可再生能源转型首先是'国家'的能源转型，同时也是一个国家内部不同区域的'当地

第十六章　加拿大可再生能源产业的特点与发展趋势——以安大略省电力回购项目为例

化'能源转型。"① 基于自身的能源供需情况，省政府在电力系统升级的未来发展方向方面有所不同。各个省份出台了不同的可再生能源政策。

表 16-1　加拿大各省份可再生能源政策

省份	时间	政策内容
不列颠哥伦比亚省	2016 年	《气候领导计划》（Climate Leadership Plan）：提出 21 项行动纲要，在关键领域例如交通、工业和公用事业以及天然气上减少温室气体排放。
阿尔伯塔省	2016 年	《气候领导计划》（Climate Leadership Plan）：包括碳定价政策，加快淘汰煤炭，可再生电力项目，油砂碳排放 100 吨限制。
萨斯喀彻温省	2016 年	萨斯喀彻温电力（Sask Power）提出将可再生能源发电比重由目前的 25% 提高到 2030 年的 50%。
安大略省	2016 年	《清洁能源和经济法案》（Green Energy and Economy Act）
魁北克省	2016 年	《2030 能源政策》（The 2030 Energy Policy）以及交通工具零排放（ZEV）标准，要求汽车生产商自 2018 年起必须卖出一定比例的零排放汽车。
新不伦瑞克省	2016 年	《气候变化行动方案》（Climate Change Action Plan）
新斯科舍省	2016 年	上网电价补贴项目（FIT）和碳定价政策
纽芬兰省和拉布拉多省	2016 年	《温室气体管理法案》（Management of Greenhouse Gas Act）

来源：National Energy Board, Canada's Energy Future 2017. 82.

过去十年，加拿大可再生能源发展取得了显著的难以忽视的成就。首先，可再生能源生产水平高。根据加拿大自然资源部的数据，2016 年，加拿大可再生能源产量占世界总产量的 3%，位居世界第 7 位。从可再生能源在总体能源供给方面来说，加拿大 17.4% 的能源供给为可再生能源，高于 13.4% 的世界平均水平和 9.9% 的经合组织成员国平均水平。无碳排放的清洁电力系统将是现代绿色经济增长的奠基石。总的来说，加拿大的可再生电力能源以水电为主（68%），生物燃料为辅（23%），风能、乙醇和太阳能为补充。2019 年加拿大可再生能源发电占总发电量的 67%，其中水力发电占到 58%。其次，可再生能源科技发展水平高。为发展低碳经济，加拿大的清洁能源科技分为三类：可再生科技（太阳能、风能、水能、地热能、生物燃料、核能、碳捕捉），转化科技（智能电网和能源存储），能源效率科技（绿色建筑和联合发电）。风能和太阳能光伏发电是加拿大增长最为迅速的发电来源。从燃煤发电到可再生能源发电使得发电带来的碳排放有了明显的下降，2000 年到 2016 年下降了 39%。

---

① 朱彤，王蕾：国家能源转型：德、美实践与中国选择，浙江大学出版社，2015 年，第 6 页。

三、加拿大可再生能源产业的发展基础和面临的问题

与其他任何政府政策一样，可再生能源政策主要受到制定过程中的各类利益相关者的影响，化石企业，环保组织，电力公司和纳税人等，他们试图影响政策结果以最大化自己的个人利益。而不列颠哥伦比亚省政府如何在既有的政策结构中实现转变，创新和改革是对其政策分析能力和政策制定能力的考验。对于加拿大能源转型升级问题，尤其是可再生能源政策的发展变化，目前的研究主要集中在以下三个方面：

首先，可再生能源发展是以资源状况为基础的，许多研究从考察加拿大可再生能源事实入手。总的来说，加拿大可再生能源基础良好，潜能无限。例如，巴灵顿－雷（Barrington-Leigh）等人在2017年开展了加拿大可持续资源的空间分布研究，利用地理信息系统（GIS）他们得出结论加拿大具有充分的地理特性和潜能实现完全的可再生能源供给，除了安大略省和阿尔伯塔省，其他省份目前都能轻易地以可再生能源满足能源需求。但是，加拿大的可再生能源如同它的化石能源存在分配和需求不平衡的客观问题：安大略省和魁北克省水能和风力资源等可再生能源丰富，中西部省份石油和矿产等化石能源丰富。这也导致了不同省份经济作用和政治影响力的差异：2017年，能源对国内生产总值（GDP）的贡献中，阿尔伯塔省，安大略省和魁北克省位居前三位，贡献率分别达到了53%，11%和10%。正如费泰尔（Fertel）等人所说，"这种不平衡给加拿大作为一个国家出台协调的能源政策以确保可靠的能源供应带来了极大的挑战。"

第二，可再生能源的开发状况不仅与该省的自然资源状况相关，更是各个利益集团政治斗争与博弈的产物。丹尼斯（Denis）等人在2009年的研究中指出，社区是能源政策向可再生能源转型的重要利益相关者，但是社区能源政策在实施中面临着科技的掣肘，并且没有得到政府足够的重视和关注，然而往往是较小的或者偏僻的社区在可再生能源系统引入上最为积极。弗格森－马丁（Ferguson-Martin）等人在2011年研究了加拿大风能运用在阿尔伯塔省、曼尼托巴省、安大略省和新斯科舍省四个省份的不同情况，得出结论："风能的使用情况受到直接因素和间接因素的影响，直接因素包括电网建构，所有权形式，可再生激励项目，计划与审批流程，利益相关者的支持与反对。间接因素包括景观价值（landscape values），政治和社会运动（political and social movements），政府电力政策（government electricity policy），省级电力市场结构（provincial electricity market structure）和现有的发电科技（incumbent generation technology）。"斯托克斯（Stokes）2013年以安大略省的电力回购项目（FIT）为例，认为可再生能源政策的实施往往面临着四大政治矛盾，即高层政府的支持与普通群众的支持之间的矛盾、信息不对称的矛盾、政策实施过程中稳定性的矛盾、创造就业和创新之间的多维度的矛盾。

第十六章　加拿大可再生能源产业的特点与发展趋势——以安大略省电力回购项目为例

最后，可再生能源政策的发展往往比较曲折，技术难度和政策难度都较大，众多学者分析了加拿大各个省份实现能源升级面临的挑战。霍尔本（Holburn）认为企业在投资清洁能源产业时会面临着来自政府管理的风险，管理的不确定性和政策的不稳定性是可再生能源投资的一大障碍。以安大略省和得克萨斯州为例，霍尔本得出以安大略省为代表的加拿大政府管理带来的风险更大，因为政府机构有较小的自主权，政策制定的过程偏向灵活，缺乏固定的流程。在2012年的一份研究中，理查德兹（Richards）等人以萨斯克彻温省的大规模风能发展为案例，提出了加拿大清洁能源发展潜在的全方位的障碍，利用彼得·特鲁杰的ATKESP障碍群组理论分析了"问题—协议—知识—科技—经济因素—社会因素—政治因素—解决办法"各个阶段的政策障碍，并得出了知识是加拿大清洁能源发展的最大障碍，也应该是政策发展的优先方面的结论。此外，克鲁帕（Krupa）分析了加拿大原住民在可在生能源发展中面临着六大难题，即资金问题、发电容量问题、长期的政策透明性、特殊历史情况、缺乏合法性、缺乏平等性。这部分压力使安大略政府更加重视原住民在电力回收项目中的参与，如果该项目有原住民参与，合约签订者在价格方面就能够获得更高的价格。

从以往的文献来看，影响可再生能源发展的因素是多维度的，政府的电力政策只是被认为是其中一个影响因素，作为政治因素或者间接因素纳入考量范围，但是可再生能源政策与其他直接因素之间的交互关系尚未被讨论。可再生能源发电主要是政府为资助主体，通过可再生能源激励计划（renewable incentive program）鼓励企业和公民参与到其中。上网电价（FIT），可再生能源配额制（RPS），净计量电价（net metering），补贴支持政策和绿色电力价格（green price）等都属于主要的激励方式。政府政策与其他直接因素（电力市场结构、利益相关者的态度、现有电网设施等）和客观资源情况等一起构成了可再生能源发展的必要条件。

鉴于政府政策与其他因素的关系这一研究空白，本文要回答的问题是：在可再生能源政策制定与执行过程中受到哪些制度因素的影响？这些影响是如何体现的？本文将以安大略省电力回购项目为例，因其政策周期较长、成果较为显著以及政策的前沿性，具有研究意义。

四、安大略省电力回购项目的发展历程

高度发达的水电使加拿大具备了成为能源转型国家的巨大潜力，国家电力能源转型效果突出。安大略省从2001年起成功地实施了煤炭淘汰行动计划（Coal Phase-out Action Plan），是加拿大减少碳排放的主力省份，到2014年4月15日，安省成为北美洲第一个实现无煤炭发电的省份，由此带来了每年减排超过3000万吨，相当于减掉了700万辆汽车的碳排放量。2015年12月23日，安大略省出台了《结束煤炭清洁空气法案》（Ending Coal for Cleaner Air Act），永久性地禁止燃

煤发电。相比于其他省份，安大略省能够成功实现发电零碳排放的主要原因是政策上重视可再生能源发电。其可再生能源政策的发展具有代表性和典型性。

"可再生能源是多个品种的集合，其中任何一个能源品种都不具备成为单一主导能源的'潜质'。"[1]核能，风能，太阳能和生物热能在安省的发电比重中越来越重。电力回购项目作为政府可再生能源激励项目，是政府通过发展可再生能源实现节能减排、摆脱对化石能源依赖的重要手段。现阶段的能源市场上，可再生能源的发展主要靠政府的支持，形式主要从资金、政策以及教育引导三方面对相应的行业提供补贴。财政上的支持有价格补贴，拨款或者电力回购。政府参与的实质是将政府资源转移到市场上以改变经济中其他行为体（公司和房主）的行为。电力回购项目被认为是在可再生能源生产和采纳初期，激励中小规模和大型绿色电力生产者最有效率的手段。

安大略省的电力回购项目（FIT）作为一种政府立法以促进可再生能源发展的激励政策始于2007年的《安大略省可再生能源标准优惠计划》（RESOP），主要针对的是风能和太阳能的发展，是北美第一个全面有保障的可再生发电的定价结构，能够在长期的合同下提供稳定的价格。一开始只针对小于10兆瓦时的工程，伴随着2009年《绿色能源和绿色经济法案》（Green Energy and Green Economy Act）出台，其价格、规模和审批程序正式成型，目的是鼓励和促进可再生能源资源的使用，包括向岸风、太阳能、生物能（生物质，沼气和掩埋沼气）和水能发电项目在安大略省的更大规模应用。（详见表16-2和表16-3）

表16-2 安大略省电力回购选项比较

	电力回购（FIT）	微型电力回购（Micro-FIT）
适应范围	小型，中型或者大型发电工程	个人（通常是房主，农民或者小企业主）
工作机制	政府向家庭或者企业支付该工程20年所生产的所有电力支付保证价格（水电工程是40年）	政府必须为个人工程20年所生产的所有电力支付保证价格（水电工程是40年）
工程规模	发电量10千瓦到500千瓦	发电量小于10千瓦
执照和执照费用	不超过500千瓦发电能力的设备不需要证件；超过500千瓦但不超过10兆瓦的设备，需要100美元的证件申请费；超过10兆的设备，需要1000美元的证件申请费，此外每年需要缴纳登记费800美元。	不需要任何执照

来源：安大略能源委员会（Ontario Energy Board）https://www.oeb.ca/industry/tools-resources-and-links/information-renewable-generators/what-initiatives-are-available

---

[1] 朱彤，王蕾：国家能源转型：德、美实践与中国选择，浙江大学出版社，2015年，第5页。

第十六章　加拿大可再生能源产业的特点与发展趋势——以安大略省电力回购项目为例

表16-3　安大略省电力回购项目发展变化

年份	内容
2005	省能源部下令省电力局出台电力回购项目
2006	安大略省电力局实施电力回购项目
2007	省能源部下令省电力局修改电力回购项目，将安大略省北部的小型水电站纳入其中
2008	电力回购项目暂停
2009	省能源部下令省电力局恢复电力回购项目，仅针对生物天然气
	省能源部下令省电力局推出新的电力回购项目
2010	安大略省电力局出台新的电力回购项目和利率
	针对地面太阳能发电的电力回购利率大幅度降低
	电力回购项目将离岸风排除在外
2017	电力回购项目停止接收申请

来源：IESO，FIT Archive

电力回购项目申请要经过资历审核、电网连接测试、合同签订三个阶段。申请期结束后，IESO会审核申请者的资历以及他们联入电网的能力。IESO在独立评估监督员（Independent Evalution Monitor）的监督之下，筛选进入电网联结测试阶段的申请者，合格的申请者会在"我的FIT主页"（My FIT Home Page）上得到申请进程的相关信息。对于没有通过资历审核的项目，他们会在主页收到IESO有关其项目申请失败的解释，这些项目因而会被全部终止，不会进入下一阶段。审核阶段所有申请者都会有一个优先选分数和排名。通过了资历审核，就可以进入电网连接测试阶段，并会按照第一阶段的排名依次进行检验。申请成功的参与者将会与IESO签订一份长达20年的合同（对于水电项目是40年），政府会以一个保证价收购期间生产并运输到安大略电网的电力。但是开发商签订一份电力回购合同并不意味着这个项目就一定是板上钉钉了，他们必须遵守合同和法律要求，达到必要的环境标准。

电力回购项目第五期申请期截止到2016年12月25日，独立电力系统运营商（IESO）接收了1127份申请，共计397兆瓦电量。截止到2017年3月3日前，申请者可以撤回自己在第五期项目中的申请。698份申请包含248兆瓦电量通过了资历审核，进入了电网连接测试阶段。最后一期电力回购申请的合格情况有三个特点。首先，申请来源广泛：根据IESO官网公布的信息，超过73%的资历合格申请来自原住民、社区、市政或公共行业，或者由原住民、市政或公共行业主持。第二，以太阳能项目为主：超过91%合格的申请是太阳能光伏发电项目，其中65%是非屋顶太阳能（non-rooftop solar projects）项目。第三，严重超额认购，第五期项目的采购目标是150兆瓦，最终进入第二阶段的项目电量远远大于这个目标。因而，会有部分采购者无法收到报价通知（Offer Notice）。通过电网连接测试并被列入报价名单（Offer List）的项目在2017年第三个季度签订合同。通过电网测试获得资格通知（Notice of Eligibility）但是没有进入报价名单（Offer list）的项目仍然有可能与政府签订采购合同。最终，第五期电力回购项目签订了390个合同，涵盖149.999兆瓦的可再生能源，十分接近150兆瓦的采购目标。从可再生能源种类来看，382个太阳能光伏发电项目，7个生物能项目，1个垃圾填埋天然气项目。从参与主体来看，144个项目有原住民参与，79个项目有社区参与，94个项目有市政或者公共行业参与。

安大略省的电力回购项目在其发展的10年间取得了极大的进展。2018年加拿大风能装机容量达到12816兆瓦，安大略省风能装机容量居十省之首，达到5076兆瓦，占全国比重39.6%。然而，这一被视为十分具有前瞻性和影响力的政策从2016年12月底被官方正式终止，不再接受申请。根据其行政命令的说法，原因是"目前安大略省电力供应充足，其签约的电力资源足以满足甚至远远超过近期内预计的省电力需求，其他的方法能够以较低的成本满足未来能源供应和能源需求而政府则不必签订长期合约，以固定不变的价格购买电力。"2018年7月，安大略省能源部长再次发布行政命令，"即刻起采取必要措施逐渐关闭所有的独立电力系统运营商（IESO）未颁布开工通知（NTP）的电力回收2期、3期、4期和5期合同。"

安大略省是北美洲第一个实现无煤炭发电的省份，91.7%的电力生产实现了零碳排放。作为安大略省可再生能源发展的核心举措，电力回购项目为什么在全国对可再生能源形成积极共识之后，却走向终止？通过对电力回购政策终止原因的探究，将有利于我们更加清晰地梳理可再生能源政策制定与执行过程中的影响因素。

五、安大略省电力回购项目终止原因分析

政府行为本身不足以为众多政府现象提供合法性或者做出合理解释。"新制度主义强烈反对把行为确定为政治分析的基础要素；他们不相信行为能够为解释'所有政府现象'提供足够的基础。行为发生在制度环境中，因此，在理解这一概念时，必须考虑制度因素。"[1] 制度环境被视作加美两国在清洁能源领域投资风险不同的一个重要因素。根据托克等人（Toke et al）2008年对欧洲风能利用的研究，清洁能源政策所处的制度环境比较复杂。制度指的是决策结构，风电组织形式，规划体系和规范和协议，是风电政策和实践的基础。 同为直接影响因

---

[1] Ellen M. Immergut: The Theoretical Core Of the New Institutionalism, Politics &Society, 1998：（05）.

第十六章 加拿大可再生能源产业的特点与发展趋势——以安大略省电力回购项目为例

素，可再生能源激励计划受到现有的发电技术和电网架构（incumbent generation technologies and grid architecture）、规划和批准（planning and approvals），以及利益相关者的支持与反对（stakeholder support and opposition）三个因素的影响。其中前三个因素决定了政策的财务可行性，最后一个因素决定了政策的社会接受度。

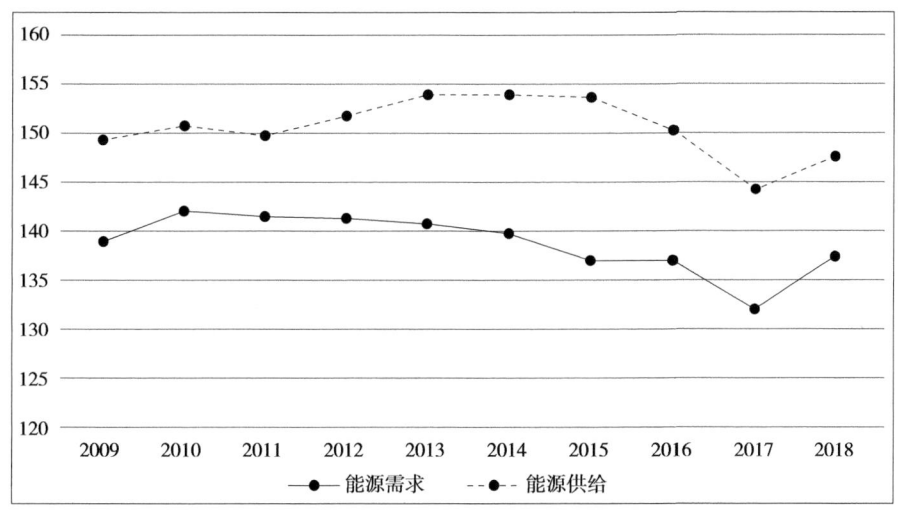

图 16-1　2009-2018 年安大略省能源需求与供给（TWh）

来源：Reliability Outlook, March 2019

现有的发电技术和电网架构是风电发展的事实基础。政府有收集整合信息的能力，开展中期到长期的预测和提案，并对未来的政府活动提供信息基础。首先，安省发展风能的需求是基于取代燃煤发电以减少温室气体排放的目标出发的。电力回购项目 2016 年年底取消接受申请的现实原因是实施电力回收项目以来，安大略省多年已经出现了能源供应上供大于求的局面（详见图 16-1）。"尽管申请电力回购项目的需求很大，额外的电力的需求却很低。安大略省的能源消费情况从 2008 年起每年都在下降，如今已经到了 1997 年的水平。"[1]

此外，风电的推广必然受到其他替代品的影响，水电和核电的发展必然会挤压风电的政府财政补贴的资金和必要性。定价、合同条款和各项规则的制定是标准化的，由独立电力系统运营商（IESO）负责，IESO 为电力行业提供关键服务，包括实时管理电力系统，规划该省未来的能源需求，实现保护和设计更高效的电力市场以支持行业发展。作为安大略省电力系统的核心，它不仅是一个全面

---

[1] LIFE After FIT: Ontario Quietly Pulls The Plug On Its Feed-In Tariff Program." 6 January 2017. Retrieved on 18 June 2019, from http: //www.lifecoop.ca/blog/2017/1/6/life-after-fit-ontario-quietly-pulls-the-plug-on-its-feed-in-tariff-program

实时的数据库，并且为安省能源政策发展提供科学性的建议。一直以来，安大略省清洁能源（主要是核能、风能和太阳能）在电力市场中已经占据了越来越大的市场份额。目前，核能容量最大，已经成为安大略省第一大能源输出种类（详见图16-2）。虽然核能不属于可再生能源，但作为清洁能源，具有运输量小、易存储、无碳排放和成本低的特点，仍然是减少温室气体的有利选择，以风能和太阳能为项目主体的电力回收项目显然不再具有政策上的优先发展必要性。

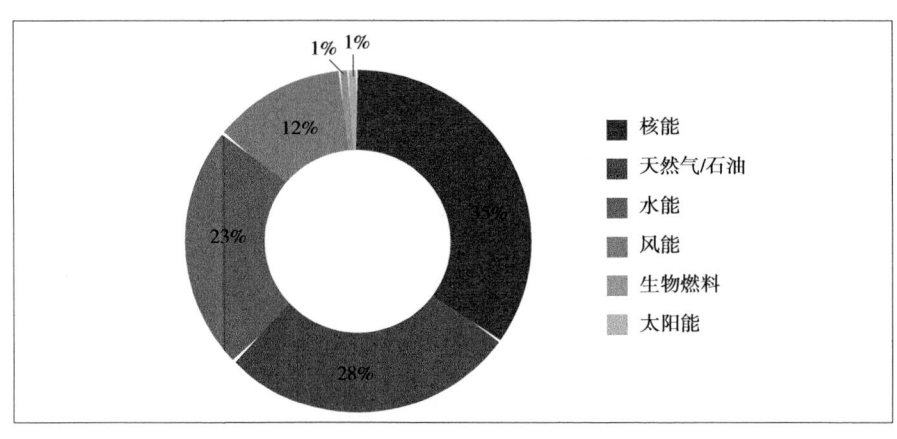

图16-2　安大略省装机容量（2019年3月）（MW）

来源：Reliability Outlook, March 2019 发布 http：//www.ieso.ca/Power-Data/Supply-Overview/Transmission-Connected-Generation.2019-3.

规划和审批为代表的政府监管对政策的影响。不必要的审批程序将会大大降低政策的效率。过于直接的监管将会增加政策的不确定性，长期规划减少，短期的调整增多，会加剧政策的不稳定性和风险性，进而影响投资者的热情和对政府的信心。

2009年《绿色能源和绿色经济法案》出台之前，电力回购项目需要经过市级和省级各部门的审批，流程复杂，办公效率低，职能混乱，在某些事项上经常出现两级政府职能重复。"开发商抱怨说，在GEA之前批准过程过于烦琐，一些组织认为多达50%的项目未获批准或延迟太久以至于项目变得不实惠。"[①] 2009年GEA出台之后，审批程序简化，市级审批取消，建立了一个单一的政府机构，即可再生能源促进办公室（REFO），以协调所有批准。

1998年《电力法案》授权安大略省能源部长管理该省的可再生能源发展。《电力法案》下能源部长的指挥权力包括颁布、修改和取消项目，主要是通过行政

---

① Weis, T., Ratchford, C: Submission to Nova Scotia Renewable Energy Stakeholder Consultation Process.Halifax：Ecology Action Centre &Pembina Institute, 2009.

第十六章 加拿大可再生能源产业的特点与发展趋势——以安大略省电力回购项目为例

命令。其管理的电力职能部门是安大略省电力局（OPA）。2004年《电力重组法案》（Electricity Restructuring Act）创立了OPA，OPA的任务是预测安大略省的能源需求，制定保护、发电和输电的总体战略计划，并向私人发电机授予长期合同以确保足够的运力。

许多行政命令直接规定可再生能源是否采购以及采购价格。2009年，能源部指示OPA采购特定拟议的"废物能源"设施产生的电力，购买率设定为8美分/千瓦时。2016年省能源部长格伦·体贝尔特对独立电力系统运营商主席布鲁斯·坎贝尔下达命令，要求省部机构有效地暂停进一步通过上网电价补贴项目进行可再生能源采购活动。FIT项目为小型风能和太阳能发电项目提供发电合约，命令要求IESO必须在12月31日后"停止接受上网电价补贴项目的申请"。从2009年到2016年，安大略省的电力回购项目推出了五期，签约数量有所调整。

表16-4 安大略省FIT各阶段表

阶段	起	止	项目申请数量	项目签约数量	签约发电量（兆瓦时）
FIT1	2009.10	2009.11	2,215	1,514	1968.5
FIT2	2012.12.14	2013.1.18	3,938	951	146.9
FIT3	2013.11.4	2013.12.13	1,982	500	123.5
FIT4	2015.10.5	2015.10.23	1,702	936	39.6
FIT5	2016.11.7	2016.11.25	1,127	390	38.4

来源：IESO, FIT Archive, http://www.ieso.ca/en/Sector-Participants/Feed-in-Tariff-Program/FIT-Archive

安大略省未来的电力发展以"储存为主"计划（Conservation First initiative）为主，有众多的计划致力于减少能源需求，实验项目将会坚持新的定价和非定价机制。其他的计划包括大量存储实验项目、交通电子化、碳税制度、都会促进安省新能源领域未来几年的发展。因而，电力回购项目的取消是政府规划的产物，通过行政命令传达的表现。

利益相关者的支持和反对会影响政府政策的公信力和社会支持力度。在没有合理公共支持的情况下实施的政策将难以取得成功，实施这些政策的政府可能难以从公众那里获得重新选举所需的支持。

安大略省的电力市场是一个混合市场，既是批发市场也是零售市场，但是国有的皇家公司安省电力公司（Ontario Power Generation，OPG）负责生产大部分电力。1998年的《能源竞争法》（Energy Competition Act）对安大略省的风能利用来说是具有决定性的一个文件，它将安大略省的电力市场向私营企业开放，因而，安省几乎所有的风能都是由私人企业生产的。

私有企业受到利益的驱动而投资，政府的行为最终是为了提高社会福利和居民的生活和福祉。在能源领域，政府考虑的是能源安全、能源供给、能源价格承受能力和可持续性发展。正如安省能源部长所说，"安大略省政府致力于确保该省有一个能够承担的起的可靠的电力系统，代表安大略省所有地方纳税人包括房主和企业主的利益行事。"

政府政策需要考虑其公众接受度，尤其是能源价格可承受力关系着公众的直接利益。政府的决策变化受到各个利益集团的影响。在沼气行业游说之后，部长指示OPA在2009年1月恢复了仅用于沼气的电力回购项目。公众意见影响了2016年的政府政策。反对者认为由于政府慷慨地签订电力回收合同，可再生能源成为电价上涨的罪魁祸首。审计长2015年说因为那些长达20年的保证价格的风能和太阳能项目合约，消费者多支付了92亿美元。安大略省农业联合会（Ontario Federation of Agriculture）提出了一份严厉批评FIT政策立场的文件，指出"利润率应从11%降至7.5%，并且价格应限制为6年内预计的电力进口成本。"基于此类价格上涨给公众的社会福利，尤其是能源可承受能力造成了不良影响，安省政府逐渐终止电力回收项目的申请。

逐渐停止电力回购项目的政策将会为政府节省开支，不必为额外的合约付钱。同时，也能使消费者不必为即将建成的太阳能和风能设备付钱，减轻消费者的负担，提高其清洁能源承受能力。政府能源政策的变化是利益相关者的态度的反映。

六、结语

加拿大是可再生能源转型的先驱者，在利用可再生能源实现节能减排方面成就突出。利用自身丰富的可再生能源，尤其是可观的水能，加拿大将发展可再生能源作为减少温室气体、实现可持续发展和恢复国际影响力的重要方式。在过去十年间，加拿大出台了一系列具有前瞻性、创造性和丰富性的可再生能源政策，在可再生能源转型方面取得了可喜的成就。但是，能源转型是一个漫长且曲折的过程，加拿大也不例外。由于联邦制的限制，在各个省份推行可再生能源政策转型时，会面临着技术与市场、政府制度和利益相关者等众多的阻碍，导致有些政策无法长期推行下去，可再生能源政策也不例外，具有不稳定性。政策的变化是必然的，但是可再生能源领域政策的转向将会严重影响公众对政府的信心，进而直接影响可再生能源领域的投资。

"政策必须足够灵活，以适应新技术和不断变化的市场，并且必须确保新企业在经济上可行，直到它们能够自立。必须避免的是频繁和不可预测的政策变化，

第十六章 加拿大可再生能源产业的特点与发展趋势——以安大略省电力回购项目为例

这些变化扰乱了市场并阻碍了投资。"[①] 政府在可再生能源方面的政策不是孤立的存在，从制度分析的角度出发，受到现有的发电技术和电网架构的影响，电力市场上的竞争和生产占比影响能源政策的侧重和规划；政府规划和批准的分工和效率会影响能源政策的持续性和稳定性；利益相关者的支持与反对会使政府从服务的角度出发，将能源受益的目标从生产者转向消费者。

安大略省是加拿大也是全世界可再生能源政策和可持续发展的先驱。可再生能源政策的制定不仅能够带动科技的进步，也能促进能源产业的升级。能源政策是解决碳排放和能源安全问题的首选。安省的电力回购项目是加拿大可再生能源政策的一个缩影。电力回购项目是可再生能源激励计划的一种表现形式，成效直接且明显。但是从政策的有效性上来看，喜忧参半，尤其是政府补贴成本高，且见效慢。电力回购项目能够为可再生能源科技的投资者提供长期稳定的财政支持。相比于传统的化石燃料，以超出市场价的价位收购电力并不具备很高的成本效益。如果设计不佳，极有可能造成经济低效状况。在其存在的十年间，由于核电的竞争和较大的相对优势，政府政策的优先性越来越偏向核电，而风能和太阳能失去了政策的支持，加上消费者对电力的需求日益饱和，对电力价格日益敏感，安省的电力回购项目最终退出了历史舞台。这反映了加拿大可再生能源政策发展的灵活性，同时也是它的不稳定性和不可预测性。

参考文献

[1] 朱彤，王蕾，国家能源转型：德、美实践与中国选择，杭州：浙江大学出版社，2015年.

[2] Barrington-Leigh, Christopher, and Mark Ouliaris: The renewable energy landscape in Canada: a spatial analysis[J]. Renewable and Sustainable Energy Reviews 75（2017）：809-819.

[3] Camille Fertel et al: Canadian energy and climate policies: A SWOT analysis in search of federal/provincial coherence[J].Energy Policy 63（2013），1143.CEC, Towards a clean energy accord, 2012.

[4] Christopher J. Ferguson-Martin, StephenD.Hill: Accounting for variation in wind deployment between Canadian provinces[J].Energy Policy 39（2011）：1647–1658.

[5] Denis, Genevieve St, Paul Parker: Community energy planning in Canada: The role of renewable energy[J]. Renewable and Sustainable Energy Reviews2009：2088-2095.

[6] Ellen M. Immergut: The Theoretical Core Of the New Institutionalism[J].Politics &Society，1998：5-34.

[7] Jonathan A. Lesser, Xuejuan Su: Design of an economically efficient feed-in tariff structure for

---

[①] Miranda T. "Designing a national renewable electricity standard: five key components [Monograph on the internet]." Washington, DC: Carnegie Endowment for International Peace: [cited 2019.06.30]. Available from: , http://carnegieendowment. org/files/renewable_electricity_standard.pdf; 2010Nov 2.

renewable energy development[J].Energy Policy, 2008: 981 – 990.

[8] Leah C.Stokes: The politics of renewable energy policies: The case of feed-in tariffs in Ontario, Canada[J].Energy Policy, 2013: 490 – 500.

[9] R. Saidur, M.R. Islam, N.A. Rahim, K.H. Solangi: A review on global wind energy policy[J]. Renewable and Sustainable Energy Reviews, 2010: 1744 – 1762.

[10] William White, Anders Lunnan, Erlend Nybakk, Biljana Kulisic: The role of governments in renewable energy: The importance of policy consistency[J].Elsevier, Biomass and bioenergy2013: 1–9.

第十七章 欧洲碳排放交易体系发展进程与对中国碳市场完善的启发

陈佳黛 张展宁 王湘君[①]

【摘要】 气候变化已成为全球的热点问题。如何应对温室气体的排放，发展低碳经济是各国共同面临的挑战。我国已成为全球最大的碳排放国，但我国碳市场的发展尚不成熟。因此，如何完善我国碳市场体系显得尤为重要。本文结合欧盟碳市场的成功经验，分析中国碳市场建设中存在的问题，并提出完善我国碳市场体系的相关对策。

【关键词】 碳市场；EUETS；低碳经济

一、引言

近些年来全球气候变暖吸引了世界各国的关注。人类活动导致了大量温室气体的排放，对生态环境形成了极大破坏，威胁着人类和其他物种的生存。1997年制定的《京都议定书》是采用市场机制减少碳排放的首次尝试。欧盟最早投入了碳交易市场的实践，于2005年建立了碳排放权交易体系，经过十多年的发展已经具备了较完善的碳交易机制，有效减少了温室气体的排放。我国目前已经启动了全国统一碳市场建设，但是我国碳市场建设尚不成熟，存在诸多问题亟待完善。借鉴EUETS的成功经验有利于完善我国碳市场交易体系，实现高效节能减排的目标，在全球气候治理中取得更多的话语权，更好地应对全球变暖挑战。本文按时间线索（分三阶段）分析欧盟碳市场的发展，介绍中国碳市场建设已有的实践并分析其存在的问题，最后结合欧盟碳市场的发展经验为完善我国碳市场提供具体的建议和参考。

---

① 北京外国语大学国际组织学院。

二、欧洲碳排放交易体系研究

欧盟一直致力于推动碳减排实施以应对全球变暖,为确保欧盟内部国家能够顺利完成《京都议定书》的碳减排既定任务,欧盟出台了一系列的政策和措施推动温室气体减排的实施。建立碳排放交易市场就是其中最核心的举措。迄今为止,EUETS 是欧盟气候变化政策的一个基石,是应对气候变化、以符合成本效益原则减低温室气体排放的关键工具。该体系是世界首个主要的、也是全球最大的碳排放交易市场。

迄今为止,EUETS 的实行过程分为三大阶段,即第一期(2005-2007 年)、第二期(2008-2012 年)和第三期(2013-2020 年)。这三大阶段的历程并非一条坦途:随着欧洲碳排放交易体系的不断发展,体系的各个阶段都暴露出了一系列问题,而欧盟也在不断调整和完善该体系,因此,这一体系是一个欧盟各成员国之间不断磋商后的集体智慧结晶。这一不断完善、到目前为止相对健全的体系对于我国而言无疑具有重大的借鉴意义。

在这一章节,本文将从以下四个方面切入:配额总量的改革、信用抵消机制的改革、分配模式的改革和碳价格波动的控制;同时,我们将沿着 EUETS 发展的时间顺序,从第一阶段到第三阶段比较、分析各个层面制度的改善状况。

(一)配额总量的改革

第一阶段为 2005-2007 年,这三年是试行期。欧盟计划完成《京都议定书》所承诺减排额度的 45%。EUETS 的排放单位为欧盟排放权配额(EUAs),1 单位的 EUA 等于 1 公吨的 CO_2 当量(tCO_2e),第一阶段以二氧化碳为主。从规定的分配许可总量和实际的排放总量的比较角度来看,欧盟存在严重的过度分配问题。造成问题的部分原因是欧盟在没有经核实的排放数据前,排放预测不准。陈周阳(2016)认为,各成员国高估了经济增长与产能扩张的速度,提出过高的碳排放配额需求[1]。总之,欧盟在第一阶段总共过度排放了 130.1 百万吨二氧化碳[2]。该阶段各年具体数据详见表 17-1。

过度分配意味着减排任务对于欧盟成员国过于轻松,因此,各国的企业丧失了减排动力和紧迫感,一方面导致了碳价格的暴跌(后文将进行详细探讨);另一方面使得整个 EUETS 在该阶段的减排有效性大打折扣。

---

[1] 陈周阳. 欧盟碳交易机制(EU-ETS)简介 http://greenfinance.xinhua08.com/a/20160521/1640315_2.shtml(2020/1/3)

[2] Community Independent Transactions Log. http://ec.europa.eu/environment/climat/emission/citl_en.htm. 注:表格中的数字是在网页数据的基础上精确到小数点后一位计算的。

表 17–1　EUETS 第一阶段配额过量

项目	2005 年	2006 年	2007 年	总计
分配许可量（百万吨 CO_2）	2096.4	2071.8	2153.1	6333
核实排放量（百万吨 CO_2）	2014	2035.6	2164.7	6121.9
过度分配量（百万吨 CO_2）	82.4	36.1	11.6	130.1
过度分配（%）	4.1	1.8	0.5	2.1

来源：EU Community Independent Transaction Log. Emissions figures in 0000s $MtCO_2e$

EUETS 的第二阶段（2008-2012 年）的减排任务普遍增加，各国减排目标在 2005 年的排放基准上再平均减少 6.5%。这一现象背后有两大原因：第一，第二期与《京都议定书》的第一个承诺期重合，欧盟和其他工业化国家在这一时期内必须达到限制或降低温室气体排放的目标以确保欧盟整体及各成员国都能实现京都承诺（比 1990 年水平低 8%）。第二，涵盖国家增加了 3 个：冰岛、列支敦士登和挪威。

在排放配额总量方面，欧盟做出了明显的改善，对总量进行了更加严格的限制。具体体现在以下两个方面：第一，从各成员国总量来看，欧盟委员会将各成员国上报的排放总量上限平均下调了 10.4%，导致最终 EUA 的最大排放量相对 2007 年降低 1.60 亿吨。第二，欧盟设立了各年之间排放量的关联性：超标企业第二年的排放额也将会相应扣除当年超标的部分。

同时，由于第二阶段做出了明显而迅速的反应，一些副作用的产生就在所难免。相较于第一阶段，第二阶段总共减少了多达 13%，为 EUETS 参与国增添了不小的压力，因此因徒困境发生：在总排放配额稀缺的前提下，理性的国家会尽量为自己争取最多的配额，从而为本国企业的发展提供尽可能多的便利。然而，这一愿景与欧委会的决定相冲突，因为欧委会除了减少排放总配额外，还同时直接减少参与国各自的配额（正如上一段提到的各国排放总量上限减少 10.4%），这一较为生硬的做法导致参与国家与欧委会的纠纷不断。

在第三阶段（2013-2020 年），欧盟取消各成员国分散决定碳排放量的机制，实行统一碳配额的规定：首先，各国依据第二阶段排放配额的算术平均值作为该阶段起始年（2013 年）所需减排的总量，然后，各国每一年减排责任呈现线性递增，即每年减排需要增加 1.74%：欧委会在 2010 年 10 月 22 日规定了 2013 年全欧盟的排放许可总量为 2039152,882 份，约为 20.4 亿份。我们按照以后每年 1.74% 的这个递减速率计算的话，排放许可将每年减少 37435387 份。

迄今为止，EUETS 体系内各类设施的碳排放量都如预期地降低了，相比第三阶段初期约降低了 8%。根据欧盟减排进展报告，到 2020 年年底，体系所涵盖的产业排放量将比 2005 年降低 21%。

欧委员会在 2018 年 2 月对即将到来的第四阶段制定了新规：从 2021 年起碳配额发放的上限将从逐年减少 1.74% 增至 2.2%，使其与 2030 年气候和能源政策框架相符，以实现欧盟 2030 年减排目标，并作为欧盟对 2015 巴黎协定的贡献之一。

（二）配额分配模式的改革

理论上讲，碳排放权的初始分配较为优化的方法应该是市场导向性的拍卖，因为这种方式较为公平、透明和有效率。但实际上，在第一、二阶段，EUETS 主要采取免费分配的模式，遵循国家分配方案（NAP）：各成员国自行制定碳排放权总量，进而自主决定本国各行业的企业分配状况，并将本国的这一分配方案统一回报到 EUETS 的管理委员会。NAP 的使用频率在第一阶段占了高达 95%，第二阶段达 90%。前两期的这种免费分配模式的施行与各国具体国情有很大关联：由于参与减排的各国经济发展水平、减排法律建设和政治体制具有较大差异，颁布一个统一的减排标准将会受到巨大阻力，面临各国不断争论和决定长期延迟的风险。因此，为保证减排任务的顺利进行，NAP 是当时的较优解。

随着 EUETS 体系的不断完善，欧盟在第三阶段转型为以拍卖为主的分配模式。为保障转型过程平稳顺利，欧盟首先准备了过渡方案：对免费发放配额的机制没有完全摒弃，对原有的部分设施继续执行，并且在其基础上加入了基准法的运算规则：不同行业采取了不同比例的免费配额额度；而在每一行业内，欧盟首先设立一个基准值，这一数值是该行业内碳效率最高的 10% 设施排放量的平均值。此后，将这一基准值乘以该行业设施的产出量就得出了每一个既有设施能免费获配的配额。该免费分配模式的保留在铝业等在全球范围内有竞争性的行业中居多，以此保护有关国家，避免其在竞争中受到冲击。

除开上述适用于部分既有设施的过渡方案外，其余所有配额均采用公开拍卖的方式：其中，88% 分配给普通参与国；10% 分给经济和制度建设较欠发达的东欧国家；2% 作为分给在前两阶段进行有效减排的国家的额外奖赏。

对于即将到来的第四阶段，欧盟将继续免费分配配额，以保障具有碳泄漏风险的工业部门的国际竞争力，并将更新行业基准值和生产因子，以提高免费分配的针对性。

（三）信用抵消机制的改革

2004 年，欧盟发布了 2004/101/EC 号指令，允许各个实体除自主减排、购买配额的方式外，还可用清洁发展机制（CDM）或联合履约（JI）来抵消自身排放。事实上，CDM 和 JI 最早出现在《京都议定书》里的《联合国气候变化框架公约》，是两种用于协助发达国家减排的方式。CDM 和 JI 都是国家间的减排项目，两者的区别是，前者适用于发达国家和发展中国家；而后者适用于发达国家之间的合作，以及减排成果的认定、转让与使用。

第十七章　欧洲碳排放交易体系发展进程与对中国碳市场完善的启发

从第二阶段的开端年从2008年开始，欧盟正式引进CDM产生的排放减量权证（CER）和JI产生的减排单位（ERU）来抵消自身排放，换言之，CER与ERU在EUETS市场上与前文提到的欧盟排放权配额（EUA）有同等效力。

但是，在实际实施过程中，抵消机制过于宽松：欧盟允许使用的CDM和JI排放总量上限超过1300百万吨，占到配额总量的13.7%。有学者推算，这一上限对应的减排方式加上其余减排方式（自主减排和购买配额）的最终减排量，这一数值之和将会比第一期（2005-2007年）的核准量还多。所以从结果导向的角度来看，这就造成实际配额总量依然存在过剩的情形。

到第三阶段，欧盟开始对CDM和JI（尤其是CDM）机制进行严格限制，这一行为从以下两个角度进行：

第一，对欧盟国家内部而言，欧盟规定抵消的上限不超过第二阶段剩下的额度；从整个欧盟来看，2008—2020年期间整体的合计抵消额度不能超过这个阶段50%的减排量。对于不同企业的信用抵消限制规则划分如下：

在第二阶段获得免费配额的企业，2008—2020年可以使用的国际抵消信用数量之和不得高于其在第二阶段允许使用的国家信用数量或分得的免费配额数量的11%；对于第三阶段新纳入的企业，2008—2020年期间可以使用国际信用数量上限为第三阶段年排放量的4.5%；对于第三阶段有新增设施的企业，2008—2020年可以使用的国际抵消信用数量之和不高于第二阶段期间允许使用的信用数量或分得的免费配额数量的11%或第三阶段排放量的4.5%。

第二，对欧盟外部国家而言，提供CDM项目的发展中国家数量也受到了限制：由于欧盟认为在第二阶段允许了过多的CDM项目运行，导致CER成本下降，减排效率降低，因此在第三阶段，欧盟只承认在第二阶段已实施、但仍有剩余信用的旧有项目，若要在此阶段开展新项目，则项目提供国必须为最不发达国家。若仍有其余发展中国家想向欧盟出口CER，则必须重新签订额外协议。

为即将到来的第四阶段，欧盟处于内部减排目标的考虑，暂时决定在2020年以后不再使用国际信贷和抵消项目，具体细则的变动还有待观望。

（四）碳价格波动的控制

迄今为止，EUETS的碳交易价格变化图参见图17-1。

从图17-1我们可以看到，在第一阶段，碳价格波动极其剧烈，这种不确定性严重打击了碳交易市场的投资者的信心。波动背后是决策层对碳排放量的供求估计与现实的偏差：有学者分析，当时的电力行业由于受到了更为严格的限制，因此电力行业普遍预期碳价格会提高，各国纷纷对碳配额进行储备直接导致了开始阶段碳价飙升。然而，实际公布的排放数据远小于当初预期，因而碳需求迅速萎缩，再加上EUETS在第一阶段分配了过多的减排配额，所以购买配额的需求也急剧下降，此外还叠加了2008年全球金融危机的影响，最终使得碳价格暴跌，以至于在该阶段第三年（2007年）至第二阶段初期（2008年年初）跌至零点。在此阶段的EUETS尚处于试验期，欧盟也是边学边做，不确定性的出现也在意料之中，因为初期阶段没有可观测到的统计数据，难以预测实际排放需求和预测未来市场表现。

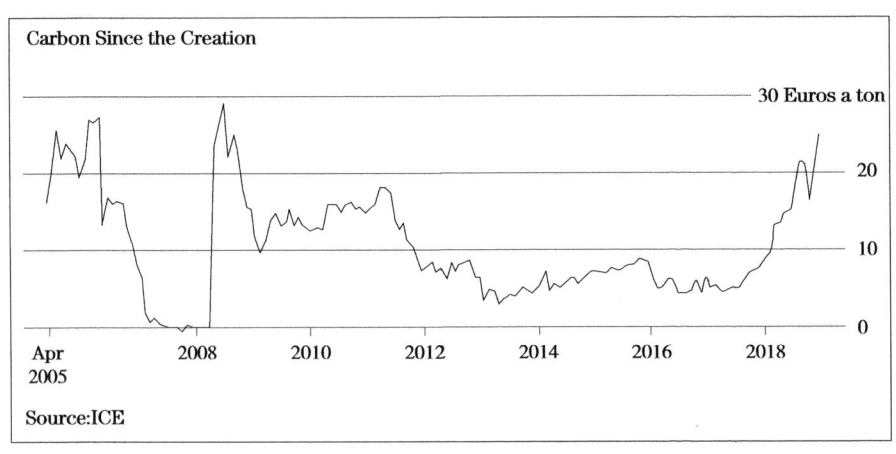

图17-1　EUETS碳价格三阶段变化图

在初期出现的碳价破零现象提醒了欧盟，于是他们在第三阶段设立了碳价格管制：欧盟通过改革建立了碳价格地板价，以此让碳价格维持在此下限之上，因此，在图17-2中的碳价格在第二阶段末（2012年）到第三阶段前大半段（2013-2017年）都处于每吨5-10欧的动态平衡；此外，维护碳价稳定的措施还有建立储备机制，调整碳配额：欧委会提议在第四阶段建立市场稳定储备机制（MSR）：按照这一愿景，欧盟届时能够灵活应对碳排放预期和实际情况的差距：当碳配额剩余量高于一个既定水平时，把其中一部分从交易市场中撤出并储存；反之当配额剩余量低于一个既定水平时，从储备中支取一部分投放到市场交易中。欧盟希望能够通过对设定市场中可交易的碳配额的调节来对碳价的市场波动进行控制。最后，欧盟还计划推出若干低碳融资机制，如创立现代化基金和创新基金等，助力企业创新，推动市场向低碳经济转型。预计这一阶段碳市场将步入常态。

三、我国碳交易市场的实践

（一）开展CDM项目

本文在第三章EUETS的介绍中已提到，清洁发展机制（CDM）是发达国家和发展中国家间的合作，是《京都议定书》框架下的合作机制。有减排需求或减排限制的发达国家在发展中国家投资减排项目，运用自身的减排技术获得核证减排量（CER）。CER可以出售，每一单位相当于一吨二氧化碳。清洁发展机制开创性地提出了 CER 这一规范化的排放抵消工具，对参与双方而言是双赢的机遇。发达国家获得了温室气体排放权；发展中国家减少了碳排放，也能在转让减排单元中获益。

我国是发展中国家，属于 CDM 中的非缔约方，不需要承担减排义务，境内产生的所有减排量都可以向发达国家出售。中国清洁发展机制网的报告显示，截至 2016 年 8 月 23 日，我国国家发改委一共批准了 5074 项 CDM 项目，预计年减排量达到了 7.82 亿吨。其中新能源和可再生能源的项目占比最大，一共 3733 项。新能源和可再生能源包括太阳能、风能、水能、潮汐能等，而我国的西部省份地势变化大、光照充足，具有丰富的可再生能源。充分利用这些资源发展 CDM 项目是我国的优势所在。节能和提高效能占比第二大，主要是通过改造发电厂的机器来提高能效。这些项目经济性较好，便于操作，相关设备的维护费用低，所以更受欢迎。

（二）建立碳交易平台

通过建立环境交易所，可以规范市场秩序，提高信息透明度，完善定价规则，从而推动国内碳市场交易体系的发展。另一方面，也有利于我国在国际碳市场上获得更多定价权。

国家发改委于 2011 年印发《关于开展碳排放权交易试点工作的通知》，要求在北京市、天津市、上海市、重庆市、湖北省和广东省开展碳排放权交易试点。此后，各试点地区陆续出台相关政策，确定参与企业以及各企业排放量，分配碳排放额。2013 年 6 月启动的深圳碳排放交易所是全国第一个营业的碳交易所，启动时就有中兴通讯、深圳能源集团、比亚迪等共 636 家企业参与其中。截至 2018 年 6 月，共有 811 家企业在深圳交易所进行碳交易，市场成交额突破 10 亿元[①]。同年 11 月，上海和北京碳排放权交易所先后启动。上海碳市场在配额累计成交量和国家核证自愿减排量方面都具有突出表现，且连续六年来实现 100% 履约。除了现货交易之外，上海交易所还于 2017 年上线了碳配额远期产品，这有利于提高碳市场的流通性和灵活性。目前位于全国领先地位的是广东碳市场，截至 2019 年底交易金额达 26 亿人民币，配额成交量仅次于欧盟和韩国碳市场。根据新华网消息，截至 2019 年 5 月底，全国碳市场试点累计成交额约 68 亿元。近年来，我国从电力行业开始推进全国碳市场建设，于 2017 年出台了《全国碳排放权交易市场建设方案（发电行业）》。

（三）银行机构碳金融业务

虽然目前我国银行的碳金融业务还比较单一，以绿色信贷为主，在碳金融理财产品方面也做出了一些尝试。绿色信贷方面，CDM 项目贷款所占比重较大。兴

---

① 数据来源：深圳排放权交易所官网

业银行是绿色信贷的积极践行者。上市初期,兴业银行就与国际金融公司合作引进了相关项目,并在2012年推出排污权抵押授信业务,使排污权抵押成为一种新型融资方式。上海浦东银行从2008年开始开展包括CDM项目贷款的绿色信贷服务。四大银行在绿色信贷方面的业务开展也卓有成效:截至2018年年末,工商银行投向降低能耗与产能过剩的环保项目的境内信贷余额为12377.58亿元,农业银行、建设银行和中国银行的这一数据分别为10504亿元、10422.6亿元和6326.67亿元[1],由此可见我国银行绿色信贷业务需求大,具有广阔的发展空间和较强的发展潜力。碳金融理财产品方面,目前我国以与二氧化碳挂钩的理财产品为主。深圳发展银行于2007年推出了国内第一只"二氧化碳挂钩型"本外币理财产品。随后中国银行北京分行在同一年公开发售与二氧化碳挂钩的碳期货价格。此外低碳信用卡的发行在各银行中也逐渐普及。

四、我国碳交易市场实践中的问题

(一)价格机制不完善

首先,碳排放权交易本应该充分发挥市场的调节作用,减少行政干预,但我国一开始就采取自上而下的方式,政府在定价中占主导地位:政府选出某一行业的几家代表性企业,计算其减排成本的平均值,以此为依据确定碳交易价格。这导致市场的真实供求情况无法得到反映。此外,我国为了推动全国性碳市场建设制定了一系列政策和法律法规,虽然在一定程度上有利于实现减排目标,但过多的行政命令也使价格和供求机制的作用得不到充分发挥。

其次,我国碳排放权交易市场信息不对称,透明度较低。在碳市场履约风险不断升高的背景下,更需要提高信息披露程度和维护企业的知情权,帮助投资者识别风险。而目前我国碳市场的信息透明程度较为落后,管理杂乱。

第三,我国碳配额行业间分配不均。我国碳配额以政府免费分配为主,集中在电力等重点耗能行业,有时甚至会有过剩,而其他行业则没有得到足够重视。这也是市场机制得不到充分发挥的体现。

最后,我国碳排放交易价格失真,各试点之间价格差异大,有些试点表现出了较大的价格波动。北京碳市场价格最高,2019年最高成交价可达87.5元/吨,最低成交价也高达48元/吨。与此形成对比的是,其他碳市场均价大都低于50元/吨,2019年上半年重庆交易市场的均价低于10元/吨,最低时甚至跌到了3元/吨,而2019年年底又陡然上升至40元/吨[2],可见其波动之剧烈。

---

[1] 数据来源:新华财经网
[2] 数字来源:碳排放交易网

（二）全国性碳市场尚不成熟

全国性碳市场于 2017 年年底才启动，还没有开始现货交易。在此之前，各试点交易所大都"各自为政"，计量方法、交易模式和规则等并不统一。怎样顺利衔接试点与全国碳市场是目前所面临的难题。试点企业在归入全国碳市场后，其管理权是否还在地方，以及之前的碳配额在全国碳市场中还是否适用，都需要合理的解决方案。全国碳市场的构建必然是个复杂的过程，需要协调平衡各方利益。

（三）企业参与度较低

企业在产业升级中扮演着重要的角色，减少碳排量离不开企业的支持。但一方面，初期运用碳减排技术会提高企业的成本，从而影响其盈利能力；另一方面企业家和员工对减排的重要性认识不足，信息披露和相关监管制度又不够完善，这都导致企业缺少减排积极性。因此，需要制定合理的政策，在推动企业减排的同时又能避免对其造成过大的成本压力。

五、EUETS 的经验对中国碳市场的启示

中国始终秉持负责任的态度，积极应全球气候变化，采取有效措施。2016 年中国加入《巴黎协定》并设定四个减排目标，同年在"十三五"战略规划中正式将控制温室气体排放列为工作中重要一环，显示出了极大的减排意愿。截至 2017 年底，我国碳强度已下降 46%，提前 3 年实现了 40%–45% 的上限目标；我国森林蓄积量已增加 21 亿立方米，超额完成 2020 年的目标；我国非化石能源占一次能源消费比重达 13.8%，距离所承诺的 2020 年达到 15% 还有一定距离。但同时也应看到，中国碳交易的市场环境尚未成熟，面临着诸多问题，行业能源管理体制障碍重重，登记、审查、市场监管与惩罚体制并不健全等等。另一方面，欧洲碳排放交易体系已经过较长时间发展，积累了很多珍贵的经验，这些经验对我国碳市场的发展和健全无疑是有深远意义的。

本章分为四个部分，分别从碳排放权交易制度、参与主体、定价机制与碳金融产品等四个方面，谈谈 EUETS 的经验对我国碳市场的启发。

（一）完善碳排放权交易制度

1. 法律法规建设

欧盟在施行碳减排计划之前，已经有较好的法律基础。《欧洲温室气体排放交易指令》于 2003 年已被制定出来，定义碳排放权为具有可交易性质的稀缺商品，且具备法律效力，这为碳排放权发行市场的运行奠定了基础。

我国则与此不同，在解决气候问题和发展碳市场方面，相关法律法规出台较晚且没有对碳排放权做出明确定义。《中华人民共和国气候变化应对法》于 2012 年 1 月完成初稿，《碳排放权交易管理暂行条例》于 2019 年公开征求意见，但两

部法至今仍未正式出台。由于碳排放权的交易未从法律层面获得明确界定与保障，法律法规不具备约束性，碳市场的建设将受到影响，碳排放权交易的普及也难以在较短时间内完成。

因此，我国应加快完善碳交易制度的法律建设，全国人大、生态环境部等部门应加快《中华人民共和国气候变化应对法》《碳排放权交易管理暂行条例》的出台。以国家层面的法律明确碳排放权交易可交易的稀缺商品性质、碳交易标的法律性质，明确交易主体的权利、义务和法律责任，落实监管者的监管权限，并授权其对违法违规行为采取强有力的处罚措施。

2. 减排目标确立

EUETS 的实行过程分为三个阶段，通过第一阶段的实行期估计出欧盟排放配额总量，在第二阶段做出及时调整，下调各国上报的排放总量上限，设定年度排放量关联性，第三阶段实现统一碳配额。

中国的碳市场主要有两种形式，项目类碳交易与配额类碳交易。项目类碳交易主要分为清洁发展机制 CDM 与自愿减排。其中，CDM 交易所占比例更大。CDM 交易在我国面临着区域差异大[1]，由买方市场效益带来的劣势地位[2]。碳排放的配额交易在国内设置深圳、上海、北京、广东、天津、湖北、重庆等七个试点，对拍卖做出积极的试验，并对未履约的企业规定了不同惩罚措施。由此可见，这两种碳排放市场都存在着减排目标不明确且波动性较大的特点。

此外，虽然国家发改委在 2014 年 2 月发布了《关于组织开展重点企（事）业单位温室气体排放报告工作的通知》，并在其中要求，各单位需要对全部六大类温室气体（二氧化碳、甲烷、氧化亚氮、氢氟碳化物、全氟化碳、六氟化硫）排放进行报告，但目前国内七大碳交易试点市场的主要交易对象还局限为二氧化碳这一种温室气体。

由此，建议中国政府配合"十三五""十四五"战略规划，提前制定并划分减排时期。可以借鉴欧盟的经验，以试点交易市场经验为基础，合理设定所覆盖的温室气体种类、减排的总体目标，同时因地制宜为各个地区设定不同的减排目标，并逐步扩大碳排放权交易的范围。具体来说，中国的碳排放主要集中在火电、石油、天然气、钢铁等重工业部门。其中，火电、石油等行业我国净出口率几近为零，不具备国际竞争优势。因此，我国可选择上述重工业部门进行碳排放权免费分配，以吸引更多企业加入此行业，扩大市场规模，实现优势积累。同时，在第二阶段引入公开拍卖，并不断调整免费配额与拍卖之间的比例，以此为契机，加速我国"计划电"的市场化转型。

---

① 赵晖. 欧盟碳排放交易体系改革及对我国的启示 [D]. 吉林大学，2016.
② 李哲. CDM 视角下中国碳金融发展水平对产业结构调整的影响 [D]. 山东大学，2019.

第十七章 欧洲碳排放交易体系发展进程与对中国碳市场完善的启发

另一方面,积极与发达国家建立深入的战略合作机制,增强我国在国际碳交易的活跃程度,积极发展 CDM 项目,稳步提高国内减排量抵消额。同时,由于我国 CDM 项目多位于风能、水原资源丰富,但经济欠发达的四川、云南、内蒙古等省份,此举对地方经济发展、项目资本积累也多有裨益。

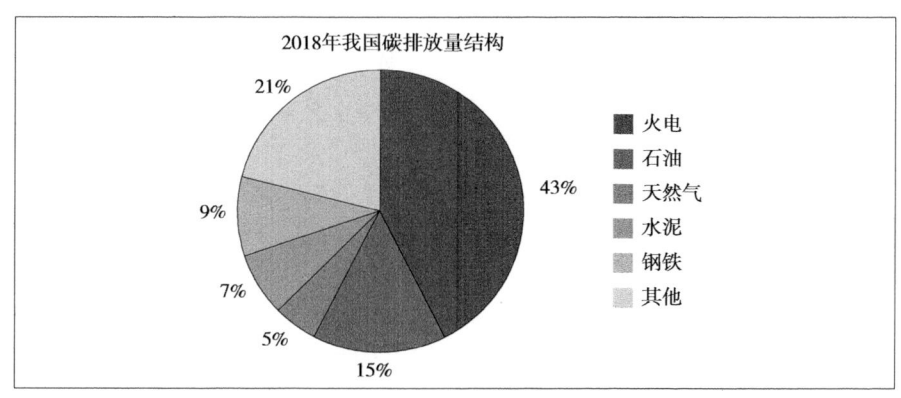

图 17-2 2018 年我国碳排放量结构

来源:中国产业信息网

3. 建立有效监管机制

我国《全国碳排放权交易管理条例》中虽然明确规定了控排企业未达履约目标所产生的惩罚,处罚的具体数额并未被写入条例之中,执法者执法自由权过大,容易产生寻租空间[①]。而目前,各试点地区采用当地碳排放交易公开市场操作办法,惩罚措施不尽相同。北京环交所规定企业超排部分按市场均价 3 — 5 倍进行罚款,上海能源环境交易所对为履约企业处以 5 万 -10 万元罚款,湖北碳排放交易所对企业未减排部分按照当年配额平均市价处以 3 倍罚款,且在下一年度中扣除其双倍配额。加之,不同试点市场配额价格不同,容易产生配额地区间的流通,无法起到行之有效的减排效果。

综上,中国政府应对《全国碳排放权交易管理条例》做出更细化的规定,将具体且统一标准的惩罚措施列入法规之中。政策既要因地制宜,提高市场碳排放权拍卖积极性,也要杜绝寻租行为的泛滥。同时应明确监管部门,防止不同部门职能重叠,反而不利于政策实施与监管。

(二)扩大碳排放权交易市场参与主体

作为强制减排机制 CDM 的补充,我国自 2012 年起建立自愿减排机制,创设自愿减排量交易平台。《温室气体自愿减排交易管理暂行办法》《温室气体自愿减

---

① 史学瀛,杨博文.控排企业碳排放权交易未达履约目标的罚则设定[J].中国人口·资源与环境,2018,28(04):35-42.

排项目审定与核证指南》等文件于2012年由国家发改委印发，为自愿减排机制提供了系统的管理规范。2015年，国家发改委上线"自愿减排交易信息平台"，公式自愿减排项目的审定、注册、签发等过程，经签发的减排量便可进入备案的自愿减排交易所交易。这一减排量又被称为中国核证自愿减排量（China Certified Emission Reduction，CCER），可以用来抵减企业碳排放。这一平台的上线标志着中国自愿减排机制积极扩大碳交易市场参与主体的创新，并取得了实质性的发展。

CCER与CDM的主要不同点在于，CDM是通过联合国CDM执行理事会签发、在国际碳市场上交易，CCER则是由国家发改委签发，在国内碳市场上交易。

以北京试点为例分析，我们不难看到CCER价格大幅低于配额价格。这主要有两点原因：1）CCER供给较大；2）CCER市场尚未成熟，大部分为协议转让交易，价格透明度差。

根据欧盟经验，可知减排量与配额价格差异性受碳市场供需平衡性和对减排量限制程度影响。建议完善并积极发展线上的标准化交易，加强项目信息透明度，保持与其他项目开展国际沟通与交流，避免双重签发，保证项目质量。这既能给市场以信心，推动更多高质量减排项目开发，也能提升国际竞争力，满足更多减排量购买需求。

（三）形成碳排放定价机制

目前，我国碳市场试点省市碳价差距较大。比如，2019年北京碳市场交易均价达到83.27元/吨，是深圳市的四倍之多，但价格普遍低于EUETS的交易均价。过低的碳价会影响碳市场有效发挥减排作用。同时，自2013年各试点省市启动至今，碳交易价格表现为前期大幅波动，后期趋于稳定的趋势。

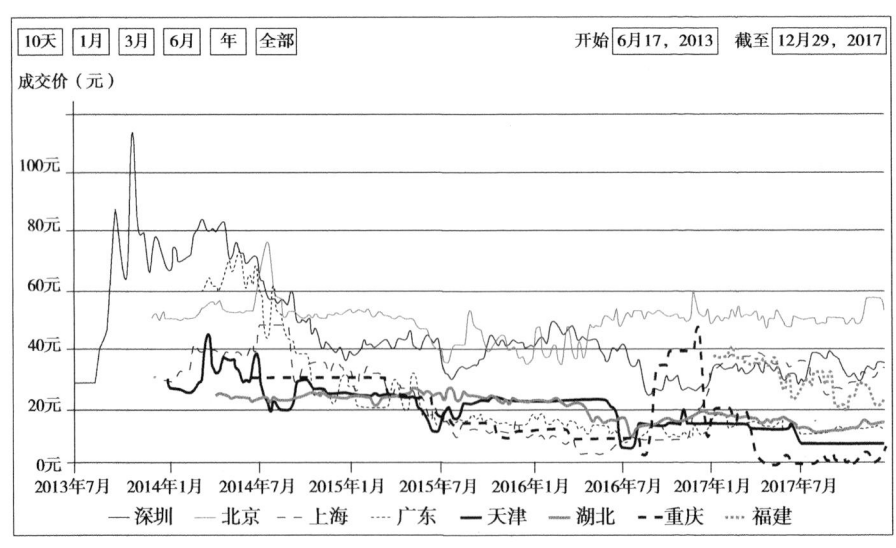

图17-3　我国碳交易试点碳排放配额交易价格走势图　单位：元/吨

目前期碳价剧烈波动的根本原因在于管理层对碳排放量的供给和需求预期偏离了现实。因此，在全国统一碳市场诞生前，应结合中国市场实际，参照欧盟碳价，对全国碳市场碳价进行模拟。同时，为预防市场上出现碳价波动过大的局面，政府应事先设定好市场上碳排放交易价格的最高值与最低值，并以行政手段规定碳价波动不能超过或低于最高价格、最低价格。合理的碳价一方面吸引更多社会资本进入碳市场，增加市场活跃度；另一方面通过更多企业参与政府拍卖，使得碳价更接近碳排放权实际价格。同时，政府应合理引导公众预期，避免由于公众对于碳市场预期的大幅变化造成市场的过度反应。

（四）多元化发展我国碳金融产品

2019年中国的碳排放试点地区虽然有一些碳金融创新探索，但仍处于前期基础建设阶段，未有碳金融新产品落地。目前试点中湖北和上海碳市场有现货远期产品，但交易极不活跃，2019年度均无交易。有限的碳金融品种和数量，缩小了机构投资者的选择余地，限制了市场交易规模和碳市场的活跃程度。另一方面，由于我国碳市场价格受国际碳市场影响较大，对国际碳市场的依赖程度也较大，导致我国碳市场议价能力较弱。

我国应发展多层次碳金融市场，建立多渠道、多形式的碳金融融资工具，可以提高其他主体的市场参与感，也可以借鉴国外经验，与有实力的企业和国际组织合作共同推进碳金融的发展。应结合我国碳金融发展现状，开发出适应我国碳金融发展的产品，以满足我国碳金融发展过程中对碳金融产品多元化的需求。同时，引入金融监管，建立风险防控机制，增强机构投资者信心。

参考文献

[1] 侯伟丽，韦洁. 碳排放权配额管理体系的比较和借鉴 [D/OL]. 国环境管理. 2018（10）：5.

[2] 孙乔. 我国碳排放市场建设现状分析 [J]. 价值工程，2019（26）：96–97.

[3] 孙悦. 欧盟碳排放权交易体系及其价格机制研究 [D/OL]. 长春：吉林大学，2018.

[4] 汤文达. 我国碳排放权交易试点省市碳排放配额分配比较研究——以京津沪粤深五省市为例 [J]. 现代商业，2014（11）：284–285.

[5] 尤海侠，李伟，杨强华. 我国碳排放权交易试点现状分析及建议 [J]. 中外能源，2017（12）：114–116.

[6] 赵辉. 欧盟碳排放交易体系改革及对我国的启示 [D/OL]. 长春：吉林大学，2016.

[7] 周玲芳，张之秋，周昭敏. 我国碳排放交易现状的分析 [J]. 阜阳师范学院报，（自然科学报）. 2018（1）：53–55.

第四部分　学术视角

第十八章　开放发展模式：
跨国企业与区域一体化发展

陈岳云[①]

【摘要】本文重点讨论了省（市）间区域一体化发展问题，强调指出按经济规律规划一体化发展的重要性，特别指出了区域一体化发展必须以企业为主体，市场为导向，尤其是吸引、培育发展更多、更强的跨国企业，及选择、动态调整合适的开放发展模式，是此类区域一体化成功的关键。

【关键词】开放发展模式；跨国企业；区域一体化

一、引言

中国过去几十年的快速发展，取得了历史性、突破性的成就，举世瞩目，史无前例。近年来，中国经济发展遇到了众多的挑战与困难，既有外部环境变化，特别是世界经济变化的因素，亦有内部发展动力不足；发展不平衡、不充分等问题。加快推动区域一体化发展，通过更深刻的解放思想，更全面、广泛、综合的改革与更进一步的全面对内对外开放，中国经济、社会各方面发展，必将上一个新的台阶，跨越"中等收入陷阱"，成功迈入高收入的经济体，并能继续保持中、高速的可持续的稳定成长。

区域（经济体）一体化发展是全球经济发展，特别是全球化、国际化发展的一个重要趋势。一体化发展包括国与国之间的整合、协调、一体化发展，包括一国内，不同地区（省市）间的协调、一体化发展，包括一个省（市）内，以中心城市为核心的一体化发展。

国家间的一体化，例如欧盟、东盟、非洲联盟等，形成所需的时间长，程序复杂，利益冲突多，但一旦成功启动，往往一体化程度高，协调密切，顺畅，创造的额外（附加）的利益多，整体竞争力提高大。纵观国内外的一体化发展的不

---

① 陈岳云，美国洛杉矶西来大学终身教授，北京外国语大学二十集团研究中心特邀员；作者邮箱：billchen@uwest.edu

同模式,省(市)间的协调,一体化发展似乎困难、问题更多。这可能与不同省(市)间的行政管理、GDP 划分及其他经济利益分配有关。珠江三角洲的一体化发展起步比长江三角洲迟,但珠江三角洲地区一体化发展、协调、整合似乎比长江三角洲做得好。20 世纪 80 年代初,中国就成立了国务院长江地区发展规划办公室,但一体化发展总是雷声大雨点小,后来甚至连声音都没有了。

中国社会主义发展进入了新时代,正在逐步确立发展社会主义现代化的经济体系。更好有序、有效地促进不同区域的一体化发展,更好发挥他们桥头堡的示范及辐射作用,关系到中国今后经济、社会的发展能否稳定、可持续,关系到相关区域的整体竞争力、效率。

近几年经济、社会发展目标的转变,经济动能的转换,各地对可持续、平衡性发展的日益重视,及对区域一体化发展认识的根本提高,为促进下一轮区域一体化发展创造了良好的条件。最近几年城际高速及其他运输的大量投入,人、物流动效率,速度,方便性和舒适性的提高,为加速推进一体化发展奠定了坚实的基础。总之,近几年各方面的发展为进一步顺利推进区域一体化发展创造了良好条件,应采取切实有效的措施,以达到更高程度一体化的目的。

为了更好地推进区域一体化发展,特别是省(市)间区域一体化的发展,我们需很好总结国内外相应的经验与教训,提高认识,进一步解放思想,全面综合地开放与改革。区域一体化发展需解决许多问题,但主要的方面应是开放发展模式的选择与调整,及更多跨国企业的形成与成长。

本文重点讨论省(市)间区域——例如长江三角洲、京津冀及粤港澳的经济一体化发展问题,特别是有效的途径与方式,使区域一体化发展更顺畅,合作、协调更高层次、有效,从而提高区域的整体实力——竞争力、效率与效益。

二、尊重、遵循经济规律

中国过去 70 年,特别是改革开放发展 40 年的经验与教训,就是我们必须按经济规律办事,充分认识、了解、掌握经济与社会发展的规律。什么时候我们能正确认识、并按经济规律办事,经济社会发展就顺利;什么时候违反了经济规律,经济社会发展就出现重大问题,需要采取调控、整顿措施,造成投资及其他资源的大量浪费。

区域(经济体)的发展有其规律性及必要的条件。陈岳云(2019)在分析城市及城市群形成与成长发展时,指出了各八个方面条件与规律。

(一)城市形成的条件

一个城市的形成发展必须满足一定的条件,包括:凝聚性——吸引人,吸引资本,吸引交易、贸易;规模性——足够大,具有生产、消费、运输等的规模经济；辐射性——能影响附近的地区经济与生活活动；人文性——具丰富的人文、社会活动；集成性——产业与生产链的集聚，从而带来集成（约）效应；分享性——各种资源、设施的分享与共享；外溢性——各种技术、知识、资本等外溢性及外溢效应；综合性——基础及各种设施，各种生产、社会生活功能俱全、完备。

（二）城市成长发展的规律

城市的发展潮起潮落，为了保持城市的成长发展，必须具备这些条件：开放性——对外的开放，吸纳新鲜的人才、思想、文化、教育；竞争性——企业在竞争中成长、壮大，城市亦如此；创新性–不断改革创新，技术、开发、管理、组织的创新；平衡性——各种利益、关系、职能/功能的平衡；进取性——不满足现状，不断奋斗，努力；持续性——环境、人才、资源的可持续性；包容性——不同文化、教育、种族、宗教的包容，对不同收入水平者的包容；特色性——各个城市在文化、经济等方面，有其特色。

区域一体化的发展类似于城市及城市群的发展；各地在规划区域一体化发展时，必须充分考虑这些条件要素，依经济规律办事，方能真正促进一体化发展。

三、开放发展模式与区域一体化发展

开放发展模式，对地区乃至全国的发展至关重要。了解、分析不同的开放发展模式，对指导今后区域一体化发展有十分重要的借鉴作用。开放发展模式不仅能解决经济发展的方式途径、方向问题，亦能倒迫、促进改革，为进一步深化改革，和进行综合改革指明方向。可以从不同的角度——根据开放的产业，目的，及开放产业的特点来划分，探讨、分析开放与发展的模式。

表18-1包括市场（国内与国外）及开放（对内与对外）的组合。对内开放指对区域外，但本国内的开放。比如，深圳最初的开放，是吸引中央各部委及各省市的投资。浦东开放，最初则是吸引了众多国内企业的投资。

当然，区域的开放、发展模式，特别是对内及对外开放，及开拓国内及国外市场是综合性的、动态变化的。但在一个特别时间，需明确是否重点吸引国外或国内投资，是否重点开拓国外或国内市场。

表18-1 市场及开放组合

	对外开放	对内开放
国外市场	对外开放，国外市场	对内开放，国外市场
国内市场	对外开放，国内市场	对内开放，国内市场

一个经济结构包括三大不同的产业，因此开放亦有不同产业的开放——农

业、工业及服务业。中国 40 年前的开放,主要集中在工业,特别是制造业。吸引了大量外资,使中国成为世界制造工厂,中国制造业的 GDP 总额已超美国,稳居世界第一。近几年来,随着中国经济结构的调整,特别是第三产业的快速增长,更多的外资投入到第三产业——服务业。服务业的外资投入总额及增长速度,均已超过第二产业。今后中国仍需进一步增强工业,特别是制造业的对内、对外开放,但更大的开放及变化将会在第三产业——服务业,包括金融业、社会服务、高等教育等领域。

表 18-2 国内、国外农业、工业和服务业对比

	对外开放			对内开放		
	农业	工业	服务业	农业	工业	服务业
国外市场	农业对外开放,国外市场	工业对外开放,国外市场	服务业对外开放,国外市场	农业对内开放,国外市场	工业对内开放,国外市场	服务业对内开放,国外市场
国内市场	农业对外开放,国内市场	工业对外开放,国内市场	服务业对外开放,国内市场	农业对内开放,国内市场	工业对内开放,国内市场	服务业对内开放,国内市场

以开放的目的来看,可以是为了资金、技术、管理经验、人才或市场等。中国最初的开放,主要是为了吸引资金,然后是技术加市场。现在的开放,更注重于技术与创新及人才的引进。

表 18-3 国内、国外资金、技术、管理经验、人才、市场对比

	对外开放					对内开放				
	资金	技术	管理	人才	市场	资金	技术	管理	人才	市场
国外市场	具有相关目的的全球营销和开放	具有相关目的的全球营销和开放	具有相关目的的全球营销和开放	具有相关目的的全球营销和开放	具有相关目的的全球营销和开放	具有相关目的的全球营销和国内开放	具有相关目的的全球营销和国内开放	具有相关目的的全球营销和国内开放	具有相关目的的全球营销和国内开放	具有相关目的的全球营销和国内开放
国内市场	具有相关目的的对外开放和国内营销	具有相关目的的对外开放和国内营销	具有相关目的的对外开放和国内营销	具有相关目的的对外开放和国内营销	具有相关目的的对外开放和国内营销	具有相关目的的对内开放和国内营销	具有相关目的的对内开放和国内营销	具有相关目的的对内开放和国内营销	具有相关目的的对内开放和国内营销	具有相关目的的对内开放和国内营销

按 McKinsey,产业或产品,可按研发强度/密集度,劳动密集度,资本密集

度，能源密集度，贸易密集度及价值密集度等划分。例如智能手机、创新性生化产品，价值密集度很高，研发与资本密集度高。

表18-4　国内、国外研发强度/密集度，劳动密集度，资本密集度，能源密集度，贸易密集度及价值密集度对比

	对外开放						对内开放					
	研发强度/密集度	劳动密集度	资本密集度	能源密集	贸易密集	价值密集	研发强度/密集度	劳动密集度	资本密集度	能源密集	贸易密集	价值密集
国外市场	全球营销和具有相关密集度的开放	全球营销和具有相关密集度的开放	全球营销和具有相关密集度的开放	全球营销和具有相关密集度的开放	全球营销和具有相关密集度的开放	全球营销和具有相关密集度的开放	全球营销和具有相关密集度的国内开放	全球营销和具有相关密集度的国内开放	全球营销和具有相关密集度的国内开放	全球营销和具有相关密集度的国内开放	全球营销和具有相关密集度的国内开放	全球营销和具有相关密集度的国内开放
国内市场	具有相关密集度的对外开放和国内营销	具有相关密集度的对外开放和国内营销	具有相关密集度的对外开放和国内营销	具有相关密集度的对外开放和国内营销	具有相关密集度的对外开放和国内营销	具有相关密集度的对外开放和国内营销	具有相关密集度的对内开放和国内营销	具有相关密集度的对内开放和国内营销	具有相关密集度的对内开放和国内营销	具有相关密集度的对内开放和国内营销	具有相关密集度的对内开放和国内营销	具有相关密集度的对内开放和国内营销

四、以企业为主体、以市场为导向

经济与区域的发展，主体必须是企业，并以市场为导向。过去几十年，全球化的快速发展，主要是市场导向，企业主体参与的成功。

美国区域发展的一个主要经验与方法，就是以市场为导向，企业为主体。例如洛杉矶地区几十年来，不断以洛杉矶市中心为起点，逐步向东拓展，逐渐形成若干区域（城镇）。

（一）以跨国企业为核心，鼓励支持兼并、合并，产业链、产业群的发展

跨国公司是过去几十年全球化、国际化发展的主要推动者。国际产业链的形成与发展，企业群的形成，区域乃至全球的一体化发展，都离不开大批跨国公司的倡导、推动与实践。中国目前区域一体化程度低，一个原因就是缺乏足够数量

的具有国际竞争力的跨国公司的积极参与、推动。

更多跨国公司的形成、发展，更能带动中国企业、产业的国际竞争力，更好地利用规模等优势，更好地利用产业链、产业群的优势，使资源分配更有效，使产业布局更合理，并能带动大批中小企业的共同发展，使区域发展更加成熟、一体化。

在国际贸易、国际投资、全球化、世界经济的发展中，跨国公司起到日益重要的作用。跨国公司占 50% 对外直接投资，50% 国际贸易，70% 国际技术交易，1/3 世界 GDP，80% 创新、新产品开发。跨国公司的发展程度多少，已成为一个国家（经济体）发展程度、发展水平的基本指标。

按照联合国《世界投资报告 2018》，2017 年世界 100 家最大的跨国公司占 17% 世界外国销售，9% 世界外国资产，13% 世界外国雇员，其总销售占世界 10% 的 GDP。在最大的 100 家跨国公司中，美国有 20 家，英国占 14 家，法国有 12 家，德国 11 家，日本占 11 家，瑞典有 5 家，爱尔兰 4 家，中国占 4 家。按照行业分类，有 15 家技术类、13 家矿产、石油，13 家汽车、飞机，12 家医药，9 家电力，8 家食品、饮料，7 家通讯，6 家销售。

（二）大力弘扬，培育企业家精神，特别是支持民营企业发展

企业家是企业市场经济发展的灵魂。正是这些敢冒风险、勇于创新、积极践行的企业家带动了企业、地区经济的发展，中国长江三角洲、珠江三角洲发展的最重要成功经验，就是鼓励、支持企业家的茁壮成长，特别是民营企业、民营企业家的成长，他们是市场经济最积极、最勇敢的创造者、实践者、推动者。

民营企业已占中国 90% 多的企业总数，超过 90% 的新增就业。民营企业占超过 80% 的城镇就业，超过 70% 企业创新和新产品开发，占固定资产投资、对外直接投资及 GDP 均超 60%，对国家财政超 50% 贡献，占出口近 50%。民营企业从弱到强，从无到有，从小到大，从国内到国外，已成为中国经济发展的重要支撑力量。政府应积极培育、支持民营跨国企业的成长，使他们在区域一体化发展中发挥更重要的作用。

（三）建立健全社会主义统一市场体系

建立健全社会主义统一的市场体系，是新时代中国特色社会主义的一个重要指标与目标，亦是区域一体化发展的基本制度条件与保障。目前许多地区市场分隔严重，流通交易成本甚高。各种行政命令、政策措施阻碍了社会主义统一的市场体系的确立与成长。破除各种地方保护主义，鼓励跨地区的兼并、合并，形成具有竞争力的产业链、产业群布局是区域经济一体化发展的根本方向。

社会主义统一市场体系，必须保证市场体制运作的规范性、一致性、顺畅性，降低区域间、区域内的交易、流动成本，消除各种障碍，并使人、资本、信息、物、技术能自由流动、交换。

五、循序渐进，鼓励支持人才流动，有序规划，切忌盲目、行政命令式规划

区域的一体化发展，必须应循渐进，有效规划，有序推进；切忌盲目行政命令式的规划与实施。

人才自由流动，是一体化发展的核心。同一区域内不同地区，必须有统一的、一致的、规范的相关政策与措施，鼓励方便各种人才自由流动。

区域内、区域间，既要宏观规划，分工合作，避免重大项目的重复建设、浪费，更要提倡、鼓励竞争。过去四十多年各地蓬勃发展的一个重要经验，就是省市间及县间的合理竞争。只有充分、合理的竞争，才能不断提高效率，重视创新，从而提高整体水平。

六、相关省（市）间利益互享，优势互补，精诚合作

在区域一体化发展中，各方有其自身的利益，发展方向与重点，只有提高认识，解放思想、以开放的心态，才能真正促使一体化发展顺利进行。

相关省（市）间利益互享，优势互补，精诚合作是区域一体化发展的基础。浙江省与上海市在洋山港的合作是成功的范例，双方提出了"强强联手，市场化运作，股份制建设，专业化运营，地方利益互享"的基本方针。

区域一体化发展，需以市场、产业为导向，以企业为主体，既要有长远发展规划，更需具体的项目、工程的分工、协作安排；既要照顾各方的利益，更需从大局、整体发展出发，有重点，有步骤地推进区域一体化的发展。

七、结语

本文重点讨论了省（市）间区域一体化发展问题，强调指出按经济规律规划一体化发展的重要性，特别指出了区域一体化发展必须以企业为主体，市场为导向，尤其是吸引、培育发展更多、更强的跨国企业，及选择、动态调整合适的开放发展模式，是此类区域一体化成功的关键。

中国改革开放已四十多年，在今后的发展中，不仅要更加对外开放，深化改革，更要进一步全面对内开放，对区域外国内企业的开放，行业间的开放，特别是对民营企业的开放，只有这样，才能健全有效的统一市场体系，建立形成社会主义现代化经济体系，稳步提高整体经济的竞争力，降低消除区域间的差异，使中国真正成为世界经济强国。

第十九章 德国人工智能发展战略述评

徐四季[①]

【摘要】德国在国家层面的人工智能发展规划始于2014年,成形于2018年——2018年,德国正式推出《联邦政府人工智能战略》。本文在梳理德国人工智能发展政策演进的基础上,引入"寒武纪人工智能指数",从人工智能发展的前提条件、制度框架、研究和开发以及商业化应用四个维度进行国际比较,进一步探究德国人工智能发展战略的国别特色,以期获得一些启示,特别是"AI德国制造"滞后于美国、中国的原因。

【关键词】人工智能;发展战略;德国

一、引言

虽然"人工智能"(Artificial Intelligence, AI)已经成为一个人尽皆知的概念,但对人工智能的定义还没有达成普遍的共识。传统的人工智能发展思路是研究人类如何产生智能,然后让机器学习人的思考方式去实施行为。现代人工智能概念的提出者约翰·麦卡锡认为,机器不一定需要像人一样思考才能获得智能,而重点是让机器能够解决人脑所能解决的问题。人工智能核心技术发展的两条主线分别是脑科学和类脑科学的研究。本文将采用如下定义:人工智能泛指机器学习、思考、规划和感知的能力,即我们识别为人类认知的首要特性。机器通过数字技术或者模仿人类认知和身体功能的数字——身体混合技术获得这些能力。此外,人工智能系统不仅处理数据,还识别模式,从中得出结论,从而越来越智慧。新千年以来,它们接受新开发技能并使其精致化的能力显著提升。也就是说,人工智能的内涵随着每一次较大规模的技术突破而改变,其定义必须与时俱进。

到了21世纪,人工智能成为全球瞩目的科技发展焦点与政策战略高地,世界主要国家纷纷把人工智能纳入了科技创新规划与国家发展战略,以期在未来新一轮的国际竞争中,占据科技竞争、经济布局、国家安全等方面的战略主导权与竞

[①] 北京外国语大学德语学院,副教授;通讯地址:北京市西三环北路19号北京外国语大学德语学院,邮编:100089。

争新优势。中国和德国均是五年多以来集中进行人工智能发展战略布局的。

本文首先采用文献分析法研究德国 2014-2018 年在国家层面出台的相关政策文件，梳理德国人工智能发展政策的演进过程和战略规划。政策文献来源于中国清华大学公共管理学院"政府文献数据系统"（GDIS）。在此基础上，本文将引入"寒武纪人工智能指数"（Cambrian AI Index），从人工智能发展的前提条件、制度框架、研究和开发以及商业化应用四个维度进行国际比较，进一步探究德国人工智能发展战略的国别特色，以期获得一些启示。原始数据来源于德国阿登纳基金会和美国寒武纪集团。

二、德国人工智能发展政策的演进

德国自 2014 年起陆续发布了与人工智能发展有关的一系列政策文件，其中比较重要的有《新高科技战略——为德国而创新》（Die neue Hightech-Strategie Innovationen für Deutschland）、《将技术带给人类——人机交互的研究项目》（Technik zum Menschen bringen – Forschungsprogramm zur Mensch-Technik-Interaktion）、《联邦教育研发部关于创建"学习系统"平台的决定》（BMBF gründet Plattform "Lernende Systeme"）、《创新政策》（Innovation Policy）以及与法国共同进行的《关于人工智能战略的讨论》（Präsentation zur Künstlichen Intelligenz）等。

2018 年 7 月，德国出台了《联邦政府人工智能战略要点》（Eckpunkte der Bundesregierung für eine Strategie Künstliche Intelligenz），提出成为人工智能领域全球领先国家，"AI 德国制造"应成为全球认可的品质保证。同年 11 月，议会通过了《联邦政府人工智能战略》（Strategie Künstliche Intelligenz der Bundesregierung）；12 月，数字化峰会全面推出了德国人工智能战略。

德国人工智能战略提出了其发展人工智能的三大核心目标：将德国和欧洲打造成人工智能的领先基地，以此来确保德国未来的竞争力；实现负责任、以共同福祉为导向的人工智能的开发和利用；在广泛的社会对话和积极政策架构下，通过道德、法律、文化和制度把人工智能嵌入到整个社会中。同时，该战略还明确了 12 个行动领域和措施：加强德国和欧洲的研究，成为创新引领者；创新竞争和欧盟创新集群；成果转化，加强中小企业优势；唤醒创业活力，并助其走向成功；实现就业和劳动力市场的结构性调整；加强职业培训教育，培育专业人才和专家；将人工智能用于行政管理，提高管理能力；确保数据可用，减少应用障碍；调整制度框架；设置标准；推进国内和国际层面的合作；开展社会对话，进一步开发政治框架。

三、国际比较中的德国人工智能战略

为对比各国的人工智能战略,德国阿登纳基金会和美国寒武纪集团共同开发、注册了"寒武纪人工智能指数"①,并对13个国家(美国、中国、英国、法国、德国、芬兰、韩国、加拿大、以色列、日本、阿联酋、新加坡和印度)进行了评估。该指数以美国为参照基准,综合了四方面的数据:AI发展前提条件、AI发展制度框架、研究与开发和商业化应用。图19-1显示:"AI德国制造"总体上滞后于美国、中国,甚至部分逊于印度、日本和韩国。

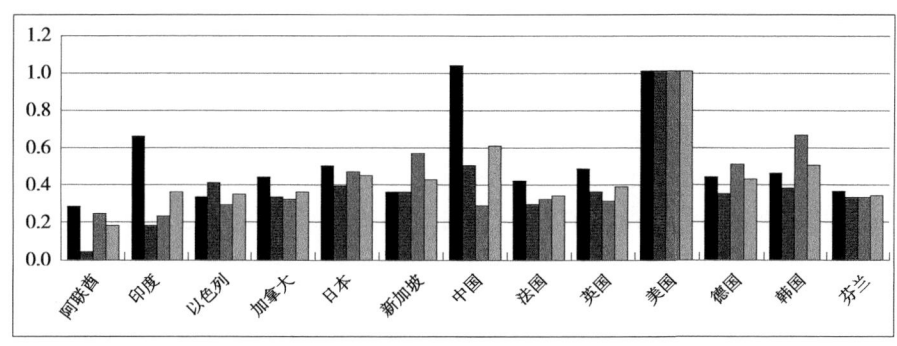

图 19-1 各国寒武纪人工智能指数

资料来源:Olaf Groth and Tobias Straube.

(一)人工智能发展前提条件

在AI发展前提条件方面,德国处于研究对象国的中等位置(参见图20-1)。2016年,88%的德国人口上网,因特网使用人数接近7400万,尽管在绝对数值上处于欧洲领先地位,但由此构成的"国家数据池"规模在国际比较中相对较小,仅相当于中国的10%和美国的35%。德国公共部门数据的质量和可获得性位

---

① "寒武纪人工智能指数"由以下三部分组成:1. 一般性前提,包括数据(具体指标:2016年网络可读性索引值、2016年开放数据晴雨表和2016年英特网使用人数)、计算能力(具体指标:2018年各国全球超级计算机500强数、2018年各国全球超级计算机10强数、2017年半导体生产引领企业销售额、2017年半导体生产引领企业数和2016年FPGA芯片销售额)和人力资源(具体指标:2016年AI相关领域注册大学生数和AI相关领域硕士毕业生数);2. 研究与开发,包括一般研发(具体指标:2016年国内研发支出总额和每百万人口研究人员数)、AI相关研发投入(具体指标:有AI相关领域研究师资的信息学研究所数、在AI相关领域从事研究的师资数和由AI相关领域研究师资指导的博士生数)和AI相关研发产出(具体指标:2017年AI相关领域出版物数量和2017年AI相关领域出版物影响力);3. 商业化应用,包括知识技术转让(具体指标:2017-2018年度大学和工业界的研发合作和2017-2018年度公共部门的顶尖技术需求)、专利(具体指标:2015年、2016年和2017年各国AI专利注册比例)、AI初创企业(具体指标:2017年AI初创企业数、2017年AI初创企业影响力100强、2016年各国私募股权交易比例和2012-2016年最活跃风险投资者数)和机器人技术(具体指标:2016年制造工业中每10000员工中的工业机器人数和2016年服务机器人生产商数)。

居13国中的第七,落后于日本①。此外,德国高科技企业的运作模式和中、美高科技企业迥异——中、美企业立足于数据收集和处理,而德国企业更立足于制造工业。

基于较高的自动化水平,德国有建立"工业数据池"的巨大潜力待开发;要把中小企业也涵盖,就必须建立跨企业的"数据池"。此外,由于欧洲的"碎片化",德国主体还缺少应用大容量跨境"数据池"的可能。为弥补这些缺陷,德国人工智能战略制定了一系列的措施,例如支持建立欧洲数据空间,审核企业和研究机构间的"数据伙伴关系",建立国家研究数据基础设施,支持国际的和德国的数据倡议,推动培训数据库的开放,研究工业数据的互操作性以及改善公共数据的可获得性。

全球商用超级计算机500强中有21台在德国;此项指标上,德国位列研究对象国的第5位,落后于中国、美国,甚至一些较小国家(如日本和英国)。和其他欧洲国家不同,德国拥有世界知名的半导体制造商,但其销售额要远低于中国和美国生产商。虽然半导体产品全球可交易,其计算能力通过云系统全球可提取,但目前的贸易冲突显示,在这一领域的依赖性是德国战略的缺陷。

德国每年从研究AI的信息学研究所毕业有400多名硕士生,位列研究对象国的第八位。尽管柏林、慕尼黑和汉堡的初创企业生态系统提供优越的学术、文化和自然资源,同时和全球网络和基础设施接轨,吸引了越来越多的外国精英,但仍不及旧金山和伦敦。为推动本国专业技术人员的培训,德国战略将人工智能确定为职业培训和继续教育的固定组成部分。该战略还将中小学的早期培养提上议事日程,但由于2018年年底德国参议院否决数字化一揽子方案而搁浅。

(二)人工智能发展制度框架

负责德国人工智能发展的主要是联邦教育与研究部、联邦经济与能源部和联邦劳动与社会保障部,与之相配合的还有数字化国务部长、数字化内阁委员会和其他机构。此外,联邦交通与数字基础设施部、联邦内政部和联邦司法与消费者保护部也参与人工智能发展战略,例如应对自动化联网驾驶的挑战和行政管理的现代化。和美国、以色列和中国不一样,德国人工智能发展战略较少涉及安全领域。

德国不像英国、韩国和中国有一个负责战略实施的中央组织单位,而是通过现有机构的国内和国际网络来组织人工智能战略的实施。只有2018年8月联邦经济与能源部和联邦教育与研究部宣布成立的"跨越式创新促进局"在现有制度结构中增加了一新主体。该局致力于为创新者开辟自由空间,促进具有市场潜力的"颠覆性创新"。该局和美国国防部高级研究计划局(DARPA)、英国国家科技艺

---

① 在世界排名中位居第十五名。

术基金会（NESTA）以及英国阿兰·图灵研究所（Alan-Turing-Institute）一样，贯彻创新竞争原则，为创新促进措施注入新的活力。但是该局的资金还远低于美国榜样。

对于实施人工智能战略而言，德国的联邦体制既有优点，也有缺点：一方面，联邦结构有利于区位竞争，就像巴登-符腾堡州的"网络谷"那样，会吸引人工智能发展的各种力量，而不是从上到下按指令推行。当然，另一方面，官僚主义以及各联邦州之间对促进资金的争夺会减慢战略实施的速度。同样，联邦制也是国家"数据池"和IT系统生态高度碎片化的主要原因，并进一步减慢了行政管理的数字化进程。美国虽然也是联邦制，但和德国不同的是，像人工智能这样面向未来的课题有专门的机构（如美国国防部高级研究计划局）更快捷地介入。

相较于其他研究对象国，德国人工智能发展促进措施和国际网络紧密接轨是独特的。例如，德国战略在几乎所有的行动领域都有和欧盟的横向联系。此外，德国战略中有单独的一个行动领域，专门致力于国内和国际联网。人工智能发展战略不仅要融入多边机构（如七国集团、二十国集团或经合组织），还要融入双边伙伴关系和发展合作中。

（三）研究与开发

国际比较而言，德国明显需要加大对人工智能发展，特别是对中小企业的投资，以提升基础研究的竞争力，推动科研成果向实践转化。2016年，德国一般研发支出总额约925亿欧元，相当于国内生产总值（GDP）的2.9%；支出总额低于美国的5110亿欧元（相当于GDP的2.7%），占GDP比重低于以色列的4.2%（支出总额为135亿欧元）。其中，私人经济的贡献率接近65%，和美国的比例相当。据联邦议会估算，过去30年中，德国联邦政府约支出5亿欧元用于促进经济界和学界发展人工智能的合作，平均每年不足1700万欧元。为实施人工智能战略，德国政府计划到2025年之前投入30亿欧元的资金。这个规模超过了英国"人工智能行业新政"的支持力度，是法国未来四年拟促进人工智能发展资金的双倍。但就德国而言，对人工智能的投入和其他研究领域相比，还是相对较少。例如对和人工智能同属基础技术领域的非核能源技术，联邦政府在2015年就投入了6亿4100万欧元。此外，作为国家投入的补充，德国还要协调欧洲的研发资助，加强欧洲研发网络，进而发挥出杠杆效应。

根据全球计算机科学专业排名（CSRanking），12个信息学研究所中共有约60名师资2016年以后积极从事和人工智能相关的研究工作，每年预计有180名博士生获得博士学位。尽管这些数据只能反映人工智能研究状况的一个侧面，但国际比较显示，德国在这方面落后于美国、英国和以色列。在这一背景下，德国战略的一项重要举措就是要在相关领域新增100个教授职位。

德国在人工智能领域共发行了2000多项可引用出版物，依据H-指数，在13

国中位列第五。这是德国研究的品质证明，但还不是世界引领水平。在统计和概率领域，德国位列第三；在机械制造和工业生产技术领域，德国居世界首位。因此，德国人工智能研发的一大潜力就在于同这些优势研究领域相结合，促进成果的商业化转化。

（四）商业化应用

德国经济的成功根植于有形资产价值。在盎格鲁撒克逊国家，人工智能的商业化主要通过提供充足风险资本、积极扶持初创企业来推进，而德国的潜力主要体现在扎实的工业生产和中小企业上。这一点首先体现在制造业中的机器人数已经较高，2016年德国平均每10000名职员应用机器人309个；同年只有韩国（631个）和新加坡（488个）超过这个数。德国工业企业不仅使用机器人，而且制造机器人；例如德国仅次于美国，是世界上服务机器人生产商（33个）第二多的国家。

尽管自动化技术突飞猛进，德国仅有四分之一的企业已经使用人工智能，打算近期投入，或者至少看重此项技术。2015–2017年间，德国注册的人工智能专利数占全球总额的2.1%，远远落后于美国（74%）、日本（5%）和韩国（3%），位居世界第四。数字经济主体，特别是初创企业，因为其灵敏性和创新力能够在人工智能的商业化应用中发挥重要作用；但这一点在德国却较难实现。德国有106家人工智能初创企业；没有一家进入全球知名创投研究机构CB Insights统计的人工智能初创企业世界100强。就这个指标而言，德国在13国中位列第八，处于中下游。德国人工智能创业者呼吁政界减少官僚主义，尤其是在招募外籍员工和开拓市场方面；他们还要求税收优惠和融资支持。2016年，德国人工智能初创企业仅吸收了全球参股投资的2.9%，这一比例非常低。可见，德国初创企业在增长期吸收必要的欧洲，乃至国际风险投资的可能性仍然受限。

此外，尽管世界经济论坛的问卷调查显示，政府采购应在德国创新促进中发挥核心作用，德国战略也赋予了其在人工智能应用中的先锋角色，但迄今为止，德国行政管理中人工智能的应用实例仍然十分有限；屈指可数的仅有联邦经济合作与发展部的邮件分拣、联邦警察局在柏林南岔火车站试点的人脸识别和空中交通管制任务的履行。公共部门如何更好地应用人工智能，是德国战略需要进一步扩充的部分。现行措施要求在日常行政服务之外加强安全部门应用的审核。实际上，应当更坚定地通过在公共部门广泛应用人工智能向民众展示AI的实际用途。

四、德国人工智能战略的国别特色

在国际比较中，德国人工智能战略体现出鲜明的国别特色：

第一，聚焦"弱人工智能"。目前，德国没有就"人工智能"定义达成共识，但清楚区分了"强人工智能"和"弱人工智能"两个方向。"强人工智能"

是指 AI 系统具有与人类类似，甚至超越人类的智能；"弱人工智能"则专注于解决基于数学和计算机科学方法的具体应用问题，由此开发的系统能够自我优化。德国联邦政府战略导向是使用人工智能来解决应用问题，提出近期发展定位于"弱"AI 方向，具体包括：1. 推理系统，机器证明。从逻辑表达式推导正式陈述，证明硬件和软件正确性的系统。2. 基于知识系统。建模和汇集知识的方法，用于模拟人类专业知识和专家支持的软件（专家系统），部分与心理学和认知科学有关。3. 模式分析和模式识别。一般归纳分析方法，特别是机器学习。4. 机器人技术。机器人系统的自动控制，也是自主系统。5. 智能多模人机交互。分析和"理解"语言（结合语言学）、图像、手势和其他形式的人类交互。①

第二，与"工业 4.0"体系对接与融合。德国依托其先进制造基础于 2013 年开启"工业 4.0"计划，确定了人机交互、网络物理系统、云计算、计算机识别、智能服务、数字网络、微电子、大数据、网络安全和高性能计划等研发领域，这些均和人工智能息息相关。②将人工智能与"工业 4.0"对接融合，通过人工智能发展"工业 4.0"是德国各界的共识，也是德国利用自身资源禀赋和优势领域实现人工智能和实体经济融合的清晰路径。根据"工业 4.0"蓝图，人工智能主要体现在智能工厂、智能生产、智能物流三大领域；相应的，智能网络制造、智能技术系统、生产自动化等相关领域成为研发与应用的重点，在该领域，德国的强项是自动化与机器人。

第三，打造人工智能创新集群。集群具有地理集聚的特征，各类相关机构如地方政府、行业协会、科研机构与金融部门在空间上形成集聚，往往代表着区域的核心竞争能力。集群是德国优势产业成功发展和保持创新力的原因之一。德国目前重要的人工智能创新集群有萨尔兰信息学园区（SIC）、不来梅 AI 集群和巴登－符腾堡州的赛博谷（Cyber Valley）。这三个人工智能产业集群均以当地科研机构为基础，高校提供人才资源和学术支持，企业进行技术实践应用。德国战略提出要以德国人工智能研究中心（DFKI）为典范，建设 12 个 AI 研究中心组成全国的创新网络。德国人工智能研究中心成立于 1988 年，是世界上最大的非营利人工智能研究机构。该中心以政府与社会资本合作的形式运营，一部分经费来自政府，包括欧盟、德国教育与研究部、德国经济与能源部、联邦州政府，另一部分来自业界，其股东包括谷歌、英特尔、微软、SAP 等高科技企业，以及宝马、博世、戴姆勒、大众这样的德国传统行业巨头。该中心下属 17 个研究团队、8 个"能力中心"和 8 个生活实验室。该中心在产学研结合方面较为成熟，不仅与业界联系紧密，而且自成立以来已孵化出 94 家企业，创造了超过 2500 个工作岗位。

---

① 李仁涵：《德国人工智能战略解读》，《中国工业和信息化》，2019 年 4 月刊，第 74–75 页。
② 高杰、谢其军、黄萃和苏竣：《中德人工智能发展政策与战略布局的比较研究》，《科技管理研究》，2019 年第 10 期，第 206–209 页。

第四，注重法律规范和伦理问题。德国着重关注的是人工智能带来的伦理和道德风险，在政策制定上关注如何应对人工智能给人类造成的潜在安全、隐私、诚信、尊严等伦理方面的威胁。德国人工智能立法与道德准则、技术伦理是世界其他国家的典范。例如，2017年，德国修订《道路交通法》，对自动驾驶汽车做出了新的规定，包括自动驾驶相关功能的具体使用、驾驶员的行为与责任以及黑匣子的设置等。又如，2018年，联邦政府设立了数据伦理委员会，以制定信息时代个人数据保护和社会安定团结与富裕保障的准则；该委员会于2018年10月9日就联邦政府的人工智能战略提出了建议，指出要在人工智能开发和应用的全过程中关注德国的基本价值与原则，并注重提高个人与社会应对信息化社会的能力。①

第五，造福环境和气候保护。德国联邦政府特别希望将人工智能的潜力用于可持续发展，从而为实现《2030议程》的可持续性目标做出贡献，并声明该议程与德国可持续发展战略具有约束力。为此，德国人工智能战略计划启动50个"灯塔应用"示范项目。

五、结语

综上所述，德国政府非常重视人工智能的发展，并希望掌握创新领导权；但其战略布局和发展水平还是相对滞后，在新一轮技术革命中慢了一拍。

其一，德国人工智能发展战略是建立在科技强国的基础之上的，特别是突出的基础研究处于世界领先地位，但研究成果的商业化转化不够顺畅。目前，德国相关领域的学术成果及其引用率，还有专利申报都居世界前列，但初创企业的数目和质量远远落后于中、美。因此，人工智能初创企业的融资条件和营商环境亟待改善。

其二，德国战略明确聚焦弱人工智能方向，近期的确给德国人工智能产业发展指出了明确的目标；但事实上已经使得德国错失了全面引领全球人工智能研发的机遇，要做全面引领者还是要发展一般的人工智能。

其三，德国数字化基础设施欠缺，联邦计划到2025年专门投资30亿欧元用于人工智能产业发展，并希望通过杠杆效应撬动更多的社会资金；这一"大手笔"投入与中、美差距甚远：中国天津一个城市就计划投入128亿欧元，阿里巴巴一个公司就投入160亿欧元。

其四，德国人工智能发展的关键是将AI技术与德国现有的工业优势相结合，不过目前产业集群效应发挥得还不够突出。德国人工智能研究中心现呈点状分

---

① 详见俞宙明的文章《德国人工智能发展状况及发展战略》，载郑春荣（主编）的《德国发展报告（2019）》，社会科学文献出版社，2019年，第115–141页。

布,不及美国硅谷的集中模式;在AI研究中心以及大学周边形成了局部的产业集群,但产业集群中的参与企业多是大型企业,中小企业的参与热情尚有待政策推动。

其五,人工智能在公共领域的应用在德国是个边缘话题;在安全领域,特别是军事领域的应用受到政治力量的阻挠;而在中国和美国,人工智能在这些领域的应用非常广,甚至有军事工业带动民用工业的趋势。为此,德国人工智能的发展需要更好地通过双边伙伴和多边组织融入国际体系。

第二十章 对我国近年外汇储备的观察与思考

任康钰 巴玥[①]

【摘要】 外汇储备一直是我国重要的经济指标之一。近年来,我国面对很多新的经济形势,受到这些新形势的影响,外汇储备也随之呈现出一些新的变动态势。而美国国债作为我国外汇储备的主要形式之一同样也会受到影响而有所变动。本文结合近两年中美贸易摩擦的背景,对我国外汇储备规模、持有美国国债数额等数据进行对比观察,从而提出我国如何在这样的环境下进行外汇储备管理等方面的思考和建议。

【关键词】 外汇储备;美国国债;贸易摩擦

一、引言

自 1994 年实行外汇制度改革以来,我国外汇储备不断增加,尤其是在 2001 年加入 WTO 之后更是快速扩大,2006 年成为全球最大的外汇储备持有国。但最近五年,中国的外汇储备规模时有缩减。根据国家外汇管理局 2019 年 10 月 6 日公布的数据显示,截至 2019 年 9 月末,中国外汇储备余额为 3.09 万亿美元,较 8 月末环比小幅回落,但较年初上升 197 亿美元,仍然保持世界第一。

在我国的外汇储备中,美元占据了较高的比例,而美元储备中,美国国债又是最重要的存在形式。根据最新披露的数据显示,截至 2019 年 9 月,中国持有的美国国债为 1.1 万亿美元[②],约占中国外汇储备总额的 35.6%。中国和日本一直是美国国债最大的两个持有者,自 2017 年上半年开始,中国超越日本,成为美国最大的债权人。但从 2017 年下半年以来,中国持有的美国国债规模日益缩小,日本的美国国债持有规模反而逐渐扩大。根据美国财政部官网数据显示,截至 2019 年 9 月,日本已经连续四个月成为美国最大的债权国。

与此同时,特朗普总统数次发起对中国的贸易争端,给中美在贸易领域上的不少麻烦。那么,我国持有美国国债数额减少是否与中美贸易摩擦的演进有联

---

① 北京外国语大学国际商学院。
② 数据来源:美国财政部官网。

系？我们能否通过抛售美国国债来应对贸易摩擦？

近些年，一些学者对我国的外汇储备做了相关研究。孙文艳与余凯月（2019）就我国外汇储备规模的现状进行了研究并分析了其影响因素。秦乔旭（2019）探讨了外汇储备资产组合的汇率风险度量策略①。同时，还有一些学者关注外汇储备与人民币国际化的问题，比如吴立雪（2019）发现人民币国际化会对中国的外汇市场压力带来额外波动②。而对于我们要研究的问题，也已有一些学者做了相关研究。比如刘信群与杨乐（2018）认为，减持美国国债不仅不能作为贸易摩擦的制衡手段，也不符合中国管理外汇储备的基本原则，不应作为应对中美贸易摩擦的政策选项③。但这些研究中，缺乏将贸易摩擦关键节点与美国国债持有数额进行横向的比较，故无法直观地看出二者的关系。本文主要以数据对比的方式展开，从数据与宏观经济走势的结合中挖掘到背后的信息，从而对我们关心的问题进行思考，并最终得出结论。

二、数据观察

我国的外汇储备从1993年的211.99亿美元开始经历快速增长，到2011年超过了3万亿美元；不过2015年开始，外汇储备持续增长的趋势有所逆转，直至2019年，外汇储备开始趋于稳定，并时有减少，到2019年9月时规模为3万亿美元左右。

近两年来，我国外汇储备在2018年10月下降到最低，达到30530.98亿美元，随后有所回升；2019年以来，中国外汇储备规模小幅上升，这其中除了贸易顺差不断增长以外，全球经济增长、贸易局势、地缘政治等多重因素影响，主要国家债券价格上涨，汇率折算和资产价格变化等因素也是十分重要的原因。

2019年7月28日，我国外汇管理局公布《国家外汇管理局年报（2018）》，首次公开了我国外汇储备的经营成绩和货币结构等内容，同时还介绍了我国外汇储备风险理念等等情况。从数据看，2005年至2014年，我国外汇储备经营平均收益率为3.68%；在外汇储备货币结构中，美元占比从1995年的79%下降至2014年的58%，非美元货币同期从21%上升至42%。从官方披露的数据来看，我国的外汇储备货币结构日益分散，币种更加多元，但58%的美元占比仍然是一个较高的比例。而在美元持有中，美国国债是最重要的方式。

---

① 秦乔旭. 对外汇储备汇率风险度量的探讨 [J]. 财会学习, 2019（26）：211.
② 吴立雪. 人民币国际化与外汇市场压力——基于TVP-SV-VAR模型的实证检验 [J]. 金融论, 2019（10）：36-47.
③ 刘信群，杨乐. 中国应当减持美国国债吗？［J］. 清华金融评论, 2018（06）：69-70.

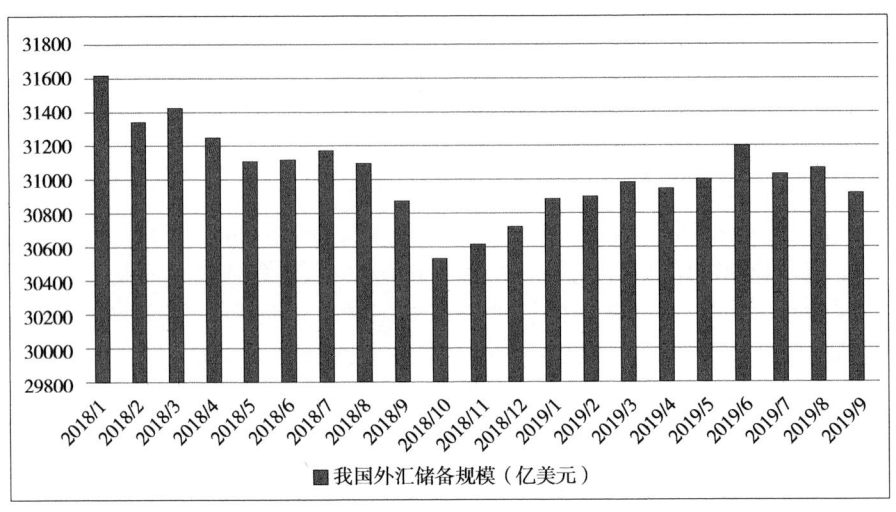

图 20-1　2018 年以来我国的外汇储备规模

数据来源：国家外汇管理局

根据美国财政部官网公布的数据显示，近年来我国对美国国债的官方持有都在万亿美元左右。2018 年初至年中，该数额小幅扩大，之后连续半年存在较大幅度的下降；到了 2019 年，波动幅度变小。图 20-2 将我国的外汇储备规模与持有的美国国债放在一张图中进行比较，可以直观地看出，2019 年 2 月之前二者的走势大致吻合，美国国债持有额与外汇储备规模的变化基本同步；但 2019 年 2 月至今，在外汇储备有所增加时，我国持有的美国国债却有小幅下降。

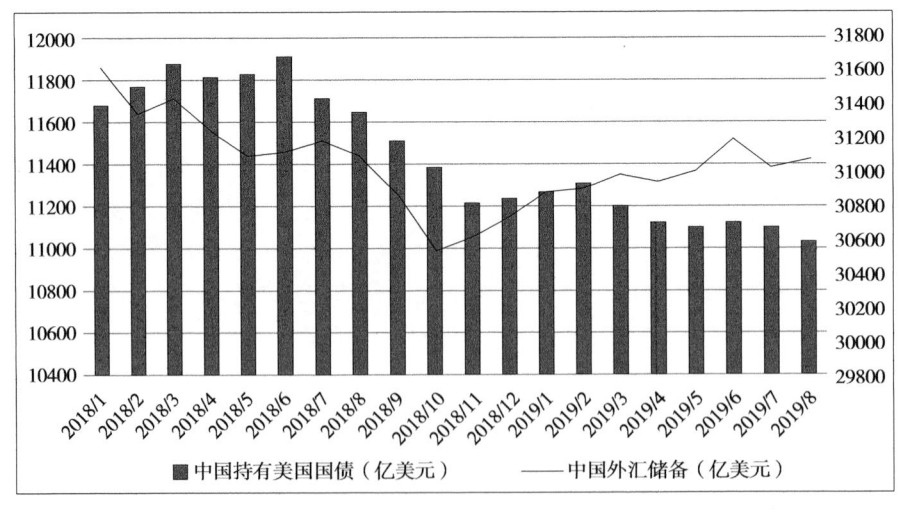

图 20-2　中国持有美国国债与外汇储备规模走势图

数据来源：美国财政部，国家外汇管理局

三、对比研究

近两年,中美经济关系尤其是贸易关系出现了很多问题,美国总统特朗普不断挑起贸易争端。那么,中美贸易摩擦是否与我国的美国国债持有相关联,我们首先就贸易战的关键节点与持有美国国债数额进行比对。

表20-1 中美贸易摩擦美方行动关键节点

时间	对应(见图20-3)	事件
2018.3.8	A点	美国总统特朗普宣布对钢铁和铝进口征收25%和10%关税。随后豁免盟友,最终被征收关税的可能只有中国。
2018.4.4	B点	特朗普签署备忘录,宣布将对原产于中国的1300余种进口商品加征25%的关税,涉及航空航天、信息和通信技术、机器人等行业。
2018.5.3	C点	中美双方在京就经贸问题进行磋商,并在一些领域达成共识。
2018.5.29	D点	美方推翻共识,宣布继续推进加征关税计划。
2018.8.7	E点	白宫公布价值160亿美元中国商品最终征税清单。
2018.8.23	F点	价值160亿美元中国商品加征25%关税正式实施。
2018.12.1	G点	中美元首在二十国集团阿根廷峰会期间就经贸问题达成共识,同意停止加征新的关税。
2019.5.5	H点	特朗普发推文称,将于本周五(5月10日)开始对中国2000亿美元的输美商品加征25%关税。
2019.6.29	I点	中美元首在二十国集团大阪峰会期间就经贸问题进行讨论,美方表示不再对中国出口产品加征新的关税。

数据来源:作者根据公共信息整理。

从表20-1中可以看出,美方在2018年初挑起贸易争端,中美经贸关系出现了紧张,甚至恶化。在接下来的一年多里,双方在关税问题上你来我往,面对美方的做法,中方也在积极应对,并寻求协商与解决之道。2018年年底似乎出现了一些转机:2018年12月的G20阿根廷峰会上,双方就经贸问题达成了共识,且在随后相当长的一段时间里,双方持续进行积极的协商与讨论,同时也都没有加征关税的新动作,贸易摩擦暂告一段落;但2019年5月,特朗普又宣布对中国输美产品加征关税,贸易摩擦升级。

随后,特朗普虽称将于2019年9月1日起对华3000亿美元商品加征10%的关税,但同月,中美双方开始公布加征关税商品排除清单,部分因中方对美反制而被加征关税的美国输华商品将被免除关税,从而减轻在华进口企业的实际压力。10月10日,中美双方进行新一轮经贸高级别磋商,双方在农业、知识产权保护、汇率、金融服务、扩大贸易合作、技术转让、争端解决等领域取得实质性进展，同意共同朝最终达成协议的方向努力。

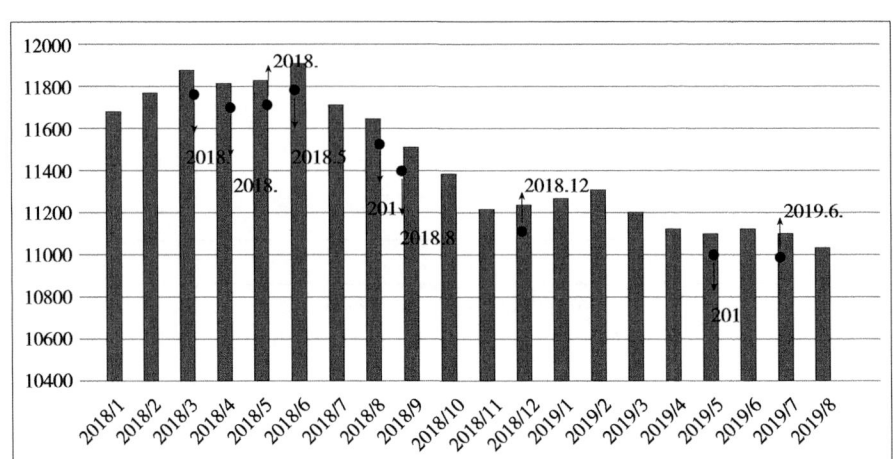

图20-3 中美贸易摩擦关键节点与持有美国国债数额的对照

我们再将表中的关键节点与上文中国持有美国债券数额的走势图结合到一起来看。将对美国国债持有正效应的事件用绿色点标出，反之用红色点。我们看到 C、G、I 三个绿点会在一定程度上拉动中国持有美国国债的数额，尤其明显的是在 2018 年 12 月至次年 2 月期间（图中 G 点）——在 G20 阿根廷峰会期间，中美元首就经贸问题达成了一致，中美关系缓和，实现了拉动中持有美国国债的作用；但同样是绿色的 C、I 两点，该作用的显著程度降低。再来看具有负效应的红色点，我们发现，A、B、D、E、F、H 四点的向下作用比较明显。但根据上文的描述，2018 年全年中国的外汇储备的整体规模是逐渐缩水的，所以 A、B、D、E、F 五个点的向下趋势极大概率是中美贸易摩擦与中国外汇储备规模共同作用的结果。而到了 2019 年，我国的外汇储备总体趋势存在小幅回升，但我国持有的美国国债却在日益减少，这就极有可能与中美贸易摩擦升级带来的中美关系紧张有联系。但总体来看，通过对中美贸易摩擦关键节点的综合分析与考量，中美贸易摩擦对于中国持有美国国债的影响非常有限，同一时期其他因素也在产生影响：

首先，据路透社报道，中国可能正将其投资范围从美国国债扩大至评级最高的欧洲及其他政府机构发行的债券。也就是说，我国在调整外汇储备的资产组合，对美国国债的部分减持是转向其他投资产品上了。

其次可能是美元汇率和美国市场利率。2018 年，美元大幅升值，虽在 2018 年年末至次年年初出现下行趋势，但随后便一路飙升，美元兑人民币汇率一度突破 7.0。与此同时，美国在 2019 年中之前仍然处于加息通道，而利率跟美国国债价格的走势却是相反的，利率上涨，美债价格就会下跌，国债持有价值可能因此发生减值。

最后，我们再对比观察一下美国国债的其他几个主要持有者的持有情况。

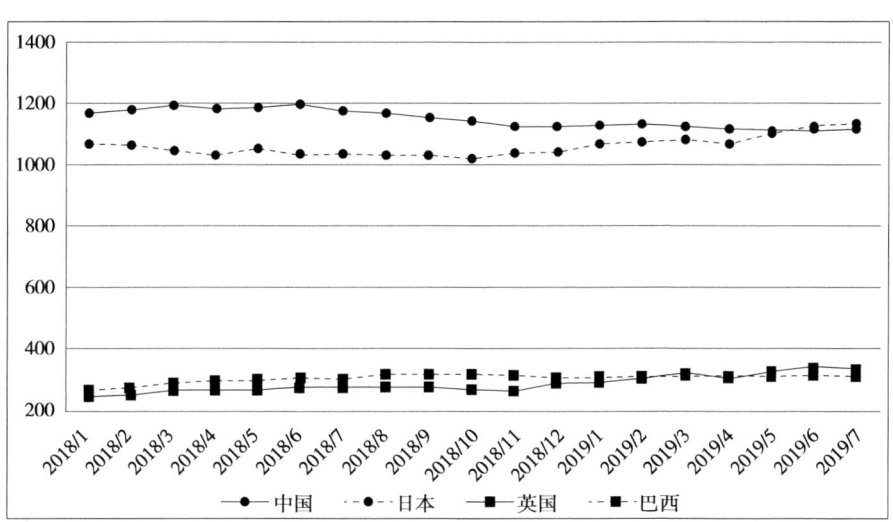

图 20-4　中、日、英、巴的美国国债持有情况

数据来源：美国财务部官网

图 20-4 显示的是四个最大的美国国债持有者，分别是中国、日本、英国和巴西。可以看出，虽然这四个国家的美国国债持有量处于世界前四，但中日与其他国家还是存在着明显的鸿沟，它们对美国国债的持有量是英国、巴西的五倍之多。

具体看中、日，在 2018 年至今这一期间，两国的美国国债持有量走势方面是有着明显的差异的：中国一直在减持，日本则不然。2019 年 6 月，日本赶超中国，且连续两个月成为美国最大的债权国。2019 年 1 月起，日本国债开始实行负利率，所以，在本国国债和美债之间，日本选择大手笔购置美债，甚至为此减少了购置日本国债的购买；同时，增持美国国债也会起到稳定日元汇率的作用。故日本增持美国国债也在情理之中。

四、结语

我国的外汇储备规模以及美国国债持有近年来出现缩水，一些学者以及金融分析机构认为，中国减持美国国债是对中美贸易摩擦的回击，但结合我们对外汇储备规模、持有美国国债的规模、美元汇率以及贸易战关键时点的综合分析来看，目前，中国减持美国国债与中美贸易摩擦并不存在明显的关系，我国也没有使用抛售美国国债这一手段来进行报复，中国减持美国国债大概率的原因是由于汇率波动、贸易顺差等原因导致的外汇储备规模变动，从而影响了我国持有美国国债的数额。同时，通过观察日本这个与中国在美债持有量上相当的国家来看，持有美国国债最大的目的是享受其安全性，若是为了在贸易摩擦中反制美国而盲目抛售美国国债，反而可能会影响外汇储备投资组合整体的表现。

因此，面对中美关系的紧张局势以及美国频繁挑起的贸易争端，抛售美国国债显然不是明智的做法。在各种外汇储备持有量的调整上要考量的是安全性、流动性和收益性，而美国国债背后以美国国家的经济实力和国家信用做担保，拥有较高的安全性。但是，减持美国国债可以是出于分散投资风险的考量。

在科学管理外汇储备资产组合的基础之上，我们一方面要用合理的方法进行贸易上的反制，另一方面则是更加坚定不移地继续发展经济。

第二十一章 系统功能视角下的英美主流媒体意识形态——以中美贸易摩擦新闻漫画为例[①]

邱怡[②]

【摘要】 本文以英美主流媒体对中美贸易摩擦的报道为例，从系统功能与社会维度相结合的视角研究新闻漫画中的多模态隐喻，以视觉语法讨论了再现意义、互动意义与构图意义上的隐喻潜势，批评分析了媒体在意识形态驱动下如何利用操控读者阅读路径。研究发现，在再现意义上，以具体动作物化抽象动作的同时，漫画隐喻过度简化和歪曲了现实生活中的复杂事件和现象；在互动意义和构图意义上，以转喻选择、颜色等喻示的显著性指向外媒所代表的国家立场和意识形态，反映了西方世界对中国的刻板印象和定势思维。

【关键词】 媒体意识形态；多模态隐喻；视觉语法

一、引言

随着信息与媒体技术的迅速发展，杂糅了语言文字与其他方式的交际手段日趋丰富多样。以对图像意义的解读研究为先导，话语分析研究从 20 世纪末开始经历了多模态转向，而认知语言学的隐喻研究也在广告中的图片隐喻领域实现了突破，开创了超语言文字的多模态隐喻研究这一路径。多模态隐喻研究从审美、修辞等角度揭示了模态形式对隐喻构建的贡献，对语篇整体意义的构建有提纲挈领的作用，在一定程度上完善了多模态隐喻使用动因的解释。模态（mode）是指运用感官建构意义的符号系统，除书面文字符号外，图像、色彩、线条、手势、口头符号、声音、音乐、气味、味道、触觉等都可参与意义的构建与表达，多模态隐喻就是源域和目标域分别用或主要用不同的模态来呈现的隐喻。鉴于模态的分类标准难以统一，学界通常采用更为广义的多模态隐喻定义，即两种以上模态参

[①] 本文为 2019 年重庆市社科联外语专项项目"隐喻的多模态话语分析研究：以外媒对中美贸易摩擦的报道为例"（编号：2019WYZX05）的阶段性成果。
[②] 邱怡，重庆邮电大学外国语学院，讲师，博士，研究领域：商务英语、话语分析。E-Mail：qiuyi@cqupt.edu.cn

与构建的隐喻。

多模态隐喻研究是对传统认知语言学隐喻研究的重要补充。传统的认知语言学将隐喻定义为从源域到目标域的映射（mapping），是通过某事物来理解和体验另一事物，用一个心理域来理解另外一个心理域，是人类认识世界、表达思想和组织意义的重要机制，具有普遍性和系统性。这一理论得到了之后三十几年的理论和实证研究的广泛支持，但是概念隐喻的相关研究一直集中在以语言文字为表征的隐喻现象和静态的映射与意义构建上。而多模态隐喻研究对传统概念隐喻研究的补充体现在：第一，多模态隐喻研究通过证明非语言符号或非单纯语言符号也具有隐喻潜势，从而佐证隐喻的思维本质及其普遍性；第二，传统概念隐喻研究只强调隐喻是为满足抽象概念表达的需要而得以构建的，映射方式是"抽象是具体"（即用源域的具体事物映射目标域的抽象概念），而多模态隐喻研究指出，除了表达抽象概念的动因，隐喻（尤其是新奇隐喻）不断得以构建还源于修辞动因和灌输意识形态的动因，并且广泛存在"具体是具体"（源域与目标域均为具体事物）的映射方式；第三，多模态隐喻在构建机制上具有动态性和叙事性，而非一次性的简单映射。①②

二、多模态隐喻研究的新趋势：理论模型更迭与批评转向

如前所述，多模态隐喻的理论模型研究能进一步证明隐喻的思维本质和普遍性，不同视角的理论模型更能加深对隐喻的理解。多模态隐喻的理论模型主要分两大类，一类从认知视角出发，包括前述的双域映射模型以及空间概念整合模型③，另一类则是从系统功能的角度进行阐释，例如冯德正（2011）等使用视觉语法元功能框架来解释图像在再现、互动、构图意义中的隐喻潜势。④

除了从不同角度构建理论模型，多模态隐喻研究也受到多模态话语研究批评转向（即从社会实践的视角研究多模态语篇）的影响。新闻报道多配以漫画、照片、图表，是典型的多模态语篇，其创作者即媒体拥有主观立场，多模态符号的使用服务于媒体宣教、灌输意识形态的使命，因此，具有多模态特征的新闻报道是批评话语研究的很好素材。潘艳艳（2011）、赵秀凤等（2016；2017）的大量研究从社会维度研究新闻漫画，但多是认知（即前述的第一类理论模型）与社会

---

① 冯德正：《多模态隐喻的构建与分类——系统功能视角》，《外语研究》，2011年第1期，第1–10页。
② 赵秀凤：《多模态隐喻构建的整合模型——以政治漫画为例》，《外语研究》，2013年第5期，第1–8页。
③ Fauconnier G, Turner M, "Blending as a central process of grammar," in Goldberg A ed., Conceptual Structure, Discourse and Language（3）, Stanford, California: CSLI Publications, 1996, pp. 112–130.
④ 冯德正：《多模态隐喻的构建与分类——系统功能视角》，《外语研究》，2011年第1期，第1–10页。

路径的结合。①②③ 也有田海龙等（2013）的研究④将系统功能与社会路径相结合，但是研究的多模态语篇是新闻摄影照片而非富含隐喻的新闻漫画，因此，本文试将系统功能与社会维度结合起来研究新闻漫画这一多模态语篇，证明新闻漫画中的多模态隐喻在系统功能的几个层面上具有规律性、系统性，是创作者在意识形态驱动下对社会现实的主观建构，同时也证明功能语法对于新闻漫画语类中多模态隐喻的解释力，从而佐证隐喻的普遍性与系统性。

三、新闻漫画的系统功能与社会观

本文选取的新闻领域是中美关系，而近两年来中美贸易摩擦是这一领域的热点话题，这不仅因为关税争端所涉及的行业、产品众多，造成的损失金额庞大、数据直观，更是因为其实质是美国为遏制中国的发展而发起的一场涵盖贸易、投资、科技等领域的全方位狙击。纸媒对这一话题的报道多为图片（照片或漫画）加文字的多模态语篇，其中，报纸多配以实物或实景照片（出于出版周期短、新闻照片更易于采编等因素），展示港口、农田、工厂、谈判等场景，漫画则多用于出版周期更长、评论性更强的杂志文章。鉴于杂志定位为精英层知识分子读物，漫画隐喻与评论性文章结合能加强意识形态传播与灌输的作用，本文搜集了从2018年起至2019年7月的英美主流媒体关于中美贸易争端的配有漫画的评论文章，主要来源为政治经济评论在西方颇具影响力的英国财经杂志《经济学人》，其他来自 EBSCO Business Source Complete 全文数据库（包括同样在西方精英阶层具有舆论代表性的美国《彭博商业周刊》《哈佛商业评论》等），一共获得58篇配以漫画的评论文章（每篇都配一幅漫画）。漫画及文章主题主要分三大类：（1）中美对抗、对峙关系（26例）；（2）背景分析，即中国的发展（包括经济改革、产业政策、政治制度、科技进步、对外投资等方面）为何令美国忌惮并挑起贸易战，并对中国的发展进行质疑和负面评价（14例）；（3）贸易战对美国国内的影响、美国盟友的态度等（仅提及中美贸易争端）（18例）。本文将重点对前两类直接关于中美贸易摩擦的外媒报道进行系统功能与社会批评视角结合的分析。

---

① 潘艳艳:《政治漫画中的多模态隐喻及身份构建》,《外语研究》, 2011年第1期, 第11–15页。
② 赵秀凤等:《政治漫画中的隐喻场景——批评多模态隐喻分析》,《北京科技大学学报》, 2016年第5期, 第8–11页。
③ 赵秀凤等:《多模态隐转喻对中国形象的建构——以〈经济学人〉涉华政治漫画语篇为例》,《西安外国语学院学报》, 2017年第2期, 第31–35页。
④ 田海龙等:《图像中的意义与媒体的意识形态——多模态语篇分析视角》,《外语学刊》, 2013年第2期, 第1–6页。

（一）新闻漫画的再现意义、隐喻潜势、社会维度

基于系统功能的视觉语法着眼于分析包括图像、声音、颜色、版式等在内的社会符号，将视觉过程阐释为再现、互动与构图这三个层面意义的构建。图像的再现按是否有向量分为叙事再现（有向量）和概念再现（无向量），叙事再现又进一步分为动作过程（向量相当于动作的方向）、反应过程（向量为目光）、言语过程和心理过程（向量为连接言语泡或思维泡的线条），其中，动作过程和反应过程还可以分为及物（有两个表征参与者——动作者和受动者）和不及物（仅有动作者）两种类型。①

图像的再现意义是一个语法结构，即参与者、过程和环境这三个要素的组合以及要素的选择，图像隐喻产生于由该语法结构中有且仅有一个要素选用了非常规要素。非常规是指异于常识的选择，例如，广告中展示笔记本电脑切火腿，刀这一常规要素在广告中被笔记本电脑替代（参与者替代），同时，过程（切这一动作）和环境要素不变，图像的再现意义就具有了隐喻潜势，常规参与者（刀）、图像所用的非常规参与者（笔记本电脑）、后者向前者借用的特点（薄）即构成了源域、目标域和映射项；常见的动词隐喻产生于过程要素发生非常规替代，例如，在隐喻经济衰落的图像中，钞票在水里下沉，钞票转喻常识中的经济，是图像语法结构的常规参与者，而过程（下沉）是非常规要素（因为常识中经济不会做出具体动作），因此，过程替代就是通过物化某一抽象过程从而构建动词隐喻，但是，有别于图像作为目标域的参与者替代，过程替代时图像（展示的动作）充当的是源域。②

本文所搜集的语料中观察到丰富的过程替代案例。漫画以具体或/和夸张的动作替代（隐喻）现实生活中抽象或复杂的事件，漫画的图像语法结构中的过程要素为非常规要素，从而构建出动词隐喻。下面先用视觉语法以图 21-1 到 21-5（来源均为《经济学人》，出版日期见括号内标注）为例解析叙事再现的隐喻潜势，再从社会视角总结叙事再现中的规律性如何指向意识形态。

图 21-1、图 21-2、图 21-3 都是展示中美贸易争端的叙事再现，图 21-1 中一只鹰吞吃一条船的图像含有一个向量（鹰的嘴尖和船头构成一道斜线）构成一个动作过程（吞吃），有两个表征参与者（动作者和受动者），分别发出和接受动作，因此是一个及物的动作过程，图像中的非常规要素是过程（吞吃）（而动作者和受动者同属参与者要素，与环境要素一样，都是常规要素），"消灭"这一抽象过程在漫画图像中被"吞吃"这一具体过程所替代，从而产生隐喻的张力并予以读者视觉冲击。隐喻的目标域"消灭"可结合文章标题 "A new kind of cold

---

① Kress G, van Leeuwen T, Reading Images: The Grammar of Visual Design, London/New York: Routledge, 1996, pp. 21-78.
② 冯德正：《多模态隐喻的构建与分类——系统功能视角》，《外语研究》，2011 年第 1 期，第 1-10 页。

war（一种新的冷战）"和导语中的表述"the growing rivalry between America and a rising China（美国与一个崛起的中国之间逐渐升级的对抗）"确认，文章中诸如"fighting, contesting, defeat, threat, bully, block, national security, alliance, defense, arm, escalate, destruction, cyberwar"等大量战争域表达加强了这一所指。

  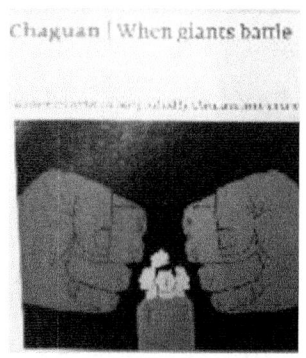

图 21-1（2019/05/18）① 　　图 21-2（2018/03/17）　　图 21-3（2019/03/02）

图 21-2、图 21-3 都包含一个互相攻击的及物动作过程（此时两个表征参与者叫做相互作用者 interactors），图 21-3 还包含一个及物反应过程（反应者是一群人，过程是看，向量是目光，拳击是现象）。这三个过程都是非常规要素，分别以具体动作"对打"物化抽象过程"争斗"，以具体动作"看、围观"物化抽象过程"观望"。图 20-2 标题"The battle for digital supremacy（数码科技霸主之争）"和图 21-3 标题"When giants battle（当巨人们打斗）"以及导语"Western countries are being bullied by China and America over Huawei. China frightens them more（西方国家在中美关于华为的争端中受尽欺负，但中国更让他们恐惧）"就足以显化这些隐喻。

图 21-4（2019/02/23）　　图 21-5（2018/10/06）

---

① 图片来源：图 22-1、22-2、22-3、22-4、22-5、22-6 来自《经济学人》杂志封面或文章配图漫画；出版日期见括号内标注。

图 21-4、图 21-5 的主题是外媒眼中的中国经济改革与对外投资,都是叙事再现,图 21-4 展现一群熊猫迎着读者视线飞来,因此包含数个不及物动作过程(飞来),而熊猫似乎盯着画面外的读者(现象在画面外,因此是不及物反应过程),从文章标题 "Can pandas fly?(熊猫能飞吗)" 和导语 "The struggle to reform China's economy(中国经济改革的挣扎)" 很容易判断熊猫转喻中国经济改革,具体动作"飞翔"隐喻抽象动作"崛起、腾飞"。

图 21-5 是穿着中国 20 世纪 60 年代风格蓝色制服、拿着一把印有五星红旗的扇子的蒙娜丽莎,视线朝向画面外的读者。文章标题是 "China's designs on Europe(中国的欧洲计划)",导语是 "And how Europe should respond(以及欧洲应如何应对)",正文从中国对欧洲直接投资的快速增长谈起,认为对欧直接投资是为了扩大政治影响力、谋求人权、领土等问题上的支持甚至改变欧洲国家的政体,欧洲不应因此分裂而应仔细审查中资项目并利用中美争端提升自己在美欧联盟中的重要性、迫使中国做出西方国家所希望的改变。由此,图 21-5 漫画的基础转喻和隐喻得以突显,意大利名画蒙娜丽莎转喻欧洲,创作者用图像处理软件让她身穿 20 世纪 60 年代中国服装、手拿五星红旗图案的扇子,是以这些具体行为隐喻抽象行为"支持中国模式",配合标题,整幅漫画隐喻这是中国对欧洲的设计、希望把欧洲改造成中国模式。表 22-1 和表 22-2 分别总结了图 21-1 到 22-5 的动作过程替代和反应过程替代。

表 21-1 动作过程替代

漫画	语法功能	动作者(actor)	过程(process)	受动者(goal)	环境(circumstance)
图 21-1	图像元素	美国(以鹰转喻而来)	吃↓映射	中国(以船转喻而来)	现实世界(以黑色背景转喻而来)
	背景知识	美国	消灭	中国	现实世界
图 21-2	图像元素	中美两国(以斗士各自手持的国旗转喻而来)	对打↓映射	/	现实世界(以黑色背景转喻而来)
	背景知识	中美两国	争斗	/	现实世界
图 21-3	图像元素	中美两国(以两个不同颜色的拳头转喻而来)*	对打↓映射	/	现实世界(以黑色背景转喻而来)
	背景知识	中美两国	争斗	/	现实世界
图 21-4	图像元素	中国经济改革(以熊猫转喻而来)	飞↓映射	(无)	现实世界(以天空转喻而来)
	背景知识	中国经济改革	腾飞	(无)	现实世界

第二十一章 系统功能视角下的英美主流媒体意识形态——以中美贸易摩擦新闻漫画为例

续表

漫画	语法功能	动作者（actor）	过程（process）	受动者（goal）	环境（circumstance）
图21-5	图像元素	欧洲（以蒙娜丽莎转喻而来）	拿↓映射	中国的立场（以印有五星红旗的扇子转喻而来）	未来世界（以油画背景转喻而来）
	背景知识	欧洲	支持	中国的立场	未来世界

*注：红色代表中国，蓝色代表美国，都属于常规转喻。

表21-2 反应过程替代

漫画	语法功能	反应（reactor）	过程（process）	现象（phenomenon）	环境（circumstance）
图21-3	图像元素	西方国家（以一群人转喻而来）	围观↓映射	中美争斗（以拳击转喻而来）	现实世界（以黑色背景转喻而来）
	背景知识	西方国家	观望	中美争斗	现实世界

认知路径的研究已经指出新闻漫画的多模态隐喻多为微叙事结构的隐喻场景，本文研究结果与此一致，在隐喻中美对抗、对峙和隐喻中方改革发展等实践的新闻漫画中，漫画的叙事再现（主要是动作过程和反应过程）占绝大多数（概念再现仅有四例），其中及物类型又远远多于不及物类型，统计数据如表21-3所示。

表21-3 漫画的再现意义

			频次	隐喻场景举例
叙事再现	动作过程	及物	36	关税战、科技战、对外投资、引进外资、进出口贸易、贸易谈判、经济改革、全球化、募资、合资、兼并
		不及物	14	谈判代表来访、好莱坞电影进入中国、经济改革、美股震荡
	反应过程	及物	24	审视对手、围观战局、参观展览
		不及物	6	/
	言语和心理过程		14	/
概念再现	分类过程		1	/
	分析过程		2	/
	象征过程		1	/
	总计		98	/

本文所搜集的漫画隐喻在叙事再现层面具有规律性、系统性特点，从社会

现实建构的角度来看，这些特点指向创作者意识形态，漫画用隐喻来引导读者接受和采用创作者的思维方式和立场态度来解读社会现实。第一，漫画中的图像隐喻以过程替代为主，大量采取叙事再现来展现发展中的行动和事件。漫画以叙事再现为主导性的语法结构充满了故事性，非常规的、离奇、夸张的动作构建了隐喻潜势，吸引读者的注意和解读。在众多展现中美争端的漫画中，过程替代隐喻了创作者眼中的现实世界或预期的未来世界：漫画中的争斗双方往往看似势均力敌（例如图 21-2、图 21-3），创作者也貌似中立地没有刻意丑化某一方，而是把褒贬态度和立场融入标题和导语文字之中，这样更能操控读者的思路。例如图 21-1 的标题 "A new kind of cold war（一种新的冷战）" 可以迅速激发读者对美苏冷战的联想，尤其是苏联与西方世界迥异的政治经济体制、与西方世界展开的军备竞赛、太空竞赛、世界霸权的争夺，这些联想激起读者将意识形态斗争不可调和的预设代入对中美争端的审视之中。图 21-3 的导语 "Western countries are being bullied by China and America over Huawei. China frightens them more（西方国家在中美关于华为的争端中受尽欺负，但中国更让它们恐惧）" 把中国刻画为 "霸凌" 之一，而且是 "更吓人的那个"，更是直白地表露了创作者立场。

第二，表面上看，漫画中的多模态隐喻以具体动作物化抽象动作，是漫画语类的生动性特征的来源；从批评视角来看，漫画的隐喻在物化过程中过分简化现实生活中的复杂，事件甚至歪曲现实，目的是传播中国威胁论和灌输在舆论上打压中国发展模式的立场，这在外媒评论中国改革发展的新闻漫画中尤为明显。例如图 21-4 中体型庞大的熊猫在空中飞翔，就是以荒谬的情形暗示这种努力是徒劳的、终将失败，配合图像中的隐喻场景，标题疑问句 "熊猫能飞吗" 也是一种反诘，从而使整个多模态语篇定调为对中心事件（中国经济改革）的质疑，也使得读者在接触这个多模态语篇之初先入为主地对中国经济改革产生负面印象。还有的漫画隐喻在歪曲、诋毁中国企业发展时表现得更为隐晦，例如图 21-6 评论小米公司在香港股市 IPO 的文章漫画，图像中包含一个及物性的动作过程——一只手用筷子夹（小米）手机。隐喻产生于夹取动作这个非常规要素，从新闻标题 "Little rice, lots of dough（小米，大钱）" 和导语 "Reinvigorated, the world's fourth-largest smartphone-maker eyes a giant IPO（重整旗鼓的全球第四大智能手机制造商觊觎巨额 IPO）" 以及正文开头列举的有关小米新发股票和公司市值的估值数据来看，漫画中的手转喻小米公司，手机及占满屏幕的美元符号转喻金钱，因此，漫画中的夹取动作隐喻的是捞钱、圈钱之类的行为，中国企业的募资发展被漫画创作者定性建构为贪婪的负面行为，这种偏激的立场影响了读者的阅读思路，引导读者带着偏见阅读理解文章，并从文章的论点中印证这种偏见。此外，漫画的基础转喻的选择、表征参与者注视画面外的反应过程等将在下一节讨论互动和构图意义的隐喻潜势和社会性时进一步阐述。

第二十一章　系统功能视角下的英美主流媒体意识形态——以中美贸易摩擦新闻漫画为例

图 21-6　(《经济学人》2018 年 5 月 12 日出版)

(二) 新闻漫画互动意义与构图意义的隐喻潜势、社会维度

按照视觉语法，图像与读者的关系构建出三种互动意义: (1) 按照图像中表征参与者的视线是否"接触"(直视)图像外的读者分为索取类和提供类图像; (2) 按照距离，即图像是否展示了表征参与者的局部特写或全身，构建图像与读者的亲疏关系; (3) 按照拍摄视角构建读者与图像表征参与者的权力关系以及是否属于图像里的世界。冯德正 (2011) 认为拍摄位置 (源域) 映射了前述三种图像—观者互动关系 (目标域)，从而构成隐喻"IMAGE-VIEWER RELATION IS CAMERA POSITIONING (图像—读者关系即拍摄位置)"。[①]

本文搜集的大部分新闻漫画是以水平角度展示表征参与者的全身，参与者斜对着读者并且没有直视读者，该绘画角度 (相当于照片的拍摄位置) 映射的图像—读者关系似乎是这样的: 图像只是将现实世界正在发生的事件、存在的状态客观地提供给读者，读者与图像里的参与者是疏离的社会关系，也不属于图像里的世界，这便于读者客观地审视和解读图像。但是，对图像具有锚定 (anchorage) 作用的文字 (包括标题、导语、正文) 却对中国的贸易政策、贸易实践、经济改革、产业发展进行质疑、批评甚至诋毁，因此，漫画绘画手法的客观性只是表面现象，甚至具有欺骗性。同时，本文研究也发现在 2018 年 1 月至 2019 年 6 月的 78 期《经济学人》杂志中，有 10 期封面文章以中美争端为主题 (包括本文已经分析的图 21-1、图 21-2、图 21-4、图 21-5)，可见外媒对该主题的关注。尤其图 21-4 和图 21-5 的封面漫画中，表征参与者 (熊猫与蒙娜丽莎) 的目光正对画面外的读者，属于"索取"类图像，意在引发读者评论; 图 21-4 的熊猫不仅体态庞大，飞在空中的姿态更是居高临下、气势汹汹，富有攻击性和威胁意味，这种表征参与者俯视读者的绘图方式隐喻更高的权力关系，给读者带来不适感甚至压迫感，容易引起负面评价; 图 21-5 虽然保持了原画作的水平构图方向，但创作者对蒙娜丽莎进行了荒谬的变装处理，使得表征参与者的目光意味更为微

---

① 冯德正:《多模态隐喻的构建与分类——系统功能视角》,《外语研究》, 2011 年第 1 期, 第 1-10 页。

妙。鉴于本文搜集的素材有限，对于漫画互动意义和隐喻潜势的研判尚需更多对漫画创作手法和意图的研究作为支持。

视觉语法的构图意义包括信息值、显著性和框架。信息值是指图像里的左右位置分别代表已知和新信息，上与下代表理想与现实，中心位置代表重要性。本文研究发现，信息值更适用于新闻摄影照片，而关于中美争端的漫画既没有明显的中心事件－边缘事件的对比，也不能解读为左边信息是已知信息、右边信息是新信息，构图的左右、上下、中心—边缘关系并无明确的隐喻意义，而构图意义的显著性和框架对新闻漫画隐喻的解释力更强。

显著性是指色彩、相对尺寸、鲜明度、置于前景或背景等吸引读者注意力的要素，框架是指有无空间分割线条使图像中的成分分属不同的世界。[①] 本文搜集的漫画反映了以配色/尺寸/对比度/转喻选择等映射显著性的隐喻方式，即 COLOR/SIZE/CONTRAST/METONYMY CHOICE IS SALIENCE。首先，基础转喻的选择占前四位的是五星红旗、红色、恶龙、体型臃肿的熊猫，这与赵秀凤等（2016）的研究结果[②]一致；转喻选择的偏好规律性反映了西方世界对中国的刻板印象和定势思维，尤其是恶龙在西方文化里是邪恶的象征，容易让人产生霸道、侵略、毁灭、灾难等联想，本文搜集的漫画中恶龙都是张牙舞爪的形象，体型远超其他参与者，因此更能激发读者的负面联想。呆板落后的刻板印象也有反映，例如图21-5中蒙娜丽莎的服装还是中国几十年前的蓝色制服，反映了西方人不愿改变对改革开放前经济落后的中国的印象。红色的运用也很普遍，除了七例漫画以外其他都使用了红色元素，大部分是转喻中国，其余用于图片背景色或标题、导语字体颜色，红色除了隐喻红色政权，暗示与西方世界不同的政治经济体制，还具有危险、灾祸的象征意味，警示图像和文字中使用红色突出显示的成分是需要警惕和反对的，也就是与中国相关的问题、现象、形势很多都是危险的，从而为美国发动贸易战的借口正名。另外，本文搜集的漫画约有1/4采用左右对称构图展示对抗和对峙（例如图21-2、图21-3），争端双方按一条想象的居中的竖线分立两旁，属于以对称映射框架 SYMETRY IS FRAMING，强调对抗，但是，研究尚需更多例证以确立框架意义是否指向意识形态。

四、结语

本文以新闻漫画为语类研究了系统功能视角下的多模态隐喻，并批评分析了叙事再现与互动意义、构图意义如何操控读者阅读路径、如何服务于媒体的意识

---

① 李战子：《多模式话语的社会符号学分析》，《外语研究》，2003年第5期，第1-8,80页。
② 赵秀凤等：《政治漫画中的隐喻场景——批评多模态隐喻分析》，《北京科技大学学报》，2016年第5期，第8-11页。

第二十一章 系统功能视角下的英美主流媒体意识形态——以中美贸易摩擦新闻漫画为例

形态传播。在以往研究的基础上,本文以视觉语法结合社会维度批评分析新闻漫画中的多模态隐喻,研究发现主要包括:(1)在再现意义上,漫画隐喻不仅是以具体动作物化抽象动作,更是在物化的同时对现实生活中的复杂事件和现象进行了过度简化和歪曲;(2)在互动意义和构图意义上,以转喻选择、颜色等喻示的显著性与漫画的社会性(创作意图)最为相关,鲜明反映了西方刻板印象和定势思维,直接指向外媒所代表的国家立场和意识形态。研究还再次证明文字对图像隐喻的锚定作用,系统功能视角下隐喻潜势的生成离不开文字辅助,尤其是文章标题、导语以及文章中同一隐喻主题下与此照应的各种隐喻表达式是构建图像隐喻意义的重要支柱,创作者以图像吸引读者注意力和思考,以文字明示或暗示图像隐喻的主观立场,两者结合在一起向读者灌输创作者的意识形态。读者要洞悉图像隐喻的社会性需要从基础转喻入手,了解影响转喻选择的文化规约、刻板印象,才不会从一开始就落入创作者设计好的认知框架。在此基础上,系统功能视觉语法对图像隐喻的解析,尤其是图像具体动作如何替代了现实生活中的复杂过程,并在替代时在意识形态的驱动下扭曲、夸大、贬损了哪些要素,如何在图像与读者的互动中操控读者的解读,对这些问题的解析才能提高读者对图像隐喻的识读能力和批判思维而不被创作者牵着鼻子走。

第二十二章　GDPR下爱尔兰数据合规及隐私保护研究

卓丽[①]

【摘要】在大数据背景下，爱尔兰作为G20成员在《一般数据保护条例》实施后，在对个人数据的收集、利用过程中不断涌现出新的问题，导致个人数据主体与数据控制者之间的矛盾不断。本文主要通过对爱尔兰数据保护委员在处理数据主体投诉工作中产生的新问题进行探讨，例如聊天记录发送错误、访问请求回应延迟、"在新闻中提及"功能在使用中的弊端，以及对"Schrems诉爱尔兰数据保护委员会案""微软爱尔兰案"所涉及的数据在跨境收集、调取中存在的隐私保护问题进行简要评析，以对爱尔兰当局在个人数据保护方面存在的问题有更为清晰的认识和理解。

【关键词】爱尔兰数据保护委员会；个人数据；隐私权；GDPR；合规；司法主权

一、爱尔兰数据保护委员会（DPC）

（一）DPC的主要职能

数据保护委员会（the Data Protection Commission，以下简称为DPC），作为保护爱尔兰公民基本权利的国家独立机关之一，负责保护个人数据，它还是爱尔兰的监督机构，负责监督数据法规的适用。在《一般数据保护条例》（General Data Protection Regulation，以下简称为GDPR）和《2018年数据保护法案》（the Data Protection Act 2018）的法律框架之下，DPC的核心职能进一步推进了GDPR在爱尔兰的实施，具体包括：推动数据控制者和处理者更好地遵守数据保护法；处理可能涉及侵犯其数据权利的个人投诉；就可能侵犯数据保护法规的事项进行询问和调查；提高组织机构和公众在处理个人数据方面对风险、规则、保障和权利的

[①] 北京外国语大学法学院，国际法律与区域治理方向博士研究生。地址：北京市海淀区西三环北路2号北京外国语大学；邮编：100089。

认知;与其他欧盟成员国的数据保护机构开展合作,负责应对涉及跨境数据处理的投诉以及涉嫌侵权的问题。DPC 还担任几项附加法律框架下个人数据处理的监督工作,例如对《法律执行指令》(the Law Enforcement Directive)的监督,该指令适用于具有执法职能的机构在预防、调查、侦查或起诉刑事犯罪以及执行刑事处罚方面所进行的个人数据处理活动。DPC 还负责《电子隐私条例》(e-Privacy Regulations)之下的电子通信领域中与个人数据处理有关的某些监督及执行工作。

尽管 DPC 依据 GDPR 和《2018 年数据保护法案》对 2018 年 5 月 25 日起发生的个人数据处理活动进行监管,其同时继续履行《1988 年数据保护法案》和《2003 年数据保护法案》中规定的监管职责,负责处理 2018 年 5 月 25 日之前的投诉以及对潜在侵权行为的调查工作,而对于某些限定的其他类别的数据处理行为,无论发生在 2018 年 5 月 25 日之前还是之后,DPC 都有权处理与之相关的投诉及侵权行为。除数据保护的具体立法外,在个人数据处理方面,该区域还有涉及多个部门领域的 20 多个法规,DPC 必须执行这些法规赋予其的特定监督职能。

其中,DPC 持续关注着儿童数据权利的保护问题,公众可以就儿童个人数据的处理以及儿童作为数据主体的权利向其进行咨询。GDPR 实施之前,DPC 成立了一个儿童政策部,该部门隶属于法律部门。该部门由一名助理专员领导,向一名副专员(法律主管)报告,从 2018 年初开始,DPC 一直在探索如何更好地提升对儿童个人数据处理问题的认识和理解,特别是 GDPR 下的儿童数据保护标准以及儿童作为数据主体的权利。根据 GDPR,所有数据保护监督机构(如 DPC)都有具体义务去促进公众对儿童数据处理活动中涉及的风险、规则、保障以及权利的认识和理解。在与一系列儿童权利、促进儿童利益以及儿童保护方面的利益攸关方进行接洽后,DPC 决定,鉴于 GDPR 下儿童问题的重要程度,有必要开展一项专门咨询工作,以收集所有利益相关方(最重要的是儿童)对这些议题的看法。整个 2018 年,咨询方面的准备工作一直在持续进行,一些工作人员在该项目上全职工作,以开发和测试咨询中使用的材料,DPC 迫切希望确保儿童作为关键利益相关方始终拥有发言权。①

(二)DPC 开展的国际合作

1. OSS 模式的建立

欧盟数据保护法律框架为欧盟数据保护、监管机构之间的合作开创了一个新纪元,DPC 已经从其所处的一个享有排他性权限的法制环境转变为在欧盟范围内为数据权利保护提供协调的法治环境。"一站式机制"(One-Stop-Shop Mechanism,以下简称为 OSS)是根据 GDPR 建立的,旨在精简在欧盟多个成员国开展业务或其他活动的组织机构与数据保护、监督机构之间的工作环节。在 OSS

---

① Data Protection Commission, Annual Report, 25 May – 31 December 2018, p.6.

模式下，DPC 是首要监督机构，负责监督许多跨国公司（包括技术和社交媒体公司）的个人数据跨境处理业务。

在 GDPR 出台之前的几年里，鉴于许多大型技术跨国公司的欧洲总部都设在爱尔兰，DPC 在欧盟和全球层面上的数据监管作用越来越突出。自 2018 年 5 月 25 日以来，随着 OSS 的推出，DPC 已经在保障欧盟范围内数百万人的数据权利和法规执行方面发挥了重要作用。为了应对 GDPR，DPC 在 2018 年成立了一个新的 OSS 操作团队，以在 OSS 模式以及更广泛的国际背景下促进爱尔兰与其他成员国数据保护机构的协商，协调所有涉及欧盟数据保护委员会（the European Data Protection Board，以下简称为 EDPB）的合作，与 EDPB 共享跨境案件的相关信息。这有利于 DPC 对跨境案件的积极追踪和报告，以及与其他监督机构的信息交换工作。

此外，2018 年期间，DPC 积极参与欧盟大型 IT 系统监管机构的工作计划，具体包括欧洲刑警组织（Europol）、欧洲发展援助委员会（Eurodac）、海关信息系统（Customs Information System）、IMI 数据库以及欧洲司法联合监督机构（the Joint Supervisory Body of Eurojust）等单位的工作。DPC 同时继续参与其作为申根签证信息系统（the Schengen and Visa Information Systems）观察员的协调监督工作。

2. 数据跨境处理中对首要监督机构的认定

OSS 的原则要求，在欧盟不同成员国拥有多个机构的组织仅受一个数据保护局（the Data Protection Authority，以下简称为"DPA"）的监管，而非受各机构所在地的成员国的数据保护机构监管。这些组织在欧盟拥有一个"主要机构（a main establishment）"，并从事"跨境处理"。一个组织的主要机构通常是其中央管理机构（例如其总部）所在地，然而，对于数据控制者而言，如果处理个人数据的决定是由其中央管理机构以外的欧盟范围内的其他机构作出的，那么该机构即为其主要机构；对于数据处理者而言，如果没有中央管理机构，那么主要机构便是其在欧盟范围内进行主要数据处理活动的地方。

在 GDPR 中，凡涉及以下两种情形之一的行为即构成数据的"跨境处理"。第一种情况是，在超过一个的成员国内建立数据控制器或处理器，并在超过一个的成员国内所属机构中进行数据处理活动；第二种情况是，数据控制器或处理器虽然仅在一个成员国内建立，但数据处理过程实质上影响到超过一个的成员国的数据主体或可能对其产生实质性影响。

在上述任何一种情况下，GDPR 下"主要机构"的概念将用于确定"首要监督机构（the lead supervisory authority）"，主要负责与数据跨境处理相关的投诉或其他问题。根据 GDPR 的规则，跨国公司在成员国内主要机构（如上所述）所在地的 DPA 即为首要监督机构，如果跨国公司违反了 GDPR 中一项或多项规定，该跨国公司仅受一套监管准则的约束，而非不同成员国数据保护机构多重行动的约束。

3. DPC 与其他 DPA 的合作

首要监督机构的职责包括调查与跨境处理有关的投诉或涉嫌侵权的行为，并就此案起草一份决定草案，然后在可能的情况下，必须与其他被视为"相关监管机构（the concerned supervisory authorities）"的欧盟数据保护机构在协调一致的情况下作出决定，例如最先收到跨境处理投诉的机构。这意味着，在起草决定草案时，主要监管机构不仅必须最大限度地考虑收到投诉的 DPA 的意见，而且在最终决定作出之前必须与所有相关监督机构分享决定草案，并与他们进行协商、考虑他们的意见。如果协商不一致，GDPR 规定了一个争议解决机制，最终将由 EDPB 的成员对决定草案中的争议问题作出多数决议。

在 OSS 机制下，DPC 是主要机构位于爱尔兰境内的许多跨国公司的首要监督机构，包括大型技术公司和社交媒体公司。作为一个首要监督机构，DPC 现在不仅负责处理直接向 DPC 提出的个人投诉，而且需要处理最初向其他欧盟数据保护机构提出的投诉。2018 年 5 月 25 日至 12 月 31 日期间，DPC 通过 OSS 机制收到 136 起由个人向其他欧盟数据保护机构提出的数据跨境处理投诉。因为投诉人直接与其所在地的 DPA 进行沟通，这一新的投诉受理渠道要求 DPC 与投诉所在地的欧盟其他 DPA 密切合作，进行信息交流。在实践中，这意味着，所有跨境处理投诉的新进展都必须由 DPC 发送给其他 DPA，后者在需要时将更新内容翻译为相关国家的语言后再发送至投诉人。

二、DPC 对数据主体投诉的处理

（一）聊天记录的错误发送

DPC 收到一名数据主体的投诉，声称其与瑞安航空员工的网络聊天被瑞安航空在电子邮件中意外披露给了另一名使用瑞安航空网络聊天服务的客户。网络聊天记录包含了投诉人及其合伙人的姓名、电子邮件地址、电话号码以及飞行计划等详细信息。被投诉人告诉 DPC，他们已经收到了来自一名被错误发送网络聊天记录用户的警告。在 DPC 对投诉的调查中，DPC 确定瑞安航空的在线网络聊天服务由第三方提供，该第三方是瑞安航空的数据处理者。

DPC 确认通过电子邮件方式发送网络聊天记录的系统具有自动填充功能，即上次接收电子邮件的客户地址会自动填充到收件人地址的位置。在相关日期前后，数据处理者共收到四位瑞安航空客户的请求，要求他们提供网络聊天记录，且所有记录都由同一代理人处理。但是，该代理人在发送聊天记录副本时没有正确更新收件人的电子邮件地址，导致这些聊天记录发送到了错误的收件人那里。瑞安航空告诉 DPC，为了防止此问题再次发生，实时网络聊天系统中的自动填充功能已被数据处理者禁用，并向员工提供了 GDPR 培训。

DPC 收到的与在电子环境中未经授权下披露个人数据的行为有关的许多投诉都源于软件自动填充功能的使用，例如，将包含个人数据的电子邮件错误发送。虽然数据控制者可能认为自动填充功能是一个在数据输入过程中有用的省时工具，但当它被用于填充收件人详细信息以实现传输个人数据的目的时，是存在固有风险的。因此，公司应谨慎使用自动填充功能，当数据控制者决定将此类功能整合到其软件中进行数据处理时，至少应部署其他安全措施，如通讯簿开头的虚拟地址或屏幕上出现请再次检查收件人详细信息的提示。

个人数据保护目标需要与数据保护相关的设计及默认程序相结合，这样当数据控制者和处理者在设计个人数据处理程序或软件的具体步骤时，尤其是在确保个人数据的完整性、安全性和保密性方面，能够建立起更高的个人数据保护标准。

（二）访问请求的延迟回应

1. 通话记录副本的提供

一名数据主体请求一家跨国技术公司的客户服务运营商提供其与自己的通话记录，以便处理该数据主体的客户服务问题，之后该数据主体向 DPC 投诉，声称其根据 GDPR 第 15 条提交的访问请求未在 GDPR 规定的时限内进行处理。GDPR 对数据控制者规定了回复期限，以便在数据主体行使其权利时，数据控制者能够对其请求作出及时响应。在收到投诉后，DPC 联络到有关公司，使其了解该用户投诉内容，并就投诉中存在的问题询问该公司是否愿意采取相关措施。该公司对数据主体作出了回应，并提供了一份其所要求的通话副本。根据本案的具体情况，DPC 认为无需采取进一步的监管行动。最终，数据主体对投诉的友好解决感到满意。

2. 闭路电视录像的访问请求

2018 年 11 月，DPC 收到了一个数据主体的投诉，涉及其向作为数据控制者的高尔夫球俱乐部提出的对其个人数据的访问请求，其中包括请求高尔夫球俱乐部提供特定日期和时间的闭路电视录像。数据主体向 DPC 提供了其与高尔夫球俱乐部之间的初步通信，通信表明高尔夫球俱乐部询问了该数据主体需要录像的原因，并随后通知他，由于发现闭路电视系统软件出现问题，无法向他提供所请求的录像。DPC 认为根据 GDPR 以及《2018 年数据保护法案》第 109 条的规定，本投诉有可能得到友好解决。

作为纠纷解决程序的一部分，DPC 向高尔夫球俱乐部寻求解释，要求其说明为何不能向投诉人提供所请求的闭路电视录像。高尔夫球俱乐部答复 DPC，其闭路电视系统在数据主体要求获取录像的日期内没有运行，并且是在其打算履行该访问请求时才发现这一点的。DPC 对这一笼统的解释不满意，要求其对闭路电视产生的问题作出更为详尽的书面解释,也可与投诉人分享。作为对这一要求的回应,DPC 收到了高尔夫球俱乐部安保公司的一封信,其中概述了闭路电视系统存在的问题,包括闭路电视系统的硬盘出现故障,以及该系统在一段时间内没有使用过等具体事实。DPC 对所提供的技术解释感到满意,且高尔夫球俱乐部同意与投诉人分享这封信。最终,投诉人对该解释同样感到满意,投诉得到友好解决。

这一案例说明,即使在努力促成投诉得到友好解决的过程中,DPC 仍希望数据控制者或处理者在某些方面承担相应的责任,例如对其不履行义务的原因及相关解释进行仔细审查,以确保其所提出的主张是可证实、可论证的。

(三)"在新闻中提及"功能的弊端

2018 年,DPC 收到了两份关于专业网络平台(数据控制者)功能方面的投诉,数据控制者通过该平台向某成员的联系人和粉丝发送电子邮件和通知,告知他们这些成员是否以及何时在新闻中被提及。第一项投诉于 2018 年 3 月提交给 DPC,是在 GDPR 实施之前提出的,第二项投诉于 2018 年 10 月向 DPC 提出,投诉均涉及数据控制者错误地将某些成员与其无关的媒体文章联系在一起。在第一项投诉中,数据控制者向投诉人的联系人和粉丝分发了一篇媒体报道,详细说明了与投诉人同名的人的私生活以及不成功的职业生涯。投诉人向数据控制者提出了这一问题,但问题的解决令相关成员不满意,随后将投诉提交给 DPC。投诉人声称,该文章损害了他们的职业生涯,导致他们的业务合同遭受损失。第二项投诉涉及一篇文章的传播,投诉人认为这篇文章可能会对其未来的职业前景造成不利影响,而数据控制者没有对其进行适当审查。

从投诉中可以明显看出,"在新闻中提及"功能的使用涉及到的个人数据处理的合法性、公平性和准确性的问题,仅按姓名匹配是不充分的,这引起了数据保护方面的担忧。数据控制者未能正确识别该成员与第三方媒体报道中所提及的人物之间的匹配度,导致该成员与其无关的负面新闻相关联。由于这些投诉和 DPC 的介入,数据控制者对该功能进行了审查,审查的结果是在欧盟范围内暂停该功能,等待下一步改进以保护其个人数据。

综上,在 GDPR 及其他数据保护法规的框架下,在多重利益之间达至平衡已经成为数据治理的核心问题,想要实现对个人数据的有力保护需要构建一个以数据保护机构为主导,结合社会各个利益攸关方的综合治理体系。爱尔兰 DPC 注意到数据收集、利用行为对个人数据主体造成的不利影响,在数据主体与数据控制者之间进行协调,及时处理投诉,化解矛盾,同时在涉及数据跨境处理问题时积极开展国际合作的策略值得他国借鉴。

三、数据跨境收集、传输中的隐私保护问题

（一）Schrems 诉 DPC 案概述

案件（Maximillian Schrems v. Data Protection Commissioner）是由一名奥地利法学专业学生和民权倡导者 Maximilian Schrems 提起的，他试图质疑 Facebook 从爱尔兰（Facebook 的欧洲子公司总部所在地）向美国传输的国际数据，称这种做法侵犯了他的隐私权，因为美国政府可能会对其进行监控。DPC 驳回了 Schrems 的申诉，理由是 DPC 认为美国能够提供适当水平的隐私保护。Schrems 随后向爱尔兰高等法院提出上诉，最后，爱尔兰高等法院将争议提交欧洲法院进行审理。

法院认为，DPC 应当认定美国依据其国内法或国际承诺是否能够确保对于基本权利的保护水平与其在欧盟范围内依据指令所作出的保证相当，而 DPC 没有作出这样的认定，仅仅审查了安全港协议。在没有确定该协议是否能够确保美国与其在欧盟范围内保证的权利保护水平基本相当的情况下，法院认为该协议仅适用于遵守协议的美国企业，而美国当局本身则不受该协议的约束。此外，美国的国家安全、公共利益和执法要求均优先于安全港协议，且可能与协议中的保护规则存在冲突，但在不受限制的情况下，美国企业有义务遵守此类要求。在 DPC 的决定中没有涉及在美国是否存在对于此类干涉行为的限制规则或者针对此类干涉行为能否寻求有效的法律保护。

法院认为，美国当局能够访问从欧盟成员国转移到美国的个人数据，特别是其对这些数据以与转移目的不相符的方式进行了处理，超出了国家安全保护的必要性和比例性。如果欧盟法对于所储存的个人数据从欧盟传输至美国没有法律限制，而美国当局对于获取数据及后续的使用行为同样缺乏客观标准，没有任何区别、限制和例外的话，个人数据权利将会遭到侵害。DPC 还注意到，有关人员没有行政或司法救济手段，缺乏对有关数据的获取、纠正或删除途径，而司法救济是法治的本质要求，如果法律没有为个人获取、纠正或删除这些与其有关的数据提供法律救济途径，这就损害到其获得有效司法保护的基本权利。

最后，法院判决 DPC 的决定否定了国家机关的监督权，当有人质疑其决定不符合个人基本权利和自由的保护要求时，法院认为 DPC 没有权力以这种方式限制国家监管机关的权力。任何决定都不能阻止国家监管机构监督将个人数据转移到第三国的行为，国家监管机构在处理权利主张时，必须能够完全独立地审查将个人数据转移到第三国的行为是否符合指令规定的要求。欧洲法院指出，只有法院有权认定欧盟机构行为的效力，例如法院有权判定欧盟委员会的决定是无效的。因此，如果国家机关或向国家当局提出质疑的个人认为欧盟委员会的决定无效时，该机关或该个人必须向法院提起诉讼，最终由法院判决欧盟委员会的决定是否有效。出于所有这些原因，法院宣布 DPC 的决定无效。这一判决的结果是，

DPC 需要对 Schrems 提出的诉求进行尽职调查，并在调查结束时，决定是否应由于美国没有提供充分的个人数据保护而暂停 Facebook 欧洲用户向美国的数据传输活动。

（二）隐私保护协议框架的构建

Schrems 诉 DPC 案的核心是欧盟与美国就《1998 年欧盟数据保护指令》（EU Data Protection Directive，DPD）达成的安全港协议（the Safe Harbor Agreement），该指令要求欧盟成员国制订包含特定隐私保护内容的法律，并且禁止将欧盟人员的数据传输给隐私保护措施不"充分"的非欧盟国家。该项条款的制订者有很好的意图，即加强欧盟合作伙伴的隐私保护力度，但该协议使美国公司（其中许多公司当时是全球技术领导者，现在也一样）处境艰难，因为在安全港协议最终敲定之前，美国的隐私保护被认为不充分。安全港协议的出现在缓和大西洋两岸数据流动方面取得了很大成功，至少在爱德华·斯诺登（Edward Snowden）2013 年的披露之前是如此。斯诺登成功地揭示了美国的监听计划，这导致欧盟委员会提出了 13 项修改安全港的建议，为 Schrems 案件奠定了基础。

欧洲法院在 Schrems 案中指出，原本为美国国家安全、公共利益和执法等目的签署的安全港协议，却为美国国家安全局（NSA）执行棱镜计划（PRISM）等活动打开了大量收集数据的大门。欧洲法院认为：（1）美国大量收集个人数据侵犯了欧盟公民的隐私权；（2）欧盟公民没有机会质疑美国的这些做法，这就剥夺了他们获得司法审查的权利。最终，法院判决任何数量的自我认证都不能排除美国实施监听计划的嫌疑，这些做法与欧盟隐私保护规则不符（即使在本案判决之前美国通过了《美国自由法案》，欧洲法院仍认为这种大规模的数据收集违反了 DPD）。法院还主张，在隐私保护问题上，只有欧洲法院有权决定欧盟委员会的决定是否有效。

（三）微软爱尔兰案引发的司法权限问题

在 Microsoft Corp. v. United States 案中，涉及到当作为证据的电子数据存储在他国境内时，美国法院是否有权签发证据调取令状的问题。在 2013 年 12 月，联邦执法部门探员向美国纽约南部地区的地方法院申请了令状，要求微软公司披露与其用户相关的所有电子邮件及其他信息。在认为探员对该电子邮件正被用于进一步贩毒活动的主张有合理根据的情况下，地方法官签发了证据调取令状。令状要求微软公司向政府披露该指定电子邮件在微软占有、保存或控制范围内的电子邮件内容以及与该电子邮件相关的所有其他记录或信息。在令状送达后，微软公司确定有关该用户的电子邮件内容存储在位于爱尔兰都柏林的微软数据中心，且为唯一的存储位置。于是微软公司提出了有关要求其披露存储于爱尔兰的用户信息的令状无效的动议，法官则驳回了该动议。微软公司上诉后，联邦第二巡回上诉法院推翻了地区法院拒绝撤销令状的裁定，上诉法院认为该要求微软公司披露有关电子通信内容的令状属于超越其法定权限的域外申请。

2018年3月23日美国议会制定并由总统签署了《澄清域外合法使用数据法案》(the Clarifying Lawful Overseas Use of Data Act，简称CLOUD Act)，该法案规定：服务器提供者应遵守本章规定的义务，在提供者占有、保管或控制的范围内，应当保存、备份或披露电子通信的内容以及与用户或订阅者有关的任何记录或其他信息，无论此类通信、记录或其他信息是否位于美国境内。新法案颁布实施以后，Microsoft Corp. v. United States案中有关信息披露要求的令状重新发布，致使双方对于原有令状已经不存在现实争议，诉讼双方都同意以新令状取代原有令状。据此，美国最高法院最终判决，在这种情况该案已经变得没有实际意义，根据法院在此类案件中的既定做法，再审判决相应地被撤销，该案发回美国第二巡回上诉法院，并指示第二巡回上诉法院首先撤销地区法院关于微软公司藐视法庭以及驳回微软公司动议的裁决，其次指示地区法院将本案以没有法律依据为由予以驳回。

关于域外问题，法官在分析本案时采用了在Morrison v. National Australia Bank Ltd案和RJR Nabisco, Inc. v. European Community案中确立的两步骤分析法。在两步分析法中，法院必须确定本案是否涉及法规的涉外适用，通过关注法规的焦点，确定与法规焦点相关的行为发生在哪里。本案中，通过考量《储存通信法》(the Stored Communications Act，简称SCA)第2701、2702和2703节的规定，可以明显看出《储存通信法》通过禁止非法访问用户通信（如黑客攻击）以及规范提供商向第三方披露用户通信来保护用户的隐私。据此，大多数法官认为《储存通信法》的焦点是用户隐私，而与该焦点相关的行为是作为政府的代理人——微软公司访问用户电子邮件中受保护的内容。由于涉及该电子邮件的信息存储于爱尔兰的服务器上，法官认为对于寻求披露这些邮件的令状属于域外申请。通过阅读法条就可以清晰地看到《储存通信法》所要规制的是服务器提供商向第三方披露电子邮件的行为，而非服务器提供商进入用户数据的问题。微软公司向政府披露电子邮件内容的行为应该发生在美国境内的微软公司总部里，因此与《储存通信法》中隐私焦点有关的行为应当属于国内申请。但是，令状所涉及的内容引发了国家主权及国际礼让问题的讨论。

如果仅仅因为服务提供商在美国境内运营，美国法官就发布命令要求服务器提供商将有可能属于外国公民的数据从位于海外的服务器上"收集"并"导入"美国境内的做法，很难从理论上避免外国的主权利益不受影响，因为该证据与他国的司法主权密切相关。法官认为在解释美国法律时，法院假定除非明确显示出相反的意图外，国会的立法应当仅适用于美国领土管辖范围内；该假设基于这样一种观点，即国会通常就国内，而非他国事项进行立法，并且在国际关系这个微妙的领域中，国会而非法院，拥有做出政策性决定所必备的能力。在确定令状是否具有域外适用效力时，法院首先确定其所依据的相关法律条文是否考虑域外适用的问题，如果之后法院通过确定法律规定的焦点问题并结合案件事实，发现该法没有规定涉外问题，法院便有权断定被质疑的申请因涉外因素而超出了法律规定的范围。

四、结语

展望未来，有两个主要选择，一是爱尔兰可以确定美国隐私保护事实上是充分的，这样做可以使这个问题消失；二是用 GDPR 取代 DPD，来应对美国的数据传输问题。然而，这些选择并不能解决欧洲法院在 Schrems 案中的核心问题，特别是批量数据的收集、传输问题。因此，欧盟委员会需要在全球供应链、社交网络、电子商务和云服务公司遭到普遍不利影响之前，与各国政府就安全港协议的替代方案进行谈判。如果都没有成果，那么无论是经济方面还是隐私保护方面的成本都会上升。欧洲和美国公司将不得不依赖昂贵、耗时的格式合同或其他协议来继续跨大西洋的数据传输。此外，考虑到美国国家安全局在海外（包括外国数据中心）进行监听会比其在美国境内所受的限制更少，这实际上可能会损害到欧盟人员的隐私权。

总之，各国对数据管理的目的是要为相关国家与本国开展对话和磋商创造机遇，在对等、公平理念的基础上推动国际合作，以促使双方能够在一定程度上相互让度数据主权，并在真正意义的互惠基础上确定数据披露的方式[①]。田旭（2018）认为，网络数据的调取收集并非一项单独的法律问题，而是涉及到公法和私法领域的一系列法律问题，既包括私法层面的个人数据权利问题，也包括公法层面的对于数据主权的界定问题。翟志勇（2018）认为，有关数据的法律法规、政策的制订需要认识到数据的流动性价值，在数据跨境流动的管控方面，必须考虑到数据跨境流动是互联网和大数据发展的必然要求，不能一味地追求数据本地化，同时应该强化对互联网企业和大数据公司合规的监管，进一步加强对个人数据权的保护，以应对数据技术对个人隐私的侵犯行为。

---

① 梁坤．美国《澄清合法使用境外数据法》背景阐释[J]. 国家检察官学院学报，2018，26（05）：152–171+176.

第二十三章 基于区域经济视角的产业集群问题研究

刘骏[①] 王嫒玉[②]

【摘要】 本文从区位理论的视角对我国的行业分类和产业集聚问题进行了探索和研究,本文使用我国所有四位数行业在地级市区域层次上的相关数据库将我国的行业分为两类,分别为跨区域行业和本地行业,然后对我国的跨区域行业进行聚类研究,利用我国行业的相关性矩阵,使用聚类分析和评分的方法,最终得到46个集群。通过对得到的集群的相关分析和地图分析,得到代表性产业集群在我国的区域分布情况,并且提出相关的应用分析建议。

【关键词】 产业集聚;区域经济;区位理论;产业集群划分;莫兰指数;产业分布地图

一、引言

随着全球经济的发展和社会分工的不断深化,对产业集聚问题的研究显得越发重要,对产业集聚领域的研究吸引了大批的学者。不同的产业在生产和运营过程之中产生的外部性,比如共同的技术、专利以及一些投入品,这些外部性将一些行业紧密地联系在一起,从而产生了产业集群现象。区域经济的一个重要特征就是集群的出现,即相关产业的区域集聚,因此基于区域经济的视角对产业集聚问题进行研究具有十分重要的意义。随着产业集聚化程度和交通运输便利程度的不断提升,很多企业和行业趋向于区域集中化的趋势。国际上,例如美国圣何塞地区的硅谷以及波士顿的药物制剂行业,在我国,例如北京中关村的科技行业以及江浙沪地区淘宝村等电商行业,都是发展非常成熟的行业的区域集中化的例子。有些行业在区域上的集中化,既可以节约成本,又可以较为容易得获得规模优势。因此,区位理论在行业的地区分布和产业集聚问题的研究中应该得到重视和应用。

尤其是在我国,随着产业结构的深化调整和区域经济的协调发展,从区位

[①] 北京外国语大学国际商学院,liuj@bfsu.edu.cn。
[②] 首都经济贸易大学城市经济与公共管理学院,jessicawong1108@hotmail.com。

理论的视角对我国的产业集聚问题进行研究十分必要。中国国民经济行业分类于 2017 年进行了第四次修订，该标准（GB/T4754-2017）于 2017 年 10 月 1 日正式实施。但是无论是国际标准产业分类体系（ISIC）还是中国国民经济行业分类标准，都是针对全行业的分类标准。通过以上分析我们可以看到，对产业集聚问题的研究主要是以上跨区域交易的行业，比如美国圣何塞地区的硅谷，波士顿地区的医药类行业和好莱坞的娱乐产业，这些产业因为主要集中在某些区域，因此要实现全国范围内的交易，其必须是跨区域的。与之相反，类似一些个人服务行业，比如美发行业、干洗行业，以及托儿所等基础教育行业，这些行业主要服务于当地市场，并且与该地区的规模成正比。这些行业有些因为自身的性质不可能实现某个区域的集中化，而是较为平均地分散在全国的各个区域，我们将这些行业称为本地行业。如果按照此类标准分类，我国究竟有哪些行业属于跨区域行业，哪些属于本地行业？此外，当我们研究产业集聚问题时要有针对性，由于本地行业本身所具有的平均分散的特性，因此，研究本地行业的集聚问题意义不大，更加专注于对跨区域行业的集聚问题的研究更有意义。因此本文提出的第二个问题是，在对我国的本地行业和跨区域行业进行区分的基础上，仅针对我国的跨区域行业进行产业集聚分类，结果又会如何？最后，通过分类结果，我们得到我国的集聚产业的分布地图，从而对研究我国区域经济发展和产业发展提供可以参考的指标和建议。

为了解答以上问题，首先，本文依据区位理论（区域经济的观点）对我国二位数代码的 906 个行业进行分为两类，根据一定的标准将我国的行业分为了 444 跨区域行业和 462 本地行业。然后，针对跨区域行业，利用这些行业的区域相关性划分产业集群，最终得到 46 个产业集群。最后根据这 46 个产业集群，计算出它们分别的空间自相关指数 Moran's I，并且选取具有代表性的集聚产业进行分析，绘制出它们的分布地图。

本文的文章结构如下：第一部分是对相关文献进行梳理，主要从两个方面展开，第一是关于产业集聚分类的相关文献；第二部分是关于基于区域区位理论的产业分类研究，并且指出本来的创新的之处；第三部分对我国的二位数代码 906 个行业进行划分，划分为跨区域行业和本地行业；第四部分是利用这些行业的区域相关性划分集聚产业；在本文的第五部分，通过我们上面得到集聚产业的相关数据，计算它们的空间自相关指数，并且重点分析具有代表性的集聚产业，绘制集聚产业的分布地图；第六部分是本文的结论和相关的研究建议。

二、文献综述

随着研究的不断深入和发展，对产业集群不同的定义导致出现了不同的产业集群的识别方法。自此之后,学界对于产业集聚的界定方法和模式进行了深入研究。Marshall(1920)认为造成产业集聚的三大驱动力为投出产出联系(input-output links)、劳动力市场联系(labor market pooling)和知识溢出理论(knowledge spillovers)。对投入产出联系(input-output links)这一指标的研究,可以追溯到20世纪70年代,Roepke等(1974)将简化后的投入产出矩阵模型运用到对行业的空间布局的研究中。Feser和Bergman(2000)也是利用投入产出之间的关系来识别集聚的行业,其使用因子分析的方法,找出了28个明显的因子,最终划分了23个产业集聚区。运用该关系作为识别产业集聚的条件之一的背后的逻辑在于,投入产出显示了大量的行业之间紧密的联系。并且,某些行业中的企业在设计和生产环节都试图与它们的供应方和销售方建立良好的关系(Imrie和Morris,1992)。对于劳动力市场联系(labor market pooling),Thompson W和Thompson P(1987)就曾提出,对区域经济发展的研究不能仅仅从行业的角度出发,而忽视了劳动力市场职业的重要性,对区域经济发展的研究本上就应该是双重角度的研究。职业是区域经济的一个重要方面,因为区域竞争力越来越依赖当地的知识基础和工人素质。例如,尽管汽车和化工行业产生完全不同的产品,但两个部门的软件工程师往往执行类似的任务,并且可以进行一定程度的转换。由于执行类似任务的工作人员可以在最小化培训的前提下轻松地在行业之间进行转换,因此,仅针对行业之内的研究可能会忽视各行各业的职业机会。基于此,Koo(2005a)提出一种新的研究区域经济的方法,他利用新的可以获得的职业数据,研究定义了职业集聚区,并提出了三种职业分析方法(即概述分析,职业聚类分析和基于职业的行业目标分析),最终根据13个派生的知识因素对职业进行分组,最终产生了20个职业聚类。Ellison等(2010)为了检验这种劳动力企业关系理论,构建了两两行业职业劳动力需求相似度的矩阵。使用的数据为劳工统计局(the Bureau of Labor Statistics,BLS)发布的1987年全国行业—职业就业矩阵(National Industry-Occupation Employment Matrix,NIOEM)。基于知识溢出理论(knowledge spillovers),Koo(2005b)使用以知识为基础的方法来识别集聚区。理论上,这是基于知识流动对产业进行分组的第一次尝试。该文使用美国专利和交易所数据(USPTO)和美国县域商业(CBP)数据(CBP),使用2位数和3位数SIC行业代码,使用成分分析法,划分了7个产业集聚区。

对于基于区域发展理论产业集聚研究的相关研究,Porter(2003)首次基于区位理论和区位商的视角对美国的行业进行了如下分类,分为本地行业、跨区域行业和资源依赖型行业,并根据共同位置的原则,找出了跨区域行业的集聚区,对不同集聚区的工资和区域经济进行了分析。该首创性的分类方法对自那以后的行业研究和区域研究具有非常重要的意义。该文的主要贡献在于,区别于之前针对个别地区的案例研究和对区域经济发展的理论研究(Feldman,2000;Glaeser,

2000），其目标在于对经验性数据的文献做方法上的补充和创新。最终，该文使用行业之间的区域相关系数进行界定，最终划分出了 41 个集群，每个集群平均有 29 个行业。Duranton 和 Overman（2005）研究各个行业的定位模式，特别是相对于整个制造业的产业集群，开发了基于距离的地方化（localization）测度。与以前的研究相比，其把空间视为连续的，而不是使用任意的地理单位。这避免了与规模和边界有关的问题。该文要解决的一个主要问题是，行业在多大范围内和多少程度上表现出了地方集聚的特征。结果表明，四位数行业中有 52% 的行业在 5% 的置信水平下表现出了地方化，其中 24% 的行业在 5% 的置信水平下表现出了分散化。关于共享区域产业集聚的研究，Ellison 等（2010）使用了从 1972 年到 1997 年的人口调查局研究数据库（the Census Bureau's Longitudinal Research Database）对美国制造业行业两两集聚测度进行了计算，并且对不同的衡量方式进行了比较。对于使用集聚产业数据进行相关的经济发展研究领域，Delgado 等（2014）使用了美国的集聚产业数据，实证分析了基于区域理论划分的产业集聚的重要作用，回归结果表明，在较强集聚区的行业，其相应的工资，企业数和专利数的增长速度都较高。这证明了区域产业集聚区的积极作用。

基于以上文献研究的总结，我们发现，学界对产业集聚的行业划分，大多是基于三大驱动力，即投入产出联系、劳动力市场联系和知识溢出理论，对于基于区位理论进行产业集聚分析的研究相对较少，此外，这些分析大多是基于全部行业的分类。本文认为，Porter（2003）基于区位理论首先对行业进行分类的做法非常重要，针对跨区域行业的产业集聚研究更加具有理论意义和实际意义。目前，对我国产业集群的研究不像国外十分充分。我国张建华和张淑静（2006）对识别产业集群的三个子标准，即产业集群的辨认标准、集群的产业分类标准和产业集群边界的确定标准，分别探讨了这三个子标准的内涵和要求。刘恒江和陈继祥（2004）总结了国外产业集聚的统计分析方法和标准，认为我国产业集群统计存在缺失，对我国产业集群进行统计十分必要。因此，对我国的产业集聚问题进行研究具有重要意义，并且，本文首先将我国行业划分为两大类，仅针对跨区域行业进行产业集聚研究，以期得到更加具有说服力的结果。

三、数据来源和划分标准

（一）数据来源

本文使用的行业相关数据为国民经济行业分类中的四位数代码行业，剔除个别缺乏相关数据的行业后，共有 906 个行业。数据包括 2004 年每个行业在各个地级市（共 345 个地级市）的企业（establishment）个数。

(二）划分标准

本文对跨区域行业和本地行业的划分标准主要融合了以下两种参考标准。其一，本文参考 Porter（2003）和 Delgado 等（2014）的研究，首先对每个行业在每个地级市的区位商（Location Quotient）进行了相应的计算。区位商是指在某一地区的行业集中度指标，在本文中我们使用各个行业在每个地级市的企业个数进行相关的计算，计算公式为：

$$LQ_{if-r} = \frac{establishment_{i,r}/establishment_r}{establishment_{i,China}/establishment_{China}} \quad (1)$$

其中 i 和 r 分别代表行业（四位数代码）和地区（地级市）。根据计算出的区位商和相应的标准对行业进行划分，相应的标准下文会具体说明；其二，本文根据中国的行业实际情况进行了补充，将企业的规模考虑进跨区域行业和本地行业的划分标准中。通常，一个超大型企业的生产和经营活动无法在一个特定的区域或者地级市内完成，其生产经营和销售服务必然是跨区域的。若某个行业内的企业发展成为具有一定规模的大型企业，那么本文认为该行业为跨区域行业。根据我国中小企业划型标准规定，不同的行业对大型企业的规模界定不同，但是，年营业收入在20亿元以上的企业均可以列入大型企业行列。因此，本文在划分本地行业和跨区域行业时的一个指标是年营业收入，对于年营业收入在20亿元以上的企业而言，考虑到其庞大的经营规模，本文认为其所处的行业为跨区域行业，因为一般情况下，本地行业的企业规模很难成长得过于巨大。

除了企业规模的划分标准，根据 Delgado 等（2014）的相关指标，以及考虑到我国相关数据的可得性，我们使用上文计算出的区位商对跨区域行业和本地行业进行划分，主要的三个标准为：第一，若在某个城市内属于某一行业的企业个数为零的地级市数占总地级市个数的50%以上，则认为符合该标准；第二，根据该行业基于不同地级市的区位商的排序，排序在前10%的地级市的企业个数占该行业的25%以上则符合该标准；第三，根据该行业基于不同地级市的区位商的排序，若该排序的90%分位数和中位数二者的差值在1.5以上，则符合标准。

根据以上三个划分标准和大规模企业的标准，本文最终得到444个跨区域行业和462个本地行业，具体结果见表23-1。通过以上分类结果，我们验证了之前文中的分析，比如，家庭服务、托儿所、洗发美发服务等行业均属于本地行业，此外，比如粮油、糕点面包等零售行业、正餐快餐服务行业等，也在本地行业的划分范畴之内。而对于商业银行、证券投资、保险等金融服务行业，都属于跨区域行业，汽车整车制造、船舶制造、飞机制造及修理行业也属于跨区域行业，计算机系统服务、应用软件服务、数据处理行业也属于跨区域行业。对于本地行业，由于这些行业的分布在全国范围内较为平均，研究这些行业的集聚性意义不大，因此，本文将研究的重点放在对跨区域行业的集聚分析上，下文将对跨区域行业进行集聚划分。

四、对跨区域行业进行集聚分析

根据上文，我们得到444个四位数代码的跨区域行业，下面，本文对444个行业进行聚类分析，进而得到相应的产业集群的结果。该计算过程主要分为以下四个步骤。第一步，构建行业相关系数矩阵$M_{i,j}$；第二步，根据行业的相关性矩阵$M_{i,j}$，选择适当的参数；第三步，应用聚类分析的方法对行业进行聚类分析；第四步，根据不同的参数得到的多个产业集群，对每组产业集群结果进行评分，根据得分情况选取最适宜的参数，找到最优的产业集群结果。

首先，本文的相关性矩阵的计算为每个行业在各个地区的企业个数的相关系数，具体算法为地级市层面上两两行业的相关系数，计算公式如式（2）所示：

$$m_{ij} = cov(establishment_{ir}, establishment_{jr}) \quad (2)$$

其中i和j分别表示行业i和行业j，r表示地区，因此根据以上公式，我们可以得到行业的相关系数矩阵。

在第二个步骤中对参数的适当选择，主要是对集群个数的选择。由于本文要对444个行业进行聚类划分，因此本文考虑的集群个数的范围为2到70个。因为考虑到集群个数如果高于70个，则每个集群内部的行业个数将过少，从而集群分类的意义不大，因此我们的集群个数选择区间定为2到70个。所以，在第三步中，我们将得到69个可能的集群组成结果。为了判断集群的最适宜的个数，我们使用第四步对这69个集群进行评分。现在对第四个步骤中评分标准进行相应的说明，判断集群划分的是否合理的重要标准为，集群内部的行业相关性要显著高于集群间行业的相关性，根据这一重要标准，并且参考Delgado等（2016）的评分体系，本文使用以下两个评分标准，分别如式（3）和式（4）所示：

$$Score-Average = \frac{100}{N_c} * \sum_c I[InCov_c(M_{i,j}) > AvgBeCov_c(M_{i,j})] \quad (3)$$

$$Score-95Per = \frac{100}{N_c} * \sum_c I[InCov_c(M_{i,j}) > 95PerBeCov_c(M_{i,j})] \quad (4)$$

其中$InCov_c$为该集群内部的两两行业的相关性，即集群内行业相关性。$BeCov_c$为某一集群中的行业与另一个集群中的行业的相关性，即集群间相关性。$Avg-BeCov_c$为集群间相关性平均值，$95PerBeCov_c$为集群间相关性的95%跟位数。$I(\cdot)$为判断函数，如果$WCR_c(M_{ij}) > AvgBCR_c(M_{i,j})$则记1，否则就记为0。同样的，$WCR_c(M_{ij}) > 95PerBeCov_c(M_{i,j})$则记1，否则就记为0。$N_c$为集群个数。通过上述计算公式，我们得到两个评分，$Score-Average$和$Score-95Per$，然后我们将这两个分值取平均数后得到69个评分结果，具体评分如图24-1所示。

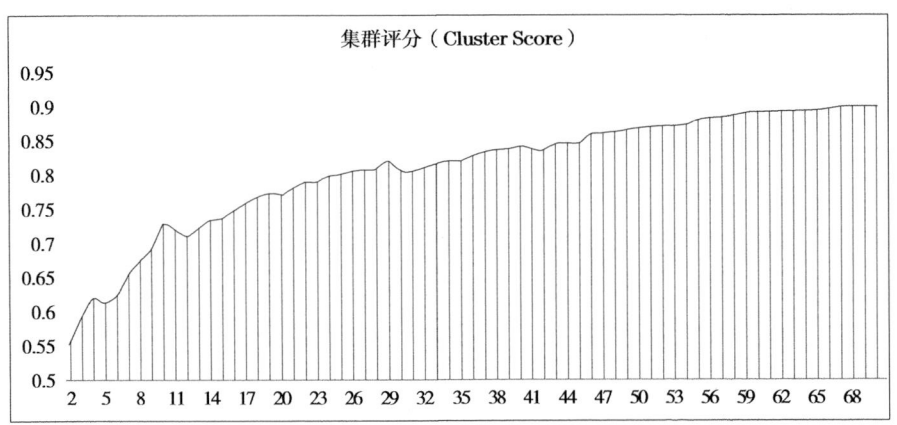

图 23-1　69 个集群的评分趋势图

由图 23-1 可以看出，随着集群个数的增大，集群评分逐渐增大，但是增大的趋势逐渐平缓，尤其是在集群个数在 46 个之后，分值逐渐趋于平缓，因此本文认为，将集群个数定于 46 个不失为一个适宜的选择。主要基于以下两个考虑，从 69 个集群的评分趋势图来看，在少于 46 个集群时，评分随着集群个数的增大而增大，并且趋势较为明显，在多于 46 个集群时，评分的增大趋势逐渐趋于平缓；第二，考虑到如果集群个数过多，将导致集群内部行业数目逐渐减少，这会削弱对集群的行业研究的意义。因此，本文认为，最优的集群个数为 46 个。附录一收录了该 46 个集群的行业组成。

五、产业集群地图和其他相关分析

在划分好的 46 个产业集群基础之上，本文通过计算每个集群在全国 345 个地级市层面上的全局空间自相关系数，进一步考察各集群在地理空间上的集聚情况。莫兰指数（Moran's I）是最常用的全局空间自相关系数，可以直观地表示某空间区域的数据与其他空间区域的数据在空间上的相互依赖程度，其计算公式如下：

$$I = \frac{n}{\sum_i \sum_j w_{ij}} \times \frac{\sum_i \sum_j w_{ij}(x_i - \bar{x})(x_j - \bar{x})}{\sum_i (x_i - \bar{x})^2} \quad (5)$$

其中，x 为各空间区域上的观察值，$\bar{x}$ 为观察值的平均数，n 为空间区域个数，w_{ij} 为空间权重系数，本文采取 rook 邻接标准确定该值，若空间区域 i 和 j 具有共同边界，$w_{ij}=1$；否则，$w_{ij}=0$。莫兰指数取值范围为 [-1,1]，I>0 时，观察值呈空间正相关，值越大则说明空间相关性越明显；I<0 时，观察值呈空间负相

关，值越小则空间差异性越明显；I=0 时，不存在空间相关性，观察值在空间上呈随机独立分布。

莫兰指数在原假设为观察值不存在空间相关性而呈随机独立分布的期望和方差分别为：

$$E(I) = \frac{-1}{n-1} \tag{6}$$

$$VAR(I) = \frac{n\left[\left(n^2 - 3n + 3\right)W_1 - nW_2 + 3W_0^2\right] - K_2\left[\left(n^2 - n\right)W_1 - 2nW_2 + 6W_0^2\right]}{W_0^2(n-1)(n-2)(n-3)} - [E(I)]^2 \tag{7}$$

其中，$K_2 = \dfrac{n\sum_i \left(x_i - \bar{x}\right)^4}{\left[\sum_i \left(x_i - \bar{x}\right)^2\right]^2}$，$W_0 = \sum_i \sum_j w_{ij}$，$W_1 = \dfrac{1}{2}\sum_i \sum_j \left(w_{ij} + w_{ji}\right)^2$，$W_2 = \sum_i \left(W_{i*} + W_{*i}\right)^2$，$w_{i*}$ 为第 i 行数据之和，w_{*i} 为第 i 列数据之和。莫兰指数的检验可通过 Z 标准统计量和对应的概率 P 值完成，$Z = \dfrac{I - E(I)}{\sqrt{VAR(I)}}$。如果 Z 的绝对值显著大于零或者 P 值小于显著性水平值，则表明观察值具有空间自相关性或空间集聚性，反之则认为观察值在空间上是随机独立分布的。经计算，各集群企业个数在地级市层面上的莫兰指数如表 23-2 所示。

表 23-2　各集群企业个数在地级市层面上的莫兰指数

集群	莫兰指数（P 值）	集群	莫兰指数（P 值）	集群	莫兰指数（P 值）
C1	0.0660（0.037）*	C17	0.1907（0.001）***	C32	0.1446（0.008）**
C2	0.2214（0.001）***	C18	0.3822（0.001）***	C33	0.3381（0.001）***
C3	0.0054（0.27）	C19	0.4867（0.001）***	C34	0.0186（0.123）
C4	0.1342（0.002）**	C20	0.2810（0.001）***	C35	0.4686（0.001）***
C5	0.3540（0.001）***	C21	0.0682（0.025）*	C36	0.2934（0.001）***
C6	0.3987（0.001）***	C22	0.3986（0.001）***	C37	0.4520（0.001）***
C7	0.4557（0.001）***	C23	0.4824（0.001）***	C38	0.2210（0.001）***
C8	0.1109（0.011）*	C24	0.4565（0.001）***	C39	0.0792（0.034）*
C9	0.2255（0.001）***	C25	0.2293（0.001）***	C40	0.0729（0.024）*
C10	0.2234（0.001）***	C26	0.5390（0.001）***	C41	0.2918（0.001）***
C11	0.1660（0.003）**	C27	0.5632（0.001）***	C42	0.2168（0.001）***

续表

集群	莫兰指数（P值）	集群	莫兰指数（P值）	集群	莫兰指数（P值）
C12	0.1712（0.002）**	C28	0.2946（0.001）***	C43	0.1456（0.005）**
C13	0.1870（0.001）***	C29	0.5277（0.001）***	C44	0.2347（0.001）***
C14	0.2187（0.01）**	C30	0.1508（0.003）**	C45	0.0882（0.005）**
C15	0.2383（0.001）***	C31	0.1356（0.003）**	C46	0.3093（0.001）***
C16	0.2841（0.001）***				

注：表中 *、**、*** 分别为 1%、5%、10% 的显著性水平。

由表 23-2 可知，46 个产业集群中共有 44 个呈明显的空间正相关分布，即这些集群在空间上也是趋于集聚的。这说明，各集群内部的产业之间不仅有着紧密的技术联系，也有着密切的地理位置联系。本文选取集群中具有代表性的四个产业集群 C27、C26、C35 和 C44，利用 GeoDa 软件绘制各自在地级市层面上的空间分布示意图（见图 23-2 至图 23-5），可以看出不同产业集群在地理位置上集聚的差异性。C27 集群是莫兰指数最高的集群，以服装原料的制造和加工产业为主（具体见表 23-1，下同），主要集聚在长三角、渤海湾和京津冀等地区。C26 集群则以化工产品的生产和制造为主，集聚区域除主要的长三角、渤海湾、京津冀等以外，呈现较为明显向长江中游经济带、成渝经济圈、辽中南经济圈等外围地区扩散趋势，在中西部地区的分布也明显高于 C27 集群。C35 集群以机械制造产业为主，在空间分布上集中于东部沿海地区，包括东北老工业基地、珠三角地区等。C44 集群以电子产品制造产业为主，主要集聚于长三角、珠三角等地。

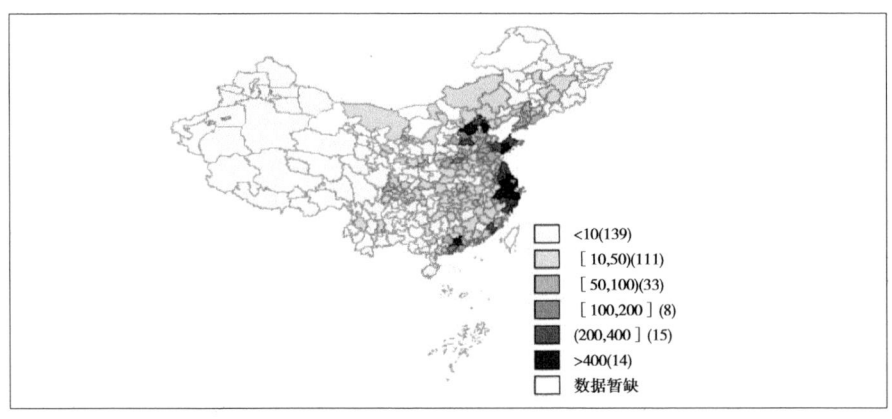

图 23-2　产业集群的空间分布——C27

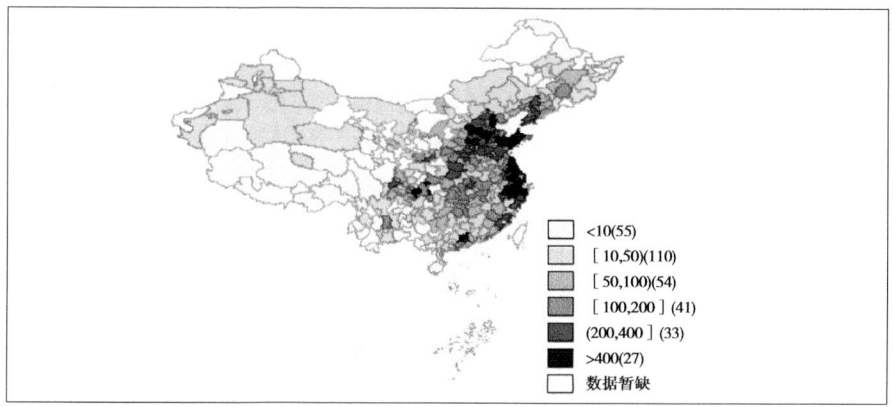

图 23-3　产业集群的空间分布——C26

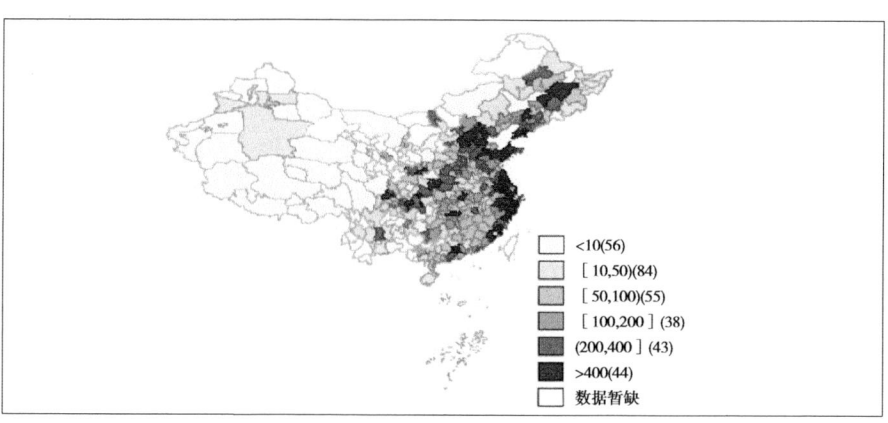

图 23-4　产业集群的空间分布——C35

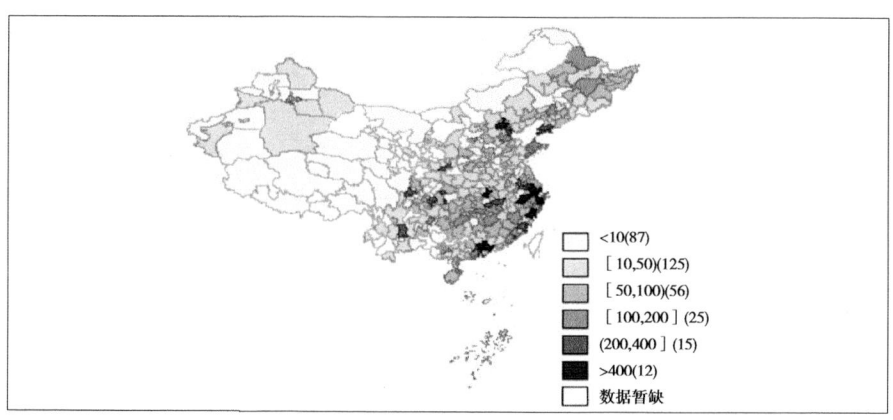

图 23-5　产业集群的空间分布——C44

六、结论与建议

区域经济一个非常重要的特征就是产业的集聚现象,以及相关行业在地理位置上的集中化。因此,本文基于区位理论的视角,使用我国四位数代码行业在地级市区域层次上的数据,对我国的行业进行了分类和聚类分析。首先,本文根据计算出的区位商和相应的分类标准,对我国的行业进行了分类,分为跨区域行业和本地行业。然后,针对跨区域行业进行聚类分析,得出 46 个集聚产业。

本文的主要贡献在于,第一,首次对我国的跨区域行业和本地行业进行了区分,考虑了行业之间存在的区别。比如类似高科技产业,银行证券等金融服务类等可以跨区域交易的行业和托儿所、粮油零售等基本在特定的区域内经营和发展的行业,这些行业之间存在着显著的区别。因此,本文首先对这种区别进行了定义和定量的区分,即分为跨区域行业和本地行业。通过对这些行业的区位商的计算,以及判断他们是否符合相应的划分标准,本文最终将 906 个四位数代码的行业分为了 444 个跨区域行业和 462 个本地行业,并且该划分结果页验证了本文之前的经验分析。对我国的行业进行如此划分的一个重要意义在于,对于本地行业而言,考虑到这些行业在我国不同区域的分布比较平均,因此,在对我国的行业进行聚类分析时,本文有针对性地考虑跨区域行业。第二,在对我国的行业进行聚类分析时,采用客观的评分方法对不同的产业集聚结果进行评价,而不仅仅是依靠经验,通过计算得到集群内部和集群之间行业的相关性指标,从而得到不同集群划分结果的分数,最终得到一个最合理的聚类结果。第三,通过聚类分析的结果,本文计算了各个集聚产业的空间自相关性,并且本文对具有代表性的集聚产业绘制了产业分布的地图。本文对四个具有代表性的集群进行了产业分布意图的具体分析,它们分别是以服装原料的制造和加工产业为主的集群、以化工产品的生产和制造为主的集群、以机械制造产业为主的集群和以电子产品制造产业为主的集群。通过地图的分布,我们发现以服装原料的制造和加工产业为主的集群,主要集聚在长三角、渤海湾和京津冀等地区。以化工产品的生产和制造为主的集群,集聚区域除主要的长三角、渤海湾、京津冀等以外,呈现较为明显向长江中游经济带、成渝经济圈、辽中南经济圈等外围地区扩散趋势。以机械制造产业为主的集群,在空间分布上集中于东部沿海地区,包括东北老工业基地、珠三角地区等。以电子产品制造产业为主的集群,主要集聚于长三角、珠三角等地。

最后,本文认为根据本文划分出的跨区域行业和本地行业,以及相关的产业地图,可以结合现有的数据库,为经济发展提供重要信息。例如,使用本文划分的产业集群和相关的数据库,可以得到区域集群的经济发展和商业环境数据指标,比如专利技术的分布情况等。通过对专利数据在区域集群内的指标数据的分析,可以为区域经济发展和行业的技术发展提供有效的分析工具。

第二十三章 基于区域经济视角的产业集群问题研究

表 23-1　46 个集群代码及其产业组成

代码	产业组成	代码	产业组成
C1	谷物的种植 木材的采运 牲畜的饲养 灌溉服务 石棉、云母矿采选 核燃料加工 钾肥制造 镁冶炼 金冶炼 汽轮机及辅机制造 其他能源发电 通用航空服务 邮政储蓄	C24	黄酒制造 毛制品制造 棉、化纤针织品及编织品制造 轴承制造 家用厨房电器具制造 家用清洁卫生电器具制造 供应用仪表及其他通用仪器制造 汽车及其他用计数仪表制造
C2	棉花的种植 农产品初加工服务	C25	固体饮料制造 棉及化纤制品制造 铜冶炼 铝冶炼 风动和电动工具制造 衡器制造
C3	水果、坚果的种植 造林 林木的抚育和管理 渔业服务业	C26	棉、化纤纺织加工 无机碱制造 无机盐制造 有机化学原料制造 化学农药制造 颜料制造 化纤浆粕制造 人造纤维（纤维素纤维）制造 锦纶纤维制造 金属丝绳及其制品的制造 工业生产配套用搪瓷制品制造 内燃机及配件制造 金属成形机床制造
C4	育种和育苗 猪的饲养 家禽的饲养 铁路货物运输 农业机械租赁 地震服务 其他矿产地质勘查 妇幼保健活动	C27	棉、化纤印染精加工 毛条加工 毛纺织 毛染整精加工 绢纺和丝织加工 染料制造 初级形态的塑料及合成树脂制造 合成纤维单（聚合）体的制造 涤纶纤维制造 腈纶纤维制造 纺织专用设备制造

续表

代码	产业组成	代码	产业组成
C5	其他畜牧业 其他畜牧服务 其他黑色金属矿采选 铅锌矿采选 其他烟草制品加工 铁合金冶炼 铅锌冶炼 锡冶炼 其他常用有色金属冶炼	C28	麻制品制造 纤维板制造 机械化农业及园艺机具制造 农林牧渔机械配件制造 其他农林牧渔业机械制造及机械修理
C6	烟煤和无烟煤的开采选 褐煤的开采洗选 炼焦	C29	纺织带和帘子布制造 毛针织品及编织品制造 纺织服装制造 纺织面料鞋的制造 皮手套及皮装饰制品制造 其他皮革制品制造 塑料家具制造 交通管理用金属标志及设施制造 其他工艺美术品制造 制镜及类似品加工 非人寿保险
C7	其他煤炭采选 水力发电 电力供应 公路管理与养护	C30	皮鞋制造 教学用模型及教具制造 橡胶靴鞋制造 皮革、毛皮及其制品加工专用设备制造 配电开关控制设备制造 教学专用仪器制造 计算器及货币专用设备制造 其他城市公共交通
C8	天然原油和天然气开采 与石油和天然气开采有关的服务活动 石油钻采专用设备制造	C31	羽毛（绒）加工 羽毛（绒）制品加工 机制纸及纸板制造 水轮机及辅机制造
C9	铁矿采选 氮肥制造 水泥制造 炼铁 炼钢	C32	竹、藤家具制造 手工纸制造

续表

代码	产业组成	代码	产业组成
C10	铜矿采选 其他常用有色金属矿采选 化学矿采选 烟叶复烤 卷烟制造 磷肥制造 固体矿产地质勘查	C33	金属家具制造 其他乐器及零件制造 玻璃保温容器制造 常用有色金属压延加工 其他建筑、安全用金属制品制造 搪瓷日用品及其他搪瓷制品制造 木材加工机械制造 玻璃、陶瓷和搪瓷制品生产专用设备制造 口腔科用设备及器具制造 家用制冷电器具制造 家用空气调节器制造 投资与资产管理
C11	金矿采选 葡萄酒制造 民族医院	C34	记录媒介的复制 广播电视节目制作及发射设备制造 其他航空运输辅助活动 卫星传输服务 数据处理 应用软件服务 其他软件服务 图书批发 金融信托与管理 财务公司 其他未列明的金融活动 地质勘查技术服务 期刊出版 音像制品出版 其他出版 专业性团体
C12	采盐 拖拉机制造	C35	中乐器制造 化学药品原药制造 日用及医用橡胶制品制造 日用塑料杂品制造 安全、消防用金属制品制造 金属切削机床制造 金属切割及焊接设备制造 机床附件制造 泵及真空设备制造 气体压缩机械制造 制冷、空调设备制造 金属密封件制造 机械零部件加工及设备修理 食品、饮料、烟草工业专用设备制造 汽车零部件及配件制造 发电机及发电机组制造 电动机制造 微电机及其他电机制造 其他电工器材制造

续表

代码	产业组成	代码	产业组成
C13	石墨、滑石采选 宝石、玉石开采 其他采矿业 车辆、飞机及工程机械轮胎制造 力车胎制造 其他交通运输设备制造	C36	原油加工及石油制品制造 人造原油生产 锅炉及辅助设备制造 水资源专用机械制造 铁路机车车辆及动车组制造 铁路机车车辆配件制造 铁路专用设备及器材、配件制造 其他铁路设备制造及设备修理
C14	饲料加工 碳酸饮料制造 复混肥料制造 动物胶制造 云母制品制造 畜牧机械制造 其他非电力家用器具制造 其他铁路运输辅助活动	C37	合成橡胶制造 其他合成材料制造 化学试剂和助剂制造 环境污染处理专用药剂材料制造 钢压延加工 镍钴冶炼 稀有稀土金属压延加工 集装箱制造 其他原动机制造 起重运输设备制造 烘炉、熔炉及电炉制造 喷枪及类似器具制造 建筑工程用机械制造 冶金专用设备制造 炼油、化工生产专用设备制造 橡胶加工专用设备制造 其他非金属加工专用设备制造 地质勘查专用设备制造
C15	食用植物油加工 棉、麻批发 流动货摊零售 调水、引水管理	C38	肥皂及合成洗涤剂制造 化学药品制剂制造 社会公共安全设备及器材制造 汽车修理 光学仪器制造 铁路、道路、隧道和桥梁工程建筑 水利和港口工程建筑 工矿工程建筑 架线和管道工程建筑 道路货物运输 石油及制品批发 再生物资回收与批发 药品零售 汽车零售 职业技能培训

续表

代码	产业组成	代码	产业组成
C16	畜禽屠宰 淀粉及淀粉制品的制造 其他罐头食品制造 酒精制造 白酒制造 缫丝加工 其他人造板、材制造 化肥批发 农药批发	C39	化妆品制造 口腔清洁用品制造 照明器具生产专用设备制造 远洋货物运输 鞋帽批发 化妆品及卫生用品批发 报刊批发 音像制品及电子出版物批发 贸易经纪与代理 海洋服务 工程勘察设计
C17	肉制品及副产品加工 方便面及其他方便食品制造 液体乳及乳制品制造 其他调味品、发酵制品制造 啤酒制造 瓶（罐）装饮用水制造 生物化学农药及微生物农药制造 汽车整车制造 改装汽车制造 燃气生产和供应业 房屋工程建筑 航空旅客运输 航空货物运输 机场 西药批发 中药材及中成药批发 机动车燃料零售 综合医院 中医医院 专科医院	C40	中成药制造 飞机制造及修理 其他银行 证券市场管理
C18	水产品冷冻加工 鱼糜制品及水产品干腌制加工 水产饲料制造 其他水产品加工 水产品罐头制造 盐加工 渔业机械制造 非金属船舶制造 证券投资	C41	轮胎翻新加工 国家邮政 固定电信服务 移动电信服务 其他农畜产品批发 米、面制品及食用油批发 肉、禽、蛋及水产品批发 烟草制品批发 商业银行 人寿保险

代码	产业组成	代码	产业组成
C19	蛋品加工 玻璃仪器制造 电车制造 摩托车整车制造 金属船舶制造 城市轮渡 内河旅客运输 内河货物运输	C42	实验室及医用消毒设备和器具的制造 机械治疗及病房护理设备制造 交通安全及管制专用设备制造 通信传输设备制造 通信交换设备制造 电子计算机整机制造 计算机网络设备制造 其他电子设备制造 工业自动控制系统装置制造 环境监测专用仪器仪表制造 导航、气象及海洋专用仪器制造 地质勘探和地震专用仪器制造 电子测量仪器制造 其他仪器仪表的制造及修理 保险辅助服务 危险废物治理
C20	饼干及其他焙烤食品制造 糖果、巧克力制造 蜜饯制作	C43	船舶修理及拆船 沿海货物运输 客运港口 其他水上运输辅助活动
C21	速冻食品制造 其他未列明的食品制造 墨水、墨汁制造 假肢、人工器官及植（介）入器械制造 其他医疗设备及器械制造 商业、饮食、服务业专用设备制造 其他专用仪器制造 其他水的处理、利用与分配 轨道交通 管道运输业 运输代理服务 其他仓储 计算机系统服务 其他计算机服务 糕点、糖果及糖批发 饮料及茶叶批发 非金属矿及制品批发 农用薄膜批发 汽车、摩托车及零配件批发 家用电器批发 计算机、软件及辅助设备批发 通讯及广播电视设备批发 百货零售 超级市场零售 文具用品零售 照相器材零售 家用电器零售 证券经纪与交易 房地产开发经营 其他文化及日用品出租 其他企业管理服务 其他专业咨询 广告业 旅行社 其他未列明的商务服务 其他专业技术服务 技术推广服务 办公设备维修 其他未列明的服务	C44	通信终端设备制造 移动通信及终端设备制造 电子计算机外部设备制造 集成电路制造 光电子器件及其他电子器件制造 印制电路板制造 家用影视设备制造 家用音响设备制造 其他房地产活动

续表

代码	产业组成	代码	产业组成
C22	肉、禽类罐头制造 含乳饮料和植物蛋白饮料制造 平板玻璃制造 其他非金属矿物制品制造 采矿、采石设备制造 饲料生产专用设备制造 制浆和造纸专用设备制造 工矿有轨专用车辆制造 汽车车身、挂车的制造 火力发电 货运港口 煤炭及制品批发	C45	其他土木工程建筑 建筑安装业 建筑装饰业 其他寄递服务 其他电信服务 其他食品批发 纺织品、针织品及原料批发 服装批发 厨房、卫生间用具及日用杂货批发 其他日用品批发 文具用品批发 首饰、工艺品及收藏品批发 其他文化用品批发 金属及金属矿批发 建材批发 其他化工产品批发 五金、交电批发 其他机械设备及电子产品批发 其他未列明的批发 旧货零售 房地产中介服务 职业中介服务
C23	味精制造 其他文化用品制造 球类制造 油墨及类似产品制造 信息化学品制造 塑料薄膜制造 塑料板、管、型材的制造 塑料包装箱及容器制造 光学玻璃制造 贵金属压延加工 日用化工专用设备制造 其他日用品生产专用设备制造 变压器、整流器和电感器制造 电容器及其配套设备制造 电力电子元器件制造 其他输配电及控制设备制造 电线电缆制造 绝缘制品制造 电池制造 电子真空器件制造 半导体分立器件制造 电子元件及组件制造 照相机及器材制造 复印和胶印设备制造 企业管理机构	C46	谷物、豆及薯类批发 初等教育 初中教育 卫生院及社区医疗活动 综合事务管理机构 经济事务管理机构

参考文献

[1] Roepke H, Adams D, Wiseman R. A new approach to the indentificaiton of industrial complexes using input-ouput data [J]. Journal of Regional Science, 1974, 14(1): 15-29.

[2] Feser E J, Bergman E M. National industry cluster templates: A framework for applied regional cluster analysis [J]. Regional studies, 2000, 34(1): 1-19.

[3] Imrie R, Morris J. A review of recent changes in buyer-supplier relations [J]. Omega, 1992, 20(5-6): 641-652.

[4] Klier T H. The impact of lean manufacturing on sourcing relationships [J]. Economic Perspectives, 1994, 18(4): 8-18.

[5] Thompson W, Thompson P. National Industries and Local Occupational Strengths: The Cross-Hairs of Targeting [J]. Urban Studies, 1987, 24(6): 547-560.

[6] Koo J. How to analyze the regional economy with occupation data [J]. Economic Development Quarterly, 2005a, 19(4): 356-372.

[7] Ellison G, Glaeser E L, Kerr W R. What causes industry agglomeration? Evidence from coagglomeration patterns [J]. The American Economic Review, 2010, 100(3): 1195-1213.

[8] Koo J. Knowledge-based industry clusters: Evidenced by geographical patterns of patents in manufacturing [J]. Urban Studies, 2005b, 42(9): 1487-1505.

[9] Porter M. The economic performance of regions [J]. Regional Studies, 2003, 37(6-7): 549-578.

[10] Feldman M P. Location and innovation: the new economic geography of innovation, spillovers, and agglomeration [J]. The Oxford handbook of economic geography, 2000, 1: 373-395.

[11] Glaeser E L. The new economics of urban and regional growth [J]. The Oxford Handbook of Economic Geography, 2000: 83-98.

[12] Duranton G, Overman H G. Testing for localization using micro-geographic data [J]. The Review of Economic Studies, 2005, 72(4): 1077-1106.

[13] Delgado M, Porter M E, Stern S. Clusters, convergence, and economic performance [J]. Research Policy, 2014, 43(10): 1785-1799.

[14] 张建华, 张淑静. 产业集群的识别标准研究 [J]. 中国软科学, 2006(03): 83-90.

[15] 刘恒江, 陈继祥. 国外产业集群统计及我国的发展对策 [J]. 统计研究, 2004(10): 18-23.

图书在版编目（CIP）数据

二十国集团（G20）发展报告.2019-2020／北京外国语大学二十国集团研究中心编著.— 北京：经济日报出版社，2020.9

ISBN 978-7-5196-0709-8

Ⅰ.①二… Ⅱ.①北… Ⅲ.①国际经济合作组织-研究报告-2019-2020 Ⅳ.①F116

中国版本图书馆 CIP 数据核字（2020）第 168823 号

二十国集团（G20）发展报告（2019-2020）

编　　著	北京外国语大学二十国集团研究中心
责任编辑	高　远
责任校对	李艳春
出版发行	经济日报出版社
地　　址	北京市西城区白纸坊东街 2 号 A 座综合楼 710（邮政编码：100054）
电　　话	010-63567684（总编室）
	010-63584556（财经编辑部）
	010-63567687（企业与企业家史编辑部）
	010-63567683（经济与管理学术编辑部）
	010-63538621　63567692（发行部）
网　　址	www.edpbook.com.cn
E-mail	edpbook@126.com
经　　销	全国新华书店
印　　刷	北京九州迅驰传媒文化有限公司
开　　本	710×1000 毫米　1/16
印　　张	20.75
字　　数	350 千字
版　　次	2020 年 9 月第一版
印　　次	2020 年 9 月第一次印刷
书　　号	ISBN 978-7-5196-0709-8
定　　价	52.00 元

版权所有　盗版必究　印装有误　负责调换